JUSTIÇA INTERROMPIDA

NANCY FRASER

JUSTIÇA INTERROMPIDA

REFLEXÕES CRÍTICAS SOBRE A CONDIÇÃO "PÓS-SOCIALISTA"

TRADUÇÃO **ANA CLAUDIA LOPES E NATHALIE BRESSIANI**

© Boitempo, 2022
© Nancy Fraser, 1997

Título original: *Justice Interruptus: Critical Reflections on the "Postsocialist" Condition*
Originalmente publicado por Routledge, 1997

Direção-geral Ivana Jinkings
Edição Pedro Davoglio
Coordenação de produção Livia Campos
Assistência editorial Camila Nakazone e João Cândido Maia
Tradução Ana Claudia Lopes e Nathalie Bressiani
Preparação Mariana Echalar
Revisão Daniel Rodrigues Aurélio
Diagramação Antonio Kehl
Capa Maikon Nery

Equipe de apoio Elaine Ramos, Frank de Oliveira, Frederico Indiani, Higor Alves, Isabella Meucci, Ivam Oliveira, Kim Doria, Lígia Colares, Luciana Capelli, Marcos Duarte, Marina Valeriano, Marlene Baptista, Maurício Barbosa, Raí Alves, Thais Rimkus, Tulio Candiotto, Uva Costriuba

CIP-BRASIL. CATALOGAÇÃO NA PUBLICAÇÃO
SINDICATO NACIONAL DOS EDITORES DE LIVROS, RJ

F92j

Fraser, Nancy, 1947-
    Justiça interrompida : reflexões críticas sobre a condição "pós-socialista" / Nancy Fraser ; tradução Ana Claudia Lopes, Nathalie Bressiani. - 1. ed. - São Paulo : Boitempo, 2022.
    288 p.

    Tradução de: Justice interruptus : critical reflections on the "postsocialist" condition
    Inclui bibliografia
    ISBN 978-65-5717-126-4

    1. Justiça (Filosofia). 2. Justiça distributiva. 3. Igualdade. 4. Pluralismo cultural. I. Lopes, Ana Claudia. II. Bressiani, Nathalie. III. Título

22-75827
    CDD: 320.011
    CDU: 321.01

Meri Gleice Rodrigues de Souza - Bibliotecária - CRB-7/6439

É vedada a reprodução de qualquer
parte deste livro sem a expressa autorização da editora.

1ª edição: fevereiro de 2022

BOITEMPO
Jinkings Editores Associados Ltda.
Rua Pereira Leite, 373
05442-000 São Paulo SP
Tel.: (11) 3875-7250 / 3875-7285
editor@boitempoeditorial.com.br
boitempoeditorial.com.br | blogdaboitempo.com.br
facebook.com/boitempo | twitter.com/editoraboitempo
youtube.com/tvboitempo | instagram.com/boitempo

Para Eli

Sumário

Agradecimentos 11
Introdução: Justiça interrompida 15

Parte I – Redistribuição e reconhecimento 25
1. Da redistribuição ao reconhecimento? Dilemas da justiça em uma era "pós-socialista" 27
2. Depois do salário familiar: um experimento mental pós-industrial 59

Parte 2 – Esferas públicas, genealogias e ordens simbólicas 91
3. Repensando a esfera pública: uma contribuição para a crítica da democracia realmente existente 93
4. Sexo, mentiras e a esfera pública: reflexões sobre a confirmação de Clarence Thomas 125
5. Uma genealogia da "dependência": investigando uma palavra-chave do Estado de bem-estar nos Estados Unidos 149
6. Estruturalismo ou pragmática? Sobre a teoria do discurso e a política feminista 181

Parte 3 – Intervenções feministas 203
7. Multiculturalismo, antiessencialismo e democracia radical: uma genealogia do atual impasse na teoria feminista 205

8. Cultura, economia política e diferença: sobre *Justice and the Politics of Difference*, de Iris Young 223

9. Falsas antíteses: uma resposta a Seyla Benhabib e Judith Butler 241

10. Para além do modelo domínio/sujeição: sobre *O contrato sexual*, de Carole Pateman 261

Referências bibliográficas 275

Agradecimentos

A pesquisa para o material incluído neste livro recebeu o apoio do American Council of Learned Societies; da Biblioteca de Newberry; do National Endowment for the Humanities; do Center for Urban Affairs and Policy Research, da Northwestern University; da Rockefeller Foundation Study and Conference Center, em Bellagio, na Itália; do Institut für die Wissenschaften vom Menschen, em Viena; do Humanities Research Institute, da Universidade da Califórnia, em Irvine; e do Programa de Pós-Graduação da New School for Social Research. Agradeço às funcionárias, funcionários e administradores de todas essas instituições, bem como a Cornelia Klinger, Wendy Brown, Judith Butler e Judith Friedlander.

Muitas pessoas discutiram ideias e leram esboços de partes deste livro; meus agradecimentos a elas estão nas notas de cada capítulo. Devo, porém, um agradecimento mais geral a Jane Mansbridge, Linda Nicholson, Judith Wittner e Eli Zaretsky, que me estimularam e me apoiaram mais do que imaginam. Agradeço também a Linda Gordon, que gentilmente me autorizou a incluir "Uma genealogia da 'dependência'", artigo que escrevemos em coautoria, e a Maureen MacGrogan, pela orientação e pelo apoio editorial.

A autora agradece a autorização para reproduzir aqui materiais anteriormente publicados. O Capítulo 1 foi originalmente publicado em *New Left Review*, n. 212, 1995, p. 68-93. Uma versão anterior do Capítulo 2 foi publicada como "After the Family Wage: Gender Equity and the Welfare State", *Political Theory*, v. 22, n. 4, 1994, p. 591-618, Sage Publications, reproduzida com autorização. Uma versão anterior do Capítulo 3 foi originalmente publicada em Craig Calhoun (org.),

Habermas and the Public Sphere (Cambridge, MIT Press, 1991). Uma versão anterior do Capítulo 4 foi publicada em *Critical Inquiry*, v. 18, 1992, p. 595-612, University of Chicago Press, reproduzida com autorização. O Capítulo 5 foi originalmente publicado em *Signs*, v. 19, n. 2, 1994, p. 309-36. Uma versão anterior do Capítulo 6 foi publicada como "The Uses and Abuses of French Discourse Theories for Feminist Politics", *boundary 2*, v. 17, n. 2, 1990, p. 82-101. Uma versão anterior do Capítulo 7 foi publicada como "Multiculturalism and Gender Equity: The U.S. 'Difference' Debates Revisited", *Constellations*, v. 3, n. 1, 1996, p. 61-72. Uma versão anterior do Capítulo 8 foi publicada como "Recognition or Redistribution? A Critical Reading of Iris Young's *Justice and the Politics of Difference*", *The Journal of Political Philosophy*, v. 3, n. 2, 1995, p. 166-80. Uma versão anterior do Capítulo 9 foi publicada em *Praxis International*, v. 11, n. 2, 1991, p. 166-77. Uma versão anterior do Capítulo 10 foi publicada em *Social Text*, n. 37, 1993, p. 173-81.

Introdução
Justiça interrompida

Tomados em conjunto, os ensaios aqui reunidos fazem um diagnóstico da condição "pós-socialista". Uso essa expressão – que Jean-François Lyotard me desculpe – para designar o horizonte geral em que o pensamento político necessariamente se move hoje[1]. Coloco "pós-socialista" entre aspas para assinalar o esforço de manter uma postura crítica perante esse horizonte, embora esteja nele situada. Em outras palavras, meu objetivo não é refletir a condição "pós-socialista" de maneira sintomática, e sim refletir sobre ela de maneira crítica.

O que é, então, a condição "pós-socialista"? Longe de ser um veredito negativo e definitivo sobre a relevância e a viabilidade de ideais socialistas, a condição "pós-socialista" é, na verdade, uma estrutura de sentimentos ou um certo clima cético que caracteriza o estado da esquerda pós-1989. Carregado de um senso de "dia seguinte", esse clima expressa dúvidas autênticas que estão vinculadas a opacidades genuínas acerca das possibilidades históricas de transformação social progressista. Mas esse clima também se mistura a elementos ideológicos que são difíceis de desembaraçar e nomear. Para começar a separar o autêntico do ideológico, distingo três características constitutivas da condição "pós-socialista".

A primeira característica é a ausência de qualquer visão progressista digna de crédito de uma alternativa à ordem atual. Isso está relacionado, em parte, à crescente deslegitimação do socialismo em sentido amplo na esteira de 1989. Em outras

---

[1] Jean-François Lyotard, *The Postmodern Condition: A Report on Knowledge* (trad. G. Bennington e B. Massumi, Minneapolis, University of Minnesota Press, 1984) [ed. bras.: *A condição pós-moderna*, trad. Ricardo Corrêa Barbosa, 15. ed., Rio de Janeiro, José Olympio, 2013].

palavras, não houve apenas a derrocada de um conjunto de arranjos institucionais (outrora) realmente existentes, mas também a derrocada da crença no principal ideal que inspirou as lutas por transformação social no último século e meio. A consequência imediata é aquilo que Jürgen Habermas denominou "o esgotamento das energias utópicas [de esquerda]"[2]. Creio que a formulação é pertinente, a despeito da impressionante proliferação de diferentes ativismos progressistas hoje em evidência em todo o mundo. Essa formulação assinala que, ao menos até o momento, não surgiu nenhuma nova visão progressista abrangente de uma ordem social justa que possa tomar o lugar do socialismo. Propostas para elevar a "democracia radical" e o "multiculturalismo" a esse *status* expressam o desejo por parte de alguns círculos de uma visão como essa. Mas argumento que falta poder de convencimento a essas propostas, porque elas deixam de lado a questão da economia política. O mesmo vale para as noções, ainda mais anêmicas, de "liberalismo político" e "comunitarismo".

A atual ausência de uma visão utópica certamente está longe de corroborar a afirmação rasa de Francis Fukuyama de que 1989 representa o "fim da história"[3]. Não há qualquer razão para acreditarmos que isso vá durar. Mas essa ausência caracteriza nossa situação. Pelo menos até o momento, as lutas progressistas não mais se ancoram em qualquer visão digna de crédito de uma alternativa à ordem atual. Como consequência, a crítica política é pressionada para que refreie suas ambições e permaneça "de oposição". Em certo sentido, estamos sem rumo.

A segunda característica constitutiva da condição "pós-socialista" diz respeito a uma mudança na gramática das reivindicações políticas. Reivindicações pelo reconhecimento de diferenças de grupo têm ganhado enorme destaque nos últimos tempos, às vezes eclipsando reivindicações por igualdade social. Esse fenômeno pode ser observado em dois níveis. De um ponto de vista empírico, temos acompanhado o surgimento da "política de identidade", o descentramento da classe e, até muito recentemente, o correspondente declínio da social-democracia[4]. Mais

---

[2] Jürgen Habermas, "The New Obscurity and the Exhaustion of Utopian Energies", em Jürgen Habermas (org.), *Observations on the Spiritual Situation of the Age* (trad. Andrew Buchwalter, Cambridge, MIT Press, 1984), p. 1-30 [ed. bras.: "A nova obscuridade", em *A nova obscuridade: pequenos escritos políticos V*, trad. Luiz Sérgio Repa, São Paulo, Ed. Unesp, 2015, p. 207-38].

[3] Francis Fukuyama, *The End of History and the Last Man* (Nova York, Free Press, 1992) [ed. bras.: *O fim da história e o último homem*, trad. Aulyde Soares Rodrigues, Rio de Janeiro, Rocco, 2015].

[4] Em julho de 1996, momento em que escrevo este texto, a social-democracia parece retornar em alguns países: prova disso são os resultados recentes das eleições na Itália, na Polônia e em outros países anteriormente comunistas, assim como as pesquisas eleitorais na Inglaterra.

profundamente, no entanto, estamos testemunhando uma mudança visível no imaginário político, sobretudo nos termos em que se imagina a justiça. Muitos atores parecem afastar-se de um imaginário político socialista, em que o problema central da justiça é a redistribuição, e aproximar-se de um imaginário "pós-socialista", em que o problema central da justiça é o reconhecimento. Com essa mudança, os movimentos sociais que mais se destacam não são mais definidos de um ponto de vista econômico, como "classes" que lutam para defender seus "interesses", acabar com a "exploração" e conquistar a "redistribuição". Em vez disso, os movimentos são definidos de um ponto de vista cultural, como "grupos" ou "comunidades de valores" que lutam para defender suas "identidades", acabar com a "dominação cultural" e conquistar "reconhecimento". O resultado é a dissociação de política cultural e política social, bem como um relativo eclipse desta por aquela.

Encontramos aqui correntes de ideologia "pós-socialista" entrelaçadas a desenvolvimentos históricos. Algumas celebram esse deslocamento "da redistribuição para o reconhecimento" como se as lutas por justiça distributiva tivessem perdido a relevância. Outras lamentam o descentramento da classe e o igualam ao declínio das reivindicações econômicas igualitárias, como se as lutas por justiça racial e de gênero fossem "meramente culturais" e não se dirigissem também à distribuição. Juntas, essas respostas constroem o que parece ser uma escolha inevitável: política de classe ou política de identidade? Política social ou política cultural? Igualdade ou diferença? Redistribuição ou reconhecimento? A implicação é que essas alternativas excluem umas às outras, que temos de escolher entre igualdade social ou multiculturalismo, e que redistribuição e reconhecimento não podem ser combinados.

Essas alternativas, sustento, são falsas antíteses, as quais questiono ao longo deste livro. Nos Estados Unidos, essas falsas antíteses estruturaram uma cisão cada vez mais amarga entre "a esquerda social" e "a esquerda cultural", uma cisão que irrompeu recentemente no embuste à revista *Social Text*[5]. Enquanto

---

[5] Em um número especial sobre as "Science Wars" [Guerras das Ciências] (isto é, os recentes debates a respeito das pesquisas sobre ciência desenvolvidas nos estudos culturais), o periódico *Social Text* publicou um artigo de um físico da Universidade de Nova York, Alan Sokal, intitulado "Transgressing the Boundaries: Toward a Transformative Hermeneutics of Quantam Gravity", *Social Text*, n. 46-47, 1996, p. 217-52. Posteriormente o autor alegou que o texto era uma paródia cujo objetivo era expor a vacuidade intelectual dos estudos culturais (ver Alan Sokal, "A Physicist Experiments with Cultural Studies", *Lingua Franca*, maio-jun. 1996, p. 62-4). Contando com o auxílio das acadêmicas feministas Ruth Rosen e Barbara Epstein na preparação do artigo, Sokal se apresentou como um defensor da "verdadeira esquerda" (o que chamo de "esquerda social") contra o falso esquerdismo dos estudos culturais (o que chamo de "esquerda cultural"), cuja expressão máxima, a seu ver, seria a *Social Text*. A meu ver, o embuste de Sokal foi mais revelador pelas

um dos lados insiste, com acentos retrógrados, que "é a economia, idiota", o outro retruca em tons supersofisticados que "é a cultura, idiota". Dessa forma, ambos se esquivam do que entendo ser as tarefas "pós-socialistas" mais importantes: primeiro, interrogar a distinção entre cultura e economia; segundo, compreender como ambas se coadunam na produção de injustiças; e terceiro, como pré-requisito para solucionar injustiças, imaginar como as reivindicações por reconhecimento podem ser integradas às reivindicações por redistribuição em um projeto político abrangente.

O contexto desses desdobramentos, e a terceira característica definidora da condição "pós-socialista", é um liberalismo econômico ressurgente. À medida que o centro de gravidade política parece se deslocar da redistribuição para o reconhecimento, e os compromissos igualitários parecem retroceder, um capitalismo de fora a fora globalizante mercantiliza cada vez mais as relações sociais, erode as proteções sociais e piora as oportunidades de vida para bilhões de pessoas. Um relatório de 1996 das Nações Unidas mostra que a desigualdade tem crescido de maneira acentuada em todo o mundo e que os que têm condições de prosperar na economia global da informação estão rapidamente deixando para trás os muitos que não têm. Em quase todos os países, as disparidades têm aumentado de maneira dramática – não apenas em termos de renda e riqueza, mas também de "capacidades" que são mensuradas por acesso a água potável e ar não poluído, educação, métodos contraceptivos e saúde, trabalho remunerado e alimentação nutritiva, garantia contra tortura e estupro[6].

Esta é, portanto, a condição "pós-socialista": ausência de qualquer projeto emancipatório abrangente digno de crédito, a despeito da proliferação de frentes de luta; a dissociação geral de política cultural de reconhecimento e política social de redistribuição; o descentramento das reivindicações de igualdade diante da agressiva mercantilização e do crescimento acentuado da desigualdade material.

---

reações que gerou. Houve uma pilhéria generalizada não apenas na direita, como era de se esperar, mas também, e de maneira mais significativa, na esquerda social (por exemplo, Katha Pollitt, "Pomotolov Cocktail", *The Nation*, 10 jun. 1996, p. 9; e Tim Frank, "Textual Reckoning", *In These Times*, 27 maio 1996, p. 22-4). Tal como entendo, o embuste desencadeou sentimentos tão intensos de contentamento ressentido porque trouxe à tona uma grande e importante fissura na condição pós-socialista. Para uma análise ponderada dessa reação, ver Ellen Willis, "My Sokoaled Life", *Village Voice*, 25 jun. 1996, p. 22-3.

[6] United Nations Development Program, *Human Development Report 1996* (Oxford, Oxford University Press, 1996). Um resumo dos pontos mais importantes dos resultados pode ser encontrado em Barbara Crossette, "U.N. Survey Finds World Rich-Poor Gap Widening", *New York Times*, 15 jul. 1996, p. A4.

A condição "pós-socialista" é também o horizonte da teorização política contemporânea. Assim, é crucial que nós, teóricas e teóricos, perguntemos: o que constitui um comportamento crítico nesse contexto? Como podemos distinguir as posturas que interrogam criticamente a condição "pós-socialista" daquelas que a refletem sintomaticamente?

Uma premissa básica dos capítulos a seguir é que devemos submeter essas três características constitutivas da condição "pós-socialista" ao escrutínio crítico. Isso significa, em primeiro lugar, cultivar certo distanciamento cético perante a desconfiança "pós-socialista" atualmente em voga contra o pensamento normativo, programático, "totalizante". Evitar esse tipo de pensamento no contexto atual, seja em nome da "desconstrução", seja em nome do "pós-modernismo", seja em nome do "reformismo gradual", é expressar sintomaticamente o atual "esgotamento das energias utópicas [de esquerda]", em vez de interrogá-lo criticamente. É tornar virtude o que parece ser necessidade, em lugar de submeter a aparente necessidade à pressão da crítica.

Também não basta falar abstratamente da necessidade de uma "coalizão", como é comum hoje nos círculos multiculturais dos Estados Unidos. Esse tipo de discussão costuma ter por objetivo a promoção de combinações somatórias entre eleitorados já formados. Ao obscurecer os processos sociais em que esses eleitorados se formam, esse tipo de discussão renuncia à possibilidade de uma perspectiva integradora que procura apreender, e transformar, o todo social. Além disso, na ausência de esforços continuados, integradores e holísticos para conceber arranjos sociais que possam transformar as identidades e harmonizar os interesses de eleitorados diversos e atualmente fragmentados, a "política de coalizão" permanece no nível do puro otimismo vazio.

Diferentemente desse tipo de abordagem, uma perspectiva crítica tem de defender a possibilidade e a desejabilidade do pensamento abrangente, integrador, normativo e programático. Tem de diagnosticar o recuo "pós-socialista" mais geral em relação a esse tipo de pensamento na cultura política recente e estabelecer a fundamentação conceitual para corrigi-lo. É verdade que não estamos em condições de imaginar um projeto de larga escala que suceda ao socialismo. Não obstante, podemos ao menos tentar conceber alternativas provisórias à ordem presente que possam fornecer uma base para a política progressista.

Um segundo imperativo é desmistificar as ideologias "pós-socialistas" no que diz respeito ao deslocamento da redistribuição para o reconhecimento. Deveria ser um axioma que nenhum projeto defensável de sucessão do socialismo possa, em nome da diferença cultural, simplesmente alijar o compromisso com a igualdade social. Pressupor algo diferente disso é juntar-se às fileiras do senso comum neoliberal reinante. Isso não significa, contudo, que devemos nos agarrar a uma ortodoxia socialista e evitar a política de reconhecimento como um todo. Ao contrário, teóricas e teóricos críticos devem rebater o argumento de que temos de escolher ou a política de redistribuição ou a política de reconhecimento. Em vez disso, nosso objetivo deveria ser integrá-las em um único quadro teórico abrangente. O objetivo, em resumo, deveria ser criar um outro "pós-socialismo", um "pós-socialismo" que incorpore, e não repudie, o melhor do socialismo.

Segue-se, também, que uma abordagem crítica tem de questionar recusas unilaterais e indiscriminadas da política de reconhecimento. Hoje, é comum que essas recusas se manifestem na forma de rejeição da "política de identidade", uma expressão que é bastante mal utilizada. Essa expressão é associada de modo paradigmático a reivindicações de reconhecimento nacional, regional, étnico ou religioso, dentre as quais, a bem dizer, algumas são verdadeiramente perniciosas. Porém, hoje, nos Estados Unidos, a expressão "políticas de identidade" vem sendo usada cada vez mais como um sinônimo pejorativo de feminismo, antirracismo e anti-heterossexismo. A implicação é que o cerne inerente desse tipo de política é uma autoafirmação particularista que rejeita o universalismo dos "sonhos em comum"[7] e não tem nada que ver com justiça. Inicialmente, contudo, esses movimentos surgiram precisamente em protesto contra os particularismos disfarçados – o masculinismo, o etnocentrismo branco e anglófono, o heterossexismo – que rondam o que se apresenta como universal. Nesse sentido, esses movimentos têm tudo que ver com justiça. Eles assumem a roupagem da política de identidade apenas em certas condições, a saber, quando correntes políticas que buscam a transformação socioeconômica como o remédio para a injustiça de gênero, sexual e étnico-racial são eclipsadas por correntes que buscam a afirmação e a defesa da identidade de grupo[8]. Apenas nesse caso, como no caso das lutas nacionais e étnicas, a ênfase

---

[7] A referência é Todd Gitlin, *The Twilight of Common Dreams: Why America is Wracked by Culture Wars* (Nova York, Metropolitan Books, 1995).

[8] Aqui, meu objetivo é questionar a perspectiva que opõe a "política social", entendida como política de classe, à "política de identidade", entendida como a política dos movimentos feminista, antirracista e de libertação lésbica e gay. Essa perspectiva reduz esses movimentos às correntes que se orientam pela identidade e, com isso, invisibiliza correntes alternativas que se dedicam a retificar formas de injustiça econômica específicas em relação a gênero, raça e sexo que foram ignoradas pelos movimentos de classe tradicionais. Ademais, essa perspectiva perde de vista a maneira como mesmo as correntes orientadas pela identidade se preocupam com questões de justiça, ainda que de um tipo diferente. Para uma discussão dessas questões, ver "Da redistribuição ao reconhecimento?", primeiro capítulo deste volume.

"pós-socialista" na diferença cultural substitui a ênfase caracteristicamente "socialista" na igualdade social.

Desse modo, uma abordagem crítica deve rejeitar recusas fáceis que jogam fora o bebê com a água do banho. Em vez disso, uma abordagem crítica tem de desenvolver uma teoria crítica do reconhecimento, distinguindo as reivindicações de reconhecimento da diferença que promovem a causa da igualdade social daquelas que a atrasam ou enfraquecem.

Isso, por sua vez, exige que a atual dissociação "pós-socialista" entre política cultural e política social seja questionada, tanto do ponto de vista prático como do ponto de vista intelectual. No atual universo acadêmico dos Estados Unidos, a teorização cultural está em larga medida dissociada da teorização social, espelhando assim, na vida intelectual, a dissociação prática que ocorre na vida social entre política de reconhecimento e política de redistribuição. Na filosofia política, por exemplo, teóricas e teóricos da justiça distributiva tendem a simplesmente ignorar a política de identidade, pressupondo, ao que parece, que se trata de falsa consciência. Do mesmo modo, teóricas e teóricos do reconhecimento tendem a ignorar a distribuição, como se a problemática da diferença cultural não tivesse nada que ver com a igualdade social. Ambos os lados, portanto, não conseguem interrogar a dissociação entre economia política e cultura que é o traço distintivo da condição "pós-socialista".

Em contrapartida, uma abordagem crítica tem de ser "bivalente", integrando o social e o cultural, o econômico e o discursivo. Isso significa expor as limitações dos modelos neoestruturalistas de análise do discurso hoje em voga que dissociam "a ordem simbólica" e a economia política. Isso exige cultivar, no lugar desses modelos, modelos alternativos que conectem o estudo da significação a estruturas sociais e instituições. Por fim, isso significa conectar a teoria da justiça cultural à teoria da justiça distributiva.

Os ensaios aqui reunidos procuram desenvolver essa abordagem crítica. O pressuposto que os orienta é que a política cultural do reconhecimento não deve substituir a política social da redistribuição. Antes, as duas políticas precisam ser integradas.

Os capítulos da Parte I concentram-se diretamente na teoria da justiça. No Capítulo 1, "Da redistribuição ao reconhecimento?", argumento que só redistribuição ou só reconhecimento não é suficiente para solucionar a injustiça no mundo de hoje. Proponho uma teoria crítica do reconhecimento que identifique e apoie apenas as formas de política de identidade que podem ser combinadas de maneira coerente com uma política de igualdade social. Também identifico os dilemas que surgem quando se tenta buscar a redistribuição e o reconhecimento ao mesmo tempo. No Capítulo 2, "Depois do salário familiar", examino esses dilemas tendo em vista gênero e Estado de bem-estar. Exponho as limitações de duas visões concorrentes sobre a justiça de gênero pós-industrial: uma tem o objetivo de transformar as mulheres em "trabalhadores" iguais aos homens e a outra visa "fazer com que a diferença não tenha custo". Também esboço as linhas gerais de uma terceira abordagem que, desconstruindo o gênero e transformando os homens, integraria redistribuição e reconhecimento.

A Parte II estabelece certa fundamentação para essa integração no nível da teoria do discurso. Ao inquirir algumas das principais variedades de análise discursiva, identifico as abordagens mais adequadas para a superação da atual dissociação entre o cultural e o social. Nos capítulos 3 e 4 avalio o potencial da teoria da esfera pública para articular o discursivo e o institucional: em "Repensando a esfera pública" identifico as intuições centrais e os pontos cegos no modelo de Habermas e proponho uma reconstrução crítica; em "Sexo, mentiras e a esfera pública" testo o modelo revisado de esfera pública a partir da análise do confronto de Anita Hill e Clarence Thomas, em 1992, nos termos de uma luta para definir a fronteira entre o público e o privado. Em contrapartida, no Capítulo 5 procuro solucionar os déficits estruturais da genealogia foucaultiana ao combiná-la com o materialismo cultural de Raymond Williams. Escrito em coautoria com Linda Gordon e intitulado "Uma genealogia da 'dependência'", esse capítulo situa as alterações nos significados dessa "palavra-chave" em relação às alterações nas configurações da economia política a fim de questionar a atual ideologia neoliberal. Por fim, no Capítulo 6, "Estruturalismo ou pragmática?", exponho as limitações do "lacanismo", um modelo neoestruturalista adotado por muitas feministas. Ao sustentar que o "lacanismo" reifica a "ordem simbólica" e a dissocia da economia política, defendo que a tradição pragmática de análise discursiva é mais adequada para conectar o estudo da significação cultural ao estudo da desigualdade social.

A Parte III desenvolve um projeto de integração da política cultural e da política social nos debates atuais da teoria feminista. No Capítulo 7, "Multiculturalismo, antiessencialismo e democracia radical", analiso a progressiva dissociação de redistribuição e reconhecimento na segunda onda da teoria feminista nos Estados Unidos, conforme o significado de "diferença" foi deslocado da "diferença de gênero" para "diferenças entre mulheres" e daí para "múltiplas diferenças interseccionais". É verdade que essa trajetória trouxe ganhos consideráveis, na medida em que gênero deixou de ser considerado isolado de outros eixos de subordinação; não obstante, algo importante se perdeu: as "diferenças" foram assimiladas ao modelo das variações culturais, o que obscureceu os diferenciais que estavam enraizados na economia política e ceifou o escopo da justiça. No Capítulo 8, em contrapartida, examino um louvável esforço de expansão do escopo da justiça de modo a abarcar tanto a cultura como a economia política. Intitulado "Cultura, economia política e diferença", o capítulo expõe algumas das deficiências da proposta de Iris Marion Young, em particular a tendência a se esquivar das questões políticas espinhosas que surgem quando buscamos redistribuição e reconhecimento ao mesmo tempo. No Capítulo 9, "Falsas antíteses", procuro integrar o discursivo e o normativo à teoria da subjetividade. Ao criticar as posturas desnecessariamente polarizadas de Seyla Benhabib, de um lado, e de Judith Butler, do outro, analiso o que está em jogo na combinação entre reconstrução e desconstrução, entre elementos da Teoria Crítica e do pós-estruturalismo. Finalmente, no Capítulo 10, "Para além do modelo domínio/sujeição", examino o esforço de Carole Pateman para teorizar o modo como as relações contratuais, em vez de subverter, modernizam a dominação masculina. Argumento que Pateman subestima quanto a desigualdade de gênero vem sendo transformada hoje por um deslocamento das relações diádicas de domínio e sujeição para mecanismos estruturais mais impessoais que são vivenciados por meio de formas culturais mais fluidas.

Em todos os capítulos, o objetivo que me orienta é o seguinte: *atravessar com o pensamento* a condição "pós-socialista" com a esperança de sair do outro lado. A bem dizer, não podemos saber no momento o que exatamente nos espera desse outro lado. Ainda assim, podemos resistir às pressões ideológicas que prematuramente encerrariam as possibilidades. Acima de tudo, isso significa recusar as inaceitáveis "escolhas inevitáveis" construídas hoje pelo senso comum "pós-socialista". O objetivo mais geral deveria ser abrir caminho para um outro "pós-socialismo", um pós-socialismo que incorpore o que permanece insuperável no projeto socialista ao que é irretorquível e defensável na política de reconhecimento.

Parte I
Redistribuição e reconhecimento

1. Da redistribuição ao reconhecimento?

Dilemas da justiça em uma era "pós-socialista"

A "luta por reconhecimento" tornou-se rapidamente a forma paradigmática de conflito político no fim do século XX. Reivindicações de "reconhecimento da diferença" alimentam lutas de grupos mobilizados sob a bandeira da nacionalidade, da etnicidade, da "raça", de gênero e sexualidade. Nesses conflitos "pós-socialistas", a identidade de grupo substitui o interesse de classe como principal substrato da mobilização política. A dominação cultural substitui a exploração como injustiça fundamental. O reconhecimento cultural desloca a redistribuição socioeconômica como remédio para a injustiça e como objetivo da luta política[1].

Esta, todavia, é apenas uma parte da história. As lutas por reconhecimento ocorrem em um mundo onde há uma desigualdade material exacerbada – na renda e na posse de propriedades; no acesso ao trabalho assalariado, à educação, à saúde e ao lazer; mas também, e de modo mais drástico, no consumo calórico e na exposição à toxicidade ambiental e, portanto, na expectativa de vida e nas taxas de morbidade e mortalidade. A desigualdade material é crescente na maior parte dos países do mundo – nos Estados Unidos e na China, na Suécia e na Índia, na Rússia e no Brasil. Mas ela também cresce globalmente e de modo mais dramático além das linhas que dividem o Norte do Sul.

---

[1] A pesquisa para este capítulo recebeu apoio da Bohen Foundation; do Institut für die Wissenschaften vom Menschen, em Viena; do Humanities Research Institute, da Universidade da Califórnia, em Irvine; do Center for Urban Affairs and Policy Research, da Northwestern University; e do Programa de Pós-Graduação da New School for Social Research. Pelos valiosos comentários, agradeço a Robin Blackburn, Judith Butler, Angela Harris, Randall Kennedy, Ted Koditschek, Jane Mansbridge, Mika Manry, Linda Nicholson, Eli Zaretsky e aos membros do grupo de trabalho sobre "Feminismo e os Discursos de Poder" do Humanities Research Institute.

Como deveríamos enxergar, então, o eclipse de um imaginário socialista centrado em termos como "interesse", "exploração" e "redistribuição"? Como deveríamos entender a ascensão de um novo imaginário político centrado nas noções de "identidade", "diferença", "dominação cultural" e "reconhecimento"? Essa mudança representa uma recaída na "falsa consciência"? Ou, ao contrário, corrige a cegueira cultural de um paradigma materialista que foi corretamente desacreditado com a derrocada do comunismo soviético?

A meu ver, nenhuma dessas duas posturas é adequada. Ambas são muito genéricas e pouco nuançadas. Em vez de pura e simplesmente apoiar ou rejeitar toda e qualquer política de identidade *de maneira absoluta*, devemos nos ver com uma nova tarefa intelectual e prática: desenvolver uma teoria *crítica* do reconhecimento, uma teoria que identifique e defenda apenas as versões da política cultural da diferença que possam ser coerentemente combinadas com políticas sociais de igualdade.

Ao formular esse projeto, pressuponho que a justiça hoje requer *ambos*, redistribuição *e* reconhecimento. Minha proposta é analisar a relação entre esses paradigmas. Isso significa, em parte, descobrir como conceitualizar reconhecimento cultural e igualdade social de modo que eles reforcem e não enfraqueçam um ao outro. (Pois há muitas concepções concorrentes de ambos!) Também significa teorizar como o desfavorecimento econômico e o desrespeito cultural estão hoje entrelaçados e reforçam um ao outro. Isso requer, portanto, o esclarecimento dos dilemas políticos que surgem quando procuramos combater as duas injustiças simultaneamente.

Meu objetivo mais amplo é conectar duas problemáticas políticas que estão hoje dissociadas, pois somente com a integração do reconhecimento à redistribuição podemos chegar a um quadro teórico adequado aos anseios de nossa era. Esse objetivo, contudo, é muito ambicioso para ser enfrentado aqui. No que se segue, considerarei apenas um aspecto do problema: sob quais circunstâncias uma política de reconhecimento pode reforçar uma política de redistribuição? E quando é mais provável que a enfraqueça? Quais das muitas variedades da política de identidade estão em consonância com as lutas por igualdade social? E quais tendem a prejudicar essas lutas?

Ao abordar essas questões, vou me concentrar nos eixos de injustiça que são simultaneamente culturais e socioeconômicos, paradigmaticamente gênero e "raça" (em contrapartida, não vou discutir muito extensamente etnicidade ou nacionalidade)[2].

---

[2] Apesar dessa omissão, o quadro teórico elaborado adiante pode se mostrar frutífero para lidar com lutas em torno da etnicidade e da nacionalidade. O quadro nos encoraja a prestar atenção, em cada caso, ao peso das reivindicações de redistribuição e reconhecimento, em vez de presumir de pronto que os grupos mobilizados em torno dessas linhas lutam apenas por reconhecimento. É claro que, enquanto os grupos não se veem compartilhando uma situação de

E tenho de acrescentar uma ressalva preliminar: ao propor avaliar reivindicações de reconhecimento do ponto de vista da igualdade social, pressuponho que as variedades da política de reconhecimento que não respeitam os direitos humanos são inaceitáveis, mesmo que promovam igualdade social[3].

Por fim, uma palavra sobre o método. No que se segue, proponho um conjunto de distinções analíticas – por exemplo, injustiças culturais *versus* injustiças econômicas, reconhecimento *versus* redistribuição. No mundo real, é claro, cultura e economia política estão sempre imbricadas, e quase toda luta contra a injustiça, quando compreendida de forma adequada, implica reivindicações tanto de redistribuição como de reconhecimento. Ainda assim, para propósitos heurísticos, distinções analíticas são indispensáveis. Apenas quando abstraímos das complexidades do mundo real podemos elaborar um esquema conceitual capaz de explicá-lo. Assim, ao distinguir analiticamente redistribuição e reconhecimento e ao expor suas diferentes lógicas, pretendo esclarecer – e começar a resolver – alguns dos dilemas políticos centrais de nossa era.

Minha discussão neste capítulo está dividida em quatro partes. Na primeira, conceitualizo redistribuição e reconhecimento como dois paradigmas analiticamente distintos de justiça e formulo "o dilema redistribuição-reconhecimento". Na segunda, distingo três modos típico-ideais de coletividade social com o objetivo de identificar aqueles que são vulneráveis ao dilema. Na terceira, diferencio soluções "afirmativas" de soluções "transformadoras" e examino as respectivas lógicas de coletividade. Na quarta, utilizo essas distinções para propor uma estratégia política que integra, com um mínimo de interferência mútua, reivindicações de reconhecimento a reivindicações de redistribuição.

---

    desfavorecimento socioeconômico e não fazem reivindicações redistributivas, podem ser compreendidos como uma luta por reconhecimento. Lutas nacionais, no entanto, são peculiares, uma vez que o tipo de reconhecimento buscado é a autonomia política, seja na forma de um Estado soberano próprio (os palestinos, por exemplo), seja na forma de uma soberania mais regional no interior de um Estado multinacional (a maioria dos quebequenses, por exemplo). Lutas por reconhecimento étnico, por sua vez, frequentemente buscam direitos de expressão cultural no interior de Estados-nação poliétnicos. Essas distinções são discutidas com perspicácia em Will Kymlicka, "Three Forms of Group-Differentiated Citizenship in Canada", em Seyla Benhabib (orga.), *Democracy and Difference: Contesting the Boundaries of the Political* (Princeton, Princeton University Press, 1996).

[3] Minha principal preocupação neste ensaio é a relação entre o reconhecimento da diferença cultural e a igualdade social. Não estou diretamente preocupada com a relação entre o reconhecimento da diferença cultural e o liberalismo. Todavia, assumo que qualquer política de identidade que não respeite direitos humanos fundamentais, tais como os defendidos em geral por liberais de esquerda, não é aceitável.

O DILEMA REDISTRIBUIÇÃO-RECONHECIMENTO

Gostaria de iniciar observando algumas complexidades da vida política "pós-socialista" contemporânea. Com o descentramento da classe, diversos movimentos sociais se mobilizaram em torno de eixos entrecruzados de diferença. Ao contestar uma série de injustiças, suas reivindicações por vezes se sobrepõem e por vezes entram em conflito. Reivindicações de mudanças culturais se misturam a reivindicações de mudanças econômicas tanto no interior dos movimentos sociais como entre eles. Cada vez mais, porém, reivindicações baseadas na identidade tendem a predominar, enquanto as perspectivas de redistribuição parecem regredir. O resultado é um campo político complexo e com pouca coerência programática.

Para ajudar a esclarecer essa situação e quais são as perspectivas políticas que ela nos apresenta, proponho diferenciar duas concepções de injustiça concebidas aqui de maneira ampla e distintas analiticamente. A primeira é a injustiça socioeconômica, que está enraizada na estrutura político-econômica da sociedade. São exemplos a exploração (ver os frutos de seu trabalho apropriados por e para o benefício de outros); a marginalização econômica (ser limitado a trabalhos indesejáveis e mal remunerados, ou não ter acesso ao trabalho remunerado como um todo) e a privação (não ter acesso a um padrão material de vida adequado).

Teóricas e teóricos igualitários têm procurado conceitualizar a natureza dessas injustiças econômicas há tempos. Essas tentativas incluem: a teoria da exploração capitalista (Marx); a justiça como equidade na escolha dos princípios que regem a distribuição dos "bens primários" (John Rawls); a ideia de que a justiça exige garantia de que as pessoas tenham iguais "capacidades para funcionar" (Amartya Sen); e a visão de que ela requer "igualdade de recursos" (Ronald Dworkin)[4]. Para meus propósitos aqui, no entanto, não precisamos nos comprometer com uma concepção

---

[4] Karl Marx, *O capital* (trad. Rubens Enderle, São Paulo, Boitempo, 2011); John Rawls, *A Theory of Justice* (Cambridge, Harvard University Press, 1971) [ed. bras.: *Uma teoria da justiça*, trad. Jussara Simões, São Paulo, Martins Fontes, 2016] e artigos subsequentes; Amartya Sen, *Commodities and Capabilities* (Amsterdã, North Holland, 1985); e Ronald Dworkin, "What Is Equality? Part 2: Equality of Resources", *Philosophy and Public Affairs*, v. 10, n. 4, 1981, p. 283-345. Embora aqui eu classifique todos esses autores como teóricos da justiça econômica distributiva, também é verdade que a maior parte deles possui ferramentas para lidar com questões de justiça cultural. Rawls, por exemplo, compreende as "bases sociais do autorrespeito" como um bem primário a ser distribuído de maneira equânime, e Sen compreende o "senso de *self*" como relevante para a capacidade de funcionar (devo esse ponto a Mika Manty). Apesar disso, como Iris Marion Young indicou, o principal impulso do pensamento desses autores é na direção da justiça econômica distributiva. Ver Iris Marion Young, *Justice and the Politics of Difference* (Princeton, Princeton University Press, 1990).

teórica específica. Temos apenas de subscrever uma compreensão geral e aproximada de injustiça socioeconômica apoiada em um compromisso com o igualitarismo.

A segunda compreensão da injustiça é cultural ou simbólica. Aqui, a injustiça está enraizada em padrões sociais de representação, interpretação e comunicação. São exemplos a dominação cultural (estar submetido a padrões de interpretação e comunicação associados a outra cultura e que são alheios e/ou hostis à sua); a ausência de reconhecimento (ser invisibilizado por práticas interpretativas, comunicativas e representativas que dispõem de autoridade em sua própria cultura); e o desrespeito (ser rotineiramente difamado ou rebaixado em representações culturais públicas estereotipadas e/ou em interações na vida cotidiana).

Recentemente, alguns teóricos políticos procuraram conceitualizar a natureza dessas injustiças culturais ou simbólicas. Charles Taylor, por exemplo, valeu-se de noções hegelianas para defender que:

> A ausência de reconhecimento ou o não reconhecimento* [...] podem ser uma forma de opressão que aprisiona alguém em um modo de ser falso, distorcido e reduzido. Para além da mera falta de respeito, isso pode infligir uma ferida dolorosa, sobrecarregando as pessoas com um paralisante ódio de si mesmas. O devido reconhecimento, portanto, não é mera cortesia, e sim uma necessidade humana vital.[5]

De modo semelhante, Axel Honneth defendeu que

> devemos nossa integridade [...] à aprovação ou ao reconhecimento de outras pessoas. [Conceitos negativos como "insulto" ou "degradação"] têm relação com formas de desrespeito, com a negação de reconhecimento. [Eles] costumam caracterizar uma forma de comportamento que não representa uma injustiça apenas porque restringe a liberdade de ação dos sujeitos ou lhes causa dano. Ao contrário, tal comportamento é uma injúria porque tolhe essas pessoas em sua compreensão positiva de si – uma compreensão adquirida por meios intersubjetivos.[6]

---

* No original: "nonrecognition or misrecognition". Para *misrecognition*, optou-se por não reconhecimento. O termo diz respeito a uma forma inadequada de reconhecimento; pode significar ausência ou falta de reconhecimento, mas também um tipo falso, ideológico ou errôneo de reconhecimento. Para *nonrecognition*, que Fraser entende como uma forma de *misrecognition*, optou-se por ausência de reconhecimento. (N. T.)

[5] Charles Taylor, *Multiculturalism and "The Politics of Recognition"* (Princeton, Princeton University Press, 1992), p. 25 [ed. port.: *Multiculturalismo: examinando a política de reconhecimento*, trad. Marta Machado, Lisboa, Instituto Piaget, 1998, p. 45-6].

[6] Axel Honneth, "Integrity and Disrespect: Principles of a Conception of Morality Based on the Theory of Recognition", *Political Theory*, v. 20, n. 2, 1992, p. 188-9. Não é coincidência que dois dos principais teóricos contemporâneos do reconhecimento, Honneth e Taylor, sejam hegelianos.

Concepções similares apoiam o trabalho de muitos outros teóricos críticos, entre os quais Iris Marion Young e Patricia J. Williams, que não utilizam o termo "reconhecimento"[7]. Mais uma vez, porém, não é necessário escolhermos uma concepção teórica particular. Temos apenas de subscrever uma compreensão geral e aproximada de injustiça cultural enquanto distinta da injustiça socioeconômica.

Apesar das diferenças entre elas, ambas as injustiças, a socioeconômica e a cultural, estão difundidas nas sociedades contemporâneas. Ambas estão enraizadas em processos e práticas que desfavorecem alguns grupos de pessoas em benefício de outros. Ambas, portanto, devem ser solucionadas.

Essa distinção entre injustiça econômica e injustiça cultural é, sem dúvida, analítica. Na prática, as duas estão entrelaçadas. Mesmo as instituições econômicas mais materiais possuem uma dimensão cultural constitutiva e irredutível; essas instituições são perpassadas por normas e significações. Da mesma maneira, até mesmo as práticas culturais mais discursivas possuem uma dimensão político-econômica constitutiva e irredutível; essas práticas estão escoradas em bases materiais. Assim, longe de ocupar duas esferas hermeticamente separadas, muitas vezes a injustiça econômica e a injustiça cultural estão mutuamente imbricadas e se reforçam dialeticamente. Normas culturais injustamente enviesadas contra alguns grupos são institucionalizadas no Estado e na economia; enquanto isso, o desfavorecimento econômico impede a participação igual na produção de cultura em esferas públicas e na vida cotidiana. O resultado é, com frequência, um círculo vicioso de subordinação cultural e econômica[8].

Apesar desses entrelaçamentos mútuos, distingo analiticamente a injustiça econômica da injustiça cultural. Distingo também dois tipos de remédios correspondentes. O remédio para a injustiça econômica é algum tipo de reestruturação

---

[7] Ver, por exemplo, Patricia J. Williams, *The Alchemy of Race and Rights* (Cambridge, Harvard University Press, 1991), e Iris Marion Young, *Justice and the Politics of Difference*, cit.

[8] A imbricação entre cultura e economia política é um *leitmotiv* de todo o meu trabalho. Defendi-a em diversos capítulos do meu livro *Unruly Practices: Power, Discourse and Gender in Contemporary Social Theory* (Minneapolis, University of Minnesota Press, 1989), que inclui "What's Critical about Critical Theory? The Case of Habermas and Gender"; "Women, Welfare, and the Politics of Need Interpretation"; e "Struggle over Needs: Outline of a Socialist Feminist Critical Theory of Late Capitalist Political Culture" [ed. bras.: "A luta pelas necessidades: esboço de uma teoria crítica socialista-feminista da cultura política do capitalismo tardio", em Marta Lamas (orga.), *Cidadania e feminismo*, São Paulo, Melhoramentos, 1999]. Esse argumento também é central em muitos dos capítulos deste volume, sobretudo em "Repensando a esfera pública: uma contribuição à crítica da democracia realmente existente" e "Uma genealogia da 'dependência': investigando uma palavra-chave do Estado de bem-estar nos Estados Unidos".

político-econômica. Isso pode implicar redistribuição de renda, reorganização da divisão de trabalho, sujeição do investimento a decisões democráticas, ou transformação de outras estruturas econômicas básicas. Embora haja distinções relevantes entre esses vários remédios, a partir de agora vou me referir a eles pelo termo mais geral de "redistribuição"[9]. O remédio para a injustiça cultural, por sua vez, é algum tipo de mudança cultural ou simbólica. Isso pode exigir maior revalorização das identidades desrespeitadas e dos produtos culturais de grupos difamados. Também pode exigir o reconhecimento e a valorização positiva da diversidade cultural. De forma ainda mais radical, poderia exigir uma transformação completa de padrões sociais de representação, interpretação e comunicação de modo que se alteraria o senso de si mesmo de *todos e todas*[10]. Embora haja distinções relevantes entre uns e outros, a partir de agora vou me referir a esses remédios pelo termo mais geral de "reconhecimento".

Repito, a distinção entre remédios redistributivos e remédios de reconhecimento é analítica. Em geral, remédios redistributivos pressupõem uma concepção subjacente de reconhecimento. Alguns defensores da redistribuição socioeconômica igualitária, por exemplo, fundamentam seus argumentos no "valor moral igual das pessoas"; assim, tratam a redistribuição econômica como uma expressão do reconhecimento[11]. Do mesmo modo, remédios de reconhecimento pressupõem, por vezes, uma concepção subjacente de redistribuição. Por exemplo, alguns defensores do reconhecimento multicultural fundamentam seus argumentos na exigência de uma distribuição justa do "bem primário" de uma "estrutura cultural intacta"; assim, tratam o reconhecimento cultural como uma espécie de redistribuição[12]. Não obstante esses entrelaçamentos conceituais, vou deixar de lado questões como: redistribuição e reconhecimento são dois conceitos de justiça distintos, irredutíveis

---

[9] A rigor, esses remédios estão de certo modo em tensão entre si, problema que abordarei em seção subsequente deste capítulo.

[10] Esses vários remédios culturais estão em certa tensão entre si. Uma coisa é conferir reconhecimento a identidades existentes que são hoje subvalorizadas; outra coisa é transformar as estruturas simbólicas e, assim, alterar a identidade das pessoas. Vou explorar as tensões entre os vários remédios em seção subsequente.

[11] Um bom exemplo dessa abordagem encontra-se em Ronald Dworkin, "Liberalism", em *A Matter of Principle* (Cambridge, Harvard University Press, 1985), p. 181-204 [ed. bras.: *Uma questão de princípio*, trad. Luís Carlos Borges, São Paulo, Martins Fontes, 2019].

[12] Um bom exemplo dessa abordagem encontra-se em Will Kymlicka, *Liberalism, Community and Culture* (Oxford, Oxford University Press, 1989). O caso de Kymlicka indica que a distinção entre justiça socioeconômica e cultural nem sempre coincide com a distinção entre justiça distributiva e justiça relacional ou comunicativa.

e *sui generis* ou, ao contrário, um pode ser reduzido ao outro[13]? Vou pressupor que, independentemente de como lidamos com essa questão do ponto de vista metateórico, é produtivo manter uma distinção de primeira ordem entre injustiças socioeconômicas e seus remédios, por um lado, e injustiças culturais e seus remédios, por outro[14].

Feitas essas distinções, posso apresentar as seguintes questões: qual é a relação entre reivindicações de reconhecimento, que visam solucionar a injustiça cultural, e reivindicações de redistribuição, que visam corrigir a injustiça econômica? Que tipos de interferência mútua pode surgir quando reivindicamos ambas simultaneamente?

Há boas razões para nos preocuparmos com essas interferências mútuas. Não é raro que reivindicações de reconhecimento busquem chamar atenção para – ou criem performativamente – a suposta especificidade de um grupo para então afirmar seu valor. Tendem, assim, a promover a diferenciação de grupo. Reivindicações de redistribuição, em contrapartida, muitas vezes exigem a abolição de arranjos econômicos que dão sustentação à especificidade de grupo (as reivindicações feministas de abolição da divisão do trabalho baseada no gênero são um exemplo). Essas reivindicações tendem, assim, a promover a desdiferenciação de grupo. O resultado é que muitas vezes a política de reconhecimento e a política de redistribuição parecem ter objetivos mutuamente contraditórios. Enquanto a primeira tende a promover a diferenciação de grupo, a segunda tende a enfraquecê-la. Os dois tipos de reivindicação criam uma tensão entre si; e podem interferir ou mesmo prejudicar um ao outro.

Temos aqui um dilema espinhoso. A partir de agora, vou denominá-lo dilema redistribuição-reconhecimento. Pessoas sujeitas à injustiça cultural e à injustiça econômica necessitam de ambos, reconhecimento e redistribuição. Elas têm de reivindicar e negar sua especificidade. Como isso é possível, se é que o é?

Antes de responder essa questão, vamos considerar exatamente quem enfrenta o dilema reconhecimento-redistribuição.

---

[13] O livro de Axel Honneth, *The Struggle for Recognition: The Moral Grammar of Social Conflicts* (trad. Joel Anderson, Cambridge, Polity, 1995) [ed. bras.: *Luta por reconhecimento: a gramática moral dos conflitos sociais*, trad. Luiz Repa, São Paulo, Editora 34, 2004], é a tentativa mais minuciosa e sofisticada dessa redução. Honneth argumenta que o reconhecimento é o conceito fundamental da justiça e pode abarcar a distribuição. Argumento contra essa perspectiva e em favor de um "dualismo perspectivo" em minhas *Tanner Lectures* de 1996, disponível em: <https://tanner lectures.utah.edu/_resources/documents/a-to-z/f/Fraser98.pdf>.

[14] Na ausência dessa distinção, não há como examinar os conflitos entre elas. Perdemos a chance de detectar as interferências mútuas que podem surgir quando reivindicações redistributivas e reivindicações de reconhecimento são feitas simultaneamente.

CLASSES EXPLORADAS, SEXUALIDADES MENOSPREZADAS E COLETIVIDADES BIVALENTES

Imagine um espectro conceitual com diferentes tipos de coletividades sociais. Em um de seus extremos estão os modos de coletividade que se enquadram no modelo redistributivo de justiça. No outro, os modos de coletividade que se enquadram no modelo do reconhecimento. No espaço intermediário, os casos que se mostram difíceis porque se enquadram simultaneamente nos dois modelos de justiça.

Considere, primeiro, o polo redistributivo do espectro. Nesse polo, vamos colocar um modo de coletividade típico-ideal cuja existência está inteiramente enraizada na economia política. Em outras palavras, ele se diferencia enquanto coletividade em virtude da estrutura econômica, em oposição à ordem cultural da sociedade. Assim, quaisquer injustiças estruturais sofridas por seus membros são atribuíveis, em última instância, à economia política. A raiz da injustiça, bem como seu cerne, é a má distribuição socioeconômica, e quaisquer injustiças culturais que a acompanhem derivam, em última instância, dessa raiz econômica. O remédio necessário para corrigir a injustiça é, portanto, a redistribuição político-econômica, e não o reconhecimento cultural.

No mundo real, é claro, economia política e cultura estão entrelaçadas, assim como as injustiças de distribuição e de reconhecimento. Podemos nos questionar, portanto, se existe realmente uma coletividade desse tipo puro. Para propósitos heurísticos, todavia, é útil examinarmos suas características. Para isso, vamos considerar um exemplo familiar que pode ser interpretado como próximo do tipo ideal: a concepção marxiana de classe explorada, entendida de modo ortodoxo[15]. Vamos deixar em suspenso se essa concepção de classe é ou não adequada às coletividades históricas que efetivamente lutaram por justiça no mundo real em nome da classe trabalhadora[16].

---

[15] No que se segue, concebo classe de modo altamente estilizado, ortodoxo e teórico, a fim de reforçar o contraste com os outros tipos de coletividade típico-ideais discutidos adiante. Essa certamente não é a única interpretação marxiana de classe. Em outros contextos, e para outros propósitos, eu mesma preferiria uma interpretação menos economicista, que desse mais peso às dimensões culturais, históricas e discursivas de classe enfatizadas por autores como E. P. Thompson e Joan Wallach Scott. Ver E. P. Thompson, *The Making of the English Class* (Nova York, Random House, 1963) [ed. bras.: *A formação da classe operária*, trad. Denise Bottmann, Rio de Janeiro, Paz e Terra, 2021]; e Joan Wallach Scott, *Gender and the Politics of History* (Nova York, Columbia University Press, 1988).

[16] É questionável que haja hoje, no mundo real, qualquer coletividade mobilizada que corresponda à noção de classe apresentada adiante. Não há dúvida de que a história dos movimentos sociais que se mobilizaram sob a bandeira da classe é mais complexa do que sugere essa concepção. Esses

Na concepção aqui pressuposta, classe é um modo de diferenciação social que está enraizado na estrutura político-econômica da sociedade. Uma classe existe como coletividade apenas em virtude de sua posição nessa estrutura e de sua relação com outras classes. A classe trabalhadora marxiana é, assim, um conjunto de pessoas em uma sociedade capitalista que têm de vender sua força de trabalho sob arranjos que autorizam a classe capitalista a se apropriar do excedente de produção para seu benefício privado. A injustiça desses arranjos é fundamentalmente uma questão de distribuição. No esquema capitalista de reprodução social, o proletariado recebe uma grande parcela dos encargos e uma pequena e injusta parcela das recompensas. É verdade que os membros dessa classe sofrem também sérias injustiças culturais, as "injúrias ocultas (e não tão ocultas) de classe". Mas longe de estar enraizadas diretamente em uma estrutura cultural autonomamente injusta, essas injúrias derivam da economia política, na medida em que as ideologias de inferioridade de classe se proliferam para justificar a exploração[17]. Como consequência, o remédio para a injustiça é a redistribuição, e não o reconhecimento. Superar a exploração de classe requer a reestruturação da economia política de modo que se altere a distribuição de classe dos encargos e dos benefícios sociais. Na concepção marxiana, essa reestruturação assume a forma radical da abolição da estrutura de classe enquanto tal. A tarefa do proletariado, portanto, não é simplesmente costurar um acordo melhor para si, mas "abolir a si mesmo enquanto classe". A última coisa de que o proletariado precisa é o reconhecimento de sua diferença. Pelo contrário, a única maneira de solucionar a injustiça é acabar com o proletariado enquanto grupo.

Consideremos, agora, o outro polo do espectro conceitual. Nesse polo, vamos colocar um modelo de coletividade típico-ideal que se enquadra no modelo de jus-

---

movimentos compreendiam a classe não apenas como uma categoria estrutural da economia política, mas também como uma categoria cultural-valorativa de identidade – de maneira muitas vezes problemática para mulheres e pessoas negras. A maior parte dos socialismos afirmou a dignidade do trabalho e o valor dos trabalhadores, misturando reivindicações de redistribuição com reivindicações de reconhecimento. Além disso, não conseguindo abolir o capitalismo, por vezes os movimentos de classe adotaram estratégias reformistas que buscavam o reconhecimento da "diferença" no interior do sistema para aumentar seu poder, dando sustentação a reivindicações de "redistribuição afirmativa", como as denomino adiante. Em geral, portanto, movimentos históricos baseados em classe podem estar mais próximos do que denomino "modos bivalentes de coletividade" do que da interpretação de classe aqui esboçada.

[17] Essa pressuposição não nos leva a rejeitar a posição de que déficits distributivos são acompanhados frequentemente (ou talvez sempre) de déficits de reconhecimento. Implica, porém, que os déficits de reconhecimento de classe, no sentido aqui apresentado, derivam da economia política. Adiante considerarei outros tipos de casos em que as coletividades sofrem de déficits de reconhecimento cujas raízes não são diretamente político-econômicas nesse mesmo sentido.

tiça do reconhecimento. Uma coletividade desse tipo está inteiramente enraizada na cultura, em oposição à economia política. Ela se diferencia enquanto coletividade em virtude dos padrões sociais de interpretação e valoração vigentes, e não em virtude da divisão do trabalho. Assim, quaisquer injustiças estruturais sofridas por seus membros são atribuíveis, em última instância, à estrutura cultural-valorativa. A raiz da injustiça, bem como seu cerne, é o não reconhecimento cultural, e quaisquer injustiças econômicas que o acompanhem derivam, em última análise, dessa raiz cultural. O remédio necessário para corrigir a injustiça é, portanto, o reconhecimento cultural, e não a redistribuição político-econômica.

Mais uma vez, podemos nos questionar se existe realmente uma coletividade desse tipo puro, mas, para propósitos heurísticos, é útil examinar suas características. Um exemplo que se aproxima desse tipo ideal é a concepção de sexualidade menosprezada, entendida de modo específico[18]. Vamos considerar essa concepção de sexualidade, deixando de lado a questão de sua adequação às coletividades homossexuais históricas que lutam por justiça no mundo real.

Nessa concepção, a sexualidade é um modo de diferenciação social cujas raízes não se encontram na economia política, uma vez que homossexuais estão distribuídos ao longo de toda a estrutura de classe da sociedade capitalista, não ocupam uma posição específica na divisão do trabalho e não constituem uma classe explorada. Seu modo de coletividade é antes o da sexualidade menosprezada, enraizada na estrutura cultural-valorativa da sociedade. Dessa perspectiva, a injustiça sofrida por seus membros é fundamentalmente uma questão de reconhecimento. Gays e lésbicas sofrem heterossexismo, isto é, uma construção de normas que dispõem de autoridade e que privilegiam a heterossexualidade. Além disso, sofrem homofobia, isto é, uma desvalorização cultural da homossexualidade. Com sua sexualidade

---

[18] No que se segue, para reforçar o contraste entre sexualidade e outras formas de coletividade típico-ideais aqui discutidas, vou concebê-la de modo teórico e altamente estilizado. Trato a diferenciação sexual como se estivesse inteiramente enraizada na estrutura cultural, em oposição à economia política. Essa certamente não é a única interpretação da sexualidade. Judith Butler (em comunicação pessoal) sugeriu ser possível defender que a sexualidade é inseparável do gênero que, como argumentei abaixo, é tanto uma questão da divisão do trabalho como uma questão da estrutura cultural-valorativa. Nesse caso, a própria sexualidade poderia ser vista como uma coletividade "bivalente", enraizada simultaneamente na cultura e na economia política. Assim, os danos econômicos enfrentados por homossexuais poderiam ser enraizados economicamente e não culturalmente, como é o caso na concepção que apresento aqui. Embora essa análise bivalente seja possível, a meu ver, ela tem aspectos negativos muito sérios. Amarrando muito fortemente gênero e sexualidade, escondemos a importante distinção entre um grupo que ocupa uma posição específica na divisão do trabalho (e deve sua existência em grande parte a esse fato) e um grupo que não ocupa essa posição específica. Discuto essa distinção adiante.

sendo rebaixada, os homossexuais ficam sujeitos a humilhações, assédio, discriminação e violência, e suas proteções iguais e seus direitos jurídicos são negados – tudo fundamentalmente negação de reconhecimento. É verdade que gays e lésbicas também sofrem sérias injustiças econômicas; podem ser sumariamente dispensados de trabalhos assalariados e não ter acesso a benefícios de bem-estar concedidos à família. Mas longe de estar enraizadas na estrutura econômica, essas injustiças derivam de uma estrutura cultural-valorativa injusta[19]. O remédio para a injustiça, portanto, é o reconhecimento, e não a redistribuição. Superar a homofobia e o heterossexismo requer a alteração das valorações culturais (bem como de suas expressões jurídicas e práticas) que privilegiam a heterossexualidade, negam igual respeito a gays e lésbicas e não reconhecem a homossexualidade como um modo legítimo de ser sexual. Trata-se de revalorizar a sexualidade menosprezada e conferir reconhecimento positivo à especificidade sexual gay e lésbica.

Nos dois extremos de nosso espectro conceitual, as coisas são bastante claras. Quando lidamos com coletividades que se aproximam do tipo ideal da classe trabalhadora explorada, estamos diante de injustiças distributivas que exigem remédios

---

[19] Um exemplo de injustiça econômica enraizada diretamente na estrutura econômica seria uma divisão do trabalho que relegasse os homossexuais a determinada posição desfavorável e os explorasse enquanto homossexuais. Negar que essa é a posição dos homossexuais hoje não significa negar que eles e elas enfrentam injustiças econômicas, e sim rastreá-las até outra raiz. Em geral, pressuponho que déficits de reconhecimento são acompanhados frequentemente (ou talvez sempre) de déficits distributivos. Ainda assim, defendo que os déficits distributivos relativos à sexualidade, no sentido apresentado aqui, derivam em última análise da estrutura cultural. Mais adiante vou considerar outros tipos de casos em que coletividades apresentam déficits distributivos cujas raízes não são (apenas) diretamente culturais, nesse sentido. Talvez eu possa esclarecer melhor meu argumento lembrando o contraste que Oliver Cromwell Cox estabelece entre antissemitismo e supremacia branca. Cox sugeriu que, para os antissemitas, a própria existência dos judeus é uma abominação; assim, o objetivo não é explorar os judeus, mas eliminá-los por serem judeus, seja por expulsão, conversão forçada ou extermínio. Para os supremacistas brancos, ao contrário, o "preto" [*the "negro"*] está exatamente no lugar que lhe cabe como fonte explorável de força de trabalho desqualificada e barata. Aqui, o objetivo é a exploração, e não a eliminação. Ver a obra-prima de Cox, injustamente negligenciada, *Caste, Class, and Race* (Nova York, Monthly Review, 1970). Nesse aspecto, a homofobia contemporânea parece estar mais próxima do antissemitismo do que da supremacia branca: ela busca eliminar, e não explorar os homossexuais. Assim, os desfavorecimentos econômicos da homossexualidade são efeitos da negação mais fundamental do reconhecimento cultural. Isso faz com que ela seja a imagem invertida da classe, tal como discutida acima, na qual "as injúrias ocultas (e não tão ocultas)" do não reconhecimento são efeitos da injustiça mais fundamental da exploração. Por sua vez, a supremacia branca, como vou indicar rapidamente, é "bivalente", enraizada ao mesmo tempo na economia política e na cultura, infligindo injustiças cooriginárias e igualmente fundamentais de distribuição e reconhecimento. (A propósito, sobre esse último ponto, divirjo de Cox, que trata a supremacia branca como passível de redução à classe.)

redistributivos. Em contrapartida, quando lidamos com coletividades que se aproximam do tipo ideal da sexualidade menosprezada, estamos diante de injustiças de não reconhecimento que exigem remédios de reconhecimento. No primeiro caso, a lógica do remédio é acabar com o grupo enquanto grupo. No segundo, ao contrário, é valorizar o "caráter de grupo" do grupo, reconhecendo sua especificidade.

Tão logo nos afastamos desses extremos, contudo, as coisas ficam mais nebulosas. Quando consideramos coletividades localizadas no centro do espectro conceitual, encontramos modos híbridos que combinam características da classe explorada com características da sexualidade menosprezada. Essas coletividades são "bivalentes". Elas se diferenciam enquanto coletividades em virtude de *ambas* as estruturas: a estrutura político-econômica *e* a estrutura cultural-valorativa da sociedade. Quando oprimidas ou subordinadas, elas sofrem injustiças que podem ser atribuídas simultaneamente à economia política e à cultura. Em suma, coletividades bivalentes podem sofrer ambas as injustiças, isto é, má distribuição econômica e não reconhecimento cultural, de maneira que nenhuma delas é efeito indireto da outra; ambas são primárias e cooriginárias. Nesse caso, somente remédios redistributivos ou somente remédios de reconhecimento não são suficientes. Coletividades bivalentes precisam de ambos ao mesmo tempo.

Gênero e "raça" são coletividades bivalentes paradigmáticas. Embora cada uma tenha peculiaridades não compartilhadas pela outra, ambas têm dimensões político-econômicas e dimensões cultural-valorativas. Gênero e "raça" exigem, portanto, redistribuição e reconhecimento.

Gênero, por exemplo, tem dimensões político-econômicas por ser um princípio básico e estruturante da economia política. Por um lado, o gênero estrutura a divisão fundamental entre trabalho remunerado e "produtivo" e trabalho não remunerado, "reprodutivo" e doméstico, atribuindo às mulheres a responsabilidade primária por este último. Por outro lado, o gênero também estrutura a divisão no interior do trabalho remunerado entre ocupações industriais e profissionais, mais bem remuneradas e dominadas por homens, e ocupações relacionadas ao serviço doméstico e ao "colarinho rosa", mal remuneradas e dominadas por mulheres. O resultado é uma estrutura político-econômica que gera modos de exploração, marginalização e privação específicos de gênero. Essa estrutura constitui o gênero como uma diferenciação político-econômica dotada de características semelhantes às de classe. Entendida sob essa perspectiva, a injustiça de gênero aparece como uma espécie de injustiça distributiva que exige correção redistributiva. A justiça de gênero, como a de classe, exige a transformação da economia política de modo que se elimine sua estrutura de gênero. Eliminar a exploração, a marginalização e a privação específicas de gênero requer a abolição da divisão do trabalho baseada no gênero – tanto a divisão marcada por gênero entre trabalho remunerado e não remunerado quanto a divisão por gênero no interior do próprio trabalho remunerado. A lógica desse remédio é similar à lógica de classe: acabar com o gênero enquanto tal. Se gênero fosse apenas uma diferenciação político-econômica, portanto, a justiça exigiria sua abolição.

Essa, porém, é apenas uma parte da história. A rigor, o gênero não é apenas uma diferenciação político-econômica, é também uma diferenciação cultural-valorativa. Como tal, possui características que são mais próximas das da sexualidade do que das de classe e o colocam diretamente no interior da problemática do reconhecimento. Uma característica central da injustiça de gênero é, certamente, o androcentrismo: uma construção de normas que dispõem de autoridade e que privilegiam traços associados à masculinidade. Com ela vem o sexismo cultural: a desvalorização e o rebaixamento generalizados daquilo que é codificado como "feminino", paradigmaticamente – mas não apenas – mulheres[20]. Essa desvalorização se expressa em uma série de danos sofridos pelas mulheres, entre eles assédio sexual, exploração sexual e violência doméstica generalizada; banalização, objetificação e rebaixamento em representações estereotipadas na mídia; assédio e rebaixamento em todas as esferas da vida cotidiana; sujeição a normas androcêntricas que fazem com que as mulheres pareçam baixas ou desviantes e o trabalho as desfavoreça, mesmo na ausência de qualquer intenção de discriminar; atitudes discriminatórias; exclusão ou marginalização nas esferas públicas e em corpos deliberativos; negação de proteções iguais e direitos jurídicos plenos. Esses danos são injustiças de reconhecimento. Eles são relativamente independentes da economia política e não são meramente "superestruturais". Desse modo, não podem ser solucionados apenas com redistribuição político-econômica, mas requerem também remédios de reconhecimento adicionais e independentes. Superar o androcentrismo e o sexismo requer mudar valorações culturais (bem como suas expressões jurídicas e práticas) que privilegiam a masculinidade e negam o respeito igual às mulheres. Requer o descentramento de normas androcêntricas e a revalorização de um gênero menosprezado. A lógica do remédio é semelhante à da sexualidade: conferir reconhecimento positivo a uma especificidade de grupo desvalorizada.

O gênero é, em suma, um modo bivalente de coletividade. Ele contém uma face político-econômica que o coloca no âmbito da redistribuição. Contudo, tam-

---

[20] O rebaixamento de gênero pode, é claro, assumir muitas formas, inclusive estereótipos que parecem celebrar, e não aviltar, a "feminilidade".

bém contém uma face cultural-valorativa que o coloca ao mesmo tempo no âmbito do reconhecimento. As duas faces, é claro, não são nitidamente separadas uma da outra. Ao contrário, elas se entrelaçam e se reforçam dialeticamente, porque normas culturais sexistas e androcêntricas estão institucionalizadas no Estado e na economia, e o desfavorecimento econômico das mulheres restringe sua "voz", impedindo sua participação igual na produção de cultura, nas esferas públicas e na vida cotidiana. O resultado é um círculo vicioso de subordinação cultural e econômica. Corrigir a injustiça de gênero requer, portanto, mudanças na economia política e na cultura.

O caráter bivalente do gênero, contudo, origina um dilema. Na medida em que as mulheres sofrem ao menos dois tipos analiticamente distintos de injustiça, elas requerem necessariamente ao menos dois tipos analiticamente distintos de remédios: redistribuição e reconhecimento. Todavia, esses dois remédios seguem direções opostas e não é fácil persegui-los de modo simultâneo. Enquanto a lógica da redistribuição é acabar com o gênero enquanto tal, a lógica do reconhecimento é valorizar a especificidade de gênero[21]. Eis a versão feminista do dilema redistribuição-reconhecimento: como as feministas podem lutar simultaneamente pela abolição da diferenciação de gênero e pela valorização da especificidade de gênero?

Um dilema análogo surge na luta contra o racismo. "Raça", tal como o gênero, é um modo bivalente de coletividade. Por um lado, assemelha-se à classe por ser um princípio estrutural da economia política. Nesse aspecto, a "raça" estrutura a divisão capitalista de trabalho. Ela estrutura a divisão no interior do trabalho remunerado entre ocupações de baixa qualificação, insalubres, domésticas, de baixo *status* e mal remuneradas, realizadas desproporcionalmente por pessoas não brancas*, e ocupações de colarinho branco, profissionalizadas, técnicas, gerenciais, de *status* elevado e mais bem remuneradas, realizadas desproporcionalmente por "brancos"[22]. Hoje,

---

[21] Isso ajuda a explicar por que a história dos movimentos das mulheres possui um padrão de oscilação entre feminismos integracionistas por direitos iguais e feminismos "sociais" e "culturais" orientados para a "diferença". Seria útil esclarecer a lógica temporal específica que faz com que coletividades bivalentes alternem continuamente seu foco principal entre redistribuição e reconhecimento. Para uma primeira tentativa, ver neste volume "Multiculturalismo, antiessencialismo e democracia radical".

* Para *people of colour* e outras construções semelhantes, optou-se por não brancos. Quando a autora utilizou *non-white*, a tradução é a mesma, mas o termo original é indicado entre colchetes. (N. T.)

[22] Além disso, "raça" está implicitamente implicada na divisão de gênero entre trabalho remunerado e não remunerado. Essa divisão se baseia em um contraste normativo entre esfera doméstica e esfera de trabalho remunerado, associadas respectivamente a mulheres e homens. Porém, nos Estados

a divisão racial do trabalho remunerado é parte de um legado histórico de colonialismo e escravidão que estabeleceu uma categorização racial para justificar novas formas brutais de apropriação e exploração, efetivamente constituindo os "negros" como uma casta político-econômica. Além disso, atualmente "raça" estrutura também o acesso aos mercados de trabalho oficiais, constituindo amplos segmentos da população não branca como uma subclasse ou um subproletariado degradado e "supérfluo", indignos até mesmo de serem explorados e excluídos do sistema produtivo como um todo. O resultado é uma estrutura político-econômica que gera modos de exploração, marginalização e privação específicos de "raça". Essa estrutura constrói a "raça" como uma diferenciação político-econômica dotada de certas características semelhantes às de classe. Entendida sob essa perspectiva, a injustiça racial aparece como uma espécie de injustiça distributiva que exige uma correção redistributiva. Tal como a classe, a justiça racial requer uma transformação da economia política de modo que se elimine sua racialização. Eliminar a exploração, a marginalização e a privação específicas de "raça" requer a abolição da divisão racial do trabalho – tanto a divisão racial entre trabalho supérfluo e trabalho explorável quanto a divisão racial no interior do trabalho remunerado. A lógica do remédio é como à de classe: acabar com a "raça" enquanto tal. Se "raça" fosse apenas uma diferenciação político-econômica, a justiça requereria sua abolição.

Tal como "gênero", porém, "raça" não é só político-econômica. Ela possui também dimensões cultural-valorativas que a colocam no universo do reconhecimento, portanto possui características que são mais próximas das características da sexualidade do que das de classe. Um aspecto central do racismo é o eurocentrismo: uma construção de normas que dispõem de autoridade e que privilegiam traços associados à "branquitude". Com ele vem o racismo cultural: a desvalorização e o rebaixamento[23] generalizados do que é codificado como "preto", "pardo" e "amarelo",

---

Unidos (e em outros lugares), essa divisão foi sempre racializada, já que a domesticidade sempre foi implicitamente uma prerrogativa "branca". Afro-americanos e afro-americanas em especial nunca tiveram o privilégio da domesticidade, nem como "refúgio" privado (masculino) nem como foco primário ou exclusivo do cuidado (feminino) dos familiares. Ver Jacqueline Jones, *Labor of Love, Labor of Sorrow: Black Women, Work, and the Family from Slavery to the Present* (Nova York, Basic Books, 1985), e Evelyn Nakano Glenn, "From Servitude to Service Work: Historical Continuities in the Racial Division of Reproductive Labor", *Signs*, v. 18, n. 1, 1992, p. 1-43.

[23] Em uma versão anterior deste ensaio, fiz uso de um termo derivado de "denegrir". A irônica consequência foi ter perpetrado de modo não intencional o mesmo tipo de dano que eu pretendia criticar no ato de descrevê-lo. "Denegrir", que vem do latim *nigrare* (enegrecer), apresenta o rebaixamento em termos de enegrecimento, uma valoração racista. Agradeço ao estudante da Universidade de Saint Louis que me chamou atenção ao fato.

paradigmaticamente – mas não apenas – pessoas não brancas[24]. Essa depreciação se expressa em uma série de danos sofridos por pessoas não brancas, entre eles representações aviltantes e estereotipadas na mídia, como criminosos, pessoas animalescas, primitivas e ignorantes, e assim por diante; violência, assédio e "zombarias" em todas as esferas da vida cotidiana; sujeição a normas eurocêntricas em relação às quais as pessoas não brancas aparecem como baixas ou desviantes e que as desfavorecem, mesmo na ausência de qualquer intenção de discriminar; atitudes discriminatórias; exclusão e/ou marginalização em esferas públicas e corpos deliberativos; negação de proteções iguais e direitos jurídicos plenos. Tal como no caso do gênero, esses danos são injustiças de reconhecimento. Assim, a lógica de seu remédio também é conferir reconhecimento positivo à especificidade desvalorizada do grupo.

A "raça" é, em suma, um modo bivalente de coletividade que possui uma face político-econômica e uma face cultural-valorativa. Essas duas faces se entrelaçam e se reforçam dialeticamente, uma vez que normas culturais racistas e eurocêntricas estão institucionalizadas no Estado e na economia, e o desfavorecimento econômico sofrido pelas pessoas não brancas limita sua "voz". Assim, corrigir a injustiça racial requer mudanças na economia política e na cultura. Tal como o gênero, porém, o caráter bivalente da "raça" origina um dilema. Na medida em que as pessoas não brancas sofrem ao menos dois tipos analiticamente distintos de injustiça, elas exigem necessariamente ao menos dois tipos analiticamente distintos de remédios, redistribuição e reconhecimento, e não é fácil persegui-los de forma simultânea. Afinal, se a lógica da redistribuição é acabar com a "raça" enquanto tal, a lógica do reconhecimento é valorizar a especificidade do grupo[25]. Eis a versão antirracista do dilema redistribuição-reconhecimento: como os antirracistas podem lutar simultaneamente pela abolição da "raça" e pela valorização da especificidade de grupos subordinados e racializados?

Gênero e "raça" são modos de coletividade perpassados por dilemas. Diferentemente da classe, que ocupa um dos polos do espectro conceitual, e diferentemente da sexualidade, que ocupa o outro polo, gênero e "raça" são bivalentes, estão ligados ao mesmo tempo à política de redistribuição e à política de reconhecimento. Ambos, por consequência, enfrentam o dilema redistribuição-reconhecimento.

---

[24] O rebaixamento racial pode, é claro, assumir muitas formas, desde a representação estereotipada dos afro-americanos como sendo intelectualmente inferiores, mas com talentos musicais e atléticos, até a representação dos ásio-americanos como uma "minoria exemplar".

[25] Isso nos ajuda a explicar por que a história da luta pela liberação negra nos Estados Unidos apresenta um padrão de alternância entre integração e separatismo (ou nacionalismo negro). Como no caso de gênero, seria útil esclarecer a dinâmica dessas alternâncias.

Feministas têm de buscar ao mesmo tempo remédios político-econômicos que enfraqueçam a diferenciação de gênero e remédios cultural-valorativoss que valorizam a especificidade de uma coletividade menosprezada. Do mesmo modo, antirracistas têm de buscar ao mesmo tempo remédios político-econômicos que enfraqueçam a diferenciação "racial" e remédios cultural-valorativos que valorizam a especificidade de coletividades menosprezadas. Como fazer as duas coisas ao mesmo tempo?

Afirmação ou transformação? Revisitando a questão dos remédios

Até aqui apresentei o dilema redistribuição-reconhecimento de uma maneira que ele parece algo intratável. Assumi que remédios redistributivos para a injustiça político-econômica sempre desdiferenciam grupos sociais. Do mesmo modo, assumi que remédios de reconhecimento para injustiças cultural-valorativas sempre aumentam a diferenciação do grupo social. Dadas essas pressuposições, é difícil compreender como feministas e antirracistas podem buscar redistribuição e reconhecimento simultaneamente.

Agora, porém, gostaria de complexificar essas assunções. Nesta seção, examinarei concepções alternativas de redistribuição, por um lado, e concepções alternativas de reconhecimento, por outro. Com isso, meu objetivo é distinguir duas abordagens amplas para solucionar injustiças que atravessam a divisão de redistribuição e reconhecimento. Vou denominá-las "afirmação" e "transformação", respectivamente. Após esboçar as linhas gerais de cada uma delas, vou mostrar como operam na redistribuição e no reconhecimento. Com base nisso, por fim, vou reformular o dilema redistribuição-reconhecimento de modo que ele seja passível de resolução.

Começo distinguindo brevemente afirmação e transformação. Por remédios afirmativos de injustiça refiro-me a remédios que visam corrigir os resultados não equitativos dos arranjos sociais, sem enfrentar o quadro subjacente que os produz. Por remédios transformadores, em contrapartida, refiro-me a remédios que visam corrigir os resultados não equitativos, reestruturando precisamente o quadro subjacente que os produz. O ponto crucial da contraposição são os resultados finais *versus* os processos que os produzem. Não é a transformação gradual *versus* a transformação apocalíptica.

Essa distinção pode ser aplicada, em primeiro lugar, a remédios contra a injustiça cultural. Remédios afirmativos para essas injustiças são associados hoje ao que denominarei "multiculturalismo dominante"[26]. Esse tipo de multiculturalismo

---

[26] Nem todas as versões do multiculturalismo se encaixam no modelo descrito aqui. O "multiculturalismo dominante" é uma reconstrução típico-ideal daquilo que entendo ser a compreensão ma-

propõe que o desrespeito deve ser corrigido por meio da revalorização de identidades de grupo injustamente desvalorizadas, mas deixa intactos tanto os conteúdos dessas identidades quanto as diferenciações de grupo subjacentes. Remédios transformadores, em contrapartida, são associados hoje à desconstrução. Eles corrigiriam o desrespeito por meio da transformação da estrutura cultural-valorativa subjacente. Ao desestabilizar identidades e diferenciações dos grupos existentes, esses remédios não apenas elevariam a autoestima dos membros dos grupos desrespeitados, como também alterariam o senso de *self* de *todos e todas*.

Para ilustrar essa distinção, consideremos novamente o caso da sexualidade menosprezada[27]. Remédios afirmativos para a homofobia e o heterossexismo são associados hoje à política de identidade gay, cujo objetivo é valorizar a identidade gay e lésbica[28]. Remédios transformadores, em contraposição, são associados à política *queer*, que desconstrói a dicotomia homo-hétero. A política de identidade gay trata a homossexualidade como uma positividade cultural com conteúdo substantivo próprio, à semelhança da etnicidade (na perspectiva do senso comum)[29]. Assume-se que essa positividade subsiste em si e por si e requer apenas reconhecimento adicional. Em contrapartida, a política *queer* trata a homossexualidade como um correlato construído e desvalorizado da heterossexualidade; ambas são reificações de ambiguidades sexuais que são codefinidas apenas em virtude uma da outra[30]. O propósito transformador não é solidificar a identidade gay, e sim desconstruir a dicotomia homo-hétero de modo que todas as identidades sexuais fixas sejam desestabilizadas. O objetivo não é dissolver toda diferença sexual em uma única identidade humana universal; trata-se antes de assegurar um campo sexual de diferenças múltiplas, desbinarizadas, fluidas e sempre instáveis.

---

joritária do multiculturalismo. Também é dominante porque é a versão que costuma ser debatida nas esferas públicas dominantes. Outras versões são discutidas em Linda Nicholson, "To Be or Not to Be: Charles Taylor on the Politics of Recognition", *Constellations*, v. 3, n. 1, 1996, p. 1-16; e Michael Warner et al., "Critical Multiculturalism", *Critical Inquiry*, v. 18, n. 3, 1992, p. 530-56.

[27] Lembro que sexualidade é entendida aqui como um modo de diferenciação social inteiramente enraizado na estrutura cultural-valorativa da sociedade; portanto, as questões discutidas aqui não se confundem com questões relativas à estrutura político-econômica, e a necessidade é de reconhecimento, e não de redistribuição.

[28] Outra abordagem afirmativa é o humanismo na luta pelos direitos homossexuais, que tornaria privadas as sexualidades existentes. Por questões de espaço, não a discutirei aqui.

[29] Para uma discussão sobre a política de identidade gay tender tacitamente a retratar a sexualidade nos moldes da etnicidade, ver Steven Epstein, "Gay Politics, Ethnic Identity: The Limits of Social Constructionism", *Socialist Review*, n. 93-94, 1987, p. 9-54.

[30] O termo técnico para isso na filosofia desconstrutiva de Jacques Derrida é *suplemento*.

As duas abordagens são remédios interessantes para o não reconhecimento. Há, porém, uma diferença crucial entre elas. Enquanto a política de identidade gay tende a reforçar a diferenciação sexual existente de grupos, a política *queer* tende a desestabilizá-la – ao menos aparentemente e no longo prazo[31]. O argumento vale para remédios de reconhecimento de modo mais geral. Enquanto remédios afirmativos de reconhecimento tendem a promover as diferenciações existentes de grupos, remédios transformadores de reconhecimento tendem, no longo prazo, a desestabilizá-las a fim de abrir espaço para futuros reagrupamentos. Retornarei a esse ponto.

Distinções análogas são válidas para remédios contra a injustiça econômica. Remédios afirmativos contra essas injustiças são historicamente associados ao Estado de bem-estar liberal[32]. Esses remédios buscam corrigir a má distribuição, ao mesmo tempo que deixam intacta grande parte da estrutura político-econômica subjacente. Assim, ampliam a participação de grupos economicamente desfavorecidos no mercado de consumo, mas sem reestruturar o sistema da produção. Remédios transformadores, por sua vez, são historicamente associados ao socialismo.

---

[31] Apesar dos pretendidos objetivos desconstrutivos de longo prazo, os efeitos práticos da política *queer* podem ser ambíguos. Tal como a política de identidade gay, a política *queer* também tende a promover a solidariedade de grupo aqui e agora, mesmo que seu foco seja a terra prometida da desconstrução. Sendo assim, talvez devamos distinguir, de um lado, o que chamo adiante de "compromisso oficial de reconhecimento" da desdiferenciação de grupo e, de outro, seu "efeito prático de reconhecimento" (de transição) da solidariedade de grupo e mesmo da solidificação de grupo. A estratégia de reconhecimento *queer* contém uma tensão interna: para que algum dia possa desestabilizar a dicotomia homo-hétero, ela precisa primeiro mobilizar os "*queers*". Se essa tensão se torna frutífera ou não depende de fatores complexos demais para que sejam discutidos aqui. Nos dois casos, porém, a estratégia de reconhecimento *queer* permanece distinta da política de identidade gay. Enquanto esta ressalta de forma simples e direta a diferenciação de grupo, a política *queer* faz isso apenas de modo indireto, na contracorrente de seu ímpeto principal de desdiferenciação. Desse modo, as duas abordagens constroem tipos de grupos qualitativamente distintos. Enquanto a política de identidade gay mobiliza homossexuais que se identificam como homossexuais para reivindicar o que entende ser uma sexualidade determinada, a política *queer* mobiliza os "*queers*" para reivindicar a liberação de identidades sexuais determinadas. Os "*queers*", é claro, não são um grupo de identidade no mesmo sentido que os homossexuais; talvez sejam mais bem compreendidos como um grupo anti-identidade que pode circunscrever todo o espectro de comportamentos sexuais, desde o gay até o hétero e o bi. (Para uma análise divertidíssima – e perspicaz – da diferença, bem como para uma recapitulação sofisticada da política *queer*, ver Lisa Duggan, "Queering the State", *Social Text*, 1994, n. 39, p. 1-14). Deixando de lado as dificuldades, devemos e podemos distinguir os efeitos (diretos) do reconhecimento afirmativo gay dos efeitos (mais) desdiferenciados (embora complexos) do reconhecimento transformador *queer*.

[32] Por "Estado de bem-estar liberal" entendo o tipo de regime que foi estabelecido nos Estados Unidos após o New Deal. Gøsta Esping-Andersen, em *The Three Worlds of Welfare Capitalism* (Princeton, Princeton University Press, 1990), distingue acertadamente esse regime do Estado de bem-estar social-democrata e do Estado de bem-estar conservador-corporativista.

Repaririam a distribuição injusta por meio da transformação da estrutura político-econômica subjacente. Ao reestruturar as relações de produção, esses remédios não apenas alterariam a distribuição final da participação no mercado de consumo, como também alterariam a divisão social do trabalho e, com ela, as condições de existência de todos e todas[33].

Para exemplificar essa distinção, tomemos uma vez mais o caso da classe explorada[34]. Por via de regra, remédios redistributivos afirmativos contra as injustiças de classe incluem transferências de renda de dois tipos: os programas de seguridade social compartilham custos da reprodução social entre os empregados estáveis, os chamados setores primários da classe trabalhadora; e os programas de assistência pública oferecem auxílio "focalizado" e com teste de meios ao "exército de reserva" de desempregados e subempregados. Longe de abolir a própria diferenciação de classe, esses remédios afirmativos reforçam e dão forma a essa diferenciação. Seu efeito geral é desviar a atenção da divisão de classe entre trabalhadores e capitalistas, colocando-a na divisão entre as parcelas empregadas e não empregadas da classe trabalhadora. Programas de assistência pública "focalizam" aos pobres não apenas o auxílio, como também a hostilidade. Esses remédios fornecem, sem dúvida, um auxílio material necessário. Mas também criam diferenciações antagônicas de grupo sobre as quais há um forte investimento emocional.

Essa mesma lógica se aplica à redistribuição afirmativa em geral. Embora essa abordagem procure corrigir a injustiça econômica, ela deixa intactas as estruturas profundas que geram o desfavorecimento baseado na classe. Por isso, a redistribuição afirmativa tem continuamente de fazer realocações superficiais. O resultado é marcar a classe mais desfavorecida como inerentemente incapaz e instável, como se sempre precisasse de mais. Com o tempo, essa classe pode aparecer como

---

[33] Hoje, é claro, muitas características específicas do socialismo do tipo "realmente existente" parecem problemáticas. Quase ninguém continua defendendo uma economia de puro "comando" na qual há pouco espaço para os mercados. Também não há acordo que diz respeito ao lugar e à extensão da propriedade pública em uma sociedade socialista democrática. Para os meus propósitos, porém, não é necessário atribuir um conteúdo específico à ideia socialista. É suficiente invocar a ideia geral de correção da injustiça distributiva por meio de reestruturações político-econômicas profundas, em oposição às realocações superficiais. Nesse sentido, a social-democracia aparece como um caso híbrido, no qual se combinam remédios afirmativos e transformadores; também pode ser vista como uma "posição intermediária", na qual há uma quantidade moderada de reestruturação econômica, maior do que no Estado de bem-estar liberal e menor do que no socialismo.

[34] Lembro que classe, no sentido definido acima, é uma coletividade inteiramente enraizada na estrutura político-econômica da sociedade; as questões discutidas aqui não se confundem com as questões relativas à estrutura cultural-valorativa, e os remédios neesários são os da redistribuição e não os do reconhecimento.

privilegiada, como se recebesse tratamento especial ou benesses não merecidas. Assim, uma abordagem que visa corrigir as injustiças de distribuição pode acabar criando injustiças de reconhecimento.

Em certo sentido, essa abordagem é contraditória. A redistribuição afirmativa pressupõe em geral uma concepção universalista de reconhecimento, o valor moral igual das pessoas. Vamos chamá-la de "compromisso oficial de reconhecimento". Porém, quando repetida ao longo do tempo, a prática da redistribuição afirmativa tende a colocar em ação uma segunda dinâmica – estigmatizante – de reconhecimento que contradiz o compromisso oficial com o universalismo[35]. Essa segunda dinâmica pode ser compreendida como um "efeito prático de reconhecimento" decorrente da redistribuição afirmativa[36].

Agora, vamos contrastar essa lógica com a dos remédios transformadores para as injustiças distributivas de classe. Por via de regra, remédios transformadores combinam programas de bem-estar universalistas, tributação progressiva arrojada, políticas macroeconômicas de pleno emprego, amplo setor público desmercantilizado, propriedade pública e/ou coletiva significativa e processos democráticos de decisão sobre prioridades socioeconômicas básicas. Esses remédios procuram assegurar o acesso de todos e todas ao emprego, ao mesmo tempo que buscam desvincular o emprego da participação no mercado de consumo. Com isso, tendem a enfraquecer a diferenciação de classe. Remédios transformadores reduzem a desigualdade social sem criar classes estigmatizadas, formadas por pessoas vulneráveis e percebidas como beneficiárias de benesses especiais[37]. Elas tendem a promover reciprocidade e solidariedade nas relações de reconhecimento. Assim, uma abordagem que visa corrigir as injustiças de distribuição também pode ajudar a corrigir (algumas) injustiças de reconhecimento[38].

---

[35] Em alguns contextos, como o dos Estados Unidos hoje, o efeito prático do reconhecimento decorrente da redistribuição afirmativa pode encobrir por completo o compromisso oficial de reconhecimento.

[36] A terminologia que uso aqui inspira-se na distinção de "parentesco oficial" e "parentesco prático" em Pierre Bourdieu, *Outline of a Theory of Practice* (Cambridge, Cambridge University Press, 1977) [ed. bras.: *Esboço de uma teoria da prática*, trad. Miguel Serras Pereira, São Paulo, Celta, 2002].

[37] Esbocei, deliberadamente, uma imagem ambígua entre o socialismo e uma social-democracia robusta. A concepção clássica de social-democracia permanece a de T. H. Marshall, "Citizenship and Social Class", em Seymour Martin Lipset (org.), *Class, Citizenship, and Social Development: Essays by T. H. Marshall* (Chicago, University of Chicago Press, 1964). Nesse texto, Marshall argumenta que um regime social-democrata universalista de "cidadania social" enfraquece a diferenciação de classe, mesmo na ausência de um socialismo em sentido pleno.

[38] Para ser mais precisa: a redistribuição transformadora pode ajudar a corrigir aquelas formas de não reconhecimento que derivam da estrutura político-econômica. Corrigir o não reconhecimento enraizado na estrutura cultural, por sua vez, requer remédios de reconhecimento independentes.

Essa abordagem é consistente. Como a redistribuição afirmativa, a redistribuição transformadora pressupõe em geral uma concepção universalista de reconhecimento, o valor moral igual das pessoas. Porém, diferentemente da redistribuição afirmativa, sua prática não enfraquece essa concepção universalista. As duas abordagens geram, assim, lógicas diferentes de diferenciação de grupo. Enquanto os remédios afirmativos podem ter o efeito perverso de promover diferenciação de classe, remédios transformadores tendem a borrar essa diferenciação. Além disso, as duas abordagens geram dinâmicas subliminares diferentes de reconhecimento. A redistribuição afirmativa pode estigmatizar os menos favorecidos, acrescentando o insulto do não reconhecimento à injúria da privação. A redistribuição transformadora, por sua vez, pode promover a solidariedade, ajudando a corrigir algumas formas de não reconhecimento.

O que devemos concluir dessa discussão? Nesta seção, consideramos apenas os casos típico-ideais "puros", localizados nos extremos do espectro conceitual. Comparamos os diferentes efeitos os remédios afirmativos e transformadores sobre as injustiças distributivas de classe economicamente arraigadas, por um lado, e sobre as injustiças de reconhecimento culturalmente arraigadas, por outro. Vimos que, em geral, os remédios afirmativos tendem a promover a diferenciação de grupo, enquanto os remédios transformadores tendem a desestabilizá-la ou a borrá-la. Também vimos que os remédios de redistribuição afirmativa podem gerar uma reação adversa de não reconhecimento, enquanto os remédios transformadores de redistribuição podem ajudar a corrigir algumas formas de não reconhecimento.

Tudo isso sugere uma maneira de reformular o dilema redistribuição-reconhecimento. Podemos perguntar: para grupos que estão sujeitos aos dois tipos de injustiça, quais combinações de remédios funcionam melhor para reduzir ou mesmo eliminar as interferências mútuas que podem surgir quando redistribuição e reconhecimento são buscados simultaneamente?

REFINANDO O DILEMA: REVISITANDO GÊNERO E "RAÇA"

Imagine uma matriz com quatro células. O eixo horizontal representa os dois tipos de remédios que acabamos de examinar, a saber, a afirmação e a transformação. O eixo vertical representa os dois aspectos da justiça que estamos analisando aqui, a saber, a redistribuição e o reconhecimento. Nessa matriz, podemos localizar as quatro orientações políticas que discutimos há pouco. Na primeira célula, onde redistribuição e afirmação se encontram, está o projeto de bem-estar liberal; centrado em realocações superficiais de parcelas de distribuição entre os grupos existentes, ele tende a reforçar a diferenciação de grupo; também pode produzir, como reação adversa, o não reconhecimento. Na segunda célula, onde redistribuição e transformação se encontram, está o projeto socialista; orientado para uma profunda reestruturação das relações de produção, ele tende a borrar a diferenciação de grupo; também pode ajudar a corrigir algumas formas de não reconhecimento. Na terceira célula, onde reconhecimento e afirmação se encontram, está o projeto do multiculturalismo dominante; centrado em realocações superficiais de respeito entre os grupos existentes, ele tende a reforçar a diferenciação de grupo. Na quarta célula, onde reconhecimento e transformação se encontram, está o projeto de desconstrução; orientado para uma profunda reestruturação das relações de reconhecimento, ele tende a desestabilizar as diferenciações de grupo (ver Quadro 1.1).

Quadro 1.1

	Afirmação	Transformação
Redistribuição	*Estado de bem-estar liberal* Realocação superficial de bens existentes para grupos existentes; reforça a diferenciação de grupo; pode gerar não reconhecimento	*Socialismo* Reestruturação profunda das relações de produção; borra a diferenciação de grupo; pode ajudar a solucionar algumas formas de não reconhecimento
Reconhecimento	*Multiculturalismo dominante* Realocações superficiais do respeito para identidades existentes de grupos existentes; reforça as diferenciações de grupo	*Desconstrução* Reestruturação profunda das relações de reconhecimento; desestabiliza a diferenciação de grupo

A matriz apresenta o multiculturalismo dominante como o equivalente cultural do Estado de bem-estar liberal, já a desconstrução é apresentada como o equivalente cultural do socialismo. Com isso, ela nos permite fazer algumas avaliações preliminares acerca da compatibilidade entre as várias estratégias de correção. Podemos aferir até que ponto os pares de remédios se oporiam se buscados simultaneamente. Podemos identificar pares que nos colocariam diretamente no centro do dilema redistribuição-reconhecimento. Podemos também identificar pares que cumprem a promessa de possibilitar o refinamento do dilema.

Ao menos à primeira vista, dois pares parecem particularmente *não* promissores. A política afirmativa de redistribuição do Estado de bem-estar liberal parece não combinar com a política transformadora de reconhecimento da desconstrução; enquanto a primeira tende a promover a diferenciação de grupo, a segunda tende a desestabilizá-la. De modo similar, a política transformadora de redistribuição do socialismo parece não combinar com a política afirmativa de reconhecimento do multiculturalismo dominante; enquanto a primeira tende a enfraquecer a diferenciação de grupo, a segunda tende a promovê-la.

Os dois outros pares de remédios, ao contrário, parecem bastante promissores. A política afirmativa de redistribuição do Estado de bem-estar liberal parece compatível com a política afirmativa de reconhecimento do multiculturalismo dominante; ambas tendem a promover a diferenciação de grupo, embora a primeira possa gerar não reconhecimento como reação adversa. De modo similar, a política transformadora de redistribuição do socialismo parece compatível com as políticas transformadoras de reconhecimento da desconstrução; ambas tendem a enfraquecer as diferenciações de grupo existentes.

Para testar essas hipóteses, vamos revisitar gênero e "raça". Lembramos que ambos são diferenciações bivalentes, eixos de injustiça econômica e cultural. Assim, pessoas subordinadas por gênero e/ou "raça" precisam de redistribuição e reconhecimento. Elas são os sujeitos paradigmáticos do dilema redistribuição-reconhecimento. No caso dessas pessoas, qual seria o resultado de buscarmos vários pares de remédios para a injustiça ao mesmo tempo? Existem pares de remédios que permitam a feministas e antirracistas refinarem ou mesmo eliminarem completamente o dilema redistribuição-reconhecimento?

Consideremos primeiro o caso do gênero[39]. Lembramos que corrigir a injustiça de gênero requer a alteração da economia política e da cultura, de modo que seja desfeito o círculo vicioso entre subordinação econômica e subordinação cultural. Como vimos, as alterações em questão podem assumir qualquer uma das duas formas: afirmação ou transformação. Deixando de lado os casos que se mostram pouco promissores, vamos considerar o caso, à primeira vista promissor, em que

---

[39] Lembremos que, enquanto diferenciação político-econômica, o gênero estrutura a divisão do trabalho de maneira que gera exploração, marginalização e privação específicas de gênero. Lembremos, além disso, que, enquanto diferenciação cultural-valorativa, o gênero também estrutura as relações de reconhecimento de maneira que gera androcentrismo e sexismo cultural. Lembremos ainda que, para o gênero, assim como para todas as diferenciações de grupo bivalentes, a injustiça econômica e a injustiça cultural não são nitidamente separadas uma da outra; ao contrário, elas se entrelaçam e se reforçam dialeticamente, porque as normas culturais sexistas e androcêntricas estão institucionalizadas na economia, ao mesmo tempo que o desfavorecimento econômico impede a participação igual na produção da cultura, tanto na vida cotidiana como nas esferas públicas.

a redistribuição afirmativa se combina com o reconhecimento afirmativo[40]. Como o nome indica, a redistribuição afirmativa voltada para a correção da injustiça de gênero na economia inclui ações afirmativas, ou seja, tenta assegurar às mulheres uma parcela justa dos empregos e dos espaços educacionais existentes, mas mantém inalterados a natureza e o número de empregos e espaços educacionais. O reconhecimento afirmativo voltado para a correção da injustiça de gênero na cultura inclui o feminismo cultural, ou seja, tenta assegurar respeito às mulheres, revalorizar a feminilidade, mas mantém inalterado o código binário de gênero que confere sentido a esta última. Assim, o cenário em tela combina as políticas socioeconômicas do feminismo liberal com as políticas culturais do feminismo cultural. Essa combinação refina de fato o dilema redistribuição-reconhecimento?

Apesar de parecer promissor em um primeiro momento, o cenário é problemático. A redistribuição afirmativa não alcança a profundidade na qual a economia política é marcada por gênero. Orientada primordialmente para o combate da discriminação, não ataca a divisão baseada em gênero de trabalho remunerado e trabalho não remunerado, ou de ocupações masculinas e femininas no interior do trabalho remunerado. Ao deixar intactas as estruturas profundas que geram o desfavorecimento de gênero, tem continuamente de fazer realocações superficiais. O resultado não é apenas sublinhar a diferenciação de gênero. A redistribuição afirmativa também marca as mulheres como incapazes e insaciáveis, como se sempre precisassem de mais. Com o tempo, as mulheres podem até aparecer como privilegiadas, como se recebessem tratamento especial ou benesses não merecidas. Desse modo, uma abordagem que visa corrigir injustiças de distribuição pode acabar alimentando injustiças de reconhecimento como reação adversa.

---

[40] No que diz respeito aos casos não promissores, vou simplesmente supor que é difícil combinar uma política de reconhecimento cultural-feminista que visa revalorizar a feminilidade e uma política redistributiva feminista socialista que visa acabar com o gênero na economia política. A incompatibilidade é clara quando tratamos o reconhecimento da "diferença das mulheres" como um objetivo feminista de longo prazo. Sem dúvida, algumas feministas concebem a luta por esse reconhecimento não como um fim em si, mas como um estágio de um processo que em algum momento levará ao fim do gênero. Talvez não haja aqui uma contradição formal com o socialismo. Ao mesmo tempo, porém, permanece a contradição prática, ou ao menos a dificuldade prática: a ênfase na diferença das mulheres aqui e agora pode em algum momento dissolver a diferença de gênero. O argumento contrário vale para o outro caso não promissor, o caso do Estado de bem-estar liberal feminista combinado ao feminismo desconstrutivo. A ação afirmativa para mulheres é vista, em geral, como um remédio de transição cujo objetivo é alcançar uma "sociedade cega em relação ao sexo". Novamente, talvez não haja aqui nenhuma contradição formal com a desconstrução. Mas permanece a contradição prática, ou ao menos a dificuldade prática: a ação afirmativa liberal feminista aqui e agora pode em algum momento nos levar efetivamente à desconstrução?

Esse problema é exacerbado quando acrescentamos a estratégia afirmativa do feminismo cultural. Essa abordagem chama insistentemente a atenção para a suposta especificidade ou diferença cultural das mulheres – isso quando não as cria performativamente. Em alguns contextos, essa abordagem pode fazer progressos em relação ao descentramento de normas androcêntricas. Nesse contexto, porém, o mais provável é que ponha lenha na fogueira do ressentimento contra a ação afirmativa. Quando vista dessa perspectiva, a política cultural de afirmação da diferença feminina aparece como uma afronta ao compromisso oficial do Estado de bem-estar liberal com o igual valor moral das pessoas.

O outro caminho que à primeira vista parece promissor combina redistribuição transformadora com reconhecimento transformador. A redistribuição transformadora se destina à correção da injustiça de gênero na economia e consiste em uma forma de feminismo socialista ou social-democracia feminista. O reconhecimento transformador se destina à correção da injustiça de gênero na cultura e consiste em uma desconstrução feminista do androcentrismo por meio da desestabilização das dicotomias de gênero. Assim, o cenário em tela combina as políticas socioeconômicas do feminismo socialista com as políticas culturais do feminismo desconstrutivo. Essa combinação refina de fato o dilema redistribuição-reconhecimento?

Esse cenário é bem menos problemático. No longo prazo, o objetivo do feminismo desconstrutivo é uma cultura em que as dicotomias hierárquicas de gênero são substituídas por redes de diferenças múltiplas e interseccionais instáveis e não massificadas. Esse objetivo é consistente com a redistribuição transformadora socialista-feminista. A desconstrução se opõe à sedimentação ou congelamento da diferença de gênero que ocorre em uma economia política injustamente marcada por gênero. A imagem utópica de uma cultura em que novas construções de identidade e diferença são livremente elaboradas e rapidamente desconstruídas só é possível, afinal, com base em uma igualdade social aproximada.

Além disso, como estratégia de transição, essa combinação não alimenta as chamas do ressentimento[41]. Se possui um aspecto negativo, é que tanto a política cultural desconstrutiva-feminista quanto a política econômica socialista-feminista

---

[41] Pressuponho aqui que as complexidades internas dos remédios transformadores de reconhecimento, tal como foram discutidas na nota 31, não geram efeitos perversos. No entanto, se, apesar do compromisso oficial com a desdiferenciação de gênero, o efeito prático do reconhecimento decorrente das políticas culturais feministas desconstrutivas for uma clara diferenciação de gênero, então podem surgir efeitos perversos. Nesse caso, poderia haver interferências entre a redistribuição feminista-socialista e o reconhecimento feminista-desconstrutivo. Todavia, essas interferências provavelmente seriam menos debilitantes do que aquelas associadas ao outro cenário aqui examinado.

estão muito distantes das identidades e dos interesses imediatos da maior parte das mulheres, tal como são culturalmente construídos hoje.

Resultados análogos ocorrem no caso da "raça", no qual as alterações também podem assumir qualquer uma das duas formas, afirmação ou transformação[42]. Deixando mais uma vez de lado os casos não promissores, consideremos os dois cenários que parecem promissores à primeira vista. O primeiro combina redistribuição afirmativa com reconhecimento afirmativo. A redistribuição afirmativa se destina à correção da injustiça racial na economia e inclui ação afirmativa, ou seja, tenta assegurar às pessoas não brancas uma parcela justa dos empregos e dos espaços educacionais existentes, mas mantém inalterados a natureza e o número de empregos e espaços educacionais. O reconhecimento afirmativo se destina à correção da injustiça racial na cultura e inclui o nacionalismo cultural, ou seja, tenta assegurar respeito às pessoas não brancas por meio da valorização da "negritude", mas mantém inalterado o código binário branco-negro que confere sentido a esta última. Assim, o cenário em tela combina a política socioeconômica do antirracismo liberal com a política cultural do nacionalismo negro ou *black power*. Essa combinação refina de fato o dilema redistribuição-reconhecimento?

Esse cenário é problemático. Como no caso do gênero, a redistribuição afirmativa não alcança a profundidade na qual a economia política é racializada. Não ataca a divisão racializada de trabalho explorável e trabalho excedente, ou de ocupações desqualificadas e qualificadas no interior do trabalho remunerado. Deixando intactas as estruturas profundas que geram o desfavorecimento racial, tem continuamente de fazer realocações superficiais. O resultado não é apenas sublinhar a diferenciação racial. A redistribuição afirmativa também marca as pessoas não brancas como incapazes e insaciáveis, como se sempre precisassem de mais. Com isso, as pessoas não brancas podem aparecer como se recebessem o privilégio de um tratamento especial. O problema é exacerbado quando acrescentamos a estratégia de reconhecimento afirmativo do nacionalismo cultural. Em alguns contextos, essa abordagem pode trazer progressos em relação ao descentramento de normas eurocêntricas, mas, no nosso contexto, a política cultural de afirmação da diferença negra aparece como uma afronta ao Estado de bem-estar liberal. Ao alimentar o ressentimento contra a ação afirmativa, essa abordagem pode provocar como reação adversa um intenso não reconhecimento.

O segundo caso que à primeira vista parece promissor combina redistribuição transformadora com reconhecimento transformador. A redistribuição transforma-

---

[42] O mesmo que foi dito sobre gênero nas notas 39 e 40 pode ser dito aqui sobre "raça".

dora se destina à correção da injustiça racial na economia e consiste em uma forma de socialismo democrático antirracista ou social-democracia antirracista. O reconhecimento transformador se destina à correção da injustiça racial na cultura e consiste em uma forma de desconstrução antirracista do eurocentrismo por meio da desestabilização das dicotomias raciais. Assim, o cenário em tela combina a política socioeconômica do antirracismo socialista com a política cultural do antirracismo desconstrutivo.

Esse cenário, assim como no caso análogo do gênero, é muito menos problemático. No longo prazo, o objetivo do racismo desconstrutivo é uma cultura em que as dicotomias raciais hierárquicas são substituídas por redes de diferenças múltiplas e interseccionais instáveis e não massificadas. Esse objetivo, também nesse caso, é consistente com a redistribuição socialista transformadora. Mesmo como estratégia de transição, essa combinação não alimenta as chamas do ressentimento[43]. Seu principal aspecto negativo, aqui também, é que tanto a política cultural antirracista-desconstrutiva quanto a política econômica antirracista-socialista estão muito distantes das identidades e dos interesses imediatos da maior parte das pessoas não brancas, tal como são culturalmente construídos hoje[44].

O que devemos concluir dessa discussão? Para gênero e "raça", o cenário que permite um melhor refinamento do dilema redistribuição-reconhecimento é socialismo na economia e desconstrução na cultura[45]. Contudo, para que esse cenário

---

[43] Pressuponho, novamente, que as complexidades internas dos remédios transformadores de reconhecimento, tal como foram discutidas na nota 31, não geram efeitos perversos. No entanto, se o efeito prático do reconhecimento das políticas culturais antirracistas desconstrutivas for uma clara diferenciação por cor, podem surgir efeitos perversos. O resultado poderia ser interferências entre a redistribuição socialista antirracista e o reconhecimento desconstrutivo antirracista. Mais uma vez, porém, estes seriam menos debilitantes do que aqueles que acompanham os outros examinados aqui.

[44] Ted Koditschek (em comunicação pessoal) sugeriu que esse cenário pode ter outro grave aspecto negativo: "a opção desconstrutiva pode estar menos disponível aos afro-americanos na atual situação. Quando a exclusão estrutural de (muitas) pessoas negras em relação à plena cidadania econômica empurra a 'raça' cada vez mais para o primeiro plano e faz dela uma categoria cultural pela qual se é atacado, não há como evitar que pessoas com autorrespeito a adotem e a afirmem agressivamente como fonte de orgulho". Koditschek continua e sugere que os judeus "têm muito mais espaço para negociar um equilíbrio mais saudável entre afirmação étnica, autocrítica e universalismo cosmopolita – não porque somos melhores desconstrucionistas (ou mais inerentemente inclinados ao socialismo), mas porque temos mais espaço para fazer esse tipo de movimento".

[45] Se essa conclusão é válida ou não para a nacionalidade e a etnicidade permanece uma incógnita. É óbvio que as coletividades indígenas bivalentes não querem acabar consigo mesmas enquanto grupo.

seja psicológica e politicamente viável, é preciso que todos nós nos afastemos de nossos vínculos com as atuais construções culturais de interesses e identidades[46].

Conclusão

O dilema redistribuição-reconhecimento é real. Não há como eliminá-lo ou resolvê-lo com um simples movimento teórico. O máximo que se pode fazer é tentar amenizá-lo por meio de abordagens que reduzam os conflitos entre redistribuição e reconhecimento nos casos em que ambos têm de ser buscados ao mesmo tempo.

Defendi aqui que uma economia socialista combinada com uma política cultural desconstrutiva é o que funciona melhor para refinar o dilema para coletividades bivalentes de gênero e "raça" – ao menos quando são consideradas isoladamente. O próximo passo seria mostrar que essa combinação também funciona para uma configuração sociocultural mais ampla. Afinal, gênero e "raça" não estão nitidamente separados um do outro. Também não estão nitidamente separados de classe e sexualidade. Ao contrário, todos os eixos de injustiça se interseccionam de maneiras que afetam os interesses e as identidades de todos. Ninguém é membro de apenas uma coletividade. Pessoas que são subordinadas em um dos eixos da divisão social podem muito bem ser dominantes em outro[47].

A tarefa é entender como refinar o dilema redistribuição-reconhecimento quando o problema é situado nesse campo mais amplo de lutas múltiplas e interseccionadas que combatem injustiças múltiplas e interseccionadas. Embora não possa desenvol-

---

[46] Esse sempre foi o problema do socialismo. Embora convincente do ponto de vista cognitivo, é experiencialmente distante. O acréscimo da desconstrução parece exacerbar o problema. Ela pode se revelar muito negativa e reativa, isto é, excessivamente *desconstrutiva*, para inspirar lutas em nome de coletividades subordinadas que se vinculam a suas identidades existentes.

[47] Muitos trabalhos recentes se dedicaram à "intersecção" entre os vários eixos de subordinação, o que, por propósitos heurísticos, abordei separadamente. Boa parte desses trabalhos trata da dimensão do reconhecimento; visam demonstrar que várias identificações coletivas e categorias de identidade foram mutuamente constituídas ou construídas. Joan W. Scott, por exemplo, defendeu em *Gender and the Politics of History* (cit.) que as identidades das classes trabalhadoras francesas foram discursivamente construídas por meio de uma simbolização codificada por gênero; David R. Roediger argumentou em *The Wages of Whiteness: Race and the Making of the American Working Class* (Londres, Verso, 1991) que as identidades da classe trabalhadora nos Estados Unidos foram racialmente codificadas. Enquanto isso, muitas feministas não brancas argumentam que identidades de gênero foram racialmente codificadas e que identidades racializadas foram codificadas por gênero. No Capítulo 5 deste volume, "Uma genealogia da 'dependência'", Linda Gordon e eu defendemos que gênero, "raça" e ideologias de classe se interseccionaram para construir o que se entende hoje nos Estados Unidos por "dependência do bem-estar social" e "subclasse".

ver todo o argumento aqui, vou arriscar três razões para supormos que a combinação de socialismo e desconstrução se provará mais uma vez superior às demais.

Primeiro, os argumentos aqui desenvolvidos para gênero e "raça" valem para todas as coletividades bivalentes. Assim, se as coletividades que se mobilizam no mundo real sob a bandeira da sexualidade e da classe são mais bivalentes do que os construtos típico-ideais apresentados acima, elas deveriam preferir o socialismo aliado à desconstrução. Essa abordagem duplamente transformadora poderia orientar a escolha de uma ampla gama de grupos desfavorecidos.

Segundo, o dilema redistribuição-reconhecimento não surge apenas endogenamente, digamos assim, no interior de uma única coletividade bivalente. Ele surge também exogenamente, por assim dizer, atravessando coletividades interseccionais. Qualquer pessoa que seja ao mesmo tempo homossexual e da classe trabalhadora enfrentará uma versão desse dilema, independentemente de interpretarmos ou não classe e sexualidade como bivalentes. E qualquer pessoa que seja mulher e negra o encontrará em uma forma multifacetada e dramática. Em geral, portanto, quando reconhecemos que os eixos da injustiça se entrecruzam, temos de reconhecer formas entrecruzadas do dilema redistribuição-reconhecimento. Essas formas talvez sejam até mais resistentes à resolução pela combinação de remédios afirmativos do que as formas consideradas acima. Afinal, remédios afirmativos funcionam por soma e muitas vezes seus propósitos colidem uns com os outros. Assim, a intersecção de classe, "raça", gênero e sexualidade intensifica a necessidade de soluções transformadoras, que façam a combinação de socialismo e desconstrução ser ainda mais atrativa.

Terceiro, essa combinação é a que melhor promove a construção de coalizões. A construção de coalizações é particularmente urgente hoje, dada a multiplicação dos antagonismos sociais, a fragmentação dos movimentos sociais e o apelo da direita nos Estados Unidos. Nesse contexto, o projeto de transformar as estruturas profundas da economia política e da cultura parece ser a orientação programática abrangente mais capaz de fazer justiça a *todas* as lutas contra a injustiça hoje. Só ela não pressupõe um jogo de soma zero.

Se estivermos certos, podemos começar a entender quão fora dos trilhos está a política nos Estados Unidos. Estamos presos em um círculo vicioso em que subordinação cultural e subordinação econômica se reforçam mutuamente. Nossos esforços para corrigir essas injustiças, combinando Estado de bem-estar liberal e o multiculturalismo dominante, estão produzindo efeitos perversos. Somente olhando para as concepções alternativas de redistribuição e reconhecimento, poderemos satisfazer a exigência de justiça para todas e todos.

2. Depois do salário familiar:

UM EXPERIMENTO MENTAL PÓS-INDUSTRIAL

A atual crise do Estado de bem-estar tem muitas raízes – tendências econômicas globais, deslocamentos em massa de refugiados e imigrantes, hostilidade da população em relação a impostos, ascensão de antagonismos nacionais e étnico-"raciais", declínio das ideologias de solidariedade e a derrocada do socialismo de Estado. No entanto, o esfacelamento da antiga ordem de gênero é, sem sombra de dúvida, um dos principais fatores. Os Estados de bem-estar existentes baseiam-se em premissas sobre o gênero cada vez mais descompassadas da autocompreensão e da vida das pessoas. Dessa forma, os Estados de bem-estar não oferecem a proteção social adequada, sobretudo a mulheres e crianças[1].

A ordem de gênero que está desaparecendo descende da era industrial do capitalismo e reflete o mundo social do qual se originou. Esse mundo era centrado no ideal do *salário familiar*. Nele, presumia-se que as pessoas se organizariam em famílias nucleares heterossexuais e chefiadas por um homem, e que a principal fonte de renda seriam os ganhos do homem no mercado de trabalho. O chefe de família receberia um salário familiar suficiente para sustentar filhos e uma mulher e mãe em tempo integral, e esta realizaria o trabalho doméstico sem receber remuneração.

---

[1] A pesquisa que resultou neste capítulo recebeu apoio do Center for Urban Affairs and Policy Research, da Northwestern University. Por seus valiosos comentários, estou em débito com Rebecca Blank, Joshua Cohen, Fay Cook, Barbara Hobson, Axel Honneth, Jenny Mansbridge, Linda Nicholson, Ann Shola Orloff, John Roemer, Ian Schapiro, Tracy Strong, Peter Taylor-Gooby, Judy Wittner, Eli Zaretsky, e os membros do Grupo de Trabalho em Políticas Públicas Feministas, do Center for Urban Affairs and Policy Research da Northwestern University.

É claro que um número incontável de vidas nunca se adequou a esse padrão. Ainda assim, era ele que fornecia a imagem normativa do que deveria ser uma família.

O ideal do salário familiar estava inscrito na estrutura da maior parte dos Estados de bem-estar da era industrial[2]. Essa estrutura tinha três camadas, e a primeira era ocupada pelos programas de seguridade social. Planejados para proteger as pessoas das inconstâncias do mercado de trabalho (e para proteger a economia de períodos de escassez de demanda), esses programas substituíam o salário do provedor em caso de doença, invalidez, desemprego ou velhice. Muitos países também contavam com uma segunda camada de programas que davam apoio direto às mulheres que cuidavam de casa e dos filhos em tempo integral. Uma terceira camada servia ao "resíduo". Em larga medida um resquício do tradicional alívio à pobreza, os programas de assistência pública garantiam um auxílio irrisório, estigmatizado, com teste de meios, a pessoas carentes que não podiam solicitar um apoio honrado, pois não se encaixavam no cenário do salário familiar[3].

Hoje, contudo, o pressuposto do salário familiar não se sustenta mais – seja de um ponto de vista empírico, seja de um ponto de vista normativo. Nessa transição

---

[2] Mimi Abramowitz, *Regulating the Lives of Women: Social Welfare Policy from Colonial Times to the Present* (Boston, South End Press, 1988); Nancy Fraser, "Women, Welfare, and the Politics of Need Interpretation", em *Unruly Practices: Power, Discourse, and Gender in Contemporary Social Theory* (Minneapolis, University of Minnesota Press, 1989); Linda Gordon, "What Does Welfare Regulate?", *Social Research*, v. 55, n. 4, 1988, p. 609-30; Hilary Land, "Who Cares for the Family?" *Journal of Social Policy*, v. 7, n. 3, 1978, p. 257-84. Uma exceção ao pressuposto do salário familiar é a França, que, desde o início, aceitou rendas elevadas para o trabalho feminino remunerado. Ver Jane Jenson, "Representations of Gender: Policies to 'Protect' Women Workers and Infants in France and the United States before 1914", em Linda Gordon (orga.), *Women, the State, and Welfare* (Madison, University of Wisconsin Press, 1990).

[3] Essa descrição da estrutura tripartite do Estado de bem-estar altera a que propus em "Women, Welfare, and the Politics of Need Interpretation", cit. Ali, eu acompanhava Barbara Nelson e postulava uma estrutura de duas camadas: uma de programas de seguridade social típico-idealmente "masculinos" e outra de programas de amparo à família típico-idealmente "femininos" (ver Barbara Nelson, "Women's Poverty and Women's Citizenship: Some Political Consequences of Economic Marginality", *Signs*, v. 10, n. 2, 1984, p. 209-31, e "The Origins of the Two-Channel Welfare State: Workmen's Compensation and Mothers' Aid", em Linda Gordon (orga.), *Women, the State, and Welfare*, cit. Embora essa perspectiva seja uma imagem mais ou menos precisa do sistema de bem-estar social dos Estados Unidos, hoje considero que, do ponto de vista analítico, ela leva a resultados errôneos. A peculiaridade dos Estados Unidos é que a segunda e a terceira camadas se confundem. O principal programa de alívio à pobreza com teste de meios – o Aid to Families with Dependent Children [Auxílio a Famílias com Filhos Dependentes] (AFDC) – é também o principal programa de amparo às mulheres com filhos. Do ponto de vista analítico, é melhor compreendê-lo como duas camadas distintas de bem-estar social. Quando se acrescenta a seguridade social, temos um Estado de bem-estar de três camadas.

para uma nova fase *pós-industrial* do capitalismo, estamos vivenciando a agonia final da antiga ordem industrial de gênero. A crise do Estado de bem-estar é indissociável dessas mudanças de época. Em certa medida, essa crise está radicada na derrocada do mundo do salário familiar e de seus pressupostos centrais a respeito dos mercados de trabalho e das famílias.

Nos mercados de trabalho do capitalismo pós-industrial, poucos empregos pagam um salário suficiente para que uma pessoa sustente sozinha uma família; na verdade, muitos são temporários ou em meio período e não garantem benefícios trabalhistas[4]. Além disso, a contratação de mulheres é cada vez mais comum – embora com uma remuneração muito menor que a dos homens[5]. Por outro lado, as famílias pós-industriais são menos convencionais e mais diversas[6]. Heterossexuais casam-se menos e mais tarde, e divorciam-se mais e mais rápido. Gays e lésbicas desbravam novos arranjos domésticos[7]. As normas de gênero e as formas de família estão, finalmente, sendo amplamente contestadas. Em parte graças aos movimentos feministas e de libertação gay e lésbica, muitas pessoas deixaram de optar pelo modelo do homem provedor e da mulher dona de casa. Um dos resultados dessas tendências é um aumento expressivo de famílias chefiadas por mães solo: cresce o número de mulheres, divorciadas ou que nunca se casaram, que batalham para se manter e manter suas famílias sem o salário de um provedor do sexo masculino. Nessas famílias, há altos índices de pobreza.

Em resumo, está nascendo um novo mundo de produção econômica e reprodução social – um mundo de emprego menos estável e de famílias mais diversas. Embora seja impossível saber ao certo qual será sua forma final, ao menos uma coisa está clara: o mundo que está nascendo, tanto quanto o mundo do salário familiar, vai exigir um Estado de bem-estar que de fato proteja as pessoas contra as incertezas. Além disso, está nítido que as antigas formas do Estado de bem-estar,

---

[4] David Harvey, *The Condition of Postmodernity: An Inquiry into the Origins of Cultural Change* (Oxford, Blackwell, 1989) [ed. bras.: *Condição pós-moderna*, trad. Adail Sobral e Maria Gonçalves, São Paulo, Loyola, 2004]; Scott Lash e John Urry, *The End of Organized Capitalism* (Cambridge, Polity Press, 1987); Robert Reich, *The Work of Nations: Preparing Ourselves for 21st Century Capitalism* (Nova York, Knopf, 1991) [ed. bras.: *O trabalho das nações:* preparando-nos para o capitalismo do séulo 21, trad. Claudiney Fullmann, São Paulo, Educator, 1994].

[5] Joan Smith, "The Paradox of Women's Poverty: Wage-Earning Women and Economic Transformation", *Signs*, v. 10, n. 2, 1984, p. 291-310.

[6] Judith Stacey, "Sexism by a Subtler Name? Postindustrial Conditions and Postfeminist Consciousness in the Silicon Valley", *Socialist Review*, n. 96, 1987, p. 7-28.

[7] Kath Weston, *Families We Choose: Lesbians, Gays, Kinship* (Nova York, Columbia University Press, 1991).

calcadas no pressuposto da família chefiada por um homem e do emprego relativamente estável, não são mais adequadas para fornecer essa proteção. Precisamos de algo novo, de um Estado de bem-estar pós-industrial que seja condizente com as condições radicalmente novas de emprego e reprodução.

Como então deveria ser um Estado de bem-estar pós-industrial? Nos últimos tempos, conservadores têm tido muito a dizer acerca da "reestruturação do Estado de bem-estar", mas sua visão é contraditória e contra-histórica; buscam restabelecer o modelo do homem provedor e da mulher dona de casa para a classe média, e, ao mesmo tempo, exigem que as mães solteiras pobres "trabalhem". Recentemente, os Estados Unidos instituíram políticas neoliberais, mas também elas são inadequadas para o contexto atual. Punitivas, androcêntricas e obcecadas pelo emprego, a despeito da ausência de bons postos de trabalho, essas políticas são incapazes de fornecer segurança em um mundo pós-industrial[8]. Tanto a primeira como a segunda abordagem ignoram algo crucial: um Estado de bem-estar pós-industrial, tal como o industrial que o antecedeu, tem de manter uma ordem de gênero. Hoje, porém, a única ordem de gênero aceitável é a que se baseia na *equidade de gênero*.

Com isso, as feministas estão em uma boa posição para criar uma visão emancipatória para o período que se avizinha. Mais do que ninguém, elas compreendem a importância das relações de gênero na atual crise do Estado de bem-estar industrial e a centralidade da equidade de gênero para qualquer solução satisfatória. Feministas também compreendem a importância do trabalho do cuidado para o bem-estar humano e os efeitos da organização social desse trabalho para a posição social das mulheres. Por fim, feministas estão atentas aos potenciais conflitos de interesses nas famílias e à inadequação das definições androcêntricas de trabalho.

Até o momento, contudo, as feministas evitaram uma reflexão reconstrutiva sistemática acerca do Estado de bem-estar. Também ainda não desenvolveram uma concepção satisfatória de equidade de gênero que possa dar forma a uma visão emancipatória. É hora de empreendermos essa reflexão. Deveríamos perguntar: que nova ordem pós-industrial de gênero deveria substituir o salário familiar? Que tipo de Estado de bem-estar pode melhor amparar essa nova ordem de gênero? Que concepção de equidade de gênero melhor captura nossas aspirações mais elevadas? Que visão de bem-estar social chega mais perto de encarná-la?

Hoje, dois tipos de respostas são concebíveis e, a meu ver, ambas podem ser qualificadas como feministas. A primeira é a que denomino modelo do sustento

---

[8] Nancy Fraser, "Clintonism, Welfare, and the Antisocial Wage: The Emergence of a Neoliberal Political Imaginary", *Rethinking Marxism*, v. 6, n. 1, 1993, p. 9-23.

universal. Trata-se da visão implícita na prática política atual de boa parte das feministas e dos liberais nos Estados Unidos. O objetivo é fomentar a equidade de gênero por meio da promoção da contratação de mulheres; a peça central desse modelo é a provisão estatal de serviços – como os relacionados ao cuidado infantil – que possibilitem o trabalho. A segunda resposta possível é a que chamo de modelo da paridade no cuidado. Trata-se da visão implícita na prática política atual de boa parte das feministas e dos sociais-democratas na Europa Ocidental. O objetivo é promover a equidade de gênero, sobretudo apoiando o trabalho informal do cuidado; a peça central desse modelo é a transferência de recursos pelo Estado para cuidadores e cuidadoras.

Qual dessas duas abordagens merece nossa lealdade no período que se avizinha? Qual expressa uma visão mais atrativa de uma ordem pós-industrial de gênero? Qual melhor incorpora o ideal de equidade de gênero?

Neste capítulo, delineio um quadro de referências para pensarmos essas questões de maneira sistemática. Aos moldes de um experimento mental, analiso versões altamente idealizadas do sustento universal e da paridade no cuidado. Contrariamente aos fatos, admito a possibilidade de um mundo em que, por estarem disponíveis as precondições econômicas e políticas, ambos os modelos são exequíveis. Tendo pressuposto condições altamente favoráveis, avalio os pontos fracos e fortes de cada um.

O resultado não é uma análise padrão de políticas, pois nem o modelo do sustento universal nem o da paridade no cuidado serão postos em prática num futuro próximo; além disso, minha discussão não se dirige prioritariamente às elites que formulam políticas públicas. Meus propósitos são, antes de tudo, teóricos e políticos em sentido amplo. Em primeiro lugar, ao reconsiderar o que se entende por equidade de gênero, pretendo esclarecer alguns dos dilemas que circundam "igualdade" e "diferença". Dessa forma, ao explicitar alguns dos pressupostos implícitos na prática atual e ao submetê-los a um escrutínio crítico, pretendo incitar uma reflexão mais profunda sobre as estratégias e os objetivos feministas.

Minha discussão está dividida em quatro partes. Na primeira, proponho uma análise da equidade de gênero que produz um conjunto de padrões valorativos. Na segunda e na terceira, aplico esses padrões ao modelo do sustento universal e da paridade no cuidado. Na quarta parte, concluo que nenhuma dessas abordagens, mesmo sob uma forma idealizada, é capaz de cumprir plenamente a equidade de gênero. Para que tenhamos alguma chance, sustento que temos de desenvolver uma nova visão do Estado de bem-estar pós-industrial que efetivamente desmantele a divisão do trabalho baseada no gênero.

Equidade de gênero: uma concepção complexa

Para avaliarmos visões alternativas de um Estado de bem-estar pós-industrial, precisamos de alguns critérios normativos. Como afirmei, a equidade de gênero é um padrão indispensável. Mas o que exatamente é equidade de gênero?

Até agora, feministas associaram a equidade de gênero ora à igualdade, ora à diferença, sendo que "igualdade" significa tratar as mulheres de modo exatamente igual aos homens e "diferença" significa tratá-las de modo diferente, já que as mulheres são diferentes dos homens. Teóricas e teóricos têm debatido os méritos de cada uma dessas abordagens como se representassem dois polos antitéticos de uma dicotomia absoluta. Em geral, essas discussões acabam em um beco sem saída. Defensoras e defensores da "diferença" conseguiram mostrar que, em regra, as estratégias baseadas na igualdade pressupõem "o masculino como norma" e, assim, desfavorecem as mulheres e impõem padrões distorcidos para todas e todos. No entanto, as feministas igualitárias argumentaram de maneira igualmente convincente que, em regra, as propostas baseadas na diferença se assentam em noções essencialistas de feminilidade e, assim, reforçam os estereótipos e confinam as mulheres às divisões de gênero existentes[9]. Sendo assim, nem a igualdade nem a diferença são concepções factíveis de equidade de gênero.

Feministas responderam de maneiras diferentes a esse beco sem saída. Algumas procuraram resolvê-lo reformulando uma das pontas do dilema, reinterpretaram a diferença ou a igualdade da maneira que consideravam mais defensável. Outras concluíram com um: "Que a peste caia sobre vossas duas casas!"* e buscaram um terceiro, inteiramente outro, princípio normativo. Outras ainda tentaram acolher o dilema como se fosse um paradoxo possibilitador, um recurso que deve ser valorizado, e não um impasse que deva ser contornado. Por fim, muitas feministas recuaram completamente da teorização normativa – e aproximaram-se do positivismo cultural, do reformismo gradual ou do antinomianismo pós-moderno.

Nenhuma dessas respostas é satisfatória. A teorização normativa continua sendo uma empreitada intelectual indispensável para o feminismo, na verdade para todos os movimentos sociais emancipatórios. Precisamos de uma visão, de uma imagem do objetivo que estamos tentando alcançar, assim como de um conjunto de padrões para avaliar as diferentes propostas de como podemos alcançá-lo.

---

[9] Discussões sofisticadas podem ser encontradas em Katharine T. Bartlett e Rosanne Kennedy (orgs.), *Feminist Legal Theory: Readings in Law and Gender* (Boulder, Westview Press, 1991).

* Alusão à fala de Mercúcio na primeira cena do terceiro ato de *Romeu e Julieta*, de William Shakespeare. (N. T.)

Além disso, o impasse teórico entre igualdade e diferença é real; ele não pode ser simplesmente acolhido ou rejeitado. Do mesmo modo, não há um terceiro termo "inteiramente outro" que, magicamente, nos tire de vez desse beco sem saída. O que as teóricas feministas deveriam fazer então?

Minha proposta é que reconceitualizemos a equidade de gênero como uma ideia complexa, e não como uma ideia simples. Isso significa romper com o pressuposto segundo o qual a equidade de gênero pode ser identificada com um único valor ou norma, seja a igualdade, seja a diferença, seja qualquer outra coisa. Devemos tratar a equidade de gênero como uma noção complexa que abarca uma pluralidade de princípios normativos distintos. Essa pluralidade inclui algumas noções associadas ao lado da igualdade no debate e, do mesmo modo, algumas noções associadas ao lado da diferença. Também fazem parte dessa pluralidade outras ideias normativas que não foram devidamente valorizadas por nenhum dos dois lados. De onde quer que provenham, contudo, o importante é que, para alcançar a equidade de gênero, é preciso respeitar simultanemanete cada uma dessas várias e diferentes normas. Não satisfazer uma delas significa não realizar plenamente o significado da equidade de gênero.

No que se segue, pressuponho que a equidade de gênero é complexa nesse sentido. E proponho uma análise cujo propósito específico é avaliar imagens possíveis de um Estado de bem-estar pós-industrial. Para questões que não digam respeito apenas ao bem-estar social, talvez tenhamos de convocar um conjunto diferente de normas. Não obstante, creio que a ideia geral de tratarmos a equidade de gênero como uma concepção complexa tem aplicação ampla. A análise oferecida aqui pode funcionar como um caso paradigmático que mostra a serventia dessa abordagem.

De todo modo, para este experimento mental específico, enquadro a equidade de gênero como um conjunto de sete princípios normativos distintos. Permitam-me enumerá-los.

1. *O princípio da antipobreza*. O primeiro e mais óbvio objetivo de provisão do bem-estar social é a prevenção da pobreza. Impedir a pobreza é fundamental para alcançarmos a equidade de gênero depois do salário familiar, dadas as altas taxas de pobreza em famílias chefiadas por mães solo e a possibilidade cada vez maior nos Estados Unidos de que mulheres e crianças venham a viver em famílias desse tipo[10]. Caso não consiga nada além disso, um Estado de bem-estar deveria ao menos aliviar o sofrimento, provendo certas necessidades básicas que, sem ele, não seriam atendidas. Arranjos como os que encontramos nos Estados Unidos, que deixam

---

[10] David T. Ellwood, *Poor Support: Poverty in the American Family* (Nova York, Basic Books, 1988).

mulheres, crianças e homens na pobreza, são inaceitáveis de acordo com esse critério. Qualquer Estado de bem-estar pós-industrial que impeça esse tipo de pobreza seria um grande avanço. Até aqui, porém, não dissemos muita coisa. O princípio contra a pobreza pode ser satisfeito de maneiras muito distintas, mas nem todas são aceitáveis. Algumas, como o auxílio que focaliza, isola e estigmatiza as famílias de mãe solo, não respeitam muitos dos princípios normativos apresentados a seguir, e que também são essenciais para a equidade de gênero no Estado de bem-estar social.

2. *O princípio da antiexploração*. Medidas contra a pobreza são importantes não apenas em si, mas também como meio para outro objetivo básico: impedir a exploração de pessoas vulneráveis[11]. Esse princípio também é central para alcançarmos a equidade de gênero depois do salário familiar. Mulheres em situação de carestia, que não dispõem de outras formas de se alimentar e de alimentar seus filhos, por exemplo, são suscetíveis à exploração – de maridos abusivos, capatazes de *sweatshops* e cafetões. Assim, além de garantir o alívio da pobreza, a provisão do bem-estar também deveria buscar mitigar a dependência explorável[12]. A disponibilidade de uma fonte alternativa de renda melhora as condições de negociação das pessoas subordinadas em relações desiguais. A esposa desempregada que sabe que pode se sustentar e sustentar os filhos fora do casamento tem mais poder de barganha na relação; sua "voz" se amplifica conforme aumenta a possibilidade de "saída"[13]. O mesmo vale para a auxiliar mal remunerada de uma casa de repouso em relação a seu chefe[14]. Para que as medidas de bem-estar tenham esse efeito, no entanto, o apoio deve ser dado em termos de direitos. Quando receber um auxílio é estigmatizado

---

[11] Robert Goodin, *Reasons for Welfare: The Political Theory of the Welfare State* (Princeton, Princeton University Press, 1988).

[12] Nem todas as formas de dependência são exploráveis. Robert Goodin, em *Reasons for Welfare*, cit., p. 175-6, especifica quatro condições que têm de ser satisfeitas para que uma dependência seja considerada explorável: 1) a relação tem de ser assimétrica; 2) a parte subordinada tem de necessitar dos recursos providos pela parte superior; 3) o subordinado tem de depender de um superior particular para a provisão dos recursos de que necessita; 4) o superior tem de gozar de controle discricionário sobre os recursos dos quais necessita o subordinado.

[13] Albert O. Hirschman, *Exit, Voice, and Loyalty: Responses to Decline in Firms, Organizations, and States* (Cambridge, Harvard University Press, 1970) [ed. bras.: *Saída, voz e lealdade*, trad. Angela de Assis Melim, São Paulo, Perspectiva, 1973]; Susan Moller Okin, *Justice, Gender, and the Family* (Nova York, Basic Books, 1989); Barbara Hobson, "No Exit, No Voice: Women's Economic Dependency and the Welfare State", *Acta Sociologica*, v. 33, n. 3, 1990, p. 235-50.

[14] Frances Fox Piven e Richard A. Cloward, *Regulating the Poor* (Nova York, Random House, 1971); Gøsta Esping-Andersen, *The Three Worlds of Welfare Capitalism* (Princeton, Princeton University Press, 1990).

ou discricionário, o princípio de antiexploração não é satisfeito[15]. Na melhor das hipóteses, a requerente trocaria a dependência explorável de um marido ou de um chefe pela dependência explorável em relação ao arbítrio de um assistente social[16]. A meta deveria ser a prevenção de pelo menos três tipos de dependências exploráveis: a dependência explorável de um membro específico da família, como um marido ou uma filha ou filho adulto; a dependência explorável de empregadores e supervisores; e a dependência explorável das vontades pessoais de funcionários públicos. Em vez de jogar as pessoas de uma dependência para outra, uma abordagem adequada teria de impedir esses três tipos de dependência ao mesmo tempo[17]. Esse princípio exclui arranjos em que os benefícios destinados a uma dona de casa sejam recebidos pelo marido. Ele é também incompatível com arranjos que oferecem bens essenciais, como acesso à saúde, apenas em caso de escassez de emprego. Qualquer Estado de bem-estar pós-industrial que satisfaça o princípio de antiexploração representaria uma melhoria considerável em relação aos arranjos vigentes nos Estados Unidos. Contudo, mesmo esse princípio pode não ser satisfatório. Alguns modos de satisfazê-lo talvez não respeitem alguns dos princípios normativos apresentados aqui, que também são essenciais para a equidade de gênero no bem-estar social.

Um Estado de bem-estar pós-industrial pode impedir a pobreza e a exploração das mulheres e, ainda assim, tolerar uma desigualdade de gênero aguda. Tal Estado de bem-estar não é satisfatório. Outra dimensão da equidade de gênero na provisão social é a redistribuição, a redução da desigualdade entre homens e mulheres. Como vimos, a igualdade é criticada por algumas feministas. Argumenta-se que igualdade implica tratar as mulheres exatamente como os homens, segundo padrões definidos por eles, e que isso necessariamente desfavorece as mulheres. O argumento expressa uma preocupação legítima (da qual tratarei adiante sob outra rubrica), mas não compromete o ideal de igualdade *per se*. Essa preocupação diz

---

[15] Robert Goodin, *Reasons for Welfare*, cit.
[16] Edward V. Sparer, "The Right to Welfare", em Norman Dorsen (org.), *The Rights of Americans: What They Are – What They Should Be* (Nova York, Pantheon, 1971).
[17] Ann Shola Orloff, "Gender and the Social Rights of Citizenship: The Comparative Analysis of Gender Relations and Welfare States", *American Sociological Review*, v. 58, n. 3, 1993, p. 303-28. O objetivo da antiexploração não deve ser confundido com os ataques à "dependência do bem-estar" que hoje são feitos nos Estados Unidos e que são fortemente ideológicos. Esses ataques definem a "dependência" exclusivamente como recebimento de assistência pública e ignoram que esse recebimento pode promover a independência das requerentes, impedindo a dependência explorável da parte de maridos e empregadores. Para uma crítica a essas posições, ver Nancy Fraser e Linda Gordon, "Uma genealogia da 'dependência': investigando uma palavra-chave do Estado de bem-estar nos Estados Unidos", neste volume.

respeito apenas a maneiras inadequadas de se conceber a igualdade, que não pressuponho aqui. Pelo menos três concepções distintas de igualdade escapam a essa objeção. São concepções essenciais para a equidade de gênero no bem-estar social.

3. *O princípio da igualdade de renda.* Uma forma de igualdade crucial para a equidade de gênero é a distribuição de renda *per capita* real. Esse tipo de igualdade é urgente nos Estados Unidos neste momento, pois, depois do salário familiar, o que as mulheres ganham corresponde a cerca de 70% do rendimento dos homens, parte significativa do trabalho executado por elas não recebe nenhuma remuneração e muitas sofrem com a "pobreza invisível" devido à distribuição desigual de renda dentro das famílias[18]. Tal como o interpreto, o princípio de igualdade de renda não exige equiparação absoluta, mas exclui arranjos que, após um divórcio, por exemplo, reduziriam quase pela metade a renda da mulher, enquanto a renda do homem quase duplica[19]. Do mesmo modo, esse princípio exclui salários desiguais para trabalhos iguais e a subvalorização indiscriminada das competências e do trabalho realizado pelas mulheres. O princípio da igualdade de renda exige uma redução substantiva da enorme discrepância entre a renda dos homens e a das mulheres. Dessa forma, esse princípio tende a contribuir para a equalização das oportunidades de vida das crianças, já que a maioria das crianças estadunidenses tem grandes chances de em algum momento viver em famílias de mãe solo[20].

4. *O princípio da igualdade de tempo livre.* Outro tipo de igualdade crucial para a equidade de gênero diz respeito à distribuição de tempo livre. Esse tipo de igualdade é urgente neste momento, pois, depois do salário familiar, muitas mulheres, mas somente poucos homens, realizam tanto o trabalho remunerado quanto o trabalho primário de cuidado sem remuneração, e as mulheres sofrem de maneira desproporcional a "pobreza de tempo"[21]. Em um estudo britânico recente, 52%

---

[18] Ruth Lister, "Women, Economic Dependency, and Citizenship", *Journal of Social Policy*, v. 19, n. 4, 1990, p. 445-67; Amartya Sen, "More Than 100 Million Women Are Missing", *New York Review of Books*, v. 37, n. 20, 1990, p. 61-6.

[19] Lenore Weitzman, *The Divorce Revolution: The Unexpected Social Consequences for Women and Children in America* (Nova York, Free Press, 1985).

[20] David T. Ellwood, *Poor Support*, cit., p. 45.

[21] Lois Bryson, "Citizenship, Caring and Commodification", em Crossing Borders: International Dialogues on Gender, Social Politics and Citizenship, Estocolmo, 27-29 maio, 1994; Arlie Hochschild, *The Second Shift: Working Parents and the Revolution at Home* (Nova York, Viking Press, 1989); Juliet Schor, *The Overworked American: The Unexpected Decline of Leisure* (Nova York, Basic Books, 1991).

das mulheres entrevistadas afirmou "sentir-se cansada a maior parte do tempo"[22], em comparação com 21% dos homens. O princípio da igualdade de tempo livre exclui arranjos de bem-estar que, ainda que equalizem a renda, exijam jornada dupla das mulheres e jornada única dos homens. Do mesmo modo, esse princípio exclui arranjos que exigem que as mulheres, mas não os homens, façam o "trabalho de reivindicação" ou o demorado "*patchwork*" de rendas provenientes de diferentes fontes e coordenação de serviços de diferentes agências e associações[23].

5. *O princípio da igualdade de respeito.* A igualdade de respeito também é crucial para a equidade de gênero. Esse tipo de igualdade é particularmente urgente neste momento, pois, depois do salário familiar, a cultura pós-industrial rotineiramente representa as mulheres como objetos sexuais destinados à satisfação do prazer masculino. O princípio do igual respeito exclui arranjos que objetifiquem e depreciem as mulheres – mesmo que esses arranjos impeçam a pobreza e a exploração e, além disso, equalizem renda e tempo livre. Esse princípio é incompatível com programas de bem-estar social que banalizam as atividades realizadas por mulheres e ignoram as contribuições das mulheres – portanto, é incompatível com as "reformas das políticas de bem-estar" nos Estados Unidos que presumem que as requerentes do Aid to Families with Dependent Children [Auxílio a Famílias com Filhos Dependentes] (AFDC) "não trabalham". Igualdade de respeito exige o reconhecimento da pessoa das mulheres e o reconhecimento do trabalho realizado por elas.

Um Estado de bem-estar pós-industrial deveria promover a igualdade em todas essas três dimensões. Um Estado desse tipo seria um grande avanço em relação aos arranjos vigentes, mas talvez nem ele vá muito longe. Algumas formas de satisfazer os princípios de igualdade não respeitariam o princípio abaixo, que é também essencial para a equidade de gênero no bem-estar social.

6. *O princípio da antimarginalização.* Um Estado de bem-estar poderia satisfazer todos os princípios anteriores e, ainda assim, marginalizar as mulheres. Se, por exemplo, o auxílio se limitar a pensões generosas para as mães, as mulheres podem ter independência, segurança contra as necessidades, tempo livre e respeito, mas estarem confinadas a uma esfera doméstica isolada, retiradas da vida em sociedade. Esse tipo de Estado de bem-estar é inaceitável. As políticas sociais deveriam

---

[22] Ruth Lister, "Women, Economic Dependency, and Citizenship", cit.
[23] Laura Balbo, "Crazy Quilts" em Anne Showstack Sassoon (orga.), *Women and the State* (Londres, Hutchinson, 1987).

promover a plena participação das mulheres em paridade com os homens em todos os domínios da vida social – emprego, política, vida associativa na sociedade civil. O princípio da antimarginalização exige que sejam garantidas as condições necessárias para a participação das mulheres, incluindo creches e serviços de cuidado de idosos, assim como condições para a amamentação em público. Esse princípio exige também o fim das culturas de trabalho masculinistas e dos ambientes políticos hostis às mulheres. Qualquer Estado de bem-estar pós-industrial que fornecesse essas garantias representaria um grande progresso em comparação com as condições vigentes. Mesmo assim, poderia deixar algo a desejar. Algumas formas de satisfação do princípio da antimarginalização podem não respeitar o último princípio, que é também essencial para a equidade de gênero no Estado bem-estar social.

7. *O princípio do antiandrocentrismo.* Um Estado de bem-estar que satisfaça os princípios anteriores ainda poderia reforçar normas de gênero execráveis. Poderia estar pressuposta a visão androcêntrica segundo a qual os padrões de vida atuais dos homens representam a norma humana e as mulheres devem assimilar-se a eles. (Esse é o verdadeiro problema subjacente à preocupação anteriormente observada acerca da igualdade.) Esse tipo de Estado de bem-estar é inaceitável. Políticas sociais não deveriam exigir das mulheres que, para se beneficiarem de níveis de bem-estar comparáveis aos dos homens, elas se tornem iguais a eles, ou se integrem a instituições concebidas para eles. Em vez disso, as políticas sociais têm de visar à reestruturação de instituições androcêntricas para que acolham seres humanos que podem dar à luz e que, com frequência, cuidam de parentes e amigos e para que as tratem não como exceção, mas como participantes típico-ideais. O princípio do antiandrocentrismo exige o descentramento das normas masculinistas – em parte revalorizando práticas e características que hoje são subvalorizadas porque são associadas às mulheres. Trata-se de transformar os homens, assim como as mulheres.

Temos aqui, portanto, uma análise da equidade de gênero no Estado de bem-estar. Nesta exposição, a equidade de gênero é uma ideia complexa que abarca sete princípios normativos distintos, todos necessários e essenciais. Nenhum Estado de bem-estar pós-industrial pode realizar a igualdade de gênero se não satisfizer todos esses princípios.

Como esses princípios se inter-relacionam? Tudo depende do contexto. Alguns arranjos institucionais permitem a satisfação simultânea de quase todos os princípios sem muita interferência entre eles; outros arranjos, em contrapartida, estabelecem situações de soma zero, em que as tentativas de satisfazer um princípio atrapalham as tentativas de satisfazer outro. Promover a equidade de gênero depois do salário familiar significa, portanto, atender a objetivos múltiplos potencialmente conflitantes. O propósito deve ser encontrar abordagens que não sacrifiquem um princípio em nome de outro e que maximizem as possibilidades de se satisfazer todos – ou quase todos – os sete princípios.

Nas seções seguintes, uso essa abordagem para avaliar dois modelos alternativos de Estado de bem-estar pós-industrial. Antes, contudo, gostaria de sinalizar quatro conjuntos de questões relevantes. O primeiro conjunto diz respeito à organização social do trabalho do cuidado. Como exatamente esse trabalho é organizado é crucial para o bem-estar em geral e para a posição social das mulheres em particular. Na era do salário familiar, o trabalho do cuidado era tratado como responsabilidade privada e individual da mulher. Hoje, porém, ele não pode mais ser visto desse modo. É preciso outra forma de organizá-lo, mas vários cenários diferentes podem ser concebidos. Ao avaliar os modelos de Estado de bem-estar, temos então de perguntar: como a responsabilidade pelo trabalho do cuidado é distribuída entre instituições como a família, o mercado, a sociedade civil e o Estado? E como a responsabilidade por esse trabalho é atribuída nessas instituições: por gênero, classe, "raça", etnicidade, idade?

Um segundo conjunto de questões diz respeito às bases do direito à provisão estatal. Todo Estado de bem-estar aloca os benefícios de acordo com uma combinação específica de princípios distributivos que define a qualidade moral básica desse Estado. Em cada caso, essa combinação precisa passar por um escrutínio. No geral, ela comporta diferentes proporções de três princípios básicos: necessidade, merecimento e cidadania. As provisões baseadas na necessidade são as mais redistributivas, mas podem isolar e estigmatizar quem delas necessita; esse tipo de provisão é a base do alívio tradicional da pobreza e da assistência pública moderna, a menos honrosa das formas de provisão. A mais honrosa, em contrapartida, é o direito baseado no merecimento, mas essa forma tende a ser anti-igualitária e excludente. Aqui, os benefícios são alocados de acordo com as "contribuições" feitas em geral na forma de pagamento de impostos, trabalho ou serviço – sendo que "pagamento de impostos" significa desconto sobre salário recolhido em um fundo especial, "trabalho" significa emprego na força de trabalho primária, "serviço" significa serviço militar, e todas as interpretações desses termos desfavorecem as mulheres. No Estado de bem-estar industrial, o merecimento era visto como a principal base da seguridade social atrelada aos rendimentos[24]. O terceiro princípio, a cidadania,

---

[24] Na verdade, há um forte componente ideológico na visão comum de que a assistência pública se baseia na necessidade, enquanto a seguridade social se baseia no merecimento. Os benefícios da seguridade social não são um reflexo exato das "contribuições". Além disso, todos os programas

aloca a provisão com base no pertencimento à sociedade. É honrado, igualitário e universalista, mas também é caro e, portanto, difícil de se sustentar com altos níveis de qualidade e generosidade; além disso, alguns teóricos temem que esse princípio encoraje o comportamento de carona, o qual, todavia, é definido por eles de maneira androcêntrica[25]. O direito à provisão baseado na cidadania é mais comumente encontrado nos países sociais-democratas, e pode incluir um sistema único e universal de saúde e prestações universais para a família ou apenas para as crianças; esse tipo de direito é praticamente inexistente nos Estados Unidos – com exceção da educação pública. Assim, quando examinamos modelos de Estados de bem-estar pós-industriais, é preciso atentar para a construção dos direitos. Para mulheres e crianças, faz uma enorme diferença se, por exemplo, as creches são oferecidas como um direito de cidadania ou como um direito baseado no merecimento, isto é, se são ou não condicionadas ao emprego. Do mesmo modo, para tomarmos um segundo exemplo, é importante se o trabalho do cuidado é subsidiado com base na necessidade, como benefício aos mais pobres que exige teste de meios, ou se é subsidiado com base no merecimento, como uma retribuição pelo "trabalho" ou pelo "serviço", agora entendidos de maneira não androcêntrica, ou se, por fim, é subsidiado com base na cidadania, como um programa universal de renda básica.

Um terceiro conjunto de questões diz respeito às diferenças entre as mulheres. O gênero é o foco central deste capítulo, é verdade, mas não pode ser tratado como um bloco separado. A vida das mulheres e dos homens é entrecortada por diversas outras clivagens sociais relevantes, entre elas classe, "raça"-etnicidade, sexualidade e faixa etária. Desse modo, os modelos de Estado de bem-estar pós-industrial não afetam todas as mulheres – ou todos os homens – da mesma maneira; eles geram resultados diferentes para pessoas em situações diferentes. Por exemplo, algumas políticas vão afetar as mulheres que têm filhos de modo diferente do que afetam

---

governamentais são financiados por "contribuições" realizadas na forma de tributação. Os programas de assistência pública são financiados por receitas gerais, tanto no nível federal quanto no nível estadual. Os destinatários dos programas de bem-estar, assim como os não destinatários, contribuem para esses fundos, mediante, por exemplo, o pagamento de impostos que incidem sobre as vendas. Ver Nancy Fraser e Linda Gordon, "Contract versus Charity: Why Is There No Social Citizenship in the United States?", *Socialist Review*, v. 22, n. 3, 1992), p. 45-68.

[25] A preocupação com o comportamento de carona costuma ser formulada de maneira androcêntrica, como uma preocupação com a fuga do emprego remunerado. Em contrapartida, dá-se pouca atenção a um problema muito mais disseminado, a saber, o comportamento de carona dos homens em relação ao trabalho doméstico não remunerado realizado pelas mulheres. Uma bem-vinda exceção é Peter Taylor-Gooby, "Scrounging, Moral Hazard, and Unwaged Work: Citizenship and Human Need" (Darwin College, University of Kent, 1993, não publicado).

as que não têm filhos; do mesmo modo, outras políticas vão afetar as mulheres que contam com uma segunda fonte de renda de modo diferente do que afetam as que não contam com nenhuma outra fonte de renda; e outras políticas vão afetar mulheres que têm emprego em tempo integral de modo diferente do que afetam as que trabalham em meio período, e, novamente, as que não têm emprego. Assim, para cada modelo precisamos perguntar: quais grupos de mulheres seriam favorecidos e quais seriam desfavorecidos?

Um quarto conjunto de questões diz respeito a outros desideratos dos Estados de bem-estar pós-industriais que não a equidade de gênero. Afinal, a equidade de gênero não é o único propósito do bem-estar social. Também são importantes os propósitos não relacionados à equidade, como eficiência, comunidade e liberdade individual. Além disso, ainda faltam outros propósitos relacionados à equidade, como a equidade étnico-"racial", a equidade geracional, a equidade de classe e a equidade entre as nações. Todas essas questões estão necessariamente no pano de fundo aqui. Algumas, porém, tal como a equidade étnico-"racial", poderiam ser tratadas por experimentos mentais paralelos: seria possível definir a equidade étnico-"racial" como uma ideia complexa, de modo análogo ao tratamento que damos aqui à equidade de gênero, e, em seguida, usar esse experimento mental para avaliar visões concorrentes do Estado de bem-estar pós-industrial.

Com essas considerações em vista, examinemos agora duas visões feministas, sobejamente diferentes, do Estado de bem-estar pós-industrial. Nossa pergunta é: qual delas poderia chegar mais perto de alcançar a equidade de gênero no sentido que formulei aqui?

O MODELO DO SUSTENTO UNIVERSAL

Em uma das visões da sociedade pós-industrial, a era do salário familiar seria sucedida pela era do sustento universal. Essa é a visão implícita na prática política atual de boa parte de feministas e liberais nos Estados Unidos. (Também foi pressuposta nos antigos países comunistas!) O objetivo é alcançar a equidade de gênero sobretudo pela promoção da contratação de mulheres. O ponto central é possibilitar que as mulheres se sustentem e sustentem suas famílias com seu próprio salário. Em resumo, o papel do provedor deve ser universalizado de modo que também as mulheres possam ser trabalhadoras-cidadãs.

O sustento universal é um cenário pós-industrial bastante ambicioso, que exige novos programas e políticas de monta. Um elemento crucial é um conjunto de serviços que possibilitem o emprego, os voltados para crianças e idosos, cujo objetivo é liberar as mulheres das responsabilidades não remuneradas, de modo que possam aceitar empregos em tempo integral em termos comparáveis aos dos homens[26]. Um outro elemento essencial é um conjunto de reformas no local de trabalho que visem remover obstáculos à oportunidade igual, como a discriminação por sexo e o assédio sexual. No entanto, reformar o local de trabalho exige que se reforme a cultura – eliminando estereótipos sexistas e rompendo com a associação cultural da atividade do sustento com a masculinidade. Também exige políticas que ajudem a transformar a socialização, de modo que, em primeiro lugar, as aspirações das mulheres sejam reorientadas para o emprego e para fora da domesticidade, e, em segundo lugar, as expectativas dos homens sejam reorientadas para a aceitação do novo papel das mulheres. Nada disso funcionaria, contudo, sem um ingrediente adicional: políticas macroeconômicas para a criação de postos de trabalho em tempo integral, com bons salários e estabilidade para as mulheres[27]. Esses postos deveriam ser empregos dignos de provedores na força de trabalho primária, com direitos e benefícios de seguridade plenos e de primeira categoria. Por fim, a seguridade social é central para o sustento universal. O objetivo aqui é colocar as mulheres em paridade com os homens em uma instituição que tradicionalmente as desfavorece.

Como esse modelo organizaria o trabalho do cuidado? O grosso desse tipo de trabalho seria deslocado da família para o mercado e para o Estado, nos quais seria realizado por trabalhadores remunerados[28]. Quem provavelmente seriam

---

[26] Os serviços que possibilitam emprego poderiam ser distribuídos segundo necessidade, merecimento ou cidadania, mas cidadania afina-se melhor com o espírito do modelo. Creches com testes de meios para as pessoas mais pobres apenas indicam uma falha no status de provedor; e uma creche baseada no merecimento traz um impasse: é preciso já ter um emprego para conseguir o que é necessário para ter um emprego. Assim, o direito baseado na cidadania é melhor, mas os serviços devem ser disponíveis a todas e todos. Isso exclui arranjos do estilo sueco, que não garantem creches e geram longas filas. Para o problema sueco, ver Barbara Hobson, "Welfare Policy Regimes, Solo Mothers, and the Logics of Gender", em Diane Sainsbury (orga.), *Gendering Welfare States* (Londres, Sage, 1994).

[27] Com isso, romper-se-ia definitivamente com as políticas nos Estados Unidos que, desde o New Deal, assumiram que a criação de postos de trabalho deve estar voltada principalmente para os homens. As propostas de políticas "industriais" e "investimento em infraestrutura" de Clinton na campanha de 1992 não são exceção nesse aspecto. Ver Nancy Fraser, "Clintonism, Welfare, and the Antisocial Wage", cit.

[28] O próprio governo poderia fornecer serviços relacionados ao trabalho do cuidado sob a forma de bens públicos, ou poderia financiar provisão mercantilizada mediante um sistema de *vouchers*. Em outro sentido, os empregadores poderiam ser obrigados a fornecer serviços que possibilitem o emprego, seja por *voucher*, seja por arranjos na própria empresa. A opção estatal significa impostos mais altos, mas, de todo modo, é preferível. Responsabilidades obrigatórias desestimulam os empregadores a contratar trabalhadores e trabalhadoras com dependentes, com provável desfavorecimento das mulheres.

esses trabalhadores? Hoje, em muitos países, entre eles os Estados Unidos, o trabalho do cuidado institucionalizado é mal remunerado, feminizado e, em larga medida, racializado e/ou realizado por imigrantes[29]. Mas esse tipo de arranjo é excluído do modelo do sustento universal. Para possibilitar que *todas* as mulheres sejam provedoras, esse modelo deve incrementar o status e a remuneração dos empregos ligados ao trabalho do cuidado, tornando-os, além disso, parte da força de trabalho primária. Assim, o sustento universal está necessariamente comprometido com uma política do "valor comparável"; esse modelo precisa corrigir a subvalorização das competências e postos de trabalho que hoje são codificados como femininos e/ou "não brancos"*, e deve remunerar esses empregos em nível de salário de provedor.

O sustento universal vincularia diversos benefícios ao emprego e os distribuiria por meio da seguridade social, os níveis variariam de acordo com os rendimentos. Nesse aspecto, o modelo se assemelha ao Estado de bem-estar da era industrial[30]. A diferença é que mais mulheres estariam cobertas com base em seu registro empregatício. Além disso, muitos mais registros empregatícios de mulheres se assemelhariam aos de homens.

Nem todas as pessoas adultas podem se empregar, contudo. Algumas não vão conseguir trabalhar por motivo de saúde, algumas das quais, aliás, sem emprego anterior. Outras não vão conseguir emprego. Algumas, por fim, vão ter responsabilidades relacionadas ao trabalho do cuidado que elas não podem ou não querem transferir para outros. Boa parte desse último grupo será de mulheres. Para atender a essas pessoas, o sustento universal deve prever uma camada residual de bem-estar social que garanta substitutos salariais baseados em necessidades e com teste de meios[31].

---

[29] Evelyn Nakano Glenn, "From Servitude to Service Work: Historical Continuities in the Racial Division of Paid Reproductive Labor", *Signs*, v. 18, n. 1, 1992, p. 1-43.

* No original, "non-white". (N. T.)

[30] Esse modelo também condiciona o direito ao merecimento e define "contribuição" em termos androcêntricos tradicionais, como emprego e deduções salariais.

[31] O que exatamente deve ser fornecido pelo sistema residual dependerá do balanço de direitos que lhe são exteriores. Se o acesso à saúde é concedido universalmente como benefício baseado na cidadania, por exemplo, não será necessário um sistema de saúde com teste de meios para os desempregados. Se, contudo, o acesso à saúde é vinculado ao emprego, será necessário um sistema de saúde residual. O mesmo vale para os seguros por desemprego, aposentadoria e invalidez. De modo geral, quanto mais se provê com base na cidadania, e não no merecimento, menos é preciso prover com base na necessidade. Poderíamos até mesmo afirmar que direitos baseados no merecimento tornam necessária a provisão baseada na necessidade e, assim, a seguridade social vinculada ao emprego torna necessária a assistência pública com teste de meios.

O sustento universal está muito distante da realidade atual. O modelo exige uma volumosa criação de postos de trabalho na força de trabalho primária – postos suficientes para que uma pessoa possa se sustentar sozinha ou sustentar sozinha uma família. Isso, claro, está completamente fora das atuais tendências pós-industriais, em que se gera empregos não para provedores, mas para "trabalhadores descartáveis"[32]. Em benefício do experimento mental, porém, vamos pressupor que as condições de possibilidade desse modelo possam ser satisfeitas. E vejamos se o Estado de bem-estar pós-industrial daí resultante pode reivindicar o título de equidade de gênero.

1. *Antipobreza*. Podemos admitir de imediato que o sustento universal faria um bom trabalho na prevenção da pobreza. Uma política que criasse postos de trabalho seguros e com um bom padrão de sustento para todas as mulheres e homens empregáveis – ao mesmo tempo que assegurasse serviços às mulheres que lhes permitiriam aceitar esses postos – manteria a maioria das famílias fora da pobreza. Níveis generosos de apoio residual manteriam o restante fora da pobreza mediante transferência de renda[33].

2. *Antiexploração*. O modelo também conseguiria impedir a dependência explorável de boa parte das mulheres. Mulheres com postos de trabalho seguros e com um bom padrão de sustento têm condições de sair de relações insatisfatórias com homens. E aquelas que não têm empregos desse tipo, mas sabem que podem consegui-los, são menos vulneráveis à exploração. Caso isso não funcione, o sistema residual de complementação de renda garantiria uma proteção secundária contra a dependência explorável – desde que seja generoso, honrado e não discricionário[34].

3. *Igualdade de renda*. O sustento universal é, contudo, apenas regular no que diz respeito à igualdade de renda. Postos de trabalho seguros e com um bom padrão de sustento para as mulheres – mais os serviços que lhes permitiriam assumi-los –

---

[32] Peter Kilborn, "New Jobs Lack the Old Security in Time of 'Disposable Workers'", *New York Times*, 15 mar. 1993, p. Al e A6.

[33] No entanto, caso isso não funcione, diversos grupos estão particularmente vulneráveis à pobreza nesse modelo: quem não pode trabalhar ou não consegue emprego seguro, permanente, em tempo integral e bem remunerado (desproporcionalmente mulheres e/ou pessoas não brancas), e quem tem as pesadas, difíceis e não remuneradas responsabilidades relacionadas ao trabalho do cuidado (desproporcionalmente mulheres).

[34] No entanto, caso isso não funcione, os grupos mencionados na nota anterior permanecem particularmente vulneráveis à exploração da parte de homens abusivos, de empregadores injustos ou predatórios e de funcionários públicos arbitrários.

de fato diminuiriam o hiato salarial de gênero[35]. A redução da desigualdade nos rendimentos, além disso, traduz-se em redução da desigualdade nos benefícios da seguridade social. E a disponibilidade de opções para sair de um casamento encorajaria uma distribuição mais equitativa de recursos no próprio casamento. Afora isso, porém, o modelo não é igualitário. O sustento universal conserva uma fissura social elementar que divide os provedores dos demais, com um desfavorecimento considerável para esses demais – cuja maioria seria de mulheres. Ademais, para além do valor comparável, o modelo não reduz a desigualdade salarial entre empregos com padrão de sustento. É verdade que o modelo reduz o peso do gênero, alocando os indivíduos em empregos com salários desiguais, mas, com isso, aumenta o peso de outras variáveis como, possivelmente, classe, nível educacional, etnicidade-"raça" e faixa etária. Mulheres – e homens – que são desfavorecidos em relação a esses eixos de diferenciação social vão ganhar menos do que os que não o são.

4. *Igualdade de tempo livre*. O modelo é bastante precário no que diz respeito à igualdade de tempo livre, como sabemos pela experiência comunista. O pressuposto é que todas responsabilidades domésticas e relativas ao trabalho do cuidado assumidas hoje pelas mulheres podem ser transferidas para o mercado ou para o Estado. Mas, de modo manifesto, esse pressuposto não é realista. Certas coisas, como a gravidez, algumas emergências de família e boa parte do trabalho parental, não podem ser transferidas – na falta da maternidade de aluguel universal e outros arranjos presumivelmente indesejáveis. Outras coisas, como cozinhar e realizar (parte dos) serviços domésticos, poderiam ser transferidas – desde que estivéssemos preparados para aceitar arranjos de moradia coletiva ou níveis elevados de mercadorização. Por fim, mesmo essas tarefas transferíveis não desaparecem sem deixar marcas, e dão origem a novas e onerosas tarefas de coordenação. Assim, as oportunidades de tempo livre igual para as mulheres dependem de que os homens sejam instados a fazer sua parte nesse trabalho. A esse respeito, o sustento universal não inspira confiança. O modelo não apenas não desincentiva o comportamento de carona, como também, ao valorizar o trabalho remunerado, implicitamente desvaloriza o trabalho não remunerado e, com isso, alimenta a motivação para se fugir desse tipo de trabalho[36]. As mulheres sem parceiros ou parceiras estariam de

---

[35] Quanto restará desse hiato dependerá do sucesso do governo em eliminar a discriminação e implementar uma política do valor comparável.

[36] Como se pode supor, o sustento universal conta com a persuasão para instar os homens a fazer sua devida parte no trabalho não remunerado. As chances de que funcionasse aumentariam se o mo-

qualquer maneira por conta própria. E aquelas que vivem em unidades familiares de baixa renda teriam menos condições de pagar por serviços de substituição. Assim, nesse modelo, as mulheres empregadas teriam uma jornada dupla, ainda que menos onerosa do que a que muitas têm atualmente; e haveria muito mais mulheres empregadas em tempo integral. O modelo do sustento universal, em resumo, dificilmente cumpriria com o tempo livre igual. Qualquer pessoa que não "pegasse carona" nesse possível mundo pós-industrial provavelmente estaria exausta e sobrecarregada.

5. *Igualdade de respeito.* Esse modelo é apenas regular no cumprimento da igualdade de respeito. Como faz valer para homens e mulheres o padrão único do trabalhador-cidadão, a única chance de eliminar o hiato de gênero em relação ao respeito é admitir as mulheres no status de trabalhador-cidadão nos mesmos termos que os homens. É improvável, porém, que isso aconteça. O mais provável é que as mulheres conservem uma conexão maior com o âmbito doméstico e de reprodução do que os homens e, assim, pareçam provedores pela metade. Além disso, o modelo provavelmente produzirá um outro tipo de hiato em relação ao respeito. Ao conferir elevada importância ao status de provedor ou sustento universal, o modelo convida ao desrespeito pelos outros. Participantes do sistema residual com teste de meios estarão suscetíveis à estigmatização, e muitos serão mulheres. Qualquer modelo centrado no emprego, mesmo que seja feminista, enfrenta muitas dificuldades para construir um status honrado para quem é definido como "não trabalhador".

6. *Antimarginalização.* Esse modelo é também apenas regular no combate à marginalização das mulheres. O modelo de fato promove a participação das mulheres no emprego, mas a definição de participação é tacanha. Com a expectativa de emprego integral para todas e todos que podem trabalhar, o modelo pode acabar impedindo a participação das mulheres na política e na sociedade civil. O modelo não faz nada para promover a participação das mulheres nessas arenas. A marginalização das mulheres é, assim, combatida de um modo unilateral e "trabalhista".

7. *Antiandrocentrismo.* Por fim, o modelo se sai mal na superação do androcentrismo. A esfera tradicional dos homens – o emprego – é valorizada e a tentativa

---

delo conseguisse promover uma transformação cultural, amplificando a voz das mulheres no casamento. Mas, como mostra a experiência comunista, é de se duvidar que isso, por si só, seja suficiente.

é auxiliar as mulheres a se encaixarem nela. Em contrapartida, o trabalho do cuidado, tradicionalmente feminino, é tratado de maneira instrumental; é dele que uma pessoa precisa se desfazer para se tornar um provedor. Esse trabalho não tem valor social. Aqui, o cidadão típico-ideal é o provedor, agora nominalmente neutro em relação ao gênero. O conteúdo do status de cidadão, porém, é implicitamente masculino; é a metade masculina do antigo casal provedor/dona de casa agora universalizada e exigida de todas e todos. A metade feminina do casal simplesmente desaparece. Nenhuma de suas virtudes e capacidades distintivas são preservadas para as mulheres, que dirá universalizadas para os homens. O modelo é androcêntrico.

Podemos resumir os méritos do sustento universal no Quadro 2.1. De modo não surpreendente, o modelo cumpre os melhores resultados em relação às mulheres cuja vida mais se assemelha à da metade masculina do antigo casal ideal da era do salário familiar. É particularmente bom para as mulheres sem filhos e para as mulheres sem outras responsabilidades domésticas importantes que não são facilmente transferíveis para os serviços sociais. Contudo, para essas mulheres, assim como para outras, o modelo fica aquém da plena equidade de gênero.

Quadro 2.1

Princípio	Sustento universal
Antipobreza	bom
Antiexploração	bom
Igualdade de renda	regular
Igualdade de tempo livre	ruim
Igualdade de respeito	regular
Antimarginalização	regular
Antiandrocentrismo	ruim

O MODELO DA PARIDADE NO CUIDADO

Em uma segunda visão da sociedade pós-industrial, a era do salário familiar daria lugar à era da paridade no cuidado. Essa é a imagem implícita na prática política de boa parte de feministas e sociais-democratas na Europa Ocidental. O objetivo é promover a equidade de gênero, sobretudo mediante o subsídio do trabalho informal do cuidado. O ponto central é possibilitar que mulheres com responsabilidades domésticas significativas possam se sustentar e sustentar suas famílias apenas pelo trabalho do cuidado, ou pelo trabalho do cuidado associado ao emprego em meio período. (Presume-se que mulheres sem responsabilidades domésticas significativas poderiam se sustentar com empregos formais.) O objetivo não é tornar a vida das mulheres igual à dos homens, e sim "fazer com que a diferença não tenha custo"[37]. Desse modo, as tarefas de cuidado e a criação dos filhos, assim como o trabalho doméstico informal, são promovidas a uma posição de paridade com o trabalho remunerado formal. O papel da cuidadora é pareado com o do provedor – de modo que mulheres e homens possam gozar de níveis equivalentes de dignidade e bem-estar.

O modelo da paridade no cuidado também é extremamente ambicioso. Nesse modelo, muitas mulheres (embora não todas) vão seguir a prática feminina vigente nos Estados Unidos, alternando períodos de emprego em tempo integral, períodos de trabalho do cuidado em tempo integral e períodos que combinam o trabalho do cuidado com o emprego em meio período. O objetivo é fazer com que esse modelo de vida não tenha custo. Para isso, seriam necessários diversos novos programas. Um deles é o das transferências para cuidadores para compensar as atividades de cuidado e criação de filhos, de arrumação da casa e outras formas de trabalho doméstico socialmente necessário; as transferências devem ser proporcionais ao período integral e suficientemente generosas para o sustento de uma família – portanto, devem equivaler ao salário de um provedor[38]. Também é necessário um programa de reformas no local de trabalho. Essas reformas devem facilitar a possibilidade de combinação do trabalho do cuidado subsidiado com emprego em meio período, assim como a transição em diferentes estágios da vida. A chave aqui é a flexibilidade.

---

[37] Christine A. Littleton, "Reconstructing Sexual Equality", em Katharine T. Bartlett e Rosanne Kennedy (orgs.), *Feminist Legal Theory*, cit.

[38] As transferências para cuidadores e cuidadoras poderiam ser distribuídas de acordo com a necessidade, como um benefício com testes de meios destinado aos mais pobres – como sempre foi o caso nos Estados Unidos. Mas isso seria contrário ao espírito da paridade no cuidado. Não é possível afirmar de modo consistente que a vida de quem é responsável pelo cuidado é equivalente em dignidade à vida de quem provê quando o cuidado é subsidiado apenas como último recurso contra a pobreza. (Nos Estados Unidos, essa contradição sempre assombrou as pensões destinadas às mães – e, posteriormente, o Aid to Dependent Children (ADC). Ainda que, para alguns defensores desses programas, o objetivo desse tipo de auxílio fosse exaltar a maternidade, a mensagem era contraditória, pois os programas exigiam testes de meios e avaliações de comportamento.) Além disso, as transferências com testes de meios impediriam transições tranquilas entre emprego e trabalho do cuidado. Dado que o objetivo é fazer com que a atividade do cuidado seja tão meritória quanto a do sustento, as transferências para cuidadores e cuidadoras têm de se basear no merecimento. Tratadas como compensação pelo "serviço" ou "trabalho" socialmente necessário, essas transferências alteram os significados androcêntricos convencionais desses termos.

Uma necessidade evidente é um programa muito mais amplo de licenças para gestantes e familiares para que cuidadoras e cuidadores possam sair e retornar para o emprego sem perder segurança ou senioridade. Outra necessidade é um programa de requalificação e busca de emprego para quem não retorna aos empregos anteriores. Também essencial é a flexibilidade de horários para que cuidadores e cuidadoras possam alterar seus horários e acomodar as responsabilidades relacionadas ao trabalho do cuidado, inclusive a alternância entre emprego em tempo integral e emprego em meio período. Por fim, na esteira de toda essa flexibilidade, são necessários programas que assegurem a continuidade de todos os benefícios básicos do Estado de bem-estar, inclusive os seguros de saúde, desemprego, invalidez e aposentadoria.

Esse modelo organiza o trabalho do cuidado de maneira muito diferente do modelo do sustento universal. Enquanto o sustento universal transfere o cuidado para o mercado e o Estado, a paridade no cuidado mantém o grosso desse trabalho na família e o subsidia com fundos públicos. O sistema de seguridade social no modelo da paridade no cuidado também é diferente. Para assegurar uma cobertura contínua a quem alterna entre cuidado e emprego formal, os benefícios atrelados a ambos têm de estar integrados em um único sistema. Nesse sistema, os empregos de meio período e o trabalho do cuidado subsidiado têm de ser cobertos nos mesmos termos dos empregos em tempo integral. Desse modo, uma mulher que encerra um período de trabalho do cuidado subsidiado seria elegível para os benefícios do seguro-desemprego nos mesmos termos de um trabalhador recentemente demitido, caso ela não consiga encontrar um posto de trabalho adequado. Além disso, uma cuidadora ou um cuidador que foi subsidiado e se torna incapacitado receberia o benefício por invalidez nos mesmos termos de uma trabalhadora ou trabalhador incapacitado. No caso da aposentadoria, os anos de trabalho do cuidado subsidiado seriam contados tal como os anos de emprego. Os níveis dos benefícios seriam fixados de modo que trabalho do cuidado e emprego sejam tratados de maneira equivalente[39].

---

[39] Em *Justice, Gender, and the Family*, cit., Okin propôs uma outra maneira de financiar o trabalho do cuidado. Em seu esquema, os valores seriam provenientes do que hoje se considera ser a renda da ou do parceiro de quem é responsável pelo cuidado. Um homem com uma esposa não empregada, por exemplo, receberia apenas metade do "seu" salário; outra metade seria paga diretamente à esposa. Por engenhosa que seja a ideia, é preciso perguntar se essa é realmente a melhor maneira de promover a independência da esposa em relação ao marido, uma vez que a renda dela está diretamente vinculada à dele. Além disso, na proposta de Okin não há qualquer subsídio ao trabalho do cuidado das mulheres cujo parceiro não esteja empregado. A paridade no cuidado, em contrapartida, fornece subsídio público para qualquer pessoa que realize o trabalho informal do cuidado. Quem provavelmente são os destinatários? À exceção da licença por gravidez, os benefícios desse modelo estão abertos a todas e todos, de tal maneira que tanto homens como mulheres podem

A paridade no cuidado também exige uma camada residual de bem-estar social. Algumas pessoas adultas não vão conseguir realizar nem o trabalho do cuidado nem o trabalho assalariado, inclusive algumas sem registro anterior de ambos os tipos de trabalho. Boa parte dessas pessoas provavelmente serão homens. Para atendê-los, o modelo deve oferecer substitutos na forma de transferências e salários com teste de meios[40]. No entanto, a camada residual da paridade no cuidado seria menor do que a do sustento universal; quase todas as pessoas adultas estariam cobertas pelo sistema de seguridade social que integra sustento e cuidado.

A paridade no cuidado também está muito distante dos arranjos vigentes nos Estados Unidos. O modelo exige um enorme desembolso de fundos públicos para o pagamento das transferências para cuidadores e, assim, exige uma reforma tributária de envergadura e uma transformação profunda na cultura política. Em benefício do experimento mental, porém, vamos supor que as condições de possibilidade desse modelo possam ser satisfeitas. Vejamos, então, se o Estado de bem-estar pós-industrial resultante pode reivindicar o título de equidade de gênero.

1. *Antipobreza*. A paridade no cuidado faria um bom trabalho na prevenção da pobreza – inclusive para aquelas mulheres e crianças que hoje são mais vulneráveis. Transferências suficientemente generosas manteriam famílias de mãe solo fora da pobreza durante os períodos de trabalho do cuidado em tempo integral. E uma combinação de transferências e salários faria o mesmo durante os períodos de trabalho do cuidado subsidiado em meio período e emprego em meio período[41]. Além disso, como cada uma dessas opções contaria com um pacote básico de seguridade social, mulheres com padrões de trabalho "femininos" teriam uma segurança considerável[42].

---

optar por uma vida "feminina". As mulheres, no entanto, provavelmente seriam a maioria a fazer essa opção. Embora o objetivo do modelo é que essa vida não tenha custo, não há qualquer incentivo para que os homens mudem. É claro que alguns homens poderiam preferir e optar por essa vida, caso tivessem a oportunidade; porém, dado o atual estado de socialização e cultura, muitos não fariam essa opção. Veremos que, além disso, a paridade no cuidado oculta alguns desincentivos para a atividade masculina do cuidado.

[40] Nesse aspecto, o modelo se assemelha ao do sustento universal: todos os bens essenciais adicionais que são oferecidos de acordo com o merecimento são aqui oferecidos de acordo com a necessidade.

[41] O salário do emprego em tempo integral também deve ser suficiente para se sustentar uma família com dignidade.

[42] Pessoas adultas sem registro de trabalho do cuidado ou emprego seriam as mais vulneráveis à pobreza nesse modelo; dentre elas, muitos seriam homens. As crianças, em contrapartida, estariam bem protegidas.

2. *Antiexploração*. A paridade no cuidado também conseguiria impedir a exploração de boa parte das mulheres, inclusive das que hoje são mais vulneráveis. Ao garantir renda diretamente para esposas não empregadas, esse modelo reduz sua dependência econômica em relação aos maridos. Também fornece segurança econômica para mulheres solteiras que têm filhos, reduzindo a suscetibilidade à exploração de empregadores. Por fim, na medida em que as transferências para os cuidadores são honradas e não discricionárias, os destinatários não ficam sujeitos ao arbítrio de assistentes sociais[43].

3. *Igualdade de renda*. A paridade no cuidado se sai muito mal, contudo, no que diz respeito à igualdade de renda, como sabemos pela experiência nórdica. Embora o sistema de salários combinados a transferências garanta o equivalente ao salário mínimo básico de um provedor, esse sistema também institui uma "pista das mães"* no emprego – um mercado de postos de trabalho em tempo integral ou em meio período, flexíveis e sem continuidade. A maior parte desses postos vai oferecer salários consideravelmente menores, mesmo em período integral, do que os postos equivalentes na pista do provedor. Famílias de dois parceiros terão um incentivo econômico para manter um dos membros na pista do provedor, em vez de dividir os períodos de trabalho do cuidado, e, tendo em vista os mercados de trabalho atuais, será mais vantajoso para casais heterossexuais que o homem seja o provedor. Além disso, dada a atual cultura e socialização, dificilmente os homens escolheriam a pista das mães na mesma proporção que as mulheres. Assim, as duas pistas de emprego serão marcadas por associações de gênero tradicionais. A probabilidade é que essas associações, por sua vez, gerem discriminação contra as mulheres na pista do provedor. A paridade no cuidado pode fazer com que a diferença custe menos, mas não vai eliminar o custo.

4. *Igualdade de tempo livre*. A paridade no cuidado se sai um pouco melhor no que diz respeito à igualdade de tempo livre. Esse modelo permite que todas as mulheres possam evitar a dupla jornada, caso optem pelo trabalho do cuidado subsidiado em tempo integral ou em meio período em diferentes estágios de sua vida.

---

[43] Novamente, nesse modelo, os mais vulneráveis à exploração são pessoas adultas que não têm registro de trabalho do cuidado ou emprego; a maior parte seria de homens.

* No original, *mommy track* – literalmente "pista da mamãe". A expressão foi informalmente cunhada em escritórios de advocacia da Costa Leste dos Estados Unidos no fim dos anos 1980. Tem por referência o padrão de carreira de profissionais mulheres que também eram mães. (N. T.)

(Atualmente, nos Estados Unidos, essa escolha só está disponível para um pequeno percentual de mulheres privilegiadas.) No entanto, acabamos de ver que essa escolha não é verdadeiramente sem custo. Algumas mulheres com família não vão querer abrir mão dos benefícios da pista do provedor e vão procurar combiná-la com o trabalho do cuidado. Aquelas que não se relacionam com alguém que esteja na pista do cuidador serão significativamente desfavorecidas no que diz respeito ao tempo livre e, provavelmente, também no emprego. Os homens, em contrapartida, estarão em larga medida protegidos desse dilema. Assim, no que diz respeito ao tempo livre, esse modelo é apenas regular.

5. *Igualdade de respeito*. A paridade no cuidado é também apenas regular na promoção da igualdade de respeito. Diferentemente do sustento universal, esse modelo oferece duas rotas. Teoricamente, cidadãos-trabalhadores e cidadãos-cuidadores dispõem de dignidade equivalente. Mas essas rotas estão realmente emparelhadas? Nesse modelo, a atividade do cuidado é decerto tratada com mais respeito do que é hoje na sociedade estadunidense, mas continua associada à feminilidade. Do mesmo modo, a atividade do sustento continua associada à masculinidade. Dadas essas associações de gênero tradicionais, assim como o diferencial econômico entre os dois estilos de vida, a atividade de cuidado dificilmente alcançará uma verdadeira paridade com o sustento. Em geral, é difícil imaginar como papéis de gênero "separados, mas iguais" poderiam oferecer hoje uma igualdade de respeito genuína.

6. *Antimarginalização*. A paridade no cuidado também se sai mal na prevenção da marginalização das mulheres. Ao subsidiar o trabalho informal do cuidado, o modelo reforça a percepção desse trabalho como um trabalho de mulheres e consolida a divisão do trabalho doméstico baseada no gênero. Além disso, ao consolidar os dois mercados de trabalho, o de provedores e o de cuidadores, o modelo marginaliza as mulheres no setor de empregos. Por fim, ao reforçar a associação do trabalho do cuidado à feminilidade, pode impedir a participação das mulheres em outras esferas da vida, como a política e a sociedade civil.

7. *Antiandrocentrismo*. A paridade no cuidado, porém, é melhor do que o sustento universal no combate ao androcentrismo. Nesse modelo, a atividade do cuidado é tratada como intrinsecamente valiosa, não como um obstáculo ao emprego, e, desse modo, coloca-se em questão a ideia de que apenas as atividades tradicionais dos homens são plenamente humanas. Esse modelo também acomoda padrões de vida "femininos" e, com isso, rechaça a exigência de que as mulheres se assimilem

aos padrões "masculinos". Mas esse modelo ainda deixa a desejar. A paridade no cuidado não chega a afirmar o valor universal das atividades e padrões de vida associados às mulheres. Não valoriza o suficiente a atividade de cuidado para exigir que os homens também a realizem; não requisita a mudança dos homens. Assim, a paridade no cuidado representa apenas a metade de um questionamento cabal do androcentrismo. Seu desempenho é também apenas regular.

Os pontos fracos e fortes da paridade no cuidado estão resumidos no Quadro 2.2. No geral, ela melhora a parte das mulheres com responsabilidades significativas no trabalho do cuidado; mas, para essas mulheres, assim como para as outras, o modelo não cumpre plenamente a equidade de gênero.

Quadro 2.2

Princípio	Paridade no Cuidado
Antipobreza	bom
Antiexploração	bom
Igualdade de renda	ruim
Igualdade de tempo livre	regular
Igualdade de respeito	regular
Antimarginalização	ruim
Antiandrocentrismo	regular

PARA UM MODELO DE CUIDADO UNIVERSAL

Tanto o sustento universal como a paridade no cuidado são visões altamente utópicas de um Estado de bem-estar pós-industrial. Ambos representariam um avanço considerável em relação aos arranjos vigentes nos Estados Unidos hoje, porém nenhum deles tem chance de se tornar efetivo no curto prazo. Ambos os modelos presumem condições flagrantemente ausentes hoje. Ambos pressupõem uma reestruturação político-econômica que implica significativo controle público sobre as empresas, capacidade de dirigir os investimentos para a criação de postos de trabalho permanentes e de alta qualidade, e capacidade de taxar lucros *e riqueza* em níveis suficientes para financiar a ampliação de programas sociais de alta qualidade. Ambos os modelos também presumem um amplo apoio popular a um Estado de bem-estar social comprometido com a equidade de gênero.

Se ambos os modelos são altamente utópicos nesse sentido, nenhum é utópico o bastante. Nem o sustento universal nem a paridade no cuidado podem levar a efeito suas promessas de equidade de gênero – mesmo em condições muito favoráveis. Embora ambos sejam bons na prevenção da pobreza e da exploração das mulheres, são apenas regulares na correção da desigualdade de respeito: o sustento universal faz valer para as mulheres o mesmo padrão que vale para os homens e, ao mesmo tempo, constrói arranjos que as impedem de alcançá-lo plenamente. A paridade no cuidado, em contrapartida, estabelece dois pesos e duas medidas para acomodar a diferença de gênero e, ao mesmo tempo, institucionaliza políticas que não conseguem assegurar respeito equivalente para atividades e padrões de vida "femininos". Além disso, quando consideramos os princípios remanescentes, as fraquezas e as forças dos dois modelos divergem. O sustento universal é particularmente falho na promoção da igualdade de tempo livre e no combate ao androcentrismo, enquanto a paridade no cuidado é particularmente falha na promoção da igualdade de renda e na prevenção da marginalização das mulheres. Nenhum dos dois promove a plena e igual participação de mulheres e homens na política e na sociedade civil. E nenhum dos dois valoriza o suficiente as práticas associadas às mulheres para que se exija dos homens que também as realizem; nenhum dos dois exige que os homens mudem. (Os méritos do sustento universal e da paridade no cuidado estão resumidos no Quadro 2.3.) Em suma, nenhum dos modelos fornece tudo o que as feministas querem. Mesmo em uma forma altamente idealizada, nenhum cumpre plenamente a equidade de gênero.

Quadro 2.3

Princípio	Sustento universal	Paridade no cuidado
Antipobreza	bom	bom
Antiexploração	bom	bom
Igualdade de renda	regular	ruim
Igualdade de tempo livre	ruim	regular
Igualdade de respeito	regular	regular
Antimarginalização	regular	ruim
Antiandrocentrismo	ruim	regular

Caso essas fossem as únicas possibilidades, estaríamos diante de uma situação bastante difícil, em que teríamos de abrir mão de certos princípios em nome de outros. Suponhamos, no entanto, que rechacemos esse tipo de escolha, no qual não há escolha de fato, e que nosso esforço seja o de desenvolver uma terceira possibilidade. O segredo é conceber um Estado pós-industrial que combine o melhor do sustento universal com o melhor da paridade no cuidado e, ao mesmo tempo, descarte as piores características de cada um. Qual é a terceira alternativa possível?

Até aqui examinamos – e consideramos insuficientes – duas abordagens inicialmente plausíveis: uma cujo objetivo é tornar as mulheres mais parecidas com os homens de hoje; a outra que deixa homens e mulheres mais ou menos como estão e visa fazer com que a diferença das mulheres não tenha um custo. Uma terceira possibilidade é *instar os homens a se tornarem mais como boa parte das mulheres de hoje*, isto é, pessoas que fazem o trabalho do cuidado primário.

Vejamos os efeitos dessa alteração nos modelos que acabamos de examinar. Caso os homens fizessem a sua parte no trabalho do cuidado, o sustento universal chegaria muito mais perto da equalização do tempo livre e da eliminação do androcentrismo, e a paridade no cuidado faria uma melhor equalização da renda e reduziria a marginalização das mulheres. Ambos os modelos, além disso, tenderiam a promover a igualdade de respeito. Em suma, caso os homens se tornassem mais como as mulheres são hoje, ambos os modelos começariam a se aproximar da equidade de gênero.

Desse modo, a chave para a equidade de gênero em um Estado de bem-estar pós-industrial é fazer com que o atual padrão de vida das mulheres seja a norma para todos. Hoje, as mulheres costumam combinar a atividade de sustento com a de cuidado, embora com muita dificuldade e muito desgaste. Um Estado de bem-estar pós-industrial tem de, por um lado, assegurar que os homens façam o mesmo e, por outro, redesenhar as instituições para eliminar a dificuldade e o desgaste. Podemos denominar essa visão de *cuidado universal*.

Como seria, então, um Estado de bem-estar desse tipo? Diferentemente da paridade no cuidado, o setor de empregos não seria dividido em duas pistas diferentes; todos os postos de trabalho seriam projetados para trabalhadores que também seriam cuidadores; homens e mulheres teriam uma jornada semanal de trabalho menor do que os empregos em tempo integral de hoje; e teriam apoio de serviços que possibilitariam que todos trabalhassem. Diferentemente do sustento universal, contudo, não se presumiria que trabalhadoras e trabalhadores transferissem todo o trabalho do cuidado para os serviços sociais. Parte do trabalho informal de cuidado seria subsidiada por políticas públicas e pareada com o trabalho remunerado em um sistema único de seguridade social. Parte seria realizada em unidades familiares por parentes e pessoas próximas, mas essas unidades não seriam necessariamente famílias nucleares heterossexuais. Outra parte do trabalho do cuidado subsidiado ficaria completamente fora das unidades familiares – na sociedade civil.

Em instituições financiadas pelo Estado, mas organizadas em nível local, pessoas adultas sem filhos, pessoas mais velhas e outras sem responsabilidades com outros membros da família se juntariam a pais e mães em atividades relacionadas ao trabalho do cuidado que seriam democráticas e autogeridas.

O Estado de bem-estar do cuidado universal promoveria a equidade de gênero, efetivamente desmantelando a oposição de gênero das atividades de sustento e cuidado. Esse modelo integraria atividades que hoje são separadas, eliminaria sua codificação por gênero e encorajaria os homens a também realizá-las. Isso, contudo, implicaria uma reestruturação completa da instituição de gênero. A construção das atividades de sustento e cuidado como papéis separados e codificados, respectivamente, como masculino e feminino é uma das principais sustentações da atual ordem de gênero. Desmantelar esses papéis e sua codificação cultural é o mesmo que derrubar essa ordem. Significa subverter a atual divisão do trabalho baseada no gênero e reduzir a importância do gênero como princípio estrutural de organização social[44]. No limite, o que se aponta é a desconstrução do gênero[45]. Além disso, ao desconstruir a oposição entre a atividade do sustento e a do cuidado, o cuidado universal desconstruiria, ao mesmo tempo, a oposição correlata entre ambientes institucionais públicos burocratizados e ambientes domésticos privados e íntimos. Ao tratar a sociedade civil como mais um lugar para o trabalho do cuidado, esse modelo superaria tanto o "trabalhismo" do sustento universal como o privatismo doméstico da paridade no cuidado. O cuidado universal promete, portanto, novas e extensas possibilidades de enriquecimento da substância da vida social e a promoção da participação igual.

Além disso, apenas adotando a visão do cuidado universal, podemos mitigar potenciais conflitos entre os sete princípios que compõem a equidade de gênero e minimizar a necessidade de sacrificar um princípio por outro. Rejeitar essa abordagem, em contrapartida, torna mais prováveis esses conflitos e, com isso, o sacrifício de um em nome de outro. *Alcançar a equidade de gênero em um Estado de bem-estar pós-industrial exige, portanto, a desconstrução do gênero.*

Ainda temos muito trabalho pela frente para desenvolver essa terceira alternativa de Estado de bem-estar pós-industrial – a do cuidado universal. Um dos caminhos é desenvolver políticas que desencorajem o comportamento de carona. Ao contrário do que pensam os conservadores, quem realmente pega carona no

---

[44] Susan Moller Okin, *Justice, Gender, and the Family*, cit.
[45] Joan Williams, "Deconstructing Gender", em Katharine T. Bartlett e Rosanne Kennedy (orgs.), *Feminist Legal Theory*, cit.

sistema atual não são as mães solo e pobres que fogem do emprego. Os verdadeiros parasitas são os homens de todas as classes que fogem do trabalho doméstico e do cuidado, assim como as empresas que pegam carona no trabalho remunerado e não remunerado realizado por trabalhadoras e trabalhadores.

O ministro do Trabalho sueco fez uma excelente declaração a respeito da visão do cuidado universal: "Para que homens e mulheres possam combinar a parentalidade com o emprego remunerado, precisamos enxergar o papel masculino de uma nova maneira e transformar radicalmente a organização da vida do trabalho"[46]. O segredo é imaginar um mundo social em que as vidas de cidadãos e cidadãs combinem trabalho assalariado, cuidado, ativismo comunitário, participação política e envolvimento na vida associativa da sociedade civil – tendo também tempo livre para a diversão. Esse mundo dificilmente se realizará no futuro imediato, mas é o único mundo pós-industrial imaginável que promete uma equidade de gênero verdadeira. E a menos que sejamos guiados desde já por essa visão, não chegaremos nem sequer perto de alcançá-la.

---

[46] Citado em Ruth Lister, "Women, Economic Dependency, and Citizenship", cit., p. 463.

Parte 2
Esferas públicas, genealogias e ordens simbólicas

3. REPENSANDO A ESFERA PÚBLICA:

UMA CONTRIBUIÇÃO PARA A CRÍTICA DA DEMOCRACIA REALMENTE EXISTENTE

Na esteira de 1989, houve um grande alvoroço em torno do "triunfo da democracia liberal" e até do "fim da história". Apesar disso, ainda há muito que criticar em nossa "democracia realmente existente", e o projeto de uma teoria crítica dos limites da democracia nas sociedades do capitalismo tardio é mais relevante do que nunca. A rigor, esse projeto parece adquirir uma nova urgência em um período em que a "democracia liberal" é propagandeada como o suprassumo dos sistemas sociais para os países que estão emergindo do socialismo de Estado ao estilo soviético, das ditaduras militares latino-americanas e dos regimes de dominação racial no Sul da África[1].

Aqueles de nós que permanecem comprometidos com a teorização dos limites da democracia nas sociedades do capitalismo tardio encontrarão no trabalho de Jürgen Habermas um recurso indispensável. Refiro-me ao conceito de "esfera pública", originalmente elaborado em *Mudança estrutural da esfera pública* (1962) e depois reformulado, mas nunca abandonado, em seus trabalhos posteriores[2].

---

[1] A pesquisa realizada para este capítulo teve o apoio do Center for Urban Affairs and Policy Research, da Northwestern University. Pelos valiosos comentários, agradeço a Craig Calhoun, Joshua Cohen, Tom McCarthy, Moishe Postone, Baukje Prins, David Schweikart e Rian Voet. Também me beneficiei da inspiração e do estímulo dos participantes da conferência "Habermas and the Public Sphere", realizada na Universidade da Carolina do Norte, Chapel Hill, em setembro de 1989.

[2] Jürgen Habermas, *The Structural Transformation of the Public Sphere: An Inquiry into a Category of Bourgeois Society* (trad. Thomas Burger e Frederick Lawrence, Cambridge, MIT Press, 1989) [ed. bras.: *Mudança estrutural da esfera pública*, trad. Denilson Luís Werle, São Paulo, Ed. Unesp, 2011]. Para o modo como Habermas utiliza posteriormente a categoria de esfera pública, ver Jürgen Habermas. *The Theory of Communicative Action*, v. 2: *Lifeword and System: A Critique of*

É fácil explicar a importância política e teórica dessa ideia. O conceito habermasiano de esfera pública nos permite contornar algumas confusões que assombraram os movimentos sociais progressistas e as teorias políticas a eles associadas. Tomemos, por exemplo, o fracasso persistente da ala dominante da tradição socialista e marxista, que nunca conseguiu compreender plenamente a força da distinção entre os aparatos de Estado, por um lado, e as arenas públicas de associação e discurso dos cidadãos, por outro. Nessa tradição, muito frequentemente se pressupôs que submeter a economia ao controle do Estado socialista significava submetê-la ao controle do conjunto dos cidadãos e cidadãs socialistas. É claro que não era assim. Mas a fusão de aparato estatal e esfera pública de associação e discurso lastreou os processos por meio dos quais a perspectiva socialista foi institucionalizada em uma forma estatista autoritária, e não em uma forma democrática participativa. Como resultado, a própria ideia de democracia socialista ficou em risco.

Um segundo problema, até aqui menos importante e certamente menos trágico do ponto de vista histórico, é certa confusão que por vezes encontramos nos feminismos contemporâneos. Refiro-me à confusão que envolve o uso da mesma expressão "esfera pública", mas em um sentido menos preciso e menos frutífero do que em Habermas. Essa expressão foi usada por muitas feministas para se referir a tudo o que está fora da esfera doméstica ou familiar. "A esfera pública", nesse caso, é equiparada a pelo menos três coisas analiticamente distintas: o Estado, a economia oficial do trabalho remunerado e as arenas de discurso público[3]. Não se deve pensar que a equiparação dessas três coisas seja uma questão meramente teórica. Ao contrário, ela tem consequências políticas práticas: por exemplo, quando campanhas de mobilização contra representações culturais misóginas são confundidas com programas de censura estatal, ou quando as lutas pela desprivatização do

---

Functionalist Reason (trad. Thomas McCarthy, Boston, Beacon, 1987) [ed. bras.: *Teoria do agir comunicativo. Sistema e mundo da vida: para uma crítica da razão funcionalista*, trad. Paulo Astor Soethe, São Paulo, WMF Martins Fontes, 2012]. Para uma discussão crítica secundária do uso recente do conceito de esfera pública por Habermas, ver Nancy Fraser, "What's Critical about Critical Theory? The Case of Habermas and Gender", em *Unruly Practices: Power, Discourse and Gender in Contemporary Social Theory* (Minneapolis, University of Minnesota Press, 1989) [ed. bras.: "O que há de crítico na teoria crítica? O argumento de Habermas e o gênero", em Seyla Benhabib e Drucilla Cornell (orgs.), *Feminismo como crítica da modernidade*, trad. Nathanael da Costa Caixeiro, Rio de Janeiro, Rosa dos Tempos, 1991].

[3] No decorrer deste livro, refiro-me a locais de trabalho remunerado, mercados, sistemas de crédito e outros como "instituições do sistema econômico-oficial" para evitar a conotação androcêntrica de que as instituições domésticas não são também "econômicas". Para uma discussão sobre essa questão, ver o meu artigo "What's Critical about Critical Theory?", cit.

trabalho doméstico e de cuidado de filhos são equiparadas com sua mercadorização. Nos dois casos, o resultado é a obstrução da pergunta: até que ponto a submissão das questões de gênero à lógica do mercado ou ao Estado administrativo promove ou não a libertação das mulheres?

A ideia de "esfera pública", no sentido habermasiano, é um recurso conceitual que pode ajudar na superação desses problemas. Designa um palco nas sociedades modernas em que a participação política se realiza por intermédio da fala. Trata-se de um espaço em que cidadãos e cidadãs deliberam sobre assuntos comuns, isto é, uma arena institucionalizada de interação discursiva. Essa arena é conceitualmente distinta do Estado; é um lugar de produção e circulação de discursos que podem, em princípio, ser críticos ao Estado. A esfera pública, no sentido habermasiano, é também conceitualmente distinta da economia oficial; não é uma arena de relações de mercado, e sim uma arena de relações discursivas, um palco para debater e deliberar, e não para comprar e vender. Assim, esse conceito de esfera pública nos permite ter em vista as distinções entre aparatos estatais, mercados econômicos e associações democráticas, distinções essenciais à teoria democrática.

Por essa razão, tomo como premissa básica deste capítulo que algo semelhante à ideia habermasiana de esfera pública é indispensável à teoria social crítica e à prática política democrática. Parto do princípio de que nenhuma tentativa de compreender os limites das democracias realmente existentes no capitalismo tardio pode ser bem-sucedida se não utilizar de algum modo essa ideia. Parto também do princípio de que o mesmo vale para os esforços construtivos e urgentemente necessários para elaborar modelos alternativos de democracia.

Se a leitora ou leitor concorda que a ideia mais geral de esfera pública é indispensável à teoria crítica, vou prosseguir e argumentar que a maneira específica como Habermas elaborou essa ideia não é inteiramente satisfatória. Ao contrário, defendo que sua análise da esfera pública tem de passar por uma interrogação e uma reconstrução críticas para que produza uma categoria apta a teorizar os limites da democracia realmente existente.

Lembremos que o subtítulo de *Mudança estrutural* é *Investigações sobre uma categoria da sociedade burguesa*. O objeto das investigações é duplo. Por um lado, Habermas mapeia a ascensão e o declínio de uma forma historicamente específica e limitada de esfera pública, a qual denomina "esfera pública burguesa". Por outro, interroga o status do modelo normativo idealizado que é associado àquela instituição, o qual denomina "modelo liberal da esfera pública burguesa". Seu objetivo também é duplo: primeiro, identificar as condições que tornaram a esfera pública burguesa possível e mapear sua evolução; segundo, avaliar as consequências disso para a continuidade da viabilidade normativa do modelo liberal. Ele conclui que, sob as condições alteradas das "democracias de massa do Estado de bem-estar" do fim do século XX, nem a esfera pública burguesa nem seu modelo liberal são viáveis. Uma nova forma de esfera pública é necessária para salvar a função crítica dessa arena e institucionalizar a democracia.

Estranhamente, Habermas não chega a desenvolver um modelo pós-burguês de esfera pública. Além disso, nunca problematiza explicitamente alguns pressupostos questionáveis que sustentam o modelo liberal. Como consequência, ao final de *Mudança estrutural,* ficamos sem uma concepção suficientemente diferente daquela do modelo liberal de esfera pública burguesa, sem uma concepção de esfera pública que atenda às necessidades atuais da teoria crítica.

Seja como for, essa é a tese que pretendo defender. Para isso, vou proceder da seguinte maneira: na primeira parte deste capítulo, contraponho a concepção habermasiana da mudança estrutural da esfera pública a uma concepção alternativa que pode ser elaborada a partir da junção de algumas historiografias revisionistas recentes. Em seguida, identifico quatro pressupostos subjacentes ao modelo liberal de esfera pública burguesa, tal como Habermas o descreve, mas que essa historiografia mais recente torna suspeitos. Em seguida, nas quatro partes seguintes, examino cada um desses pressupostos. Por fim, em uma breve conclusão, reúno elementos dessas discussões críticas que apontam para uma concepção alternativa e pós-burguesa de esfera pública.

História de quem? Qual concepção?

Gostaria de começar destacando alguns pontos positivos na maneira como Habermas compreende a transformação estrutural da esfera pública. De acordo com ele, a ideia de esfera pública é a de um corpo de "pessoas privadas" reunidas para discutir assuntos de "caráter público" ou "interesse comum". Essa ideia adquiriu força e realidade no início da Europa moderna, após a constituição das "esferas públicas burguesas" como contrapesos aos Estados absolutistas. Ao fazer com que o Estado prestasse contas à "sociedade" por meio da "publicidade", esses públicos visavam estabelecer uma mediação entre a "sociedade" e o Estado. Isso implicava, inicialmente, que as informações sobre o funcionamento do Estado se tornassem acessíveis, para que as atividades estatais fossem submetidas ao escrutínio público e à força da "opinião pública". Mais tarde, isso significou transmitir para o Estado o que era considerado o "interesse geral" da "sociedade burguesa", por meio da garantia jurídica da liberdade de expressão, da liberdade de imprensa e da liberdade de reunião e, posteriormente, das instituições parlamentares do governo representativo.

Em um nível, portanto, a ideia de esfera pública designava um mecanismo institucional para "racionalizar" a dominação política, fazendo com que os Estados tivessem de prestar contas a (alguns dos) cidadãos. Em outro nível, ela designava um tipo específico de interação discursiva. Aqui, a esfera pública remetia a um ideal de discussão racional e irrestrita de assuntos públicos. A discussão devia ser aberta e acessível a todos; interesses meramente privados não deviam ser admitidos; desigualdades de status deviam ser suspensas; o poder devia ser excluído; e os que discutiam deviam deliberar como pares. O resultado dessa discussão era a "opinião pública" no sentido forte de um consenso racional sobre o bem comum.

De acordo com Habermas, o potencial utópico do modelo de esfera pública burguesa nunca se realizou plenamente. A exigência de acesso aberto, em particular, nunca foi cumprido. Além disso, a esfera pública burguesa estava calcada em uma ordem social em que o Estado era fortemente separado da economia de mercado, a qual recentemente se tornara privada; foi essa separação clara entre "sociedade" e Estado que deu sustentação a uma forma de discussão pública que excluía os "interesses privados". Essas condições, porém, acabaram erodidas, quando estratos não burgueses obtiveram acesso à esfera pública. Nesse momento, "a questão social" tomou o primeiro plano; a sociedade se polarizou na luta de classes; e o público se fragmentou em uma massa de grupos de interesses concorrentes. Manifestações de rua e compromissos feitos às escondidas e negociados entre interesses setoriais substituíram o debate público racional sobre o bem comum. Por fim, com a emergência da "democracia de massa do Estado bem-estar social", a sociedade e o Estado passaram a ser interligados; a publicidade, no sentido de escrutínio crítico do Estado, deu lugar às relações públicas, às exibições encenadas nos meios de comunicação de massa e à produção e manipulação da opinião pública.

Agora, gostaria de contrapor esse esboço da esfera pública tal como Habermas a compreende a uma compreensão alternativa que vou elaborar a partir da combinação de historiografias revisionistas recentes. De modo sucinto, estudiosos como Joan Landes, Mary Ryan, Elizabeth Brooks-Higginbotham e Geoff Eley afirmam que a compreensão de Habermas idealiza a esfera pública burguesa. Esses autores argumentam que, apesar da retórica da publicidade e da acessibilidade, a esfera pública oficial se baseava em uma série de exclusões importantes e era, na verdade, significativamente constituída por elas. Para Landes, o gênero é o eixo central da exclusão; ela argumenta que o *ethos* da nova esfera pública republicana na França foi construído em oposição deliberada à cultura do salão, mais amigável às mulheres, a qual os republicanos consideravam "artificial", "afeminada" e "aristocrática". Como consequência, promoveu-se um novo e austero estilo de expressão e comportamento públicos, um estilo que era considerado "racional", "virtuoso" e "viril". Assim, constructos masculinistas de gênero estavam inscritos na própria concepção de esfera pública republicana, como a lógica que levou, no auge do governo jacobino, à exclusão formal das mulheres da vida política[4]. Aqui, os republicanos se valeram das tradições clássicas – que tomam a feminilidade e a publicidade como oximoros; a profundidade dessas tradições pode ser medida pela relação etimológica entre "público" e "púbico", um vestígio gráfico do fato de que, no mundo antigo, ter pênis era requisito para se falar em público. (Aliás, vínculo similar é preservado na relação etimológica entre "testemunho" e "testículo")[5].

Ampliando o argumento de Landes, Eley sustenta que operações excludentes eram essenciais às esferas públicas burguesas não apenas na França, mas também na Inglaterra e na Alemanha, e que, em todos esses países, as exclusões de gênero estavam vinculadas a outras exclusões que, por sua vez, estavam enraizadas nos processos de formação de classe. Em todos esses países, afirma Eley, o solo que nutria a esfera pública burguesa era a "sociedade civil", os amontoados de associações voluntárias que estavam emergindo e se tornaram aquilo que passou a ser conhecido como a "era das sociedades". Contudo essa rede de clubes e associações – filantrópicas, civis, profissionais e culturais – eram tudo, menos acessível a todos e qualquer um. Pelo contrário, era a arena, o espaço de treinamento e, posteriormente, a base

---

[4] Joan Landes, *Women and the Public Sphere in the Age of the French Revolution* (Ithaca, Cornell University Press, 1988). Para uma crítica a Landes, ver Keith Michael Baker, "Defining the Public Sphere in Eighteenth-Century France: Variations on a Theme by Habermas", em Craig Calhoun (org.), *Habermas and the Public Sphere* (Cambridge, MIT Press, 1992), p. 181-211. Baker afirma que Landes equipara o modelo republicano de esfera pública de Rousseau, "essencialmente masculinista", ao modelo liberal "contingentemente masculinista" e potencialmente feminista de Condorcet. Creio que há algum mérito nessa crítica, pois Landes não distingue o suficiente as duas vertentes. Ainda assim, o próprio Baker não interroga o modelo liberal com profundidade e rigor suficientes para estabelecer o caráter "meramente contingente" de seu masculinismo. Curiosamente, a própria discussão subsequente de Habermas (1992) sobre essa questão vai além e concede mais, muito embora vacile inconsistentemente entre a posição de que a exclusão de gênero do modelo era/é "radical" e "constitutiva". Sobre isso, ver Jürgen Habermas, "Further Reflections on the Public Sphere", em Craig Calhoun (org.), *Habermas and the Public Sphere*, cit., p. 421-61, em especial p. 425-9.

[5] Sobre a relação entre "public" ["público"] e "pubic" ["púbico"], ver "Public" em *Oxford English Dictionary* (2. ed., Oxford, Oxford University Press, 1989). Sobre a conexão entre "testimony" ["testemunho"] e "testicle" ["testículo"], ver Lucie White, "Subordination, Rhetorical Survival Skills and Sunday Shoes: Notes on the Hearing or Mrs. G.", *Buffalo Law Review*, v. 38, n. 1, 1990, p. 1-58.

do poder de um estrato de homens burgueses que começavam a se enxergar como uma "classe universal" e se preparar para afirmar sua aptidão ao governo. Assim, a elaboração de uma cultura distintiva da sociedade civil e de uma esfera pública a ela associada estava inscrita no processo de formação da classe burguesa; suas práticas e seu *ethos* eram marcas de "distinção" no sentido de Pierre Bourdieu[6], a saber, formas de se definir como uma elite emergente, distinguindo-se, de um lado, das antigas elites aristocráticas, as quais ela visava substituir, e, de outro, dos estratos populares e plebeus, os quais ela aspirava governar. Esse processo de distinção, além do mais, ajuda a explicar o aumento do sexismo que caracterizou a esfera pública burguesa; novas normas de gênero, que ordenavam a domesticidade feminina e a separação nítida entre as esferas pública e privada, funcionaram como significantes centrais da diferença burguesa em face dos estratos mais altos e mais baixos. Uma indicação do futuro sucesso desse projeto burguês é o fato de que posteriormente essas normas se tornaram hegemônicas, tendo sido ora impostas, ora aceitas por segmentos mais amplos da sociedade[7].

Agora, há uma notável ironia aqui, uma ironia que a explicação de Habermas do surgimento da esfera pública não consegue captar[8]. Um discurso sobre a publicidade que defende ardentemente a acessibilidade, a racionalidade e a suspensão de hierarquias de status é ele mesmo empregado como estratégia de distinção. É claro que, em si e por si, essa ironia não compromete o discurso da publicidade; esse discurso pode ser – e de fato foi – empregado de maneiras diferentes em diferentes circunstâncias e contextos. Apesar disso, ela indica que a relação entre publicidade e status é mais complexa do que Habermas sugeriu, e que declarar uma arena deliberativa como um espaço em que distinções de status são colocadas em suspenso e neutralizadas não é suficiente para que isso ocorra.

---

[6] Pierre Bourdieu, *Distinction: A Social Critique of the Judgment of Pure Taste* (Cambridge, Harvard University Press, 1984) [ed. bras.: *A distinção: crítica social do julgamento*, trad. Daniela Kern e Guilherme Teixeira, Rio de Janeiro, Zouk, 2006].

[7] Geoff Eley, "Nations, Publics, and Political Cultures: Placing Habermas in the Nineteenth Century", em Craig Calhoun (org.), *Habermas and the Public Sphere*, cit., p. 289-339. Ver também Leonore Davidoff e Catherine Hall, *Family Fortunes: Men and Women of the English Middle Class (1780-1850)* (Chicago, University of Chicago Press, 1987). Para a resposta de Habermas a Eley, ver seu "Further Reflections on the Public Sphere", cit.

[8] Habermas reconhece que a autocompreensão da esfera pública burguesa era "ideológica", na medida em que sua professada abertura foi desmentida por sua exclusividade de classe. Também reconhece que a exclusão de gênero está vinculada à mudança das esferas públicas aristocratas para as burguesas. Apesar disso, como argumento adiante, ele não compreende todas as implicações desses dois pontos.

Além disso, o problema não é apenas que Habermas idealiza a esfera pública burguesa, mas também que ele não examina outras esferas públicas concorrentes, não liberais e não burguesas. Ou melhor, é precisamente por não examinar essas outras esferas públicas que ele acaba por idealizar a esfera pública burguesa[9]. Mary Ryan documenta a variedade de formas pelas quais mulheres de diversas classes e etnicidades construíram rotas de acesso à vida pública política no século XX nos Estados Unidos, apesar de serem excluídas da esfera pública oficial. No caso das mulheres da elite burguesa, foi necessária a construção de uma contrassociedade civil formada por associações voluntárias alternativas e exclusivas para mulheres, sociedades filantrópicas e de reforma moral. Sob certos aspectos, essas associações imitavam as sociedades exclusivas para homens criadas pelos pais e avós dessas mulheres; em outros, porém, as mulheres inovaram, pois utilizaram de forma criativa a linguagem até então fundamentalmente "privada" da domesticidade e da maternidade como trampolim para a atividade pública. Ao mesmo tempo, para as mulheres menos privilegiadas, o acesso à vida pública veio graças à participação em funções auxiliares nas atividades de protesto da classe trabalhadora, dominadas pelos homens. Houve mulheres que encontraram canais públicos nas manifestações e protestos de rua. Por fim, as defensoras dos direitos das mulheres contestaram publicamente tanto a exclusão das mulheres da esfera pública oficial como a privatização das políticas de gênero[10].

De modo similar, Brooks-Higginbotham documentou recentemente a existência nos Estados Unidos de uma esfera pública negra, alternativa e paralela no período entre 1880 e 1920. No "pior momento" da história afro-americana, negros e negras eram excluídos não apenas do sufrágio, mas também de toda a gama de arenas discursivas e instituições da sociedade civil, exclusivamente "brancas".

---

[9] Não quero sugerir com isso que Habermas não tenha consciência da existência de esferas públicas que não a burguesa; ao contrário, no prefácio de *The Structural Transformation of the Public Sphere*, cit., p. xviii, ele sustenta explicitamente que seu objeto é o modelo liberal de esfera pública e, portanto, não vai discutir nem "a esfera pública plebeia" (entendida por ele como um fenômeno efêmero, que existiu "apenas por um momento" durante a Revolução Francesa) nem a "forma plebiscitária aclamativa de esfera pública regulamentada das ditaduras altamente desenvolvidas em termos da sociedade industrial". Argumento que, embora Habermas reconheça a existência de esferas públicas alternativas, ele pressupõe que é possível compreender o caráter do público burguês olhando apenas para ele, isolado de suas relações com outros públicos concorrentes. Esse pressuposto é problemático. Na verdade, como pretendo demonstrar, um exame das relações do público burguês com os contrapúblicos alternativos desafia o modelo liberal da esfera pública burguesa.

[10] Mary P. Ryan, *Women in Public: Between Banners and Ballots (1825-1880)* (Baltimore, Johns Hopkins University Press, 1990), e "Gender and Public Access: Women's Politics in Nineteenth Century America", em Craig Calhoun (org.), *Habermas and the Public Sphere*, cit., p. 259-88.

Nesse contexto, negros e negras criaram uma esfera pública no único espaço que possuíam: as igrejas negras. Desse lugar improvável – ou mesmo inimaginável sob a perspectiva do modelo liberal de esfera pública burguesa, com suas normas de publicidade seculares kantianas, herdadas do Iluminismo –, eles publicaram jornais e organizaram convenções. Nesses fóruns nacionais, denunciaram o racismo nos Estados Unidos, criticaram as políticas de governo federais e estaduais e debateram estratégias antirracistas. Adaptando criativamente suas instituições religiosas, criaram uma esfera pública que o modelo liberal negava que pudesse existir[11].

Os estudos de Ryan e Brooks-Higginbotham mostram que, mesmo sem uma inclusão política formal por meio do sufrágio, havia várias maneiras de acessar a vida pública, bem como uma multiplicidade de arenas públicas. Assim, a afirmação de que mulheres e negros estavam excluídos da "esfera pública" é ideológica; baseia-se em uma noção de publicidade que tem viés de classe e gênero, uma noção que aceita por seu valor de face a pretensão do público burguês de ser *o* público. A rigor, a historiografia de Ryan, Brooks-Higginbotham e outros demonstra que o público burguês nunca foi *o* público. Pelo contrário, quase no mesmo momento em que surgia o público burguês, surgia também uma série de contrapúblicos concorrentes, inclusive públicos nacionalistas, públicos de camponeses, públicos de mulheres de elite, públicos negros e públicos da classe trabalhadora. Portanto, sempre houve públicos concorrentes, e não apenas a partir do fim do século XIX e início do XX, como sugere Habermas[12].

Não só sempre houve uma pluralidade de públicos concorrentes, como a relação entre os públicos burgueses e outros públicos sempre foi conflituosa. Quase desde sempre, os contrapúblicos questionaram as normas excludentes do público burguês e criaram estilos alternativos de comportamento político e normas alternativas de discurso público. Os públicos burgueses, por sua vez, rechaçaram essas alternativas e, de maneira deliberada, procuraram impedir a participação mais ampla. Como afirma Eley: "A emergência de um público burguês nunca foi definida apenas por sua luta contra o absolutismo e a autoridade tradicionais, mas [...] também estava voltada para o problema da contenção popular. A esfera pública sempre foi constituída pelo conflito"[13].

---

[11] Evelyn Brooks-Higginbotham, *Righteous Discontent: The Women's Movement in the Black Baptist Church (1880-1920)* (Cambridge, Harvard University Press, 1993). Para um tratamento do subtexto "branco" da esfera pública dos Estados Unidos no século XVIII, ver Michael Warner, *The Letters of the Republic: Publication and the Public Sphere in Eighteenth Century America* (Cambridge, Harvard University Press, 1990).

[12] Geoff Eley, "Nations, Publics, and Political Cultures", cit.

[13] Ibidem, p. 306.

Em geral, a historiografia revisionista sugere uma visão muito mais sombria da esfera pública burguesa do que aquela que emerge do estudo de Habermas. Exclusões e conflitos, que aparecem como ornamentos acidentais em Habermas, tornam-se constitutivos na visão dos revisionistas. O resultado é uma mudança de forma que altera o próprio significado da esfera pública. Não podemos mais supor que o modelo liberal de esfera pública seja simplesmente um ideal utópico não realizado; trata-se de uma noção ideológica que funciona para legitimar uma forma emergente de domínio de classe (e raça). Eley extrai uma moral gramsciana dessa história: a esfera pública burguesa oficial é o veículo institucional de uma grande transformação histórica na natureza da dominação política. Trata-se da passagem de um modo repressivo de dominação para um modo hegemônico, a passagem do domínio fundado primeiramente na aquiescência a uma força superior para um domínio baseado primeiramente no consentimento associado a alguma medida de repressão[14]. O ponto importante é que esse novo modo de dominação política, tal como o anterior, dá a um novo estrato da sociedade a capacidade de dominar os estratos restantes. A esfera pública oficial foi – na verdade, é – o principal espaço institucional de construção do consentimento que define o novo modo hegemônico de dominação[15].

---

[14] Essa noção gramsciana claramente não se aplica a afro-americanos no período abordado por Brooks-Higginbotham. Longe de se basear no consentimento dos negros, a supremacia branca se baseou na repressão bruta. Dada essa indiscutível "exceção", podemos questionar se o termo "consentimento" é apropriado para outros casos. Podemos nos perguntar se devemos falar aqui não de consentimento *tout court*, mas de "algo que se aproxima de consentimento" ou de "algo que aparece como um consentimento" ou de "algo interpretado como consentimento" para deixar em aberto a possibilidade de graus de consentimento ou diferentes proporções de consentimento e repressão.

[15] De acordo com a perspectiva gramsciana, a esfera pública produz o consentimento por meio da circulação de discursos que constroem o "senso comum" do momento e representam a ordem existente como natural e/ou justa, e não simplesmente como um ardil imposto aos indivíduos. Em sua forma madura, a esfera pública compreende suficiente participação e representação de múltiplos interesses e perspectivas para permitir que, na maior parte do tempo, a maioria das pessoas se reconheça nos discursos. Mesmo as pessoas mais desfavorecidas pela construção social do consentimento conseguem identificar nos discursos da esfera pública representações de interesses, aspirações, angústias e problemas que são suficientemente familiares para entrar em ressonância com seus próprios sentimentos, identidades e autorrepresentações. O consentimento dado ao domínio hegemônico é assegurado quando as perspectivas culturalmente construídas são consideradas e articuladas por outras perspectivas culturalmente construídas nos projetos sociopolíticos hegemônicos. Dadas as reservas expressas na nota anterior, é melhor compreendermos essa concepção apenas em contextos posteriores ao sufrágio das mulheres e aos direitos civis dos negros. Nos Estados Unidos, isso quer dizer depois de 1964!

Mas que conclusão devemos extrair desse conflito entre interpretações históricas? Devemos concluir que o próprio conceito de esfera pública é um exemplo de ideologia burguesa, masculinista e supremacista branca tão fortemente comprometida que não teria como lançar uma luz genuinamente crítica sobre os limites da democracia realmente existente? Ou, ao contrário, devemos concluir que o modelo liberal de esfera pública era uma boa ideia que infelizmente não se realizou, mas retém alguma força emancipatória? Em resumo, a ideia de esfera púbica é um instrumento de dominação ou um ideal utópico?

Talvez seja as duas coisas. Mas, a bem dizer, não é nenhuma. Sustento que ambas as conclusões são muito extremas e herméticas para fazer jus ao material que discuti[16]. Em vez de adotar uma delas, quero propor uma alternativa mais nuançada. Defendo que a historiografia revisionista não compromete nem corrobora sem mais "*o conceito de esfera pública*", mas coloca em questão quatro pressupostos fundamentais para certa concepção específica – *burguesa, masculinista e supremacista branca* – de esfera pública, ao menos tal como Habermas a apresenta:

1) o pressuposto de que, na esfera pública, os interlocutores podem suspender as diferenças de status e deliberar "como se" fossem iguais; ou seja, o pressuposto de que a igualdade social não é uma condição necessária à democracia política;

2) o pressuposto de que a proliferação de uma multiplicidade de públicos concorrentes é necessariamente um passo para trás e não um passo na direção de mais democracia, e que uma esfera pública única e abrangente é sempre preferível a um nexo de múltiplos públicos;

3) o pressuposto de que o discurso nas esferas públicas deve se restringir à deliberação do bem comum, e que o aparecimento de "interesses privados" e "questões privadas" é sempre indesejável;

---

[16] Gostaria de me distanciar aqui de certa linha argumentativa que é utilizada algumas vezes contra Habermas: a de que as funções ideológicas das esferas públicas em sociedades de classe destroem simplesmente a concepção normativa de esfera pública enquanto ideal. Trata-se, a meu ver, de um *non sequitur*, uma vez que é sempre possível responder que, sob outras condições, por exemplo, a abolição das classes, gêneros e outros eixos de desigualdade, a esfera pública não teria mais essa função; ela seria uma institucionalização da interação democrática. Além disso, como Habermas muitas vezes ressaltou, mesmo nas sociedades de classe existentes, o significado da esfera pública não se esgota em sua função de classe. Ao contrário, a ideia de esfera pública também funciona aqui e agora como uma norma de interação democrática que utilizamos para criticar os limites das esferas públicas realmente existentes. O ponto aqui é que mesmo a história revisionista e a teoria gramsciana que nos fazem duvidar do valor da esfera pública somente são possíveis graças a ela. É a ideia da esfera pública que fornece a condição de possibilidade conceitual para a crítica revisionista de sua realização imperfeita.

4) o pressuposto de que uma esfera pública democrática funcional requer uma separação clara entre sociedade civil e Estado.

Vou considerar cada um desses pressupostos separadamente.

Acesso aberto, paridade de participação e igualdade social

A concepção habermasiana do modelo liberal de esfera pública burguesa sublinha a pretensão desta última de ser aberta e acessível a todos. Com efeito, a ideia de acesso aberto é um dos principais significados da norma de publicidade. Sabemos, tanto pela história revisionista quanto por Habermas, que a pretensão do público burguês de plena acessibilidade não se realizou de fato. Mulheres de todas as classes e etnias foram excluídas da participação política oficial, exatamente em razão do status de gênero que lhes foi atribuído, e homens plebeus foram formalmente excluídos da participação política oficial por critérios de propriedade. Além disso, em muitos casos, mulheres e homens de etnias racializadas e de todas as classes foram excluídos da participação política oficial por razões raciais.

Agora, como devemos entender o fato histórico da não realização do ideal de acesso aberto na esfera pública burguesa? Uma saída é concluir que o ideal em si não é afetado, porque, em princípio, é possível eliminar essas exclusões. Concluir que, na verdade, era apenas uma questão de tempo até que as exclusões formais, baseadas em gênero, propriedade e raça fossem eliminadas.

Esse argumento é convincente até onde vai, mas não vai longe o bastante. A questão do acesso aberto não pode ser reduzida sem mais a uma questão de existência ou não de exclusões formais. Ela requer que olhemos também para o processo de interação discursiva no interior das arenas públicas formalmente inclusivas. Nesse ponto, devemos lembrar que o modelo liberal de esfera pública exige que as injustiças de status sejam colocadas em suspenso. Essa esfera pública seria uma arena em que os interlocutores colocariam de lado as diferenças de nascimento ou fortuna e conversariam como se fossem pares do ponto de vista social e econômico. O "como se" é, aqui, a expressão-chave. As desigualdades sociais entre os interlocutores não são eliminadas de fato, elas são apenas colocadas em suspenso.

Mas será que foram realmente suspensas? A historiografia revisionista indica que não. Na verdade, a interação discursiva na esfera pública burguesa foi dominada por protocolos de estilo e decoro que eram eles próprios correlatos e marcadores da desigualdade de status. Esses protocolos operavam informalmente para marginalizar mulheres, não brancos e plebeus e impedi-los de participar da esfera pública como pares.

Estamos falando de impedimentos informais à paridade de participação que podem persistir mesmo depois que toda e qualquer pessoa esteja autorizada a participar juridicamente e formalmente da esfera pública. Esses impedimentos são um desafio gravíssimo ao modelo liberal de esfera pública burguesa, como podemos ver por um exemplo que nos é bastante familiar. Estudos feministas documentaram uma síndrome que muitas de nós já observamos em reuniões de departamento e outros corpos deliberativos mistos: os homens tendem a interromper as mulheres mais do que as mulheres tendem a interromper os homens; os homens tendem a falar mais do que as mulheres, tomando mais vezes a palavra e falando mais do que elas; as intervenções das mulheres são mais frequentemente ignoradas ou menos respondidas do que as dos homens. Em resposta às experiências documentadas nesses estudos, uma corrente importante da teoria política feminista sustenta que a deliberação pode servir para mascarar a dominação. Teóricas como Jane Mansbridge argumentam que

> a transformação do "eu" no "nós" ocasionada pela deliberação política pode facilmente mascarar formas sutis de controle. Mesmo a linguagem que as pessoas utilizam quando raciocinam juntas costuma favorecer uma forma de entender as coisas e desencoraja outras. Por vezes, grupos subordinados não conseguem encontrar a voz ou as palavras corretas para expressar seus pensamentos e, quando conseguem, descobrem que não são ouvidos. Eles são silenciados, incentivados a manter seus desejos inarticulados e seu "não" é ouvido como um "sim".[17]

Mansbridge observa corretamente que muitas dessas intuições feministas a respeito de como a deliberação pode servir como uma máscara da dominação valem não só para o gênero, mas também para outras formas de relações desiguais, como aquelas baseadas na classe ou na "raça". Elas nos alertam para o fato de que as desigualdades sociais podem contaminar a deliberação, mesmo na ausência de qualquer exclusão formal.

Encontramos aqui uma grave dificuldade no modelo liberal de esfera pública burguesa. Enquanto a suspensão das desigualdades sociais na deliberação significar proceder como se elas não existissem, quando de fato existam, ela não vai fomentar a paridade de participação. Pelo contrário, em geral ela favorece os grupos dominantes e prejudica os grupos subordinados. Na maior parte dos casos, seria mais apropriado *retirar a suspensão* das desigualdades no sentido de tematizá-las explicitamente – um argumento que está afinado com o espírito da "ética comunicativa" de Habermas.

---

[17] Jane Mansbridge, "Feminism and Democracy", *American Prospect*, n. 1, 1990, p. 127.

A confiança despropositada na eficiência da suspensão sugere outro problema no modelo liberal. Essa concepção presume que a esfera pública é ou pode ser isenta de cultura, que pode ser tão absolutamente desprovida de qualquer *ethos* específico que é capaz de acomodar, com perfeita neutralidade e igual facilidade, intervenções que expressem todo e qualquer *ethos* cultural. Mas esse pressuposto é contrafatual, e não por razões meramente acidentais. Em sociedades estratificadas, grupos sociais desigualmente empoderados tendem a desenvolver estilos culturais desigualmente valorizados. O resultado é o desenvolvimento de poderosas pressões informais que marginalizam as contribuições dos membros dos grupos subordinados tanto na vida cotidiana como nas esferas públicas oficiais[18]. Além disso, essas pressões são amplificadas, e não reduzidas, pela economia política da esfera pública burguesa. Nesta, as mídias que constituem a base material da circulação das opiniões são privadas e visam o lucro. Consequentemente, grupos sociais subordinados costumam não ter acesso aos meios materiais de participação igual[19]. Assim, a economia política reforça estruturalmente aquilo que a cultura realizou informalmente.

Se tomássemos a sério essas considerações, deveríamos ter sérias dúvidas sobre as concepções de esfera pública que, em vez de eliminar, colocam as desigualdades sociais estruturais em suspenso. Deveríamos nos perguntar se é possível, mesmo em princípio, que interlocutores deliberem *como se* fossem socialmente iguais em arenas discursivas especialmente designadas, quando essas arenas se situam em contextos sociais mais amplos perpassados por relações estruturais de dominação e subordinação.

O que está em jogo aqui é a autonomia das instituições políticas em face de seu contexto social. Uma característica marcante que distingue o liberalismo de outras

---

[18] Em *A distinção*, cit., Bourdieu teorizou esses processos a partir do conceito de "*habitus* de classe".

[19] Como observa Habermas, essa tendência é exacerbada pela concentração da propriedade da mídia nas sociedades capitalistas tardias. Sobre o rápido aumento da concentração da mídia nos Estados Unidos no fim do século XX, ver Ben H. Bagdikian, *The Media Monopoly* (Boston, Beacon Press, 1983) [ed. bras.: *O monopólio da mídia*, trad. Alexandre Boide, São Paulo, Veneta, 2018]; e "Lords of the Global Village", *Nation*, 12 jun. 1989. Essa situação é diferente, em alguns aspectos, da situação de países onde a televisão é estatal e operada pelo Estado. Mesmo nesses lugares, porém, é duvidoso que grupos subordinados tenham igualdade de acesso. Além disso, houve recentemente pressões político-econômicas em muitos desses países para que a mídia fosse privatizada. Isso reflete, em parte, o problema dos canais estatais que têm de competir por "participação de mercado" com canais privados que veiculam entretenimento de massa produzido nos Estados Unidos. Para uma discussão fascinante, apesar de um pouco datada, sobre a televisão pública na antiga República Federativa da Alemanha, ver Oskar Negt e Alexander Kluge, *Public Sphere and Experience: Toward an Analysis of the Bourgeois and Proletarian Public Sphere* (trad. Peter Labanyi, Jamie Owen Daniel e Assenka Oksiloff, Minneapolis, University of Minnesota Press, 1993).

orientações teórico-políticas é que o liberalismo presume uma forma muito forte de autonomia do político. A teoria política liberal presume que é possível organizar uma forma democrática de vida política sobre a base de estruturas socioeconômicas e sociossexuais que geram desigualdades sistêmicas. Assim, para os liberais, o problema da democracia é como isolar processos políticos de processos considerados não políticos ou pré-políticos, aqueles que caracterizam, por exemplo, a economia, a família e a vida cotidiana informal. Para os liberais, portanto, o problema é como fortalecer as barreiras que separam as instituições políticas – que supostamente encarnam relações de igualdade – das instituições econômicas, culturais e sociossexuais – que repousam sobre relações sistêmicas de desigualdade[20]. O peso das circunstâncias sugere, todavia, que colocar a desigualdade em suspenso não é suficiente para termos uma esfera pública em que interlocutores possam deliberar como pares. Pelo contrário, a eliminação das desigualdades sociais sistêmicas é a condição necessária para a paridade de participação. Isso não significa que todo mundo deve ter exatamente a mesma renda, e sim que é necessário haver uma espécie de igualdade aproximada que seja incompatível com as relações de dominação e subordinação sistematicamente produzidas. Não obstante o liberalismo, a democracia política exige igualdade social substantiva[21].

---

[20] Esse é o espírito por trás, por exemplo, das propostas de reforma no financiamento das campanhas eleitorais que visam impedir que o domínio econômico invada a esfera pública. Não é necessário dizer que, em um contexto de desigualdade social maciça, é muito melhor fazer essas reformas do que não fazê-las. Entretanto, à luz dos efeitos informais de dominação e desigualdade discutidos acima, não se deve esperar muito delas. A defesa mais elaborada feita recentemente de uma perspectiva liberal vem de alguém que, sob certos aspectos, não é liberal. Ver Michael Walzer, *Spheres of Justice: A Defense of Pluralism and Equality* (Nova York, Basic Books, 1983) [ed. bras.: *Esferas da justiça: uma defesa do pluralismo e da igualdade*, trad. Jussara Simões, São Paulo, Martins Fontes, 2003]. Uma abordagem interessante é sugerida por Joshua Cohen. A respeito de uma versão anterior deste capítulo, ele defendeu que políticas concebidas para facilitar a formação de movimentos sociais, associações secundárias e partidos políticos fomentariam mais a paridade de participação do que políticas concebidas para a igualdade social, uma vez que estas últimas requerem esforços distributivos que carregam "pesos mortos". É óbvio que apoio a política recomendado por Cohen, assim como seu objetivo mais geral de "democracia associativa" – as seções deste capítulo sobre públicos múltiplos e públicos fortes defendem arranjos semelhantes. Entretanto, não estou convencida da tese de que essas políticas podem levar à paridade de participação sob condições de desigualdade social. Parece-me uma variação da visão liberal de autonomia do político, que Cohen diz rejeitar. Ver Joshua Cohen, "Comments on Nancy Fraser's 'Rethinking the Public Sphere'", *American Philosophical Association*, abr. 1990.

[21] Minha argumentação se baseia na crítica, ainda não superada, de Karl Marx ao liberalismo, na primeira parte de *Sobre a questão judaica* [trad. Nélio Schneider, São Paulo, Boitempo, 2010]. Por isso a alusão a Marx no título deste ensaio.

Até aqui, argumentei que o modelo liberal de esfera pública burguesa é inadequado, na medida em que pressupõe que a igualdade social não é uma condição necessária à paridade de participação nas esferas públicas. O que se segue disso para a crítica da democracia realmente existente? Uma das tarefas da teoria crítica é tornar visível como a desigualdade social contamina as esferas públicas formalmente inclusivas e, além disso, como ela macula a interação discursiva nessas esferas.

Igualdade, diversidade e públicos múltiplos

Até aqui, discuti o que podemos chamar de "relações intrapúblicos", isto é, o caráter e a qualidade das interações discursivas no interior de uma esfera pública específica. Agora, gostaria de considerar aquilo que poderíamos chamar de "relações interpúblicos", isto é, o caráter das interações entre diferentes públicos.

Começo relembrando que a concepção habermasiana enfatiza a singularidade do modelo liberal de esfera pública burguesa, sua pretensão de ser *a* arena pública (no singular). Além disso, a narrativa de Habermas tende a ser fiel a esse modelo, pois apresenta a emergência de outros públicos como um desenvolvimento tardio, que denota fragmentação e declínio. Tal como o próprio modelo liberal, essa narrativa é informada por um pressuposto valorativo subjacente, a saber, o de que o confinamento institucional da vida pública em uma esfera pública única e abrangente é um estado de coisas positivo e desejável, enquanto a proliferação de uma multiplicidade de públicos representa um afastamento da democracia, e não um avanço em sua direção[22]. É esse pressuposto normativo que eu gostaria de submeter a escrutínio. Nesta seção, analiso os respectivos méritos de públicos únicos e abrangentes, comparando-os com os de públicos múltiplos em dois tipos de sociedades modernas: as sociedades estratificadas e as sociedades igualitárias e multiculturais[23].

Primeiro, vou considerar o caso das sociedades estratificadas, que entendo como sociedades cuja estrutura institucional básica produz grupos sociais desiguais em relações estruturais de dominação e subordinação. Já defendi que, nessas sociedades, a plena paridade de participação no debate público e na deliberação não está presente no campo das possibilidades. A questão que devemos enfrentar é: que tipo de vida pública chega mais perto desse ideal? Que arranjos institucionais são mais

---

[22] Posteriormente Habermas se distanciou dessa posição. Ver o seu "Further Reflections, on the Public Sphere", cit.

[23] Minha argumentação nesta seção deve muito aos perspicazes comentários de Joshua Cohen a uma versão anterior deste capítulo em "Comments on Nancy Fraser's 'Rethinking the Public Sphere'", cit.

capazes de ajudar a diminuir as discrepâncias na paridade de participação entre grupos dominantes e subordinados?

Sustento que, em sociedades estratificadas, arranjos que comportam contestação entre uma pluralidade de públicos concorrentes promovem melhor o ideal de paridade de participação do que um público único, amplo e abrangente. Isso decorre do argumento da seção anterior, em que defendi não ser possível isolar as arenas discursivas específicas dos efeitos da desigualdade social; e que, onde a desigualdade social persiste, processos deliberativos em esferas públicas tendem a favorecer grupos dominantes e a desfavorecer os grupos subordinados. Gostaria de acrescentar que esses efeitos são exacerbados onde há uma esfera pública única e abrangente. Nesse caso, membros de grupos subordinados não teriam arenas para deliberar sobre suas necessidades, objetivos e estratégias. Não teriam locais onde pudessem realizar processos comunicativos que não estivessem, por assim dizer, sob a supervisão de grupos dominantes. Nessa situação, teriam menos probabilidade de "encontrar a voz ou as palavras corretas para expressar seus pensamentos", e mais probabilidade de "manter seus desejos inarticulados". Isso faria com que eles tivessem menos chances de articular e defender seus interesses na esfera pública abrangente. Teriam menos chance de explicitar os modos de deliberação que mascaram a dominação, "absorvendo os menos poderosos em um falso 'nós' que reflete os mais poderosos"[24].

Esse argumento ganha força com a historiografia revisionista da esfera pública, sobretudo com os desenvolvimentos mais recentes. Essa história mostra que, em geral, os membros dos grupos sociais subordinados – mulheres, trabalhadores, pessoas não brancas, gays e lésbicas – consideram vantajoso criar públicos alternativos. Proponho denominá-los *contrapúblicos subalternos* para assinalar que são arenas discursivas paralelas nas quais os membros dos grupos sociais subordinados inventam e fazem circular contradiscursos que lhes permitem formular interpretações de oposição sobre suas identidades, interesses e necessidades[25]. O exemplo mais evidente talvez seja o contrapúblico subalterno feminista estadunidense do fim do

---

[24] Jane Mansbridge, "Feminism and Democracy", cit.

[25] Cunhei a expressão "contrapúblicos subalternos" combinando dois termos utilizados recentemente com propósitos semelhantes ao meu com bons efeitos. Tomo o termo "subalterno" de Gayatri Spivak, "Can the Subaltern Speak?", em Cary Nelson e Larry Grossberg (orgs.), *Marxism and the Interpretation of Culture* (Chicago, University of Illinois Press, 1988), p. 271-313 [ed. bras.: *Pode o subalterno falar?*, trad. Sandra Regina Goulart Almeida, Marcos Pereira Feitosa e André Pereira, Belo Horizonte, Ed. UFMG, 2018], e o termo "contrapúblico" de Rita Felski, *Beyond Feminist Aesthetics* (Cambridge, Harvard University Press, 1989).

século XX e sua variedade de revistas, livrarias, editoras, redes de distribuição de filmes e vídeos, palestras, centros de pesquisa, programas acadêmicos, congressos, convenções, festivais e espaços de reunião. Nessa esfera pública, as feministas procuraram inventar novos termos para descrever a realidade social, como "sexismo", "dupla jornada", "assédio sexual" e "estupro marital, estupro por conhecido ou em encontro". Armadas com essa linguagem, reformulamos nossas necessidades e identidades, reduzindo – ainda que não eliminando – nossa desvantagem nas esferas públicas oficiais[26].

Que fique claro, meu objetivo não é sugerir que os contrapúblicos subalternos são sempre e necessariamente virtuosos; alguns deles, aliás, são explicitamente antidemocráticos e contrários à igualdade; e mesmo aqueles cujas intenções são democráticas e igualitárias nem sempre conseguem não praticar formas de exclusão e marginalização informais. Não obstante, na medida em que surgem em resposta às exclusões nos públicos dominantes, esses contrapúblicos contribuem para a ampliação do espaço discursivo. Em princípio, pressupostos inquestionados passam a ser publicamente debatidos. Em geral, a proliferação de contrapúblicos subalternos significa uma ampliação da contestação discursiva, e isso é bom em sociedades estratificadas.

Saliento a função contestatória dos contrapúblicos subalternos nas sociedades estratificadas em parte para complexificar a questão do separatismo. A meu ver, a longo prazo, o conceito de contrapúblico faz frente ao separatismo, pois assume uma orientação *publicista*. Na medida em que essas arenas são *públicos*, por definição não são enclaves isolados – o que não significa negar que muitas vezes, involuntariamente, *estejam* isoladas. Afinal, interagir discursivamente como membro de um público – subalterno ou não – significa que se almeja disseminar o próprio discurso em arenas cada vez mais amplas. Habermas apreende bem esse aspecto do significado de publicidade quando nota que, por mais limitado que seja um público em suas manifestações empíricas em dado momento, seus membros se compreendem como parte de um público potencialmente mais amplo, isto é, como aquele corpo indeterminado e empiricamente contrafatual que denominamos "público

---

[26] Para uma análise do significado político dos discursos feministas sobre a necessidade, ver Nancy Fraser, "Struggle over Needs: Outline of a Socialist-Feminist Critical Theory of Late-Capitalist Political Culture", em *Unruly Practices* (Minneapolis, University of Minnesota Press, 1989) [ed. bras.: "A luta pelas necessidades: esboço de uma teoria crítica socialista-feminista da cultura política do capitalismo tardio", em Marta Lamas (orga.), *Cidadania e feminismo*, São Paulo, Melhoramentos, 1999]. Um importante esforço para analisar o contrapúblico subalterno afro-americano contemporâneo encontra-se em Black Public Sphere Collective, *The Black Public Sphere* (Chicago, University of Chicago Press, 1995).

em geral". O problema é que, nas sociedades estratificadas, os contrapúblicos subalternos possuem um caráter duplo. Por um lado, funcionam como espaços de recuo e reagrupamento; por outro, funcionam como base e terreno de treinamento para atividades de mobilização dirigidas a públicos mais amplos. É precisamente na dialética dessas duas funções que reside seu potencial emancipatório. Essa dialética permite que os contrapúblicos subalternos compensem parcialmente, mesmo que não erradiquem de todo, os injustos privilégios de participação dos quais desfrutam os membros dos grupos sociais dominantes nas sociedades estratificadas.

Até aqui, defendi que, embora o ideal de paridade de participação não seja plenamente realizável nas sociedades estratificadas, os arranjos que permitem contestação entre uma pluralidade de públicos concorrentes aproximam-se mais desse ideal do que a esfera pública única e abrangente. É claro que a contestação de públicos concorrentes pressupõe interação discursiva interpúblicos. Então, como devemos compreender essa interação? Geoff Eley sugere que pensemos as esferas públicas (nas sociedades estratificadas) como "o cenário estruturado onde ocorre a contestação e a negociação cultural e ideológica entre uma variedade de públicos"[27]. Essa formulação faz jus à multiplicidade de arenas públicas das sociedades estratificadas, pois reconhece expressamente a presença e a atividade de "uma variedade de públicos". Ao mesmo tempo, faz jus ao fato de que esses públicos variados estão situados em um único "cenário estruturado", que privilegia alguns e prejudica outros. Por fim, a formulação de Eley faz jus ao fato de que, nas sociedades estratificadas, as relações discursivas entre públicos diferentemente empoderados estão propensas a assumir tanto a forma da contestação quanto a forma da deliberação.

Considerarei, agora, os méritos respectivos dos públicos múltiplos, comparados com os do público singular nas sociedades igualitárias e multiculturais. Por sociedades igualitárias entendo as sociedades não estratificadas cujas estruturas básicas não dão origem a grupos sociais desiguais em relações estruturais de dominação e subordinação. Sociedades igualitárias, portanto, são sociedades sem classe e sem divisões de trabalho por gênero ou raça. No entanto, essas sociedades não têm de ser culturalmente homogêneas. Pelo contrário, uma vez que permitem a liberdade de expressão e associação, é provável que essas sociedades sejam habitadas por grupos sociais com valores, identidades e estilos culturais diversos, sendo então multiculturais.

---

[27] Geoff Eley, "Nations, Publics, and Political Cultures", cit. Eley explica ainda que, desse modo, "amplia[mos] a ideia habermasiana da esfera pública para um domínio público mais amplo no qual não apenas a autoridade é constituída como racional e legítima, mas seus termos são contestados, modificados e ocasionalmente derrubados por grupos subalternos".

A questão é: em condições de diversidade cultural e na ausência de desigualdade estrutural, uma única esfera pública abrangente é preferível a múltiplos públicos?

Para responder a essa questão temos de olhar mais de perto a relação entre o discurso público e as identidades sociais. Não obstante o modelo liberal, as esferas públicas não são apenas arenas para a formação de opinião discursiva; elas são também arenas em que as identidades sociais são formadas e realizadas[28]. Isso significa que a participação não se reduz à capacidade de proferir conteúdos proposicionais que sejam neutros no que diz respeito a sua forma de expressão. Ao contrário, como defendi na seção anterior, participação significa capacidade de falar "com a sua própria voz", construindo e expressando simultaneamente sua identidade cultural por meio de um idioma e estilo[29]. Além disso, como indiquei, as próprias esferas públicas não são espaços isentos de cultura, que acolhem igualmente qualquer forma de expressão cultural. São, antes, instituições culturalmente específicas – por exemplo, os fóruns de intercâmbio textual, inclusive revistas e a própria internet; a geografia social do espaço urbano, incluindo cafés, parques públicos e centros comerciais. Essas instituições podem ser compreendidas como lentes retóricas culturalmente específicas que filtram e alteram os enunciados enquadrados por elas. Elas acomodam determinados modos de expressão e não outros[30].

Segue-se que a vida pública nas sociedades igualitárias e multiculturais não pode ser reduzida a uma única esfera pública abrangente. Isso seria enxergar as diversas

---

[28] Parece-me que as arenas discursivas públicas estão entre os lugares mais importantes e menos reconhecidos de construção, desconstrução e reconstrução de identidades sociais. Meu ponto de vista contrasta com várias concepções psicanalíticas de formação da identidade que negligenciam a importância formativa da interação discursiva pós-edípica fora do núcleo familiar e, portanto, não têm como explicar as mudanças de identidade ao longo do tempo. A meu ver, é lamentável que grande parte da teoria feminista contemporânea tenha emprestado sua compreensão de identidade social dos modelos psicanalíticos e não estude a construção de identidades em relação com as esferas públicas. A historiografia revisionista da esfera pública discutida anteriormente pode nos ajudar a restabelecer o equilíbrio, identificando esferas públicas como lugares de reconstrução de identidade. Para uma concepção do caráter discursivo da identidade social e para uma crítica das abordagens psicanalíticas à identidade, ver Nancy Fraser, "Estruturalismo ou pragmática? Sobre a teoria do discurso e a política feminista", neste volume.

[29] Para uma outra defesa dessa posição, ver Nancy Fraser, "Toward a Discourse Ethic of Solidarity", *Praxis International*, n. 4, 1986, p. 425-9. Ver também Iris Young, "Impartiality and the Civic Public: Some Implications of Feminist Critiques of Moral and Political Theory", em Seyla Benhabib e Drucilla Cornell (orgs.), *Feminism as Critique* (Minneapolis, University of Minnesota Press, 1987), p. 56-76 [ed. bras.: *Feminismo como crítica da modernidade*, trad. Nathanael da Costa Caixeiro, Rio de Janeiro, Rosa dos Tempos, 1991].

[30] Para uma análise da especificidade retórica de uma esfera pública histórica, ver Michael Warner, *The Letters of the Republic*, cit.

normas de retórica e estilo através de uma lente única, que abarcaria tudo. Além disso, como não existe uma lente que seja genuinamente neutra do ponto de vista cultural, essa maneira de compreender privilegiaria as normas de expressão de um grupo cultural em detrimento das normas de outros grupos, fazendo da assimilação discursiva uma condição para a participação no debate público. O resultado seria o fim do multiculturalismo (e o provável fim da igualdade social). Em geral, portanto, podemos concluir que a ideia de uma sociedade igualitária e multicultural só faz sentido se presumirmos uma pluralidade de arenas públicas das quais participam grupos sociais com retóricas e valores diversos. Por definição, essa sociedade tem de conter uma multiplicidade de públicos.

Contudo, isso não exclui a possibilidade de uma arena adicional, mais abrangente, na qual membros de públicos diferentes e mais limitados conversem através das fronteiras da diversidade cultural. Pelo contrário, certamente nossa hipotética sociedade igualitária e multicultural teria de promover debates sobre as políticas públicas e as questões que afetam a todos[31]. A questão é: os(as) participantes desses debates compartilhariam suficientemente valores e normas de expressão e, portanto, protocolos de persuasão, para conferir a suas discussões a qualidade das deliberações que visam o acordo por meio da troca de razões?

A meu ver, enfrentamos melhor essa pergunta se a tratamos como uma questão empírica e não como uma questão conceitual. Não vejo razão para excluir, por princípio, a possibilidade de uma sociedade em que igualdade social e diversidade cultural coexistem com uma democracia participativa. Espero que essa sociedade possa existir. Essa esperança ganha plausibilidade quando consideramos que, por mais difícil que seja, a comunicação através das fronteiras da diferença cultural não é impossível por princípio – embora certamente se torne impossível se acreditamos que ela exige que as diferenças sejam colocadas em suspenso. É verdade que esse tipo de comunicação requer alfabetização multicultural, mas isso, acredito, pode ser adquirido com a prática. De fato, as possibilidades se ampliam quando reconhecemos a complexidade das identidades culturais. Não obstante as concepções redutoras e essencialistas, as identidades culturais se tecem com múltiplos fios diferentes, e muitos desses fios podem ser compartilhados por pessoas cujas identidades divergem em outros aspectos, mesmo quando as divergências são o mais visível[32].

---

[31] Para uma instigante discussão sobre esse ponto, ver o prefácio de Miriam Hansen em Oskar Negt e Alexander Kluge, *Public Sphere and Experience*, p. ix-xli.

[32] Pode-se dizer, em um nível mais profundo, que todos são *mestizos*. Aqui a melhor metáfora pode ser a ideia wittgeinsteiniana de semelhanças de família, ou de redes de diferenças e similaridades

Do mesmo modo, em condições de igualdade social, a porosidade, o direcionamento para fora e a abertura dos públicos poderia promover a comunicação intercultural. Afinal, o conceito de público pressupõe uma pluralidade de perspectivas entre as pessoas que dele participam, permitindo assim antagonismos e diferenças internas, e desencorajando blocos reificados[33]. Além disso, o caráter ilimitado e a orientação publicista dos públicos permitem que as pessoas participem de mais de um público e que as filiações a diferentes públicos se sobreponham parcialmente. Isso faz com que a comunicação intercultural seja, em princípio, possível. Feitas as contas, não parece haver nenhuma barreira conceitual (em oposição a barreiras empíricas) à possibilidade de uma sociedade socialmente igualitária e multicultural que seja também uma democracia participativa[34]. Mas seria necessariamente uma sociedade com muitos públicos diferentes, inclusive um público cujos participantes possam deliberar como iguais, atravessando as fronteiras da diferença, sobre políticas que concernem a todos.

De modo geral, sustentei que uma multiplicidade de públicos alcança melhor o ideal da paridade de participação do que um único público. Isso é verdadeiro tanto para as sociedades estratificadas quanto para as sociedades igualitárias e multiculturais, ainda que por razões diferentes. Em nenhum dos dois casos meu argumento visava uma mera celebração pós-moderna da multiplicidade. No caso das sociedades estratificadas, defendo contrapúblicos subalternos, formados em condições de dominação e subordinação. No caso das sociedades igualitárias e multiculturais,

---

que se entrecruzam e se interseccionam, sem que haja uma linha que perpasse continuamente o todo. Para uma abordagem que enfatiza a complexidade das identidades culturais e a importância do discurso em sua construção, ver o meu "Estruturalismo ou pragmática? Sobre a teoria do discurso e a política feminista", neste volume. Para abordagens que se baseiam em conceitos de mestiçagem [*métissage*], ver Gloria Anzaldúa, *Borderlands/La Frontera: The New Mestiza* (São Francisco, Spinsters/Aunt Lute Press, 1987); e Françoise Lionnet, *Autobiographical Voices: Race, Gender, Self-Portraiture* (Ithaca, Cornell University Press, 1989).

[33] A esse respeito, o conceito de público se diferencia do de comunidade. "Comunidade" sugere um grupo delimitado e razoavelmente homogêneo, o que muitas vezes significa consenso. "Público", em contraste, dá ênfase à interação discursiva que é, em princípio, ilimitada e aberta, o que implica, por sua vez, uma pluralidade de perspectivas. Assim, a ideia de público acomoda diferenças internas, antagonismo e debates, melhor do que a ideia de comunidade. Para uma concepção da conexão entre publicidade e pluralidade, ver Hannah Arendt, *The Human Condition* (Chicago, University of Chicago Press, 1958 [ed. bras.: *A condição humana*, trad. Roberto Raposo, 12. ed., Rio de Janeiro, Forense Universitária, 2016]. Para uma crítica do conceito de comunidade, ver Iris Young, "The Ideal of Community and the Politics of Difference", em Linda J. Nicholson (orga.), *Feminism and Postmodernism* (Nova York, Routledge/Chapman & Hall, 1989), p. 300-23.

[34] Para um contra-argumento, ver Jeffrey Spinner-Halev, "Difference and Diversity in an Egalitarian Democracy", *Journal of Political Philosophy*, v. 3, n. 3, 1995, p. 259-79.

em contrapartida, defendo que é possível combinar igualdade social, diversidade cultural e democracia participativa.

Quais as implicações dessa discussão para a teoria crítica da esfera pública nas democracias realmente existentes? Em uma palavra, precisamos de uma sociologia política crítica de uma forma de vida pública da qual participem públicos múltiplos, mas não desiguais. Isso significa teorizar a interação contestatória de públicos diferentes e identificar os mecanismos que fazem com que alguns estejam subordinados a outros.

Esferas públicas, interesses comuns e interesses privados

Defendi que, nas sociedades estratificadas, os contrapúblicos subalternos estão em relação de contestação com os públicos dominantes, gostemos ou não disso. Um objeto importante dessa contestação interpúblicos diz respeito às fronteiras apropriadas da esfera pública. Aqui, as questões centrais são: o que conta como assunto público e o que conta, em contraste, como assunto privado? Isso me leva a um terceiro conjunto de pressupostos problemáticos subjacentes à concepção liberal de esfera pública burguesa, pressupostos que dizem respeito ao escopo apropriado da publicidade em relação à privacidade.

Lembremos que, para a concepção habermasiana, é fundamental que a esfera pública burguesa seja uma arena discursiva na qual "pessoas privadas" deliberam sobre "assuntos públicos". Há vários sentidos diferentes de privacidade e publicidade em jogo aqui. "Publicidade", por exemplo, pode significar algo: 1) relacionado ao Estado; 2) acessível a todos; 3) que concerne a todos; 4) que diz respeito a um bem comum ou interesse compartilhado. A cada um deles corresponde um sentido de "privacidade" distinto. Além deles, há aqui outros dois sentidos de "privacidade" logo abaixo da superfície: 5) o que diz respeito à propriedade privada em uma economia de mercado; e 6) o que diz respeito à vida íntima, doméstica ou pessoal, inclusive a vida sexual.

Já discuti pormenorizadamente o sentido de "publicidade" como algo aberto ou acessível a todos. Agora gostaria de examinar alguns outros sentidos, a começar do que concerne a todos[35]. Há uma ambiguidade entre aquilo que objetivamente afeta ou impacta a todos, visto de fora, e aquilo que é reconhecido como um assunto de interesse comum pelos participantes. A ideia de esfera pública como uma arena

---

[35] Neste capítulo, não discuto diretamente o sentido 1, relacionado ao Estado. Na próxima seção, todavia, considero algumas questões que remetem a esse sentido.

de autodeterminação coletiva não combina com as abordagens que apelam para uma perspectiva externa para delimitar suas fronteiras. Assim, é a segunda perspectiva, a dos participantes, que é relevante aqui. Apenas os próprios participantes podem decidir o que é e o que não é um interesse comum a eles. Todavia, não há garantia de que todos irão concordar. Por exemplo, até recentemente, apenas as feministas acreditavam que a violência doméstica contra as mulheres era um assunto de interesse comum e, portanto, um tema legítimo do discurso público. A grande maioria das pessoas considerava que se tratava de um assunto privado de um número supostamente pequeno de casais heterossexuais (e, talvez, dos profissionais do campo social e jurídico que tinham de lidar com eles). Sendo assim, nós, feministas, formamos um contrapúblico subalterno a partir do qual difundimos a compreensão da violência doméstica como algo sistêmico e generalizado nas sociedades dominadas pelos homens. Por fim, após contínua contestação discursiva, conseguimos fazer dela um interesse comum.

O ponto é que não há, aqui, fronteiras *a priori* e naturalmente dadas. O que conta como assunto de interesse comum será decidido precisamente pela contestação discursiva. Segue-se que, antes dessa contestação, nenhum tema deve ser considerado fora do alcance. Pelo contrário, a publicidade democrática tem de assegurar garantias positivas de oportunidade para que as minorias possam convencer os demais de que aquilo que não era público no passado, no sentido de não ser um assunto de interesse comum, deve tornar-se público agora[36].

O que dizer, então, do sentido de "publicidade" como aquilo que diz respeito a um bem comum ou interesse compartilhado? Esse é o sentido que está em jogo quando Habermas caracteriza a esfera pública burguesa como uma arena em que o tema da discussão se restringe ao "bem comum", e da qual é excluída a discussão de "interesses privados".

Essa é uma concepção de esfera pública que poderíamos chamar hoje de cívico--republicana, em oposição à individualista-liberal. Em poucas palavras, o modelo cívico-republicano dá ênfase a uma visão da política enquanto pessoas raciocinando conjuntamente para promover um bem comum que transcende a mera soma de preferências individuais. A ideia é que, por meio da deliberação, os membros do público possam descobrir ou criar esse bem comum. No decorrer de suas deliberações, os participantes deixam de ser uma coleção de indivíduos privados e autocen-

---

[36] Na teoria democrática, esse é o equivalente do argumento de Paul Feyerabend sobre a filosofia da ciência. Ver Paul Feyerabend, *Against Method* (Nova York, Verso, 1988) [ed. bras.: *Contra o método*, trad. Cezar Mortari, São Paulo, Ed. Unesp, 2003].

trados e transformam-se em uma coletividade com espírito público, capaz de agir em conjunto pelo interesse comum. Dessa perspectiva, interesses privados não têm lugar na esfera pública política. No máximo, são o ponto de partida pré-político da deliberação, a transformar e transcender no decorrer do debate[37].

Essa concepção cívico-republicana da esfera pública é, por um lado, um avanço em relação à alternativa individualista-liberal. Ao contrário desta, a concepção cívico-republicana não pressupõe que as preferências, os interesses e as identidades das pessoas são dadas exogenamente antes do discurso e da deliberação pública. Reconhece que as preferências, os interesses e as identidades tanto resultam quanto antecedem a deliberação pública, ou mesmo que são constituídos discursivamente nela e por meio dela. Entretanto, como sustentou Jane Mansbridge, a concepção cívico-republicana comporta uma confusão séria, que compromete sua vantagem crítica. Ela junta as ideias de deliberação e de bem comum pressupondo que a deliberação deve ser deliberação *sobre* o bem comum. Consequentemente, ela limita a deliberação a uma conversa concebida do ponto de vista de um "nós" único, que abrange tudo, excluindo com isso as demandas de interesses pessoais e de grupo. Isso, porém, vai de encontro a um dos principais objetivos da deliberação, a saber, ajudar os participantes a esclarecer seus interesses, mesmo quando esses interesses entram em conflito. "Excluir o interesse pessoal [e de grupo] faz com que seja mais difícil para qualquer participante compreender o que está acontecendo. Em particular os menos poderosos podem não encontrar meios de descobrir que o sentido dominante do 'nós' não os inclui de forma adequada"[38].

Em geral, não há como saber de antemão se o resultado de um processo deliberativo será a descoberta de um bem comum no qual os conflitos de interesse desaparecem como mera aparência ou, antes, que os conflitos são reais e o bem comum é uma quimera. Mas, se a existência de um bem comum não pode ser presumida de antemão, então não há justificativa para restringir os tópicos, os interesses e as perspectivas que podem ser admitidas na deliberação[39].

---

[37] Em contraste, o modelo individualista e liberal dá ênfase a uma visão da política como agregação de interesses próprios e preferências individuais. A deliberação, em sentido estrito, sai de cena. O discurso político consiste em registrar preferências individuais e barganhar, buscando fórmulas que satisfaçam o máximo possível de interesses privados. Pressupõe-se, assim, que não há um bem comum que esteja além e acima da soma dos vários bens individuais, de modo que interesses privados são a matéria legítima do discurso político.

[38] Jane Mansbridge, "Feminism and Democracy", cit., p. 131.

[39] Esse ponto, aliás, inscreve-se no espírito de uma vertente do pensamento normativo de Habermas que enfatiza a definição procedimental de esfera pública, em oposição à definição substantiva;

Esse argumento vale mesmo no caso do melhor cenário, de sociedades cujos quadros institucionais básicos não geram desigualdades sistêmicas; mesmo em sociedades relativamente igualitárias, não podemos pressupor de antemão que não haverá conflitos reais de interesse. Quão pertinente, então, é o argumento para as sociedades estratificadas, perpassadas por relações generalizadas de dominação e subordinação? Afinal, quando arranjos sociais operam sistemicamente em benefício de alguns grupos e sistemicamente em detrimento de outros, há razões claras para pensar que a postulação de um bem comum compartilhado por exploradores e explorados pode muito bem ser uma mistificação. Além disso, qualquer consenso que tenha a pretensão de representar o bem comum nesse contexto deve ser visto com desconfiança, uma vez que terá sido alcançado por meio de processos deliberativos maculados pelos efeitos da dominação e da subordinação.

Em geral, a teoria crítica tem de analisar os termos "privado" e "público de maneira mais rigorosa e crítica". Afinal, esses termos não designam diretamente esferas sociais; são classificações culturais e rótulos retóricos. No discurso político, são termos poderosos, muitas vezes empregados para deslegitimar interesses, temas e perspectivas, em benefício de outros.

Isso nos leva aos dois outros sentidos de "privacidade", que frequentemente funcionam de modo ideológico para delimitar as fronteiras da esfera pública a fim de desfavorecer grupos sociais subordinados. Esses sentidos são de algo: 5) que diz respeito à propriedade privada em uma economia de mercado; e 6) que diz respeito à vida íntima, doméstica ou pessoal, inclusive sexual. Cada um desses sentidos está no centro de uma retórica da privacidade que foi utilizada historicamente para restringir o universo da contestação pública legítima.

A retórica da privacidade doméstica visa excluir algumas questões e interesses do debate público, personalizando-os e/ou tornando-os familiares; ela os retrata como assuntos privados/domésticos ou pessoal/familiares, em contraposição aos assuntos públicos e políticos. A retórica da privacidade econômica, por sua vez, visa excluir algumas questões e interesses do debate público, tornando-os econômicos; nesse caso, as questões em tela são consideradas imperativos impessoais do mercado, ou prerrogativas da propriedade "privada", ou então problemas técnicos

---

aqui, a esfera pública é definida como uma arena destinada a certo tipo de interação discursiva, não como uma arena que visa lidar com certos tipos de temas e problemas. Não há restrições, portanto, no que pode se tornar tema da deliberação. Seyla Benhabib analisa essa vertente procedimental do pensamento de Habermas e defende que ela torna a concepção habermasiana de esfera pública superior às outras em "Models of Public Space: Hannah Arendt, the Liberal Tradition, and Jürgen Habermas", em Craig Calhoun (org.), *Habermas and the Public Sphere*, cit.

para gestores e planejadores, em contraposição aos assuntos públicos e políticos. Nos dois casos, o resultado é confinar determinados assuntos a arenas discursivas especializadas e, com isso, blindá-las da contestação e do debate realizados em bases amplas. Em geral, isso favorece os indivíduos e os grupos dominantes e desfavorece os subordinados[40]. Se a violência doméstica contra a mulher, por exemplo, é rotulada de questão "pessoal" ou "doméstica", e o discurso público sobre esse fenômeno é canalizado para instituições especializadas – associadas, digamos, ao direito de família, à assistência social e à sociologia ou à psicologia do "desvio" –, temos a reprodução da dominação e da subordinação de gênero. De modo similar, se questões relacionadas à democracia no local de trabalho são rotuladas de problemas "econômicos" ou "gerenciais", e se o discurso sobre essas questões é desviado para instituições especializadas – associadas, digamos, à sociologia das "relações industriais", ao direito trabalhista e à "ciência do gerenciamento" –, perpetuamos a dominação e a subordinação de classe (e, muitas vezes, também as de gênero e raça).

Isso mostra, mais uma vez, que eliminar as restrições formais à participação na esfera pública não é suficiente para garantir a inclusão na prática. Ao contrário, mesmo que mulheres, pessoas não brancas e trabalhadores sejam formalmente autorizados a participar do debate público, sua participação ainda pode ser limitada por concepções de privacidade econômica e privacidade doméstica que delimitam o escopo do debate. Essas noções são, portanto, veículos que possibilitam que desfavorecimentos de gênero, "raça" e classe continuem a operar subtextual e informalmente, mesmo que restrições explícitas e formais sejam eliminadas.

Públicos fortes, públicos fracos: sobre a sociedade civil e o Estado

Trato agora do quarto e último pressuposto subjacente ao modelo liberal de esfera pública burguesa, a saber, o pressuposto de que uma esfera pública democrática requer uma separação nítida entre sociedade civil e Estado. Esse pressuposto pode

---

[40] Com frequência, mas nem sempre. Como argumentou Josh Cohen, são exceções os usos da privacidade no caso Roe *versus* Wade (a decisão da Suprema Corte dos Estados Unidos que legalizou o aborto) e a discordância de Blackmun no caso Bowers (a decisão a favor das leis contra a sodomia). Esses exemplos mostram que a retórica da privacidade é multivalente, e não unívoca e necessariamente danosa. Por outro lado, não há dúvidas de que, restringindo o debate, a forte tradição do argumento da privacidade reforçou a desigualdade. Além disso, muitas feministas afirmam que mesmo os "bons" usos da privacidade podem ter graves consequências negativas no contexto atual e que, nesse contexto, a dominação de gênero é mais bem questionada sobre outras bases discursivas. Para uma defesa do idioma da "privacidade", ver Joshua Cohen, "Comments on Nancy Fraser's 'Rethinking the Public Sphere'", cit.

ser interpretado de duas maneiras diferentes, dependendo de como compreendemos "sociedade civil". Se entendemos que essa expressão significa uma economia capitalista ordenada de modo privado, insistir em sua separação do Estado é defender o liberalismo clássico. A tese seria a de que um sistema de governo limitado, sob um capitalismo de *laissez-faire*, seria uma precondição para uma esfera pública que funciona bem.

Podemos rapidamente descartar essa pretensão (relativamente desinteressante) lançando mão de alguns dos argumentos das seções anteriores. Já mostrei que a paridade de participação é essencial à esfera pública democrática e que uma relativa igualdade socioeconômica é precondição à paridade de participação. Devo apenas acrescentar que o capitalismo de *laissez-faire* não fomenta a igualdade socioeconômica e que algum tipo de redistribuição e reorganização econômica politicamente regulada é necessário para alcançá-la. Do mesmo modo, também mostrei que os esforços para "privatizar" as questões econômicas e colocá-las fora do alcance da atividade estatal não promovem, mas impedem a discussão plena e livre que está inscrita na ideia de esfera pública. Dessas considerações segue-se que uma separação clara entre sociedade civil (econômica) e Estado não é uma condição necessária para o bom funcionamento da esfera pública. Pelo contrário, e *contra* o modelo liberal, o que é necessário é precisamente algum tipo de imbricação dessas instituições[41].

Entretanto, há uma segunda, e mais interessante, interpretação do pressuposto liberal de que é necessária uma separação clara entre sociedade civil e Estado para que uma esfera pública funcione bem, uma interpretação que requer um exame mais minucioso. Nessa interpretação, "sociedade civil" são as associações não governamentais ou "secundárias" que não são nem econômicas nem administrativas. Podemos compreender melhor a força do argumento de que a sociedade civil deve ser separada do Estado, nesse segundo sentido, se retomarmos a definição habermasiana da esfera pública como um "corpo de pessoas privadas reunidas para formar um público". Aqui, a ênfase em "pessoas privadas" sinaliza (dentre outras coisas) que os membros do público burguês não são agentes do Estado e que sua participação na esfera pública não é uma função oficial. Nesse sentido, o discurso deles não resulta em decisões vinculantes e soberanas que autorizam o uso do poder estatal; ao contrário, resulta em "opinião pública", comentário crítico a respeito de tomadas de decisões oficiais em outros espaços. Em resumo, a esfera pública não é o Estado; ela é, antes, o corpo informalmente mobilizado de opinião discursiva não governamental que pode servir de contrapeso ao Estado. De fato, no modelo liberal, é precisamente

---

[41] Há muitas possibilidades aqui, inclusive formas mistas, como o socialismo de mercado.

esse caráter extragovernamental da esfera pública que confere uma aura de independência, autonomia e legitimidade à "opinião pública" que é gerada nela.

Assim, o modelo liberal de esfera pública burguesa presume a desejabilidade de uma separação nítida entre a sociedade civil (associativa) e o Estado. Como resultado, ele promove aquilo que chamo de *públicos fracos*, públicos cuja prática deliberativa consiste exclusivamente em formar opinião e não engloba a tomada de decisão. Além disso, o modelo liberal parece sugerir que a ampliação da autoridade discursiva desses públicos, no sentido de englobar a tomada de decisão e a formação de opinião, ameaça a autonomia da opinião pública – pois, nesse caso, o público efetivamente se tornaria o Estado e perderíamos a possibilidade de uma verificação crítica e discursiva do Estado.

Isso, ao menos, é o que sugere a formulação inicial de Habermas sobre o modelo liberal. A rigor, essa questão se torna mais complexa quando consideramos o surgimento da soberania parlamentar. Com esse marco de desenvolvimento na história da esfera pública, temos uma importante mudança estrutural, uma vez que um parlamento soberano funciona como uma esfera pública *dentro* do Estado. Parlamentos soberanos são aquilo que chamo de *públicos fortes*, públicos cujo discurso engloba tanto a formação de opinião quanto a tomada de decisão. Como um *lócus* de deliberação pública que culmina em decisões juridicamente vinculantes (ou leis), o parlamento deveria ser o lugar de autorização discursiva do uso do poder estatal. Com a conquista da soberania parlamentar, portanto, a linha que separa a sociedade civil (associativa) e o Estado é borrada.

Claramente, o surgimento da soberania parlamentar e o consequente turvamento da separação entre sociedade civil (associativa) e Estado representa um avanço democrático em relação aos arranjos políticos anteriores. Isso ocorre porque, como sugerem os termos "público forte" e "público fraco", a "força da opinião pública" aumenta quando o corpo que a representa passa a ter poder para traduzir uma "opinião" em decisões investidas de autoridade. Ao mesmo tempo, porém, restam questões importantes acerca da relação entre os públicos fortes parlamentares e os públicos fracos aos quais eles deveriam, em princípio, prestar contas. Em geral, esses desdobramentos levantam questões interessantes e importantes sobre os respectivos méritos dos públicos fracos e fortes, bem como sobre os respectivos papéis que esses dois tipos de instituições desempenham em uma sociedade democrática e igualitária.

Um conjunto de questões diz respeito à possível proliferação de públicos fortes na forma de instituições autogeridas. Em locais de trabalho, creches ou comunidades autogeridas, por exemplo, as esferas públicas institucionais podem ser arenas tanto de formação de opinião quanto de tomada de decisão. Isso equivaleria a criar espaços de democracia direta, ou quase direta, em que todas as pessoas engajadas em um empreendimento coletivo participam das deliberações para determinar seu formato e funcionamento[42]. Entretanto, permaneceria em aberto a relação entre essas esferas públicas deliberativas internas e as esferas públicas externas, pelas quais eles também poderiam ser obrigados a prestar contas. A pergunta acerca dessa relação torna-se importante quando consideramos que as pessoas que são afetadas por um empreendimento do qual não participam diretamente podem ser partes interessadas em seu *modus operandi*; elas possuem, portanto, uma pretensão legítima de voz, por meio de outra esfera pública (mais fraca ou mais forte), sobre seu funcionamento e desenho institucional.

Aqui estamos nós, de novo, abordando a questão da obrigação de prestação de contas. Quais arranjos institucionais garantem uma melhor prestação de contas dos corpos democráticos de tomada de decisão (públicos fortes) aos *seus* públicos (externos, fracos ou, em vista da possibilidade de casos híbridos, *mais* fracos)?[43] Em quais espaços da sociedade arranjos de democracia direta são desejáveis e em quais espaços formas representativas são mais apropriadas? Como melhor articulá-los? Mais em geral, quais arranjos democráticos institucionalizam melhor a coordenação entre as diferentes instituições, inclusive entre seus diversos públicos coimplicados? Deveríamos considerar o parlamento central um superpúblico forte, com soberania discursiva inquestionável sobre as regras sociais básicas e os arranjos de coordenação? Se sim, devemos pressupor a existência de um único superpúblico externo (mais) fraco (além, e não em vez deles, de vários outros públicos menores)? Seja como for, dada a inescapável interdependência global que se manifesta na divisão internacional do trabalho numa mesma biosfera planetária, faz sentido entender o Estado-nação como a unidade apropriada de soberania?

Não sei a resposta para a maior parte dessas questões e não tenho como explorá-las mais a fundo aqui. Entretanto, a possibilidade de colocá-las, mesmo na ausência de respostas completas e convincentes, nos permite esboçar uma conclusão clara: qualquer concepção de esfera pública que exija uma separação nítida entre sociedade civil (associativa) e Estado será incapaz de imaginar formas de

---

[42] Uso a expressão "democracia quase direta" para indicar a possibilidade de formas híbridas de autogestão, envolvendo nomeação democrática de representantes, gerentes ou planejadores, porém atreladas a rígidos critérios de prestação de contas – por exemplo, o *recall*.

[43] Por possibilidades híbridas refiro-me a arranjos que impliquem uma estrita prestação de contas dos corpos representativos de tomada de decisão aos públicos externos, por meio de vetos e *recall*. Essas formas híbridas podem ser desejáveis em algumas circunstâncias, mesmo que não em todas.

autogestão, de coordenação interpúblicos e de prestar contas politicamente, todas essenciais para uma sociedade democrática e igualitária. O modelo liberal de esfera pública burguesa, portanto, não é adequado à teoria crítica contemporânea. Precisamos, na verdade, de uma concepção pós-burguesa que nos permita conceber um papel para (ao menos algumas) esferas públicas maior do que o da mera formação autônoma de opinião, destituída de qualquer possibilidade de tomada de decisão com autoridade. Essa concepção pós-burguesa nos permitiria conceber públicos fortes *e* fracos, assim como várias formas híbridas. Além disso, ela nos permitiria teorizar as várias possíveis relações entre tais públicos, ampliando assim nossa capacidade de conceber possibilidades democráticas para além dos limites da democracia realmente existente.

Conclusão: repensando a esfera pública

Gostaria de concluir recapitulando aquilo que acredito ter realizado neste capítulo. Mostrei que o modelo liberal de esfera pública burguesa, tal como descrito por Habermas, não é adequado à crítica dos limites da democracia realmente existente nas sociedades de capitalismo tardio. Em um primeiro nível, meu argumento enfraquece o modelo liberal como ideal normativo. Mostrei, primeiro, que uma concepção adequada de esfera pública requer não a suspensão, mas a eliminação da desigualdade social. Segundo, mostrei que uma multiplicidade de públicos é preferível a uma esfera pública única, tanto nas sociedades estratificadas como nas sociedades igualitárias. Terceiro, mostrei que uma concepção sustentável de esfera pública tem de permitir não a exclusão, mas a inclusão de questões e interesses que a ideologia masculinista burguesa qualifica de "privados" e considera não admissíveis. Por fim, mostrei que uma concepção defensável deve permitir tanto públicos fortes como públicos fracos e ajudar a teorização das relações entre eles. Em suma, argumentei contra quatro pressupostos constitutivos do modelo liberal de esfera pública burguesa e, ao mesmo tempo, identifiquei quatro elementos correspondentes de uma concepção pós-burguesa de esfera pública.

Em um segundo nível, minha argumentação aponta quatro tarefas para a teoria crítica da democracia realmente existente. Primeiro, essa teoria deveria tornar manifesta a maneira como a desigualdade social contamina a deliberação no interior dos públicos nas sociedades do capitalismo tardio. Segundo, deveria mostrar como a desigualdade afeta as relações entre os públicos nas sociedades capitalistas tardias, como os públicos são desigualmente segmentados e empoderados, e como alguns são involuntariamente confinados e subordinados a outros. Em seguida, deveria explicitar que rotular de "privados" alguns interesses e questões limita o conjunto de problemas e soluções de problemas que podem ser amplamente discutidos nas sociedades contemporâneas. Por fim, nossa teoria deveria mostrar que o caráter excessivamente fraco de algumas esferas públicas nas sociedades do capitalismo tardio priva a "opinião pública" de força prática.

Com isso, a teoria deve ser capaz explicitar os limites da forma específica de democracia da qual desfrutamos nas sociedades do capitalismo tardio. Talvez, desse modo, ela possa nos inspirar a romper esses limites e, ao mesmo tempo, advertir o resto do mundo a não atender ao chamado para instalá-las.

4. Sexo, mentiras e a esfera pública:

reflexões sobre a confirmação de Clarence Thomas

A formação da opinião pública dominante é em geral um assunto corriqueiro, algo para especialistas e não para cidadãos leigos. Vez ou outra, porém, acontece alguma coisa que extrapola os circuitos da usual formação profissional de opinião e clama por um debate público generalizado e intenso. Nesses momentos, cristaliza-se algo muito semelhante a uma participação em massa e, pelo menos por um instante, sentimos a possibilidade de uma esfera pública política robusta. Ainda assim, a experiência é marcadamente ambígua. As alusões à democracia são impregnadas de demagogia e exclusão, o que é nítido sob a luz forte da hiperpublicidade. Esses momentos podem, por isso mesmo, ter um grande valor de diagnóstico. Tornam inteiramente visíveis as estruturas de desigualdade e as práticas de poder que, de maneira menos chamativa, porém mais sistemática, deturpam a formação da opinião pública nos períodos normais[1].

Um desses momentos ocorreu em 1991, em torno da confirmação de Clarence Thomas para juiz da Suprema Corte dos Estados Unidos. Combinando lampejos de participação democrática com práticas de contenção estratégica, foi uma luta que suscitou, de modo dramático e pungente, questões centrais sobre a natureza da publicidade contemporânea. Não foi simplesmente uma batalha pela opinião

---

[1] A pesquisa realizada para este capítulo teve o apoio da Biblioteca de Newberry, da National Endowment for the Humanities, e do American Council of Learned Societies. Agradeço também a Laura Edwards, Jim Grossman, Miriam Hansen e Eli Zaretsky pelos comentários e conversas. Susan Reverby compartilhou generosamente comigo suas ideias e a introdução de Dorothy Helley ao livro coorganizado por elas, *Gendered Domains: Rethinking the Public and Private in Women's History* (Ithaca, Cornell University Press, 1992).

pública no interior de uma esfera pública já constituída. O que estava em jogo era, ao contrário, o próprio significado e fronteiras da publicidade. Além disso, a maneira como a luta se desdobrou estava ligada ponto a ponto a quem tinha o poder de delimitar a linha entre o público e o privado. Consequentemente, o "caso Clarence Thomas" expôs os obstáculos cruciais à publicidade democrática em nossa sociedade. Ao mesmo tempo, mostrou as inadequações do modelo clássico liberal de esfera pública, revelando que as compreensões padrão de publicidade são ideológicas.

PRIVACIDADE DE QUEM? QUAL PUBLICIDADE?

Relembremos as circunstâncias. Clarence Thomas, um conservador negro, foi indicado à Suprema Corte por George Bush em 1991. Como ex-chefe da Comissão de Oportunidades Iguais de Emprego (EEOC, em inglês), um órgão federal, Thomas presidiu a transição para a "era do pós-direitos civis", restringindo os esforços da agência para implementar leis que proibiam a discriminação. Como era previsível, sua indicação à Suprema Corte enfrentou oposição nos círculos liberais, feministas e de defesa dos direitos civis. As organizações negras, porém, estavam divididas, e muitos hesitavam em se posicionar contra um homem que estava prestes a se tornar o segundo afro-americano da Suprema Corte na história dos Estados Unidos. Durante as audiências de confirmação na Comissão Judiciária do Senado, Thomas minimizou seu histórico, sua "raça" e suas posições constitucionais e políticas, destacando, em vez disso, suas origens humildes e seu triunfo sobre a adversidade. Quando as audiências foram concluídas e a votação do Senado já estava definida, a confirmação parecia certa – até que ele foi publicamente acusado de assédio sexual contra uma antiga subordinada sua na EEOC.

Por semanas, o país foi arrebatado pela investigação na Comissão Judiciária das alegações de Anita F. Hill, negra, professora de direito e assistente de Thomas na EEOC nos anos 1980. Hill acusava Thomas de tê-la assediado sexualmente no trabalho, insistindo em encontros, apesar de suas constantes negativas, descrevendo em detalhes filmes pornográficos que assistira, apesar de suas repetidas objeções, gabando-se do tamanho de seu pênis e de seus talentos como amante, apesar dos pedidos dela para que parasse. Na época, ela não o denunciou. A agência governamental que trata desse tipo de denúncia é o mesmo lugar onde ela alegava que os assédios ocorreram: a EEOC, então chefiada por Thomas. Quando as acusações de Hill vieram a público, em 1991, a Suprema Corte dos Estados Unidos já havia estabelecido que o assédio sexual é uma forma de discriminação sexual e ilegal pelas leis de direitos civis dos Estados Unidos.

Thomas negou categoricamente as acusações de Hill, mas as cartas já estavam na mesa. Cedendo à forte pressão pública, o Senado adiou a votação e realizou uma segunda rodada de audiências televisionadas da Comissão Judiciária sobre as acusações de assédio sexual, algo sem precedentes. Após as audiências, o Senado aprovou a indicação de Thomas para a Suprema Corte, com a menor margem de votos de sua história.

Poucos dramas mobilizaram tanto o país como esse. Em todos os lugares, as pessoas deixavam suas atividades cotidianas de lado para assistir e debater as audiências. Em todos os lugares, as pessoas discutiam apaixonadamente se Thomas ou Hill estava dizendo a verdade. Os programas de rádio foram bombardeados por ligações de ouvintes, inclusive de mulheres que afirmavam terem sido assediadas sexualmente no passado, mas, até então, tinham tido muita vergonha de contar a alguém. A imprensa estava repleta de artigos de opinião apresentando todos os lados da questão. Era difícil encontrar um lugar onde não houvesse alguma discussão sobre Clarence Thomas e Anita Hill.

Em suma, foi um momento raro nos Estados Unidos em que uma esfera pública vivamente controvertida estava em evidência. Refiro-me a uma esfera pública no sentido habermasiano, de uma arena em que a opinião pública é constituída pelo discurso, em que os membros do público debatem assuntos de interesse comum, procurando persuadir uns aos outros mediante a troca de razões, em que a força da opinião pública incide sobre a tomada de decisão do governo[2].

À primeira vista, o caso Clarence Thomas parece ser um exemplo didático da esfera pública em ação. As audiências da Comissão Judiciária do Senado sobre as acusações de Hill pareciam constituir um exercício de publicidade democrática, tal como se entende no modelo clássico liberal de esfera pública. As audiências abriram um aspecto do funcionamento do governo ao escrutínio público, a saber, a indicação e a confirmação de um juiz da Suprema Corte. Essas audiências submeteram uma decisão das autoridades estatais à força da opinião pública. De fato, no decorrer das audiências, a opinião pública se constituiu e incidiu diretamente sobre a decisão, afetando o processo em que ela foi tomada, assim como o seu desfecho. Como resultado, as autoridades estatais tiveram de prestar contas ao público por meio de um processo discursivo de formação da opinião e da vontade.

---

[2] Ver Jürgen Habermas, *The Structural Transformation of the Public Sphere: An Inquiry into a Category of Bourgeois Society* (trad. Thomas Burger e Frederick Lawrence, Cambridge, MIT Press, 1989) [ed. bras.: *Mudança estrutural da esfera pública*, trad. Denilson Luís Werle, São Paulo, Ed. Unesp, 2011].

Em uma análise mais detida, entretanto, esses eventos desmentem o modelo liberal clássico de esfera pública. Esse modelo considera dados e evidentes o significado e as fronteiras da publicidade e da privacidade. O confronto entre Thomas e Hill, porém, foi em grande medida uma luta em torno do significado e das fronteiras dessas categorias. Os oponentes discordavam onde precisamente deveria ser traçada a linha entre o público e o privado. O desfecho dependeu de quem tinha o poder de definir e defender essa linha.

Esses temas perpassam muitas das questões que foram explicitamente debatidas: como deveríamos entender a primeira revelação pública das acusações de Hill, em 6 de outubro de 1991, que tinham sido comunicadas em caráter confidencial aos membros da Comissão Judiciária? O vazamento à imprensa tinha o objetivo de prejudicar a indicação de Thomas e, por esse motivo, configurava uma quebra grave do devido procedimento e da confidencialidade? Ou o vazamento foi um ato heroico de denúncia que revelou uma tentativa vergonhosa de abafar o caso? O fato de Hill não ter tornado públicas suas acusações antes de 6 de outubro é motivo para duvidarmos de sua versão ou é consistente com sua história? O comportamento que Hill atribui a Thomas deve ser considerado uma camaradagem inocente ou é abuso de poder? Esse comportamento é "normal" ou "patológico"?

Além disso, será que homens e mulheres têm visões diferentes a respeito dessas questões e se posicionam diferentemente no que se refere à privacidade e à publicidade? Será que os esforços dos defensores de Thomas para destruir a credibilidade de Hill são uma invasão inescrupulosa de sua privacidade ou um exercício adequado e vigoroso de escrutínio público? Houve diferenças significativas na capacidade de Thomas e Hill de definir e defender sua privacidade?

A posterior menção de Thomas à questão "racial" era apenas uma cortina de fumaça, ou a convocação de um tribunal público inteiramente branco para julgar pela televisão uma disputa entre dois afro-americanos indica a existência de diferenças étnico-raciais reais no que diz respeito à privacidade e à publicidade? O "assédio sexual" é fruto da imaginação fértil de feministas brancas e de elite, puritanas e sexualmente reprimidas, ou é um instrumento de poder de gênero, "raça" e classe? Será que, nesse caso, a reivindicação de respeito à privacidade de um homem negro contra um público predominantemente branco representa um avanço para sua "raça", ou se trata de um retrocesso para as mulheres negras?

Será que as audiências foram um circo indecoroso que degradou o processo democrático ou um raro exercício de publicidade democrática, uma "aula nacional sobre o assédio sexual"? A transmissão das audiências foi mais um triste exemplo da obsessão americana pela vida privada de figuras públicas, uma obsessão que transforma a verdadeira política em uma questão de "caráter"? Ou foi, na verdade, um marco histórico na luta por um equilíbrio mais equitativo nas relações sociais de privacidade e publicidade?

Por fim, a publicidade democrática é mais bem compreendida como um freio ao poder público do Estado ou, de modo mais amplo, como um freio ao poder privado ilegítimo? E qual a relação entre os vários públicos que emergiram nesse caso: por exemplo, a esfera pública oficial dentro do Estado (as audiências); a esfera pública extragovernamental, constituída pela mídia de massa; os diversos contrapúblicos associados aos movimentos sociais de oposição, como o feminismo, e aos enclaves étnicos, como a comunidade afro-americana (a imprensa feminista, a imprensa negra); as diversas associações secundárias e ativas na formação da opinião pública ("grupos de interesse", lobistas); a constituição efêmera, mas intensa das esferas públicas informais em vários espaços da vida cotidiana – locais de trabalho, restaurantes, *campi* universitários, esquinas, centros comerciais, lares, onde quer que houvesse pessoas reunidas para discutir os acontecimentos? Em cada uma dessas arenas públicas, quais palavras importavam no conflito de interpretações que determinou a história pública oficial do "fato real"? Por quê?

Por trás de todas essas questões há dois problemas mais gerais, relativos ao poder e à desigualdade: quem tem o poder de decidir onde traçar a linha entre o público e o privado? Quais estruturas de desigualdade são subjacentes às compreensões hegemônicas dessas categorias, assim como das lutas que as contestam?

Disputa de gênero

A primeira fase da disputa se desenrolou como uma luta de gênero e revelou assimetrias importantes de gênero que dizem respeito à privacidade e à publicidade. Essas assimetrias não eram as usuais ortodoxias familiares de um estágio anterior da teoria feminista que protestava contra o alegado confinamento das mulheres à esfera privada e contra a ausência de sua participação na esfera pública. Ao contrário, as assimetrias diziam respeito aqui à maior vulnerabilidade das mulheres à publicidade indesejada e invasiva, e à sua menor capacidade de definir e defender sua privacidade.

Essas questões surgiram quando o público em geral tomou conhecimento da disputa que, havia semanas, era travada a portas fechadas – a disputa entre Hill e os membros da Comissão Judiciária do Senado em torno da maneira como estavam sendo conduzidas as acusações que ela fizera contra Thomas. Soube-se que a comissão procurara Hill e pedira que ela confirmasse uma denúncia de que Thomas a assediara; que ela confirmou a denúncia, mas pediu que a investigação protegesse sua privacidade, mantendo sua identidade em sigilo; que a comissão deixou a denúncia de lado, após uma investigação bastante superficial, embora Hill tivesse solicitado inúmeras vezes que a comissão a investigasse, tendo concordado, por fim, que seu nome fosse utilizado; e que a comissão decidiu manter a questão em sigilo. Um repórter, porém, descobriu a história.

Em sua primeira coletiva de imprensa após a notícia das acusações, Hill deu bastante ênfase ao que chamou de "falta de controle" no encaminhamento, no momento e na divulgação das informações. Ela já estava tendo de se defender de duas acusações aparentemente contraditórias: primeiro, a de que não tornara pública a acusação de assédio assim que ocorreu, como supostamente faria qualquer vítima genuína de assédio sexual; segundo, a de que, ao fazer a acusação, ela estaria buscando publicidade e autopromoção. Hill tentou explicar suas ações, insistindo que o "controle" sobre essas revelações "nunca esteve em minhas mãos" e, depois, reconhecendo a dificuldade para equilibrar a necessidade de privacidade com o dever de revelar informações ao responder ao inquérito da comissão[3]. Ao final, parece que ela não conseguiu dissipar completamente as dúvidas de muitos estadunidenses sobre essas questões.

De sua parte, a decisão da comissão de não tornar públicas as acusações de assédio sexual de Hill contra Thomas representou um esforço para delimitar o escopo da primeira rodada de audiências (em setembro) e conter o debate público sobre a indicação. No entanto, uma vez que as acusações vieram a público, a comissão perdeu o controle sobre o processo. Ela se viu enredada em um conflito público com feministas que se opunham à privatização de uma importante questão de gênero e acusavam os senadores de "sexismo" e "insensibilidade".

Essa luta de gênero foi amplamente noticiada, mas veio acompanhada de um contradiscurso de indignação contra o "vazamento". Esses dois temas, o "sexismo no Senado" e o "vazamento", foram, por algum tempo, os dois principais adversários na batalha pela proeminência interpretativa dos eventos, como se a disputa fosse pelo adiamento ou não da votação de confirmação[4]. A votação, claro, *foi* adiada e as feministas conseguiram ampliar o espaço da esfera pública política nacional oficial para incluir nele, pela primeira vez, o tema do assédio sexual.

Contudo, incluir uma questão na agenda da esfera pública não garante o controle da discussão. Mesmo com a decisão de que a votação da indicação de Thomas seria adiada e de que haveria audiências públicas sobre o assédio sexual, começou

---

[3] "Excerpts of News Conference on Harassment Accusations against Thomas", *New York Times*, 8 out. 1991, p. A20.

[4] Maureen Dowd, "The Senate and Sexism", *New York Times*, 8 out. 1991, p. A1.

nos bastidores uma competição feroz sobre como moldar o debate público dessas questões. Enquanto o debate público se concentrou na "insensibilidade" do Senado, os estrategistas da Casa Branca trabalhavam nos bastidores para moldar o foco das audiências e a interpretação dos acontecimentos.

Como ficou claro, o plano do governo para moldar o debate público e limitar o escopo das audiências tinha três características principais. Primeiro, a Casa Branca tentou construir as audiências no formato "ele disse, ela disse", impedindo ou marginalizando quaisquer novas alegações de assédio sexual por outras vítimas. Segundo, a Casa Branca fez questão de deixar de fora qualquer questionamento sobre o que se definira como a vida privada de Thomas, inclusive aquilo que o *New York Times* denominou seu "bem conhecido gosto por assistir e discutir filmes pornográficos enquanto estava na Faculdade de Direito de Yale"[5]. Terceiro, e último, a Casa Branca procurou vetar depoimentos de especialistas sobre a natureza do assédio sexual e as respostas características das vítimas, de modo que, segundo um porta-voz do governo, "se evite que isso se torne um referendo sobre os 2 mil anos de dominação masculina e assédio sexual"[6].

Em conjunto, essas três medidas colocaram Thomas e Hill em relações muito diferentes em termos de privacidade e publicidade. Thomas pôde declarar áreas importantes de sua vida como "privadas" e, portanto, proibidas. Hill, em contrapartida, foi colocada como alguém cujos motivos e caráter seriam objeto de intenso escrutínio e especulação invasiva, uma vez que sua credibilidade tinha de ser avaliada em um vácuo conceitual. Quando a Comissão Judiciária do Senado adotou essas regras básicas para as audiências, estabeleceu-se um diferencial estrutural em relação à publicidade e à privacidade que beneficiava Thomas e prejudicava Hill.

Uma vez estabelecidas essas regras básicas, o governo se concentrou em destruir Hill. Procurou assegurar-se, como previu o senador republicano Alan K. Simpson em um discurso no plenário do Senado, que "Anita Hill vai ser devorada, exatamente o que ela queria evitar. Ela vai ser caluniada, destruída, menosprezada, perseguida e assediada, assédio mesmo, diferente do sexual"[7].

---

[5] Idem, "Image More Than Reality Became Issue, Losers Say", *New York Times*, 16 out. 1991, p. A14. A imprensa tradicional se referia com frequência ao hábito de Thomas de assistir pornografia. Ver Michael Wines, "Stark Conflict Marks Accounts Given by Thomas and Professor", *New York Times*, 10 out. 1991, p. A18, para um relato de um colega de Thomas na Faculdade de Direito de Yale.

[6] Andrew Rosenthal, "Bush Emphasizes He Backs Thomas in Spite of Uproar", *New York Times*, 10 out. 1991, p. B14.

[7] Alan K. Simpson, *Congressional Record-Senate*, 102d Congo 1st sess., 1991, 137, pt. 113, p. 14.546.

Enquanto isso, Thomas tentava definir e defender a própria privacidade. É verdade que essas tentativas continham certa ironia, dada sua insistência em substituir a discussão sobre suas posições políticas, jurídicas e constitucionais por sua história de vida nas audiências anteriores e de rotina. Como tentara transformar seu caráter privado em questão pública, ele quase se destruiu quando, depois que as acusações de Hill se tornaram públicas, o foco recaiu precisamente em seu caráter.

Na segunda rodada extra de audiências, Thomas respondeu às acusações de Hill tentando definir o que acreditava ser sua vida privada. Recusou-se a responder a perguntas que violassem sua privacidade tal como ele a definia. E objetava a "repórteres e grupos de interesse [...] à procura de sujeira" chamando-os de não americanos e kafkanianos.

> Não estou aqui [...] para exibir minha vida privada em nome de interesses lascivos ou outras razões. Não vou permitir que essa comissão ou qualquer outra pessoa investigue minha vida privada [...] Não vou fornecer a corda para meu próprio linchamento ou outras humilhações. Não vou entrar em discussões nem vou me submeter a perguntas aleatórias sobre o que acontece nas zonas mais íntimas de minha vida privada ou na santidade de meu quarto. Esses são os espaços mais íntimos de minha privacidade, e vão permanecer exatamente assim, privados.[8]

Como ficou claro ao fim, Thomas foi relativamente bem-sucedido na imposição de sua definição de privacidade e publicidade. Os que o questionaram na comissão aceitaram em geral sua definição de privacidade, e as perguntas não invadiram esse espaço tal como ele o definira. Ele não foi interrogado sobre sua vida sexual pregressa ou sobre suas fantasias, tampouco foi questionado sobre o hábito de assistir e discutir filmes pornográficos. Na única vez que esse assunto foi abordado pelo senador democrata Patrick Leahy, na seção do dia 12 de outubro de 1991, Thomas conseguiu rechaçar a questão:

> [Senador Leahy]: O senhor já teve alguma discussão sobre filmes pornográficos com [...] outras mulheres [além da professora Hill]?
> [Thomas]: Senador, não vou entrar em qualquer discussão que eu possa ter tido sobre minha vida pessoal ou sobre minha vida sexual com qualquer pessoa fora do ambiente de trabalho.[9]

---

[8] Clarence Thomas, "Hearing of the Senate Judiciary Committee", 11 out. 1991, Nexus Library, FEDNWS file, Federal News Service.
[9] "Excerpts from Senate's Hearings on the Thomas Nomination", *New York Times*, 13 out. 1991, p. A30.

A questão não foi levada adiante. Depois que o Senado confirmou a indicação, os democratas da Comissão Judiciária justificaram seu fracasso, afirmando que Thomas construíra um "muro" e se recusara a responder a perguntas sobre sua vida privada[10].

Thomas foi tão bem-sucedido na defesa de sua privacidade que, enquanto o país era inundado por especulações sobre o caráter, os motivos e os traços psicológicos de Hill, não houve nenhuma especulação semelhante a seu respeito. Ao que parece, ninguém se perguntou que angústias e feridas poderiam levar um homem negro bem-sucedido e poderoso, de origem muito pobre, que se fez na vida, a assediar sexualmente uma mulher negra, subordinada a ele, de origem similar.

Hill também procurou definir e defender sua privacidade, mas teve muito menos êxito. Embora tenha tentado manter o foco na denúncia e nas evidências que a corroboravam, o foco principal logo se deslocou para o *seu* caráter. No decorrer da batalha, insinuou-se de diversas maneiras que Hill era lésbica, uma erotomaníaca heterossexual, uma esquizofrênica delirante, uma mulher que fantasiava a realidade, rejeitada e vingativa, que cometera perjúrio, um instrumento nas mãos de grupos de interesse liberais. Além de seus algozes do Partido Republicano, como os senadores Arlen Specter, Orrin Hatch e Alan Simpson, suas colegas na EEOC tacharam-na, em termos sexistas clássicos, de "truculenta", "arrogante", "ambiciosa", "difícil", "dura", "ridícula", "cheia de opiniões". Nenhum dos democratas da comissão conseguiu, ou sequer tentou, restringir o escopo do inquérito sobre a privacidade de Hill[11].

O pouco êxito de Hill para traçar uma linha entre o público e o privado serve de testemunho do caráter de gênero dessas categorias e como sua constituição reflete uma assimetria ou hierarquia de poder segundo linhas de gênero. Essa assimetria também está refletida no fenômeno do assédio sexual. Consideremos a seguinte observação de Hill em resposta ao questionamento do senador democrata Howell Heflin, o primeiro a ler trechos de sua declaração de abertura: "Eu tinha a impressão de que meu desconforto com as conversas [de Thomas sobre pornografia] só o encorajavam a continuar, como se minha reação, me sentindo mal e vulnerável, fosse o que ele queria". Na sequência, em resposta ao pedido de Heflin para que ela se explicasse, Hill respondeu: "Era quase como se ele me quisesse em desvantagem [...] de modo que eu tivesse de ceder em qualquer coisa que ele desejasse. [...] eu

---

[10] Citado em Maureen Dowd, "Image More than Reality Became Issue, Losers say", cit.

[11] Idem, "Republicans Gain in Battle by Getting Nasty Quickly", *New York Times*, 15 out. 1991, p. A18.

estaria sob seu controle. [...] No meu entender, o fato de eu ter dito não fez com que ele insistisse"[12].

Para Hill, portanto, o comportamento de Thomas seria uma afirmação (ou reafirmação) de poder que visava ao mesmo tempo compensá-lo e puni-la por sua rejeição. Ela mesma não tinha poder para definir a interação entre eles como profissional e não sexual. Ele, por sua vez, tinha o poder de introduzir na esfera pública do ambiente de trabalho o que liberais chamam de elementos sexuais privados, mesmo contra a vontade e as objeções de Hill.

Dada a diferença de gênero na capacidade de definir e proteger a própria privacidade, podemos compreender algumas questões mais profundas em jogo na insistência de Thomas de evitar a "humilhação" de uma "investigação pública" de sua "privacidade". Em parte, essa insistência pode ser entendida como uma defesa de sua masculinidade. Ser sujeitado a uma investigação pública de sua privacidade é ser feminizado.

A dificuldade das mulheres para definir e defender sua privacidade também foi atestada por uma ausência muito importante nas audiências: o não comparecimento de última hora de Angela Wright, uma segunda mulher negra que afirmou ter sido assediada sexualmente por Thomas e cujo depoimento seria corroborado por outra testemunha, Rose Jordain, a quem Wright confidenciara o caso na época. Dado que o descrédito de Hill era racionalizado muitas vezes pela afirmação de que não havia outras queixas, o não comparecimento de Wright foi significativo. Podemos especular que caso ela tivesse comparecido e se mostrado uma testemunha confiável, o desdobramento da luta talvez fosse completamente diferente. Por que Angela Wright não compareceu à audiência? As duas partes tinham motivos para tornar privada a história de Wright. Com medo de que uma segunda acusação fosse extremamente prejudicial, os defensores de Thomas ameaçaram desacreditar Wright, apresentando informações que diziam respeito à sua história pessoal. Enquanto isso, os defensores de Hill temiam talvez que uma pessoa descrita na imprensa como uma mulher cuja "imagem [era] mais complexa do que a da professora Hill"[13] poderia não ter credibilidade e acabar prejudicando Hill. Assim, o silenciamento de uma denunciante que não possuía a respeitabilidade de Hill foi um fator crucial e talvez até determinante na dinâmica e no desfecho da disputa.

---

[12] "Excerpts from Senate's Hearings on the Thomas Nomination", *New York Times*, 12 out. 1991, p. A14.

[13] Peter Applebone, "Common Threads between the 2 Accusing Thomas of Sexual Improprieties", *New York Times*, 12 out. 1991, p. A1.

Disputa pela "raça"

Na primeira fase da luta, fase essa dominada pelo gênero, a questão da "raça" praticamente não foi discutida, apesar das repetidas, mas não elaboradas referências ao Senado como um corpo composto apenas de brancos[14]. Esse relativo silêncio sobre a "raça" foi abalado quando o próprio Thomas abordou a questão. Movendo-se rapidamente para ocupar um terreno discursivo ainda disponível, ele e seus defensores conseguiram quase monopolizar a discussão sobre a "raça" e o resultado foi desastroso para Hill.

Thomas declarou que as audiências eram um "linchamento de alta tecnolocia" concebido para parar "negros insolentes que de algum modo se atrevem a pensar por si mesmos"[15]. Também mencionou várias vezes sua impotência diante de acusações que invocavam o estereótipo racial do negro como um homem de pênis grande e capacidade sexual incomum[16]. Aqui, é importante notar que, ao combinar referências ao linchamento e estereótipos sobre a capacidade sexual dos homens negros, Thomas habilmente juntou dois estereótipos que, embora relacionados, não são de forma alguma idênticos. O primeiro é o estereótipo do homem negro como um garanhão, muito desejado pelas mulheres e capaz de oferecer a elas um grande prazer sexual. Essa foi a imagem que emergiu do depoimento de Hill, segundo o qual Thomas se gabava de suas habilidades (heteros)sexuais. O segundo estereótipo é o do homem negro como um estuprador, um animal movido pela luxúria, cuja sexualidade é criminosa e sem controle. Não havia qualquer indício desse estereótipo no depoimento de Hill.

É possível que, em um nível inconsciente, haja afinidades entre esses dois estereótipos, mas eles se diferenciam pelo menos num ponto crucial. Embora ambos tenham sido adotados pelos racistas brancos, o primeiro, mas não o segundo, foi adotado também por alguns homens negros[17]. Assim, embora seja inconcebível

---

[14] Ver, por exemplo, Anna Quindlen, "Listen to Us", *New York Times*, 9 out. 1991, p. A25. Essas referências invisibilizaram ásio-americanos e hispano-americanos no Senado, atestando com isso a tendência cultural americana de binarizar "raça" em uma oposição acentuada entre brancos e negros.

[15] "Thomas rebuts Accuser: 'I deny each and every accusation'", *New York Times*, 12 out. 1991, p. Al.

[16] Ver Richard L. Berke, "Thomas Backers Attack Hill: Judge, Vowing He Won't Quit, Says He Is Victim of Race Stigma", *New York Times*, 13 out. 1991, p. A1.

[17] Em um *talk show* de um canal de televisão de Chicago, Salim Muwakkil (*In These Times*), Ty Wansley (Wyon radio), e Don Wycliff (*Chicago Tribune*), três jornalistas negros, concordaram com a sugestão de Aaron Freeman, comediante político negro (autor da peça *Do the White Thing*), de que muitos homens negros assumem o estereótipo do garanhão.

que Thomas tenha escolhido assumir a *persona* do negro estuprador, não é inconcebível que tenha assumido a *persona* do negro garanhão. Todavia, ao juntar os dois estereótipos, Thomas conseguiu insinuar que a denúncia de Hill sobre seu suposto comportamento de garanhão seria equivalente às maquinações do racismo sulista em relação à sexualidade criminosa e ao estupro. Foi uma jogada de mestre. Os democratas da comissão ficaram intimidados demais com a acusação de racismo feita por Thomas para questionar a lógica da indicação. Parecia que os principais liberais negros tinham sido pegos de surpresa e não conseguiam encontrar uma resposta efetiva; a maioria simplesmente negou que a "raça" tivesse alguma relevância no caso.

A imprensa tradicional também contribuiu para a confusão. O *New York Times*, por exemplo, publicou citações de Alvin Poussaint, psicólogo de Harvard, sobre os efeitos das acusações de Hill sobre os homens negros:

> Homens negros acreditarão que [as alegações dela] reforçam os estereótipos negativos de que eles são animais sexuais fora de controle. [...] Isso vai aumentar o nível de tensão e vulnerabilidade diante de acusações desse tipo [...] Há um elevado nível de raiva entre os homens negros [...] de que as mulheres negras vão traí-los; de que as mulheres negras têm preferências acima deles; de que os homens brancos gostam de colocar as mulheres negras entre eles para usá-las. Os homens negros têm a impressão de que os homens brancos usam essa mulher negra para atingir mais um homem negro.[18]

Não tenho como saber se, ou em que medida, Poussaint foi fiel à visão e aos sentimentos dos homens negros. O que é evidente, porém, é a ausência de qualquer discussão semelhante a respeito dos efeitos do caso sobre as mulheres negras. Na ausência desse tipo de discussão, os medos atribuídos aos homens negros pareciam adquirir legitimidade. Eles não foram contextualizados ou complementados por outra perspectiva. A cobertura da imprensa sobre a dimensão racial dessa luta ignorou em geral as mulheres negras. Ela se concentrou sobretudo na má impressão que os homens negros causariam aos olhos da América branca, e se outro homem negro teria chance de conseguir um lugar na Suprema Corte.

Uma das características mais importantes de toda essa luta foi a ausência, nas audiências e no debate dominante na esfera pública, de uma análise sob a perspectiva do feminismo negro. Ninguém que tivesse condição de se fazer ouvir nas audiências ou na mídia de massas falou sobre a vulnerabilidade histórica das mulheres negras ao assédio sexual nos Estados Unidos e sobre o uso de estereótipos

---

[18] Alvin Poussaint, citado em Lena Williams, "Blacks Say the Blood Spilled in the Thomas Case Stains All", *New York Times*, 14 out. 1991, p. A16.

racistas e misóginos para justificar esse tipo de abuso e difamar as mulheres negras que protestam contra ele.

A única exceção foi Ellen Wells, uma testemunha que corroborou a versão de Hill sobre os eventos: ela confirmou em seu depoimento que, na época, Hill lhe contara que Thomas a estava assediando. Em seu depoimento, Wells explicou por que Hill, apesar de tudo, manteve contato com Thomas:

> Minha mãe me dizia isto, e tenho certeza de que a mãe de Anita também lhe dizia: quando for embora, tenha certeza de ter deixado amigos, pois você nunca sabe de quem você pode precisar amanhã. Então, você tem de ser ao menos cordial. Eu recebo cartões de Natal de pessoas que [...], para ser honesta, eu não gostaria [de reencontrar]. Também respondo aos cartões e atendo a suas ligações. E são pessoas que já me ofenderam e fizeram coisas que, por vezes, me fizeram mal. Mas são coisas que você tem de aguentar. Ser uma mulher negra significa que você tem de aguentar muita coisa. Você engole em seco e aguenta.[19]

A voz de Wells foi a exceção que confirmou a regra. O tipo de análise feminista negra que poderia ter corroborado e contextualizado a experiência de Hill não esteve presente na esfera pública dominante. Como resultado, as mulheres afro-americanas foram colocadas na posição de "escolher [...] se posicionar contra as indignidades que eram feitas contra elas enquanto mulheres, às vezes por homens de sua própria raça, ou se lembrar que os homens negros também apanham muito do mundo branco e se calar"[20].

Em outras palavras, não havia uma perspectiva amplamente disseminada que integrasse uma crítica do assédio sexual a uma crítica do racismo. A luta foi colocada como *ou* uma luta de gênero *ou* uma luta de "raça". Aparentemente, não poderia ser as duas coisas ao mesmo tempo.

O resultado foi que se tornou difícil enxergar Anita Hill como uma mulher negra. Para todos os efeitos, ela se tornou funcionalmente branca. As referências de Thomas aos linchamentos, sem dúvida, tiveram o efeito de colocar em xeque a negritude de Hill. A história do linchamento requer uma mulher branca como "vítima" e pretexto. Até onde sei, nenhum homem negro já foi linchado pela exploração sexual de uma mulher negra. A acusação de Thomas, portanto, sugeria que Hill não era realmente negra. Talvez porque ela fosse uma ferramenta na mão de grupos de interesse brancos. Ou talvez porque ela tivesse internalizado a moralidade sexual

---

[19] Ellen Wells, citada em "Questions to Those Who Corroborated Hill's Account", *New York Times*, 14 out. 1991, p. A13.
[20] Anna Quindlen, "The Perfect Victim", *New York Times*, 16 out. 1991, p. A25.

puritana e rígida das feministas brancas da elite e confundido com abuso o estilo de flerte afro-americano de classe desfavorecida de Thomas, uma visão proposta por Orlando Patterson, sociólogo de Harvard, em um artigo de opinião no *The New York Times*[21]. Ou ainda, de modo mais engenhoso, porque como Adela Quested, a protagonista branca de *Uma passagem para a Índia*, de E. M. Forster, Hill era uma solteirona erotomaníaca que, nas profundezas de sua experiência de rejeição e frustração sexual, fantasiava o abuso pelas mãos de um homem pele escura. Aparentemente, essa visão surgiu de uma testemunha chamada John Doggett, que declarou que durante certo tempo Hill foi obcecada por ele. Mas a declaração foi mais eficaz – porque menos autocentrada – quando foi apresentada pelo senador Orrin Hatch e outros defensores de Thomas.

Não importa em qual dos cenários se escolha acreditar, o efeito é o mesmo: Hill se tornou funcionalmente branca. Como consequência, foi tratada de modo muito diferente daquele que Angela Wright provavelmente teria sido tratada caso *ela* tivesse prestado depoimento. É bem possível que Wright fosse retratada como Jezabel, em oposição à Adela Quested de Anita Hill, num grotesco pastiche melodramático de papéis tradicionais e não tradicionais.

O "embranquecimento" de Anita Hill teve implicações muito mais amplas, pois colocou as mulheres negras que tentam se defender do abuso praticado por homens negros como traidoras ou inimigas da "raça". A consequência foi que, quando a luta foi colocada exclusivamente como uma luta racial, o único protagonista negro era o homem negro. Ele virou a sinédoque, a parte representante de toda a "raça"; a mulher negra foi tirada de vista.

As dinâmicas do apagamento da mulher negra nas audiências não passaram sem contestação da parte das feministas negras. No calor da luta, um grupo chamado Mulheres Afro-Americanas em Defesa de Nós Mesmas se formou com o objetivo de corrigir esse apagamento. Embora tivesse uma análise bastante sofisticada, o grupo não conseguiu atrair a cobertura da mídia. Quando conseguiu fundos suficientes para comprar espaço, o grupo publicou uma declaração no *New York Times*, em 17 de novembro de 1991, um mês depois da confirmação de Thomas. Embora tenha aparecido muito tarde para influenciar os acontecimentos, vale a pena citar um longo trecho da declaração:

> Muitos apresentaram erroneamente as alegações de Hill contra Clarence Thomas como uma questão ou de gênero ou de raça. Como mulheres de ascendência africana, com-

---

[21] Ver Orlando Patterson, "Race, Gender, and Liberal Fallacies", *New York Times*, 20 out. 1991, p. E15.

preendemos o assédio sexual como ambas as coisas. Também entendemos que Clarence Thomas manipulou de forma ultrajante o legado do linchamento para se proteger das alegações de Anita Hill. Para desviar a atenção da realidade do abuso sexual na vida das mulheres negras americanas, ele banalizou e deturpou essa parte dolorosa da história da população afro-americana. Este país, que possui um longo legado de racismo e sexismo, nunca levou a sério o abuso das mulheres negras. Na história dos Estados Unidos, as mulheres negras foram sexualmente estereotipadas como imorais, insaciáveis, perversas, iniciadoras de todo contato sexual – abusivo ou não. O pressuposto usual nos procedimentos jurídicos, bem como na sociedade em geral, tem sido o de que as mulheres negras não podem ser estupradas ou sexualmente abusadas. Como demonstra a experiência de Anita Hill, mulheres negras que falam sobre esses assuntos tendem a ser desacreditadas.
Em 1991, não podemos tolerar esse tipo de desconsideração da experiência de qualquer mulher negra ou esse tipo de ataque sobre nosso caráter coletivo sem protesto, indignação e resistência [...] Ninguém falará por nós a não ser nós mesmas.[22]

O que há de importante nessa declaração é a rejeição da posição, defendida por muitos defensores de Hill, de que "raça" era complemente irrelevante nessa disputa, para além da maneira como Thomas manipulou a questão. A declaração, ao contrário, sugere que as categorias de privacidade e publicidade não são categorias marcadas apenas por gênero; são também categorias racializadas. Historicamente, a privacidade, no sentido de domesticidade, foi negada aos afro-americanos e às afro-americanas. Consequentemente, as mulheres negras sempre estiveram extremamente vulneráveis ao assédio sexual de senhores, inspetores, chefes e supervisores. Ao mesmo tempo, elas não dispõem de uma posição pública que lhes permita reivindicar proteção estatal contra abuso, tenha ele ocorrido no trabalho ou em casa. Os homens negros, por sua vez, não dispõem dos direitos e das prerrogativas desfrutadas pelos homens brancos, inclusive o direito de excluir os homens brancos de "suas" mulheres e o direito de excluir o Estado de sua esfera "privada".

Talvez valha a pena explorar a hipótese de que, ao se defender no tribunal branco, Thomas tenha tentado reivindicar os mesmos direitos e as mesmas imunidades da masculinidade dos quais os homens brancos desfrutam historicamente, sobretudo o direito de manter sempre aberta a temporada de caça às mulheres negras. Ou talvez não estivesse reivindicando *exatamente* os mesmos direitos e imunidades dos homens brancos. Afinal, nenhuma mulher branca afirmou ter sido sexualmente assediada por ele. Será que é por que ele realmente nunca assediou uma mulher branca, embora tenha se casado com uma? E, se sim, *isso* ocorre por que ele sente

---

[22] "African American Women in Defense of Ourselves", *New York Times*, 17 nov. 1991, p. A19.

que têm menos prerrogativas em suas interações com suas subordinadas brancas no trabalho? Se sim, talvez suas referências ao linchamento não fossem *só* uma cortina de fumaça, como supunham muitos liberais e feministas. Talvez essas referências fossem indícios da racialização de sua masculinidade. De qualquer modo, precisamos de mais trabalhos que teorizem o subtexto racial de categorias como privacidade e publicidade e sua intersecção com o subtexto de gênero[23].

Disputa de classe?

O assédio sexual não é apenas uma questão de gênero ou de dominação racial, mas também uma questão de status e dominação de classe. O cenário do assédio é o local de trabalho ou a instituição educacional. Os protagonistas são os superiores, ou seja, chefes, supervisores ou professores, e os subordinados, ou seja, trabalhadores ou estudantes. O efeito dessa prática é manter o controle de classe ou de status dos dois primeiros sobre os últimos[24]. O assédio sexual, portanto, levanta as questões clássicas sobre o poder dos trabalhadores no ambiente de trabalho e o poder dos estudantes na escola. O assédio sexual deveria ser prioridade na agenda de qualquer sindicato, organização trabalhista e associação estudantil.

As dimensões de classe e status na disputa em torno da confirmação de Thomas, porém, não estavam presentes nos debates da esfera pública. Nenhum sindicalista ou representante de trabalhadores ou estudantes depôs nas audiências. Também não publicaram artigos de opinião no *New York Times*. De modo geral, ninguém que estivesse em posição de se fazer ouvir manifestou apoio a Hill com base na so-

---

[23] Um bom começo foram dois artigos importantes que apareceram logo depois do fim da disputa. Ver Nell Irvin Painter, "Who Was Lynched?", *Nation*, 11 nov. 1991, p. 577; Rosemary L. Bray, "Taking Sides Against Ourselves", *New York Times Magazine*, 17 nov. 1991, p. 56, 94-5 e 101. No ano seguinte, foi publicada uma antologia pioneira. Ver Toni Morrison (orga.), *Race-ing Justice, Engendering Power: Essays on Anita Hill, Clarence Thomas, and the Construction of Social Reality* (Nova York, Pantheon Books, 1992).

[24] Há ainda outro tipo de assédio sexual: trabalhadores homens assediam colegas de trabalho mulheres que não estão formalmente sob sua supervisão. Esse tipo de assédio é comum em situações em que um número muito pequeno de mulheres ingressa em ocupações masculinizadas e amplamente dominadas por homens, como construção civil, bombeiros e serviço militar. Mulheres que trabalham nessas áreas estão frequentemente sujeitas a assédio de colegas que são tecnicamente seus pares na hierarquia profissional: por exemplo, eles exibem pornografia no ambiente de trabalho, fazem provocações de cunho sexual, não cooperam, sabotam ou mesmo urinam na frente delas. Esse tipo de assédio "horizontal" é significativamente distinto do tipo "vertical", discutido no presente ensaio, que envolve assédio de um subordinado por um superior. O assédio "horizontal" merece um tipo distinto de análise.

lidariedade de classe ou status. Ninguém colocou a classe em primeiro plano para reunir os trabalhadores e os estudantes a favor dela.

A ausência de um discurso de luta de classe nos Estados Unidos não é surpresa. O que surpreendeu foi talvez o emprego, na fase final da disputa, de um contradiscurso de ressentimento de classe para mobilizar apoio a Thomas. Um dia antes da votação da confirmação no Senado, o *New York Times* publicou um artigo de opinião de alguém que se dizia um amigo de trabalho. Peggy Noonan, que redigira discursos para os presidentes Reagan e Bush, previu a vitória de Thomas com base na "divisão de classe" entre as "classes que fazem barulho", em apoio a Hill, e os "seres humanos normais", que acreditavam em Thomas. Ela também formulou essa previsão em termos de divisão entre "pessoas inteligentes que opinam sobre tudo em bons restaurantes e aquelas que as atendem":

> Pudemos ver isso nas testemunhas. Do lado de Anita Hill, a intelectualizada Susan Hoerchner, profissional e do movimento-y, que falou sobre os desequilíbrios de poder no ambiente de trabalho, com um semblante sincero e sem maquiagem. Para Clarence Thomas, a direta e maquiada J. C. Alvarez, que certa vez pôs fim a um assalto porque odeia valentões e pagou $900 que não tinha para conseguir isso porque ainda os odeia [...] Alvarez era a voz da verdadeira América, em oposição à América abstrata: ela é como uma pessoa que, se o chefe a abusasse sexualmente, ela lhe daria um chute no saco e o arrastaria para os tribunais.[25]

Noonan apelou para os trabalhadores da "verdadeira América" (durões e machos, mesmo quando usam delineador) em contraposição aos intelectuais afeminados (mesmo sem maquiagem) que se passam por trabalhadores e fingem se preocupar com seus interesses, mas cuja americanidade é questionável (tons comunistas). Assim, o cenário construído parecia opor a "verdadeira trabalhadora" (J. C. Alvarez) à "intelectual" (Susan Hoerchner). No entanto, Alvarez representava Thomas, o chefe, enquanto Hill, a subordinada ofendida, desapareceu completamente. Além disso, ao retratar "a trabalhadora" como a durona maquiada, Noonan atualizou e perpetuou os estereótipos masculinistas. O resultado foi que ficou difícil enxergar a maioria das mulheres – que não reage ao assédio sexual com um chute na virilha – como trabalhadoras.

A retórica de Noonan mobilizou o ressentimento de classe a favor de Thomas ao fazer com que Hill desaparecesse como trabalhadora. Orlando Patterson trilhou um caminho similar em um artigo de opinião que apareceu sob a forma de um *post mortem* analítico na semana seguinte no *New York Times*. Embora reconhecesse as

---

[25] Peggy Noonan, "A Bum Ride", *New York Times*, 15 nov. 1991, p. A15.

origens de classe baixa de Hill, Patterson a tratou como um instrumento de forças "elitistas". No cenário que ele construiu, Hill era uma ferramenta não apenas de brancos ou feministas, mas de feministas brancas *de elite* e de *classe alta* que estavam empenhadas em usar o direito para impor uma moralidade sexual específica de certa classe a populações pobres provenientes das classes trabalhadoras, populações que possuem normas diferentes e menos repressivas. Os trabalhadores foram instados a defender sua cultura de classe – ficando do lado do chefe contra a assistente[26].

Noonan e Patterson, para todos os efeitos, aburguesaram Hill, assim como Thomas a havia embranquecido. Suas verdadeiras origens sociais na classe pobre rural, enfatizadas diante da comissão em seu depoimento de abertura, tornaram-se tão nebulosas no fim do caso, em razão da retórica do ressentimento de classe, que para muitos ela era apenas mais uma *yuppie*. E de novo o caminho foi pavimentado por Thomas. Antes mesmo da divulgação da acusação de assédio sexual, ele reivindicou fortemente o discurso da origem pobre. E, como no caso da "raça", aqui também conseguiu um quase monopólio.

Nesse caso, a "luta de classes" foi em larga medida uma questão de manipulação dos significantes de classe para mobilizar o ressentimento contra os interesses superiores. Mas a classe não era relevante em nenhum outro sentido? Não havia diferenças de classe na maneira como os americanos viram os acontecimentos e escolheram seu lado?

Novos relatórios, divulgados logo depois da confirmação de Thomas, mostraram que mulheres brancas trabalhadoras e mulheres não brancas de todas as classes eram antipáticas a Hill. Por exemplo, em um artigo intitulado "Women See Hearing from a Perspective of Their Own Jobs" ["Mulheres acompanham as audiências sob a perspectiva de seus próprios empregos"], o *New York Times* noticiou que as trabalhadoras de colarinho azul ficavam enfastiadas com a fala suave de Hill e viam aquilo como incapacidade de tomar conta de si mesma. A história opunha a perspectiva das trabalhadoras de "colarinho azul" à perspectiva das "advogadas, assistentes sociais e políticas", que simpatizavam e acreditavam em Hill[27]. Apesar do título do artigo, o *Times* não considerou a possibilidade de que essas supostas diferenças de classe estivessem enraizadas em estruturas diferentes de classe e trabalho. Por exemplo, as pessoas da classe trabalhadora que achavam que Hill deveria ter simplesmente rejeitado Thomas, pedido demissão e encontrado outro emprego não estão a par

---

[26] Orlando Patterson, "Race, Gender, and Liberal Fallacies", cit.
[27] Felicity Barringer, "Women See Hearing from a Perspective of Their Own Jobs", *New York Times*, ed. Midwest, 18 out. 1991, p. A1.

da estrutura das carreiras profissionais, que requer o cultivo de certa reputação por meio de redes de contatos e da manutenção de relacionamentos de longo prazo.

Havia ainda outro sentido pelo qual a classe afetava essa disputa, mas permaneceu tácito e implícito. Pesquisas de opinião realizadas na última noite das audiências mostraram que a afiliação partidária era o fator mais relevante estatisticamente para distinguir os defensores de Thomas e de Hill[28]. Isso indica que grande parte daquilo que estava em jogo na disputa pela confirmação de Thomas e outras indicações do Partido Republicano para a Suprema Corte, como a de Robert Bork, por exemplo, era a continuação – ou não – da agenda Reagan-Bush, em sentido amplo. Por um momento, a questão do assédio sexual tornou-se o ponto de condensação de uma série de angústias, ressentimentos e esperanças sobre quem recebe o que e quem tem direito a que nos Estados Unidos. Em nossa cultura política contemporânea, essas angústias, ressentimentos e esperanças são frequentemente articuladas em discursos de gênero e "raça", mas elas também são necessariamente de classe e status. Apesar de Noonan e Patterson, a classe é o grande segredo não explicitado dos Estados Unidos. Como tal, permanece fortemente suscetível à manipulação e ao abuso.

Moral da história

A extraordinária disputa em torno da indicação de Clarence Thomas à Suprema Corte demonstrou a importância da esfera pública ante o poder estatal. Todavia, ela também mostrou a necessidade de revisarmos a ideia liberal de esfera pública, que toma as categorias de público e privado como evidentes. Essa disputa mostrou, em contrapartida, que essas categorias são multivalentes e contestáveis. Nem todas as formas de compreendê-las fomentam a democracia. Por exemplo, as construções supremacistas masculinas sacralizam a hierarquia de gênero, privatizando práticas de dominação, como o assédio sexual. Elas impõem o direito à privacidade dos homens para que eles possam assediar impunemente as mulheres, em parte desacreditando em público qualquer mulher que ouse protestar. Como Alan Simpson bem compreendeu, as mulheres são obrigadas a escolher entre o silencioso abuso em privado e o barulhento abuso discursivo em público.

No entanto, a dimensão de gênero das categorias de publicidade e privacidade não pode ser compreendida hoje em termos de uma ideologia vitoriana que separa esferas, como pressupõem algumas feministas. Não é mais o caso hoje, e nunca foi,

---

[28] Ver Elizabeth Kolbert, "Most in National Survey Say Judge Is the More Believable", *New York Times*, 15 out. 1991, p. A1, A20.

que as mulheres estejam simplesmente excluídas da vida pública; nem de que a esfera privada seja a esfera das mulheres e a esfera pública seja a esfera dos homens; nem de que o projeto feminista seja acabar com as fronteiras entre o público e o privado. Ao contrário, as análises feministas mostram a dimensão política, ideológica e codificada por gênero de todas essas categorias. O projeto feminista visa, em parte, superar a hierarquia de gênero que confere aos homens mais poder do que às mulheres para traçar a linha que separa o público e o privado.

Mesmo essa visão mais complexa ainda é muito simples, pois as categorias de público e privado também possuem uma dimensão étnico-racial. O legado do racismo e da escravidão nos Estados Unidos negou às mulheres negras até mesmo o mínimo de proteção contra abusos que as mulheres brancas ocasionalmente conseguiram reivindicar, mesmo quando a posição econômica desfavorecida que ocupavam as tornava mais vulneráveis ao assédio sexual. Esse mesmo legado deixou os homens negros sem o direito à privacidade dos homens brancos; e eles muitas vezes tentaram reivindicar esses direitos colocando em risco as mulheres negras. Isso mostra a necessidade de desenvolvermos um projeto antirracista cujo êxito não comprometa as mulheres negras, um projeto antirracista que ataque ao mesmo tempo as hierarquias de gênero e raça incrustadas nas compreensões hegemônicas de privacidade e publicidade.

Reconhecer como as categorias de publicidade e privacidade passaram a ser codificadas por gênero e "raça" explicita várias inadequações da teoria liberal da esfera pública. Por um lado, não é adequado analisar essas categorias exclusivamente como apoio ou enfrentamento do poder estatal. Ao contrário, temos de entender como a privatização discursiva dá sustentação ao poder "privado" dos chefes sobre os trabalhadores, dos maridos sobre as mulheres, dos brancos sobre os negros. A publicidade, portanto, não é apenas uma arma contra a tirania estatal, como pressupunham os burgueses que a criaram e seus atuais representantes na Europa Oriental. Trata-se também, potencialmente, de uma arma contra o poder extraestatal do capital, dos empregadores, dos supervisores, dos maridos, dos pais e outros. Não houve prova mais contundente do caráter emancipatório da publicidade diante do poder privado do que o fato de que esses acontecimentos permitiram momentaneamente a muitas mulheres falar pela primeira vez das humilhações e dos assédios sexuais sofridos de modo privado até aqui.

Não obstante, não é correto ver a publicidade sempre como um instrumento indubitável de empoderamento e emancipação. Para os grupos subordinados, sempre será uma questão de encontrar o equilíbrio entre os possíveis usos políticos da publicidade e o risco de perder a própria privacidade.

Esses acontecimentos mostram também que mesmo os usos emancipatórios da publicidade não podem ser compreendidos simplesmente como tornar público o que antes era privado. Eles mostram que simplesmente tornar pública uma ação ou prática nem sempre é suficiente para desacreditá-la. Isso só acontece quando a noção de que tal prática é errada já é amplamente aceita e não é controversa. Em contrapartida, quando uma prática é amplamente aceita ou contestada, torná-la pública significa pôr em cena uma disputa discursiva em torno de sua interpretação. Um elemento central do confronto de Thomas e Hill foi certamente a disputa mais ampla sobre o significado e o status moral de assédio sexual.

Além disso, a forma como ocorreu essa disputa refletia o estágio em que se encontrava a cultura política americana. O drama se desenrolou em um momento em que o vocabulário feminista para nomear e interpretar o comportamento atribuído a Thomas já havia sido criado na esfera contrapública feminista e difundido num público mais amplo. O vocabulário não apenas estava disponível e à mão, como estava codificado na forma de lei. Todavia, a interpretação feminista de assédio sexual não estava ainda profundamente enraizada na cultura americana nem era amplamente compreendida e aceita pelo público em geral. Consequentemente, ela foi contestada e sofreu resistência, a despeito de seu status jurídico oficial. De fato, foi precisamente a disjunção entre a aceitação jurídica oficial da interpretação feminista de assédio sexual e a resistência popular que ajudou a determinar a forma da disputa. Grande parte da descrença em Hill pode muito bem ter sido uma rejeição disfarçada da interpretação feminista de assédio sexual, vista como equivocada: como a rejeição não podia ser manifestada abertamente, foi deslocada para Hill. Além disso, como a interpretação feminista adquiriu legitimidade jurídica antes de conquistar ampla legitimidade popular, ela se tornou alvo de ressentimentos de classe, étnicos e raciais. Em outras palavras, embora a perspectiva feminista não *seja* elitista, branca, de classe alta etc., ela era passível de ser codificada como tal. Por conseguinte, pessoas com ressentimentos de classe, étnico ou racial, assim como pessoas com ressentimentos de gênero, podiam expressá-los desacreditando Hill[29]. Isso pode ter feito a balança pender a favor de Thomas.

Sem dúvida, a vitória de Thomas não encerrou a disputa na esfera pública em torno do assédio sexual. Ela simplesmente aguçou e ampliou a batalha das

---

[29] Isso ajuda a explicar o fato surpreendente, revelado nas pesquisas, de que muitas das pessoas que afirmavam acreditar em Hill apoiavam, ainda assim, a indicação de Thomas, minimizando a gravidade das acusações e considerando Hill muito pudica, ou insistindo que ela deveria ter lidado com a situação simplesmente dizendo a ele para dar o fora.

interpretações. Há razões para acreditarmos que as audiências de confirmação funcionaram realmente como um aprendizado nacional. Pesquisas de opinião realizadas um ano após a confirmação de Thomas mostram uma queda acentuada no porcentual de entrevistados que acreditam nele e um aumento correspondente no porcentual de entrevistados que acreditam em Hill. Esse resultado indica um processo genuíno de aprendizagem. Ao mesmo tempo, contudo, a emergência do assédio sexual como um tema de debate na esfera pública estimulou os antifeministas a desenvolver contra-argumentos e interpretações. No período posterior à disputa, eles tentaram reformulá-lo como uma questão de liberdade de expressão, apresentando as mulheres que rechaçam o assédio como infratoras dos direitos garantidos pela Primeira Emenda aos homens[30].

Se um dos resultados dessa luta foi ampliar a consciência e a contestação do assédio sexual, o outro foi fraturar o mito das "comunidades" homogêneas. "A comunidade negra", por exemplo, dividiu-se em feministas negras *versus* conservadores negros *versus* liberais negros *versus* várias outras correntes de opinião que são menos fáceis de rotular ideologicamente. O mesmo tipo de fratura vale para a "comunidade de mulheres". Essa disputa mostrou que as mulheres não apoiam necessariamente as mulheres apenas porque são mulheres. Ao contrário, o valor das pesquisas realizadas no fim das audiências (e talvez elas não tenham muito valor) é mostrar que uma pluralidade de mulheres de diferentes faixas de idade, renda e educação consideravam Thomas mais confiável do que Hill[31]. Talvez esse caso devesse nos levar a considerar a substituição da categoria homogeneizante e ideológica de "comunidade" pela categoria potencialmente mais crítica de "público", no sentido de uma arena discursiva na qual ocorrem conflitos.

Esse último ponto sugere que, se esses acontecimentos expõem algumas fraquezas da teoria liberal da esfera pública, também apontam para uma teoria melhor. Essa teoria precisaria assumir, como ponto de partida, o caráter multivalente e contestado das categorias de privacidade e publicidade, com seus subtextos de gênero e raça. Teria de reconhecer que, nas sociedades do capitalismo tardio, fortemente estratificadas, nem todo mundo tem a mesma relação com a privacidade e a publicidade: algumas pessoas têm mais poder do que outras para delimitar e defender a fronteira entre uma e outra. Mais ainda, uma teoria adequada da esfera pública teria de teorizar a multiplicidade de esferas públicas que existem nas sociedades capitalistas tardias, bem como as relações entre essas esferas. Essa teoria teria de

---

[30] Ver Catharine MacKinnon, *Only Words* (Cambridge, Harvard University Press, 1995).
[31] Ver *New York Times*, 15 out. 1991, p. A1 e A10.

distinguir, por exemplo, esferas públicas governamentais oficiais, esferas públicas dominantes mediadas pela mídia; esferas contrapúblicas e esferas públicas informais do dia a dia. Também teria de mostrar como alguns públicos marginalizam outros. Sem dúvida, uma teoria como essa nos ajudaria a compreender melhor as lutas discursivas como a do confronto entre Thomas e Hill. Talvez também possa nos inspirar a imaginar e a lutar por uma sociedade democrática mais igualitária[32].

---

[32] Para uma tentativa de desenvolver essa teoria, ver o meu "Repensando a esfera pública: uma contribuição para a crítica da democracia realmente existente", neste volume.

5. Uma genealogia da "dependência":

investigando uma palavra-chave do Estado de bem-estar nos Estados Unidos

(coautoria de Linda Gordon)

"Dependência" tornou-se uma palavra-chave na política dos Estados Unidos[1]. Políticos das mais diversas posições repetidamente criticam o que chamam de "dependência do bem-estar social". Em 1980, Clarence Thomas, juiz da Suprema Corte, deu voz à opinião de muitos conservadores ao enxovalhar a própria irmã: "Ela fica furiosa quando o carteiro atrasa a entrega do cheque do programa social. Isso só mostra como ela é dependente. O pior é que agora seus filhos sentem que também têm direito ao cheque. Eles não têm nenhuma motivação para melhorar de vida ou sair dessa situação"[2]. Os liberais costumam culpar menos a vítima, mas também condenam a dependência do sistema de bem-estar. Daniel P. Moynihan, senador pelo Partido Democrata, antecipou o atual discurso quando, em 1973, iniciou seu livro com a seguinte afirmação:

> O problema do bem-estar social é a dependência. Dependência não é o mesmo que pobreza. Ser pobre é uma condição objetiva; ser dependente é, além disso, uma condição subjetiva [...] Ser pobre costuma estar associado a inúmeras características pessoais; ser

---

[1] Nancy Fraser agradece ao Center For Urban Affairs, da Northwestern University, à Biblioteca Newberry, à National Endowment for the Humanities e ao American Council of Learned Societies pelo apoio à pesquisa. Linda Gordon agradece ao Programa de Pós-Graduação da Universidade de Wisconsin, Vilas Trust, e ao Institute for Research on Poverty. Ambas agradecemos à Fundação Rockfeller para Pesquisa e ao Centro de Estudos Bellagio, na Itália. Também somos gratas aos valiosos comentários de Lisa Brush, Robert Entman, Joel Handler, Dirk Kartog, Barbara Hobson, Allen Hunter, Eva Kittay, Felicia Kornblus, Jenny Mansbridge, Linda Nicholson, Erik Wright, Eli Zaretsky e aos(às) pareceristas e editores(as) da revista *Signs*.

[2] Clarence Thomas, citado por Karen Tumulty, "Sister of High Court Nominee Traveled a Different Road", *Los Angeles Times*, 5 jul. 1991, p. A4.

dependente, quase nunca. [A dependência] é um estágio incompleto de vida: é normal na criança, anormal no adulto. Em um mundo em que homens e mulheres plenos caminham com as próprias pernas, as pessoas dependentes – como denota o imaginário encoberto da palavra – estão penduradas.³

Hoje, os "especialistas em políticas públicas" dos dois principais partidos concordam "que a dependência [do sistema de bem-estar social] não é boa para as pessoas, corrói a motivação para o sustento por conta própria, isola e estigmatiza quem é atendido de um modo que repercute por um longo período e acentua a mentalidade e a condição de subclasse"⁴.

Se pudermos dar um passo atrás nesse discurso, porém, é possível interrogar algumas de suas pressuposições. Por que os debates sobre a pobreza e a desigualdade nos Estados Unidos são enquadrados hoje em termos de dependência do bem-estar social? Como o fato de receber assistência pública passou a ser associado à dependência, e por que, nesse contexto, as conotações dessa palavra são tão negativas? Quais são os subtextos de gênero e raça nesse discurso, e quais são seus pressupostos tácitos?

Pretendemos lançar alguma luz sobre essas questões, examinando os significados da palavra "dependência" relacionados ao bem-estar social⁵. Vamos analisar "dependência" como uma palavra-chave do Estado de bem-estar nos Estados Unidos e reconstruir sua genealogia⁶. Ao mapear alguns dos principais deslocamentos históricos no emprego da palavra "dependência", vamos desenterrar conotações e pressupostos tácitos que ela ainda hoje carrega e que, no entanto, não costumam ser enunciados.

---

3   Daniel P. Moynihan, *The Politics of a Guaranteed Income: The Nixon Administration and the Family Assistance Plan* (Nova York, Random House, 1973), p. 17.
4   Richard P. Nathan, citado em William Julius Wilson, "Social Policy and Minority Groups: What Might Have Been and What Might We See in the Future", em Gary D. Sandefur e Marta Tienda (orgs.), *Divided Opportunities: Minorities, Poverty, and Social Policy* (Nova York, Plenum Press, 1986), p. 248.
5   Uma outra parte da história diz respeito a "bem-estar social" [*welfare*], mas não há espaço para analisá-la detalhadamente aqui. Para uma discussão detalhada, ver Nancy Fraser e Linda Gordon: "Contract Versus Charity: Why Is There No Social Citizenship in the United States?", *Socialist Review*, v. 22, n. 3, 1992, p. 45-68.
6   Nosso foco é a cultura política dos Estados Unidos e, portanto, o uso no inglês norte-americano. No entanto, os achados aqui apresentados podem ser de interesse mais geral, pois outras línguas têm sentidos similares embutidos em palavras análogas. Neste ensaio, inevitavelmente recorremos a fontes britânicas para os primeiros estágios de nossa genealogia, que abrangem os séculos XVI e XVII. Nosso pressuposto é que esses sentidos de "dependência" foram trazidos para "o Novo Mundo" e foram formativos nos primeiros estágios da cultura política dos Estados Unidos.

Nossa abordagem, em certa medida, inspira-se na obra do crítico materialista-cultural inglês Raymond Williams[7]. Acompanhando Williams e outros, pressupomos que os termos usados para descrever a vida social são também forças ativas que lhe dão forma[8]. Assim, um dos elementos mais importantes da política é a luta para definir a realidade social e interpretar as aspirações e as necessidades inarticuladas das pessoas[9]. Palavras e expressões específicas costumam ser o foco nessas lutas, funcionando como palavras-chave, lugares em que se disputa e negocia o significado da experiência social[10]. Em regra, as palavras-chave carregam conotações e pressupostos que podem influenciar fortemente o discurso que eles permeiam – em parte, ao constituir uma *doxa*, ou seja, de crenças que são tomadas como ponto pacífico pelo senso comum e escapam ao escrutínio crítico[11].

Buscamos dissipar a *doxa* que circunda as discussões nos Estados Unidos sobre a dependência reconstruindo a genealogia desse termo. Ao modificar uma abordagem atribuída a Michel Foucault[12], vamos descortinar deslocamentos históricos amplos no emprego linguístico do termo que raramente podem ser atribuídos a agentes específicos. *Não* apresentamos uma análise causal. Em vez disso, ao contrastar os atuais significados de "dependência" com seus significados passados, nosso

---

[7] Raymond Williams, *Keywords: A Vocabulary of Culture and Society* (Oxford, Oxford University Press, 1976) [ed. bras.: *Palavras-chave: um vocabulário da cultura e da sociedade*, trad. Sandra Guardini Vasconcelos, São Paulo, Boitempo, 2007].

[8] Essa ênfase na dimensão performativa da linguagem, em contraste com a dimensão da representação, é uma marca distintiva da tradição pragmática na filosofia da linguagem. Ela foi proveitosamente adaptada para a análise sociocultural por diversos autores, além de Williams. Ver, por exemplo, Pierre Bourdieu, *Outline of a Theory of Practice* (Cambridge, Cambridge University Press, 1977) [ed. bras.: *Esboço de uma teoria da prática*, trad. Miguel Serras Pereira, São Paulo, Celta, 2002]; Judith Butler, *Gender Trouble: Feminism and the Subversion of Identity* (Nova York, Routledge, 1990) [ed. bras.: *Problemas de gênero: feminismo e subversão da identidade*, trad. Renato Aguiar, Rio de Janeiro, Civilização Brasileira, 2003]; e Joan Wallach Scott, *Gender and the Politics of History* (Nova York, Columbia University Press, 1988). Para uma discussão detalhada das vantagens da abordagem prática, ver Nancy Fraser, "Estruturalismo ou pragmática?", neste volume.

[9] Nancy Fraser, "Struggle over Needs: Outline of a Socialist-Feminist Critical Theory of Late-Capitalist Political Culture", em *Unruly Practices: Power, Discourse and Gender in Contemporary Social Theory* (Minneapolis, University of Minnesota Press, 1989) [ed. bras.: "A luta pelas necessidades: esboço de uma teoria crítica socialista-feminista da cultura política do capitalismo tardio", em Marta Lamas (orga.), *Cidadania e feminismo*, São Paulo, Melhoramentos, 1999].

[10] Raymond Williams, *Keywords*, cit.

[11] Pierre Bourdieu, *Outline of a Theory of Practice*, cit.

[12] Michel Foucault, "Nietzsche, Genealogy, History", em Paul Rabinow (org.), *The Foucault Reader* (Nova York, Pantheon, 1984), p. 76-100 [ed. bras.: "Nietzsche, a genealogia e a história", em *Microfísica do poder*, trad. Roberto Machado, Rio de Janeiro, Graal, 1979].

objetivo é nos desfamiliarizar das crenças que são tomadas como ponto pacífico a fim de torná-las abertas à crítica e iluminar os conflitos atuais.

Nossa abordagem, no entanto, é diferente da de Foucault em dois aspectos centrais: primeiro, buscamos contextualizar os deslocamentos discursivos em relação a deslocamentos institucionais e socioestruturais mais amplos; segundo, acolhemos a reflexão política normativa[13]. Este artigo é uma colaboração entre uma filósofa e uma historiadora. Combinamos a análise histórica das transformações linguísticas e socioestruturais com a análise conceitual da construção discursiva dos problemas sociais, e fermentamos a mistura com o interesse feminista em conceber alternativas emancipatórias.

No que se segue, oferecemos uma genealogia da "dependência". Esboçamos a história do termo e explicitamos os pressupostos e conotações que ele carrega hoje nos debates sobre o bem-estar social nos Estados Unidos – em particular os pressupostos sobre a natureza humana, os papéis de gênero, as causas da pobreza, a natureza da cidadania, as fontes dos direitos e o que conta como trabalho e contribuição para a sociedade. Defendemos que os usos não refletidos dessa palavra-chave servem para tornar inquestionáveis certas interpretações da vida social e para deslegitimar ou obscurecer outras, no mais das vezes em benefício dos grupos dominantes na sociedade e em prejuízo dos grupos subordinados. Por fim, fazemos uma crítica da ideologia na forma de uma semântica política crítica.

Nosso argumento é que "dependência" é um termo ideológico. No discurso atual sobre as políticas públicas nos Estados Unidos, o termo costuma se referir às mulheres pobres, com filhos, que sustentam sua família sem um provedor do sexo masculino e sem um salário adequado, e contam com o apoio econômico de

---

[13] A literatura crítica sobre Foucault é vasta. Para análises feministas, ver Linda Alcoff, "Feminist Politics and Foucault: The Limits to a Collaboration", em Arlene Dallery e Charles Scott (orgs.), *Crisis in Continental Philosophy* (Albany, Suny Press, 1990); Judith Butler, "Variations on Sex and Gender: Beauvoir, Wittig and Foucault", em Seyla Benhabib e Drucilla Cornell, *Feminism as Critique* (Minneapolis, University of Minnesota Press, 1987), p. 128-42 [ed. bras.: *Feminismo como crítica da modernidade*, trad. Nathanael da Costa Caixeiro, Rio de Janeiro, Rosa dos Tempos, 1991]; Nancy Hartsock, "Foucault on Power: A Theory for Women?", em Linda J. Nicholson (orga.), *Feminism/Postmodernism* (Nova York, Routledge, 1990), p. 157-75; Chris Weedon, *Feminist Practice and Poststructuralist Theory* (Oxford, Basil Blackwell, 1987); e os ensaios em Irene Diamond e Lee Quinby, *Foucault and Feminism: Reflections on Resistance* (Boston, Northeastern University Press, 1988). Para discussões ponderadas a respeito dos pontos fracos e fortes de Foucault, ver Nancy Fraser, *Unruly Practices*, cit.; Axel Honneth, *The Critique of Power: Reflective Stages in a Critical Social Theory* (Cambridge, MIT Press, 1992); e Thomas McCarthy, *Ideals and Illusions: On Reconstruction and Deconstruction in Contemporary Critical Theory* (Cambridge, MIT Press, 1991).

um programa governamental sovina e impopular chamado Aid to Families with Dependent Children) [Auxílio a Famílias com Filhos Dependentes] (AFDC). Não raro, participar desse programa altamente estigmatizado pode ser desmoralizante, embora ele possibilite que muitas mulheres saiam de relacionamentos abusivos ou insatisfatórios sem que tenham de abrir mão dos filhos. Além disso, denominar "dependência" os problemas vividos por famílias pobres chefiadas por mães solo faz parecer que esses problemas são individuais, tanto do ponto de vista moral ou psicológico como do ponto de vista econômico. O termo tem uma grande carga emocional e visual e é altamente pejorativo. Nos debates atuais, a expressão "dependência de bem-estar social" evoca a imagem da "mãe dos programas sociais", que, em geral, é representada como uma mulher negra, solteira, jovem (talvez até adolescente) e sem controle sobre sua sexualidade. Defendemos que o poder dessa imagem é sobredeterminado, pois condensa significados múltiplos de dependência e, em geral, contraditórios. Apenas ao desemaranhar essas diferentes linhas e esquadrinhar suas conotações valorativas e pressupostos tácitos é que podemos começar a compreender, e rechaçar, a força do estereótipo.

REGISTROS DE SIGNIFICADO

A raiz do verbo "depender" refere-se a uma relação física em que uma coisa está pendurada ou suspensa por outra. Os significados mais abstratos – sociais, econômicos, psicológicos e políticos – eram originalmente metafóricos. No uso corrente, encontramos quatro registros em que reverberam os significados de "dependência". O primeiro registro é econômico, em que alguém depende de outra(s) pessoa(s) ou instituição para sua subsistência. O segundo registro denota um status sociojurídico, a falta de identidade pública ou jurídica própria, tal como o status de mulher casada criado pela *coverture**. O terceiro registro é político e, aqui, "dependência" significa sujeição a um poder soberano externo e pode ser atribuída a uma colônia ou a uma casta subalterna de residentes sem cidadania. Chamamos o quarto registro de moral/psicológico: a dependência, aqui, é um traço do caráter individual, como a falta de força de vontade ou a excessiva carência emocional.

É verdade que nem todo uso de "dependência" se adequa perfeitamente a um, e apenas um, desses registros. No entanto, ao fazer uma distinção analítica,

---

* A doutrina da *coverture* baseia-se no princípio de que marido e mulher são uma única pessoa diante da lei. Na prática, isso significava que as mulheres casadas eram consideradas legalmente incapacitadas para, por exemplo, assinar contratos sem a expressa autorização do marido. (N. T.)

apresentamos uma matriz na qual podemos retraçar as aventuras históricas do termo. No que se segue, rastreamos o deslocamento de um uso patriarcal e pré--industrial do termo – de acordo com o qual, embora fossem subordinadas, as mulheres compartilhavam com muitos homens a condição de dependência – a um uso moderno, industrial e supremacista masculino, que construiu um sentido especificamente feminino de dependência. Nosso argumento é que esse uso do termo deu lugar a um uso pós-industrial em que um número crescente de mulheres relativamente prósperas reivindica o mesmo tipo de independência dos homens, enquanto o sentido de dependência estigmatizado, e ainda feminizado, está atrelado aos grupos considerados desviantes e descartáveis. Além do gênero, as práticas racializantes têm um papel central nesses deslocamentos, assim como as mudanças na organização e no significado do trabalho.

A DEPENDÊNCIA PRÉ-INDUSTRIAL

No inglês pré-industrial, o significado mais comum de dependência era subordinação. Os registros econômico, sociojurídico e político eram relativamente indiferenciados, o que refletia a fusão de diversas formas de hierarquia no Estado e na sociedade, e quase não existia o uso moral/psicológico do termo. No *Dicionário Oxford*, a definição social mais antiga do verbo '*to depend (on)*' ["depender (de)"] é "estar conectado a, em relação de subordinação". Desde pelo menos 1588, um "dependente" é alguém que "depende de outro para se sustentar, para manter uma posição etc.; criado, assistido, subordinado, servo". Uma "dependência" era um séquito ou conjunto de servos, colônia ou possessão territorial estrangeira. Essa família de termos era amplamente disseminada em um contexto social hierárquico em que quase todos eram subordinados a alguém e, portanto, não implicava estigmas individuais[14].

Entendemos quão comum era a dependência na sociedade pré-industrial quando examinamos seu oposto. Num primeiro momento, o termo "independência" se referia principalmente a agregações, não a indivíduos; assim, no século XVII, uma nação ou congregação religiosa podiam ser independentes. Por volta do século XVIII, contudo, podia-se dizer de um indivíduo que ele tinha uma "independência", isto é, que possuía uma propriedade, uma fortuna que lhe permitia viver sem precisar trabalhar. (Esse sentido do termo, que hoje classificaríamos de econômico,

---

[14] Joan R. Gundersen, "Independence, Citizenship, and the American Revolution", *Signs*, v. 13, n. 1, 1987, p. 59-77.

sobrevive em expressões como "*to be independently wealthy*" ["ser rico e independente"] e "*a person of independent means*" ["uma pessoa com recursos independentes"].) Ser dependente, em contrapartida, era garantir a sobrevivência trabalhando para outro. Esta, claro, era a condição da maioria das pessoas, dos trabalhadores assalariados, dos servos e dos escravos, da maioria dos homens, assim como da maioria das mulheres[15].

A dependência, portanto, era uma condição normal (em oposição a uma condição desviante), uma relação social (em oposição a um traço individual). Assim, o termo não carregava qualquer opróbrio moral. Antes do início do século XX, nem os dicionários ingleses nem os dicionários estadunidenses registravam usos pejorativos do termo. A rigor, algumas das definições mais importantes do termo na era pré-industrial eram explicitamente positivas: "confiar em", "fiar-se", "contar com um outro", antecipando o atual "*dependable*" ["confiável"].

No entanto, "dependência" significava também inferioridade de status e *coverture* legal, ser parte de uma unidade chefiada por outro que tinha capacidade jurídica. Em um mundo de hierarquias de status, dominado por grandes proprietários de terra e suas comitivas, todo membro de uma unidade familiar, com exceção do "chefe", era dependente, como era o caso dos camponeses livres e dos servos de uma propriedade. Como escreveu Peter Laslett, eles e elas estavam "por assim dizer, enredados, 'subsumidos' [...] na personalidade de seus pais e senhores"[16].

A dependência também tinha o que hoje chamaríamos de consequências políticas. Embora o termo ainda não significasse exatamente "não livre", o contexto era o de uma ordem social em que a sujeição, e não a cidadania, era a norma. "Independência" conotava privilégio e superioridade incomuns, como o de não precisar do trabalho. Assim, ao longo de boa parte do desenvolvimento do governo representativo na Europa, a independência no sentido de possuir propriedade era pré-requisito dos direitos políticos. Quando começaram a reivindicar liberdade e direitos, os dependentes tornaram-se forçosamente revolucionários.

---

[15] Além disso, na sociedade pré-industrial, a dependência inversa do senhor em relação aos servos era sobejamente reconhecida. O historiador Christopher Hill evocou essa compreensão ao caracterizar a "essência" da sociedade feudal como o "vínculo de lealdade e dependência entre senhor e servo". Dependência, aqui, significa interdependência. Ver Christopher Hill, *The World Turned Upside Down: Radical Ideas During the English Revolution* (Nova York, Viking, 1972, p. 32) [ed. bras.: *O mundo de ponta-cabeça: ideias radicais durante a Revolução Inglesa de 1640*, trad. Renato Janine Ribeiro, São Paulo, Companhia das Letras, 1987].

[16] Peter Laslett, *The World We Have Lost: England Before the Industrial Age* (Nova York, Scribner, 1971), p. 21 [ed. port.: *O mundo que nós perdemos*, trad. Alexandre Pinheiro Torres e Hermes Serrão, Lisboa, Cosmos, 1975].

"Dependência" não era então um termo aplicado unicamente para caracterizar a relação da esposa com o marido. A dependência das mulheres, tal como a das crianças, significava ocupar um degrau mais baixo em uma longa escala social; maridos e pais estavam acima delas, mas abaixo de outros. Para a maioria agrária, além disso, não havia no termo uma conotação de dependência econômica unilateral, pois o trabalho das mulheres e das crianças era reconhecido como essencial para a economia familiar; as mulheres eram dependentes econômicas no mesmo sentido dos homens de sua classe, que também o eram. Em geral, a dependência das mulheres nas sociedades pré-industriais era menos específica em relação ao gênero do que se tornou depois; era de um tipo similar à dos homens subordinados, só que multiplicada. Do mesmo modo, a vida de crianças, de servos e de idosos também comportava camadas múltiplas de dependência.

Na prática, claro, esses arranjos pré-industriais nem sempre garantiam de modo satisfatório o sustento dos mais pobres. No século XIV, Estados novos e mais fortes começaram a limitar a liberdade de movimento dos destituídos e a codificar antigas distinções informais entre os que mereciam e os que não mereciam assistência. Em 1601, quando a Lei dos Pobres confirmou na Inglaterra essa distinção entre merecedores e não merecedores de assistência, já era vergonhoso solicitar auxílio público. Mas a cultura não desaprovava a dependência nem valorizava a independência individual. Na verdade, o objetivo daquele conjunto de leis era devolver às paróquias ou comunidades locais os pobres perambulantes, sem raízes e excessivamente "independentes" e, portanto, reforçar as dependências tradicionais.

Contudo, a dependência nem era universalmente aceita nem estava imune a contestações. Pelo menos desde do século XVII, quando os argumentos políticos individualistas e liberais se tornaram comuns, a dependência passou a ser submetida a questionamentos baseados em princípios. Os termos "dependência" e "independência" com frequência tinham um papel proeminente nos debates políticos da época, como foi o caso, por exemplo, nos Debates de Putney durante a Guerra Civil inglesa. Por vezes, tornavam-se os significantes-chave de uma crise social, tal como na Inglaterra no século XVII, durante a controvérsia dos servos "de fora", auxiliares que não residiam na casa de seus senhores e não estavam atados por contratos ou outros dispositivos legais. No discurso da época, a "independência" anômala desses homens servia de imagem geral da desordem social, era um para-raios para angústias culturais difusas – tal como é hoje a anômala "dependência" das "mães dos programas sociais".

A "DEPENDÊNCIA" INDUSTRIAL: O TRABALHADOR E SEUS NEGATIVOS

Com o surgimento do capitalismo industrial, a geografia semântica da dependência sofreu um deslocamento significativo. Nos séculos XVIII e XIX, a "independência", e não a "dependência", tinha um papel proeminente no discurso político e econômico; e seus significados foram radicalmente democratizados. Mas se lemos com atenção o discurso sobre a independência, vemos a sombra de uma enorme angústia em relação à dependência.

Aquilo que na sociedade pré-industrial era uma condição normal e não estigmatizada passou a ser desviante e estigmatizado. De modo mais preciso, certas dependências se tornaram vergonhosas, enquanto outras eram consideradas naturais e apropriadas. Em particular, à medida que a cultura política dos séculos XVIII e XIX aprofundava a diferença de gênero, surgiam sentidos de dependência especificamente femininos – estados que eram considerados apropriados para as mulheres e degradantes para os homens. Do mesmo modo, as construções raciais emergentes faziam com que algumas formas de dependência fossem apropriadas para as "raças escuras", mas intoleráveis para os "brancos". Essas valorações diferenciadas tornaram-se possíveis na medida em que a unidade pré-industrial do termo se fraturou. Na era industrial, o termo deixou de designar apenas a subordinação generalizada e a "dependência" também podia ser sociojurídica, política ou econômica. Junto a essas distinções, ocorreu um deslocamento semântico decisivo: agora, o termo não precisava mais se referir exclusivamente a uma relação social; dependência também podia designar um traço individual de caráter. Assim, nascia o registro moral/psicológico.

Essas redefinições foram enormemente influenciadas pelo protestantismo radical, que elaborou uma nova imagem positiva da independência individual e uma crítica da dependência política e sociojurídica. Na tradição católica e e na tradição protestante nascente, a dependência em relação a um senhor fora moldada nos termos da dependência em relação a Deus. Em contrapartida, para os radicais da Guerra Civil inglesa, assim como para os puritanos, quakers e congregacionistas nos Estados Unidos, rejeitar a dependência em relação a um senhor era o mesmo que rejeitar a blasfêmia e os deuses falsos[17]. Dessa perspectiva, as hierarquias de status deixaram de parecer naturais ou justas. A sujeição política e a subsunção sociojurídica eram ofensas à dignidade humana, defensáveis apenas em condições especiais, se é que eram suportáveis. Essas crenças moldaram, com sucesso substantivo, uma série de movimentos radicais ao longo de toda a era industrial, entre os

---

[17] Christopher Hill, *The Century of Revolution (1603-1714)* (Nova York, Norton, 1961) [ed. bras.: *O século das revoluções: 1603-1714*, trad. Alzira Vieira Allegro, São Paulo, Ed. Unesp, 2012].

quais o abolicionismo, o feminismo e a organização de trabalhadores. No século XIX, esses movimentos aboliram a escravidão e algumas incapacidades jurídicas das mulheres. Vitórias mais profundas foram alcançadas pelos trabalhadores brancos do sexo masculino que, nos séculos XVIII e XIX, se livraram da dependência sociojurídica e política e conquistaram direitos civis e eleitorais. Na era das revoluções democráticas, o novo conceito de cidadania que então se formava calcava-se na independência; a dependência era considerada antitética à cidadania.

As transformações na paisagem civil e política da dependência e da independência foram acompanhadas de transformações ainda mais dramáticas no registro econômico. Quando reivindicaram direitos civis e eleitorais, os trabalhadores brancos do sexo masculino se afirmaram independentes. Isso acarretou uma reinterpretação do significado do trabalho assalariado de modo que se esvaziasse a associação com a dependência. Tal reinterpretação, por sua vez, exigiu um deslocamento no foco – da experiência ou dos meios de trabalho (por exemplo, a posse de ferramentas ou terra, o domínio de certas habilidades e da organização do trabalho) para a remuneração e a forma como esta seria gasta. Trabalhadores radicais do sexo masculino, que anteriormente haviam rejeitado o trabalho assalariado por se tratar de uma "escravidão assalariada", passaram a reivindicar uma nova forma de independência masculina nesse tipo de trabalho. O orgulho coletivo foi extraído de um outro aspecto do protestantismo: a ética do trabalho, que valorizava a labuta e a disciplina. Os trabalhadores procuraram recuperar esses valores no interior do vitorioso sistema de trabalho assalariado; muitos deles – mulheres e homens – criaram e exerceram um novo tipo de independência em sua militância e coragem contra os empregadores. Por meio dessas lutas, com o tempo a independência econômica passou a incluir o ideal de se ganhar um salário familiar, um salário que fosse suficiente para manter uma família e sustentar esposa e filhos dependentes. Assim, trabalhadores do sexo masculino ampliaram o significado da independência econômica de modo que ela abarcasse, além da propriedade e do trabalho autônomo, uma forma de trabalho assalariado[18].

---

[18] Pode-se dizer que essa redefinição coloca em primeiro plano o trabalho assalariado *como* uma nova forma de propriedade, isto é, a propriedade sobre a própria força de trabalho. Tal concepção tinha por base o que C. B. Macpherson denominou "individualismo possessivo", o pressuposto de uma propriedade do indivíduo sobre sua própria pessoa. Ver C. B. Macpherson, *The Political Theory of Possessive Individualism: Hobbes to Locke* (Oxford, Oxford University Press, 1962) [ed. bras.: *A teoria política do individualismo possessivo de Hobbes até Locke*, trad. Nelson Dantas, Rio de Janeiro, Paz e Terra, 1979]. Esse enfoque, que levou à interpretação dos salários como um direito, era esmagadoramente masculino. Allen Hunter (comunicação pessoal) o descreve como uma perda da crítica sistêmica, como um senso de independência que foi conquistado pelo estreitamento do

Esse deslocamento no significado da independência levou a transformações também nos significados da dependência. À medida que o trabalho assalariado se tornava cada vez mais normativo – e cada vez mais definidor de independência –, a dependência parecia ser personificada justamente por aquelas e aqueles que eram excluídos dele. Nessa nova semântica industrial surgiram três dos principais ícones da dependência, sendo que todos potencialmente são o negativo da imagem predominante do "trabalhador", e cada um incorpora um aspecto diferente da não independência.

O primeiro ícone da dependência industrial era "o *pauper*", o indivíduo que não vivia de salário, mas do alívio à pobreza[19]. Na nova e extenuante cultura do capitalismo emergente, a figura do *pauper* era uma espécie de duplo negativo do trabalhador honesto, que o ameaçava caso ficasse para trás. A imagem do *pauper* foi em larga medida construída no novo registro do discurso sobre a dependência que estava surgindo então – o registro moral/psicológico. Mais do que pobres, os *pauperes* eram gente degradada, de caráter corrompido e vontade solapada pela caridade. É verdade que a condição moral/psicológica do pauperismo estava relacionada à condição econômica da pobreza, mas a relação não era simples. Embora, no século XIX, especialistas em caridade reconhecessem que a pobreza podia contribuir para a pauperização, eles também sustentavam que falhas de caráter podiam causar a pobreza[20]. Já perto do fim do século, conforme as ideias (eugenistas) sobre hereditariedade se popularizavam, as falhas de caráter dos pobres ganhavam uma base biológica. A dependência do *pauper* era considerada diferente da do servo porque era unilateral, não recíproca. Ser um *pauper* não era estar subordinado a um sistema de trabalho produtivo; era estar completamente fora desse sistema.

Um segundo ícone da dependência industrial era representado ora pela figura do "nativo das colônias", ora pela do "escravo". Essas figuras eram parte integrante do sistema econômico, e seu trabalho foi fundamental para o desenvolvimento do capital e da indústria. Enquanto o *pauper* era a quintessência da dependência econômica extraída em forma de caráter, os nativos e os escravos eram a personificação

---

foco no trabalhador individual e que deixou para trás as aspirações de independência coletiva em relação ao capital.

[19] No século XVI, *pauper* significava simplesmente uma pessoa pobre e, no direito, alguém autorizado a processar ou se defender em um tribunal sem pagar custas. Dois séculos depois, o termo ganhou uma definição mais estrita, significando uma nova classe de pessoas cuja subsistência dependia do alívio aos pobres, e não de salário, e que eram consideradas desviantes e moralmente condenáveis.

[20] Linda Gordon, "Social Insurance and Public Assistance: The Influence of Gender in Welfare Thought in the United States (1890-1935)", *American Historical Review*, v. 97, n. 1, 1992, p. 19-54.

da sujeição política[21]. Sua imagem como "selvagens", "infantis" e "submissos" ganhou relevo quando o antigo sentido territorial de dependência, entendida como colônia, se entrelaçou ao novo discurso racista que se desenvolvia então para justificar o colonialismo e a escravização[22]. Assim, houve um desvio de um sentido mais antigo de dependência, entendida como uma relação de sujeição imposta por um poder imperial a uma população autóctone, para um sentido mais novo, no qual a dependência era entendida como uma propriedade inerente ou um traço de caráter dos povos submetidos. No uso antigo, os colonos eram dependentes porque haviam sido conquistados; na cultura imperialista do século XIX, foram conquistados porque eram dependentes. Nessa última concepção, a dependência essencial e intrínseca de nativos e escravos justificava sua colonização e escravização.

A dependência do nativo e do escravo, tal como a do *pauper*, foi formulada sobretudo no registro moral/psicológico. No entanto, os traços de caráter apresentados para justificar o imperialismo e a escravização decorriam mais da suposta natureza dos grupos humanos do que do temperamento dos indivíduos. O pensamento racialista era o elemento-chave desse raciocínio. Ao autorizar uma visão sobre "o *negro*"* como fundamentalmente *outro*, o pensamento racialista forneceu o extraordinário poder de justificação requerido para a racionalização da sujeição em um momento em que a liberdade e a igualdade eram proclamadas como os inalienáveis "direitos do homem" – por exemplo, na Declaração de Independência dos Estados Unidos, clássica rejeição do status colonial. Desse modo, o racismo ajudou a transformar a dependência, antes entendida como sujeição política, em dependência psicológica, forjando elos duradouros entre o discurso da dependência e a opressão racial.

Tal como o *pauper*, o nativo e o escravo estavam excluídos do trabalho assalariado e, portanto, eram o negativo da imagem do trabalhador. Eles compartilhavam

---

[21] Há muitas variações na família de imagens que personificam a sujeição na era industrial. Dentre elas, há os estereótipos correlatos, mas não idênticos, do servo russo, do escravo caribenho, do escravo nos Estados Unidos e do indígena americano. Além disso, os estereótipos masculino e feminino dentro dessas categorias são distintos. Simplificamos aqui para destacar as características comuns a todas essas imagens, notadamente a ideia da sujeição natural radicada na raça. Concentramo-nos particularmente nos estereótipos que retratam os afro-americanos como a personificação da dependência, dada sua importância histórica e ressonância contemporânea na linguagem do bem-estar social nos Estados Unidos.

[22] A evolução do termo "nativo" resume de maneira clara esse processo. Em inglês, o significado original, que data de cerca de 1450, estava ligado à dependência: "aquele que nasce sob servidão; o que nasceu escravizado", mas sem sentido racial. Dois séculos depois, o termo carregava o significado adicional de não branco ou negro.

* No original, "*the Negro*". (N. T.)

ao menos uma característica com o terceiro principal ícone da dependência na era industrial: a recém-inventada figura da "dona de casa". Como vimos, a independência do trabalhador branco do sexo masculino pressupunha o ideal do salário familiar, um salário suficiente para manter uma unidade familiar e sustentar esposa que não tinha emprego, filhos e filhas. Assim, para que o trabalho assalariado gerasse independência (masculina e branca), era necessário que houvesse a dependência econômica feminina (e branca). As mulheres foram "de parceiras a parasitas"[23]. Mas essa transformação não foi de modo algum universal. Nos Estados Unidos, por exemplo, o ideal do salário familiar teve maior influência sobre os brancos do que sobre os negros, e estava em conflito com a prática efetiva de todos os pobres e toda a classe trabalhadora. Além disso, esposas com e sem emprego continuaram a realizar um trabalho outrora considerado crucial para a economia familiar. Como poucos maridos eram efetivamente capazes de manter sozinhos uma família, a maior parte das famílias continuou a depender do trabalho das mulheres e das crianças. Não obstante, a norma do salário familiar infundiu uma enorme lealdade nos Estados Unidos, em parte porque era usada pela classe trabalhadora organizada como um argumento para reivindicar salários mais elevados[24].

Diferentes registros da dependência convergiram na figura da dona de casa. Nela, a tradicional dependência sociojurídica e política da mulher fundiu-se a sua mais recente dependência econômica na ordem industrial. Do uso pré-industrial permaneceu o pressuposto segundo o qual os pais chefiavam as unidades familiares e representavam os outros membros dessa unidade, tal como estabelecia a doutrina jurídica da *coverture*. A dependência sociojurídica e política das esposas reforçou sua nova dependência econômica, pois, sob a *coverture*, mesmo as mulheres casadas que tinham emprego assalariado não podiam legalmente controlar seus salários. Mas as conotações da dependência feminina mudaram. Se os outrora dependentes brancos do sexo masculino tinham conquistado direitos políticos, a maioria das mulheres brancas continuou dependente do ponto de vista jurídico e político. O resultado foi feminizar – e estigmatizar – a dependência sociojurídica e política, o

---

[23] Hilary Land, "The Family Wage", *Feminist Review*, v. 6, 1980, p. 57; Jeanne Boydston, *Home and Work: Housework, Wages, and the Ideology of Labor in the Early Republic* (Nova York, Oxford University Press, 1991).

[24] Gwendolyn S. Hughes, *Mothers in Industry* (Nova York, New Republic, 1925); Sophonisba P. Breckinridge, "The Home Responsibilities of Women Workers and the 'Equal Wage'", *Journal of Political Economy*, v. 31, 1928, p. 521-43; Lorine Pruette (orga.), *Women Workers Through the Depression: A Study of White Collar Employment Made by the American Women's Association* (Nova York, Macmillan, 1934); e Linda Gordon, "Social Insurance and Public Assistance", cit.

que fez com que a *coverture* parecesse cada vez mais execrável e estimulou a mobilização em favor de leis e decisões que, posteriormente, poriam fim à doutrina.

Uma série de novas personificações da dependência se combinaram então para constituir o lado encoberto da independência do trabalhador do sexo masculino. A partir daí, quem almejasse pertencer plenamente à sociedade teria de se distinguir do *pauper*, do nativo, do escravo e da dona de casa e construir sua própria independência. Em uma ordem social em que o trabalho assalariado se tornava hegemônico, todas essas distinções podiam ser resumidas no ideal do salário familiar. Por um lado, e mais explicitamente, o ideal do salário familiar calcou a independência do trabalhador branco do sexo masculino na subordinação e na dependência econômica da esposa. Por outro, e ao mesmo tempo, esse ideal contrastava com as contraimagens dos homens dependentes – primeiro, com a dos *pauperes* do sexo masculino, os homens degradados que dependiam do auxílio aos pobres, e, posteriormente, com a dos estereótipos racistas de homens negros que não conseguiam controlar a mulheres negras. O salário familiar, portanto, era um veículo para a elaboração dos significados de dependência e independência, que foram profundamente inflexionados por gênero, raça e classe.

Nessa nova semântica industrial, trabalhadores brancos do sexo masculino pareciam ser economicamente independentes, mas essa independência era em larga medida ilusória e ideológica. Porque eram poucos os que efetivamente ganhavam o suficiente para sustentar uma família, a maioria dependia de fato – se não na letra – da contribuição da esposa e dos filhos. Igualmente importante, a linguagem do trabalho assalariado no capitalismo negava a dependência dos trabalhadores em relação aos empregadores e, com isso, encobria o status de subordinado que os trabalhadores tinham em uma unidade que não era por eles chefiada. Assim, a hierarquia relativamente explícita e visível da relação entre o camponês e o proprietário de terra foi mistificada na relação do operário fabril com o dono da fábrica. Parecia que, por um passe de mágica linguístico, a dependência econômica dos trabalhadores brancos do sexo masculino desaparecera – algo como reduzir o número de pessoas pobres diminuindo a linha oficial da pobreza.

Por definição, portanto, a desigualdade econômica entre homens brancos deixou de criar dependência. Mas a hierarquia não econômica entre homens brancos era considerada inaceitável nos Estados Unidos. Assim, a "dependência" foi redefinida de modo que se referisse exclusivamente àquelas relações não econômicas de subordinação consideradas adequadas apenas para não brancos em geral e para mulheres brancas. O resultado foi a diferenciação das dimensões de dependência que no uso pré-industrial do termo encontravam-se misturadas. Se, anteriormente, todas as relações de subordinação eram consideradas relações de dependência, agora as relações entre trabalho e capital não configuravam dependência. Era como se as hierarquias sociojurídica e política divergissem da hierarquia econômica, e apenas elas fossem incompatíveis com as ideias hegemônicas sobre a sociedade. Daí que, caso a dependência sociojurídica e a dependência política fossem formalmente abolidas, não restaria nenhuma dependência socioestrutural. Qualquer dependência que persistisse só poderia ser moral ou psicológica.

O nascimento da "dependência do bem-estar" nos Estados Unidos: 1890-1945

Moldado por essas características gerais da semântica da era industrial, desenvolveu-se nos Estados Unidos um uso peculiar de "dependência" relacionado ao bem-estar social. Oriundo do discurso do fim do século XIX sobre o pauperismo, modificado na era progressista e estabilizado no período do New Deal, esse uso era fundamentalmente ambíguo e oscilava, fácil e continuamente, entre um significado econômico e um significado moral/psicológico.

Os Estados Unidos eram um solo particularmente propício para que a dependência fosse elaborada como uma falha individual de caráter. Como não havia no país um legado forte de feudalismo ou aristocracia e, portanto, não havia um senso popular forte de obrigações recíprocas entre "nobre" e "homem", os significados pré-industriais de dependência – como condição comum à maioria – eram fracos, e os significados pejorativos eram mais fortes. No período colonial, a dependência era vista sobretudo como uma condição voluntária, tal como na servidão por contrato. Mas a Revolução Americana valorizou de tal modo a independência que expulsou da dependência seu caráter voluntário, salientou nela a impotência e impregnou-a de estigma. Um dos resultados foi uma mudança no significado da dependência social e jurídica das mulheres, que passou a ser caracteristicamente inferior[25].

Do ponto de vista político, o longo caso de amor dos Estados Unidos com a independência era uma faca de dois gumes. Por um lado, alimentou movimentos fortes de mulheres e trabalhadores. Por outro, a ausência de uma tradição social hierárquica em que a subordinação fosse entendida como estrutural, e não relacionada ao caráter, facilitou a hostilidade contra o auxílio público aos pobres. Teve influência também a própria natureza do Estado, fraco e descentralizado nos Estados Unidos do século XIX, se comparado aos Estados europeus do mesmo período.

---

[25] Joan R. Gundersen, "Independence, Citizenship, and the American Revolution", cit.

Tudo somado, os Estados Unidos eram um solo fértil para o discurso moral/psicológico sobre a dependência.

Como discutimos anteriormente, a definição mais geral de dependência econômica nesse período era simplesmente não receber salário. No fim do século XIX, contudo, essa definição se dividiu em duas: uma "boa" dependência dentro da unidade familiar, associada às crianças e às esposas, e uma dependência "ruim" (ou pelo menos indesejável), cada vez maior, associada à caridade e aos destinatários da assistência. Ambos os sentidos tinham como referência o ideal do salário familiar, e ambos foram posteriormente incorporados ao discurso do Estado nacional. O sentido positivo ligado à unidade familiar foi formulado no censo[26] e pelo Internal Revenue Service*, que estabeleceram a categoria do dependente como norma para as esposas. Com o desenvolvimento da assistência pública, o já problemático sentido relacionado à caridade tornou-se ainda mais pejorativo. A antiga distinção entre pobres merecedores e não merecedores intensificou-se na "era dourada" (fim do século XIX). Teoricamente, os não merecedores não deveriam receber auxílio, mas era preciso vigiar constantemente para garantir que eles não entrariam no sistema disfarçados de merecedores. Depender de assistência passou a ser cada vez mais estigmatizado, e era cada vez mais difícil recorrer a ela sem ser tachado de *pauper*.

Ironicamente, os reformistas da década de 1890 introduziram a palavra "dependente" no discurso da assistência para substituir "*pauper*", precisamente para desestigmatizar o recebimento do auxílio público. A palavra foi primeiro usada em referência às crianças, caso paradigmático da vítima "inocente" da pobreza[27]. Já no início do século XX, os reformistas da era progressista começaram a aplicar o termo a pessoas adultas, mais uma vez para tentar livrá-las do estigma. Apenas depois da

---

[26] Nancy Folbre, "The Unproductive Housewife: Her Evolution in Nineteenth-century Economic Thought", *Signs*, v. 16, n. 3, 1991, p. 463-84.

* Órgão do Departamento do Tesouro do Estados Unidos responsável pela arrecadação de impostos e pelo cumprimento das leis tributárias no país. (N. T.)

[27] Amos Griswold Warner, em *American Charities and Social Work* (Nova York, Thomas Y. Crowell, 1894-1930), por exemplo, usa "dependente" apenas em referência a crianças. O mesmo vale para Edith Abbott e Sophonisba P. Breckinridge em *The Administration of the Aid-to-Mothers Law in Illinois 82* (Washington, U.S. Children's Bureau, 1921), p. 7; e em *Proceedings of the National Conference of Charities and Correction* (1890-1920). Esse uso produziu alguns efeitos curiosos em razão da intersecção com a dependência produzida pelo modelo normativo de família. Por exemplo, especialistas em caridade debatiam a adequação de se "manter as crianças dependentes em seus próprios lares". As crianças em questão eram consideradas dependentes porque o(s) pai(s) não podia(m) sustentá-las; outras crianças, porém, eram tidas como dependentes justamente porque os pais as sustentavam.

Segunda Guerra Mundial, "dependente" passou a ser a o termo hegemônico para se referir a quem recebia auxílio[28]. Contudo, naquele momento, as conotações pejorativas do termo já estavam fixadas.

A tentativa de dar um fim ao estigma, substituindo "pauperismo" por "dependência", falhou. As discussões sobre a dependência econômica continuamente resvalavam em uma condenação à dependência moral/psicológica. Mesmo durante a Grande Depressão (anos 1930), os especialistas se preocupavam com o fato de que o recebimento de assistência pudesse criar "hábitos de dependência", ou, como disse uma figura proeminente ligada à caridade, "uma dependência beligerante, uma atitude de se ter direito e título ao auxílio"[29]. Como os tempos difíceis duraram tanto e criaram ainda mais empobrecidos, houve uma sutil melhora no status de quem recebia auxílio. Mas os ataques às "falcatruas" e à "corrupção" continuaram a embaraçar os destinatários da assistência; e o estigma da dependência era tão forte que, entre os beneficiários e beneficiárias dos programas, muitos dos que mais precisavam só aceitavam o auxílio público depois de muita de hesitação e com muita vergonha[30].

Mais importante, por ter consolidado um sistema de bem-estar social com duas faixas, o New Deal aprofundou a desonra de se receber assistência. Nos programas da primeira faixa, como o seguro-desemprego e a aposentadoria, o auxílio era apresentado como um direito, sem estigma ou supervisão e, portanto, sem dependência. Esses programas foram concebidos para criar aparência enganosa de que os beneficiários apenas recebiam de volta o que já haviam pago como contribuição. Criaram um status honrado para os destinatários e, até hoje, não são chamados de programas de "bem-estar social". Com o objetivo de, ao menos parcialmente, substituir o salário familiar do trabalhador branco do sexo masculino, os programas da primeira faixa excluíam a maior parte das minorias e as mulheres brancas. Em

---

[28] Estudos sobre o bem-estar social feitos nos anos 1940 ainda usavam o termo "dependentes" apenas em referência aos que eram sustentados por chefes de família; ver, por exemplo, Josephine Chapin Brown, *Public Relief (1929-1939)* (Nova York, Holt, 1940); Donald S. Howard, *The WPA and Federal Relief Policy* (Nova York, Russell Sage, 1943); e Frank J. Bruno, *Trends in Social Work* (Nova York, Columbia University Press, 1948).

[29] Lilian Brandt, *An Impressionistic View of the Winter of 1930-31 in New York City* (Nova York, Welfare Council of New York City, 1932), p. 23-4; Gertrude Vaile, "Public relief", em Herbert Elmer Mills (org.), *College Women and the Social Sciences* (Nova York, John Day, 1934), p. 26; e Mary L. Gibbons, "Family Life Today and Tomorrow", *Proceedings, National Conference of Catholic Charities*, n. 19, 1933, p. 133-68.

[30] E. Wight Bakke, *Citizens without Work: A Study of the Effects of Unemployment upon Workers' Social Relations and Practices* (New Haven, Yale University Press, 1940); e idem, *The Unemployed Worker: A Study of the Task of Making a Living without a Job* (New Haven, Yale University Press, 1940).

contrapartida, os programas de assistência pública da segunda faixa, dentre os quais o Aid to Dependent Children [Auxílio a Filhos Dependentes] (ADC), posteriormente denominado Aid to Families with Dependent Children [Auxílio a Famílias com Filhos Dependentes] (AFDC), tornaram-se os maiores e os mais conhecidos e deram continuidade à tradição da caridade privada de encontrar os poucos merecedores entre os muitos aproveitadores. Financiados por receitas fiscais gerais, e não por descontos salariais com destinação específica, esses programas criaram a aparência que as e os requerentes estavam recebendo algo sem fazer nada[31]. Neles, as condições para o recebimento do auxílio eram completamente diferentes: teste de meios; avaliações de comportamento; supervisão de comportamento; visitas domiciliares; valores extremamente baixos – em resumo, todas as condições que hoje são associadas à dependência do bem-estar social[32].

As exclusões raciais e sexuais dos programas da primeira faixa não eram acidentais. Essas exclusões foram planejadas para conquistar o apoio dos legisladores do Sul, que queriam manter a população negra dependente em outro sentido, a saber, dependente de salários baixos ou da meação rural[33]. Igualmente deliberada foi a construção de uma legitimidade diferente para as duas faixas de bem-estar. O Conselho da Seguridade Social propagandeava o Seguro da Previdência Social para Idosos (que hoje se chama apenas "Previdência Social") precisamente porque, num primeiro momento, o programa não parecia mais respeitável ou mais digno do que a assistência pública. Para tornar a Previdência Social mais palatável, o conselho trabalhou para estigmatizar a assistência pública, chegando a pressionar os estados para que mantivessem baixos os valores das pensões[34].

---

[31] Nancy Fraser e Linda Gordon, "Contract Versus Charity", cit.

[32] Nancy Fraser, "Women, Welfare, and the Politics of Need Interpretation", em *Unruly Practices* (Minneapolis, University of Minnesota Press, 1989); Linda Gordon, "The New Feminist Scholarship on the Welfare State" e Barbara J. Nelson, "The Origins of the Two-Channel Welfare State: Workmen's Compensation and Mothers' Aid", ambos em Linda Gordon (org.), *Women, the State, and Welfare*, cit., p. 9-35 e 123-51. A partir da década de 1960, um número cada vez maior de mulheres negras conseguiu o AFDC, mas, antes disso, elas eram amplamente excluídas do programa. Num primeiro momento, o New Deal seguiu o precedente dos programas anteriores e aplicava o termo "dependente" a crianças. Contudo, quase todos os destinatários do ADC eram mães solo. Entre os anos 1940 e 1960, a referência do termo pouco a pouco se deslocou dos filhos para as mães.

[33] Jill Quadagno, "From Old-Age Assistance to Supplemental Social Security Income: The Political Economy of Relief in the South, 1935-1972", em Margaret Weir, Ann Shola Orloff e Theda Skocpol (orgs.), *The Politics of Social Policy in the United States* (Princeton, Princeton University Press, 1988), p. 235-63.

[34] Jerry R. Cates, *Insuring Inequality: Administrative Leadership in Social Security (1935-1954)* (Ann Arbor, University of Michigan Press, 1983).

A maioria dos estadunidenses ainda hoje faz distinção entre as formas de provisão pública que "são do bem-estar social" das que "não são do bem-estar social" e entende que apenas as primeiras criam dependência. Os pressupostos subjacentes a essas distinções, contudo, foram politicamente construídos. Os idosos só se tornaram destinatários privilegiados (não são do bem-estar social) depois de décadas de militância organizada e lobby. Todos os programas de provisão pública, chamados ou não de "bem-estar social", reforçam algumas dependências e desencorajam outras. A Previdência Social subverteu o senso de responsabilidade dos adultos em relação aos pais, por exemplo. Em contrapartida, os programas de assistência pública visavam reforçar a dependência das minorias em relação ao trabalho mal remunerado, das esposas em relação aos maridos e das crianças em relação aos pais.

As condições de assistência da segunda faixa fizeram com que os destinatários enxergassem sua dependência da assistência pública como inferior à suposta independência encontrada no trabalho assalariado[35]. Enquanto isso, o trabalho assalariado passou a ser tão naturalizado que a supervisão que lhe é inerente podia ser ignorada, como mostra a queixa de uma pessoa atendida pelo ADC: "A vida de quem depende do programa social é difícil [...]. Quando você trabalha, você não deve satisfação a ninguém"[36]. Ainda assim, a intenção inicial dos proponentes do ADC não era impelir as mães solo brancas ao emprego remunerado. A intenção era proteger a norma do salário familiar, fazendo com que depender de um provedor do sexo masculino continuasse a parecer melhor do que depender do Estado[37]. O ADC ocupou o espaço semântico estratégico em que o sentido positivo da dependência, relacionado à unidade familiar, interseccionava o sentido ruim, relacionado à assistência. O programa impôs a um só tempo as conotações positivas do primeiro sentido e as conotações negativas do segundo.

Assim, a mãe solo pobre foi consagrada como o modelo acabado do "dependente do bem-estar social"[38]. Essa designação passou a ser significativa não apenas pelo que inclui, mas também pelo que exclui e oculta. Embora pareça significar

---

[35] Jacqueline Pope, *Biting the Hand That Feeds Them: Organizing Women on Welfare at the Grass Roots Level* (Nova York, Praeger, 1989), p. 73 e 144; Guida West, *The National Welfare Rights Movement: The Social Protest of Poor Women* (Nova York, Praeger, 1981); e Milwaukee County Welfare Rights Organization, *Welfare Mothers Speak Out* (Nova York, Norton, 1972).

[36] Annie S. Barnes, *Single Parents in Black America: A Study in Culture and Legitimacy* (Bristol, Conn, Wyndham Hall Press, 1987), p. vi.

[37] Linda Gordon, "Social Insurance and Public Assistance", cit.

[38] Homens que recebem a "assistência para todos" às vezes são incluídos nessa designação; o tratamento que recebem do sistema de bem-estar social costuma ser igualmente ruim ou até pior.

"recorrer ao auxílio econômico do governo", os que são atendidos por fundos públicos não são considerados dependentes da mesma forma. Hoje, quase ninguém denomina "dependentes" quem recebe o seguro de aposentadoria da Previdência Social. De maneira similar, está excluído dessa categorização quem recebe seguro-desemprego, empréstimos agrícolas e subsídios para financiamento imobiliário, como de fato estão excluídos dela os que fornecem equipamentos e prestam serviços para a Defesa, assim como os beneficiários dos diferentes tipos de socorro a empresas e da tributação regressiva.

A SOCIEDADE PÓS-INDUSTRIAL E O DESAPARECIMENTO DA "BOA" DEPENDÊNCIA

Com a transição para uma fase pós-industrial do capitalismo, o mapa semântico da dependência mais uma vez é redesenhado. Enquanto no uso industrial algumas formas de dependência eram apresentadas como naturais e adequadas, no uso pós-industrial todas as formas são representadas como evitáveis e censuráveis. Como deixaram de ser atenuadas por qualquer contracorrente positiva, as conotações pejorativas do termo ganham força. O uso industrial reconheceu que algumas formas de dependência estavam radicadas nas relações de subordinação; em contrapartida, o uso pós-industrial concentra-se de maneira mais intensa nos traços dos indivíduos. Um novo vocabulário psicológico e terapêutico tomou o lugar do vocabulário racista e misógino da era industrial e, com isso, o registro moral/psicológico se expandiu e seu caráter foi alterado. Não obstante, a dependência permanece feminizada e racializada; os novos significados psicológicos têm fortes associações femininas, e as tendências que antes eram associadas ao nativo e ao escravo têm tido uma influência cada vez maior no discurso no bem-estar social.

Uma das principais influências é a abolição formal de boa parte da dependência jurídica e política que era endêmica na sociedade industrial. Donas de casa, *pauperes*, nativos e descendentes de escravos deixaram de ser formalmente excluídos da maior parte dos direitos civis e políticos; sua subsunção e sujeição não são consideradas legítimas. Assim, as principais formas de dependência tomadas por adequadas no uso industrial são hoje inaceitáveis, e os usos pós-industriais do termo têm uma carga mais fortemente negativa.

Um segundo deslocamento decisivo na geografia da dependência pós-industrial está relacionado ao registro econômico. Trata-se do descentramento do ideal do salário familiar, que era o centro gravitacional do uso industrial. A relativa desindustrialização dos Estados Unidos tem reestruturado a economia política, fazendo com que seja cada vez menos viável o modelo de família em que a renda provém de um único membro. Enquanto isso, a composição de gênero no emprego vem sendo alterada pela perda de postos de trabalho "masculinos" com salários elevados na indústria e pela entrada massiva de mulheres, com salários bem menores, no setor de serviços[39]. Ao mesmo tempo, o divórcio é comum e, graças em grande parte aos movimentos feministas e de libertação gay e lésbica, as transformações nas normas de gênero têm contribuído para a proliferação de novas formas de família, fazendo com que o modelo homem provedor/mulher dona de casa seja menos atraente para muitos[40]. Assim, o ideal do salário familiar não é mais hegemônico, mas concorre com outras normas de gênero, formas de família e arranjos econômicos. Não é mais indubitável que a mulher deva contar com o suporte econômico de um homem, e que as mães não deveriam ser também "trabalhadoras". Assim, mais uma forma importante de dependência que era positivamente inflexionada na semântica industrial passou a ser disputada, se é que não passou a ser simplesmente negativa.

O resultado da combinação desses desdobramentos é o aumento do estigma da dependência. Agora, com a ilegitimidade de toda a dependência jurídica e política e com as disputas a respeito da dependência econômica das mulheres, não há mais, na sociedade pós-industrial, qualquer dependência adulta que seja obviamente "boa". Ao contrário, toda dependência é suspeita, e a independência é exigida de todos e todas. A independência, todavia, permanece identificada com o trabalho assalariado. E tal identificação parece ainda maior em um contexto em que não há mais uma "boa" personificação adulta da dependência que possa ser contrastada com o "trabalhador". Nesse contexto, o trabalhador tende a se tornar o sujeito social universal: espera-se que todas e todos "trabalhem" e "se sustentem por conta própria". Qualquer pessoa adulta que não seja percebida como trabalhadora carrega o pesado ônus de ter de se justificar. Assim, uma norma anteriormente restrita ao trabalhador branco do sexo masculino passa a valer cada vez mais para todos e todas. Contudo, essa norma ainda carrega um subtexto racial e de gênero, pois presume-se que o trabalhador tenha acesso a um emprego que pague um salário decente e que não seja o principal responsável pelos filhos.

Se um dos resultados desses desdobramentos é uma ampliação das conotações negativas da dependência, outro resultado é sua maior individualização. Como

---

[39] Joan Smith, "The Paradox of Women's Poverty: Wage-Earning Women and Economic Transformation", *Signs*, v. 10, n. 2, 1984, p. 291-310.

[40] Judith Stacey, "Sexism by a Subtler Name? Postindustrial Conditions and Postfeminist Consciousness in the Silicon Valley", *Socialist Review*, v. 96, 1987, p. 7-28; e Kath Weston, *Families We Choose: Lesbians, Gays, Kinship* (Nova York, Columbia University Press, 1991).

vimos, as discussões sobre a dependência como um traço de caráter individual já estavam disseminadas no período industrial, o que diminuiu a relevância das relações de subordinação no uso pré-industrial. No entanto, agora que as dependências sociojurídica e política findaram oficialmente, a importância da dependência individualizada tende a aumentar. Sem *coverture* e sem Jim Crow, tornou-se possível declarar que a igualdade de oportunidades é real e que os resultados são determinados pelo mérito individual. Como vimos, a fundamentação dessas ideias foi assentada pelo uso industrial, que redefiniu a dependência para excluir as relações capitalistas de subordinação. Com a dependência econômica capitalista abolida por definição, e com a dependência jurídica e política abolida por lei, aos olhos de alguns conservadores e liberais a sociedade industrial parece ter eliminado todas as bases socioestruturais da dependência. Qualquer dependência que ainda reste pode ser interpretada como uma falha individual. É verdade que essa interpretação não está imune a questionamentos, mas o ônus da argumentação se deslocou. Hoje, quem nega que a falha está em si mesmo precisa nadar contra a corrente das tendências semânticas vigentes. A dependência pós-industrial é, portanto, cada vez mais individualizada.

A DEPENDÊNCIA DO BEM-ESTAR COMO UMA PATOLOGIA PÓS-INDUSTRIAL

As conotações cada vez mais negativas da "dependência do bem-estar" foram alimentadas por diversas correntes externas ao campo do bem-estar social. Novos discursos médicos e psicológicos pós-industriais associaram dependência e patologia. Nos anos 1980, em artigos com títulos como "Pharmacist Involvement in a Chemical-Dependency Rehabilitation Program" ["A atuação de farmacêuticos em programas de reabilitação de dependência química"], cientistas sociais começaram a escrever sobre a dependência "química", "alcoólica", "de drogas" – eufemismos para adicção[41]. Como é comum o pressuposto de que requerentes de programas de bem-estar são adictos – o que é falso –, as conotações patológicas da "dependência de drogas" tendem a contaminar a "dependência do bem-estar social" – o que aumenta a estigmatização.

Uma segunda onda pós-industrial importante foi o surgimento de novos significados psicológicos de dependência com fortes associações femininas. Na década de 1950, assistentes sociais influenciados pela psiquiatria passaram a diagnosticar

---

[41] Michaelene Haynes, "Pharmacist Involvement in a Chemical-Dependency Rehabilitation Program", *American Journal of Hospital Pharmacy*, v. 45, n. 10, 1988, p. 2.099-101.

a dependência como uma forma de imaturidade comum entre as mulheres, em especial entre as mães solo (que não raro eram requerentes de programas sociais). "Dependentes, irresponsáveis e instáveis, elas respondem como crianças pequenas ao momento imediato", declarou o autor de um estudo sobre a gravidez fora do casamento[42]. O problema é que se presumia que as mulheres deveriam ser dependentes apenas o suficiente, e era fácil pender para os excessos. Além disso, a norma tinha uma marca racial: era comum que as mulheres brancas fossem retratadas como pecando para o lado da dependência excessiva, ao passo que mulheres negras eram em geral acusadas de independência excessiva.

A dependência psicologizada tornou-se o alvo de algumas autoras logo no início da segunda onda feminista. Betty Friedan, em seu clássico *A mística feminina* (1963), fez uma análise fenomenológica da dependência psicológica da dona de casa e extraiu daí uma crítica política de sua subordinação social[43]. No entanto, mais recentemente, uma crescente literatura feminista-cultural, pós-feminista, de autoajuda e psicologia pop antifeministas ofuscou o elo entre o psicológico e o político. Collete Dowling, em *Complexo de Cinderela* (1981), hipostasia a dependência das mulheres como uma estrutura psicológica de gênero que é profunda: "o medo oculto das mulheres em relação à independência" ou "o desejo de ser salva"[44]. No fim dos anos 1980, houve um turbilhão de livros sobre a "codependência", uma suposta síndrome prototipicamente feminina de amparar ou "possibilitar" a dependência de outrem. Em uma metáfora que reflete a histeria da época em relação às drogas, também aqui a dependência é uma adicção. Ao que parece, mesmo que uma mulher conseguisse escapar da predileção de seu gênero pela dependência, ela ainda está sujeita a arcar com a culpa por facilitar a dependência de seu marido ou filhos. Isso completa o círculo vicioso: a maior estigmatização da dependência na cultura em geral também aprofundou o desprezo por quem cuida de um dependente, reforçando o tradicional status inferior das profissões femininas relacionadas à ajuda, como a enfermagem e o serviço social[45].

---

[42] Leontine Young, *Out of Wedlock* (Nova York, McGraw-Hill, 1954), p. 87.

[43] Betty Friedan, *The Feminine Mystique* (Nova York, Norton, 1963) [ed. bras.: *A mística feminina*, trad. Carla Bitelli e Flávia Yacubian, Rio de Janeiro, Rosa dos Tempos, 2020].

[44] Colette Dowling, *The Cinderella Complex: Women's Hidden Fear of Independence* (Nova York, Summit, 1981) [ed. bras.: *Complexo de Cinderela*, trad. Amarylis Miazzi, São Paulo, Melhoramentos, 2012].

[45] Virginia Sapiro, "The Gender Basis of American Social Policy", em Linda Gordon (orga.), *Women, the State, and Welfare*, cit., p. 36-54.

Nos anos 1980 houve um pânico cultural em relação à dependência. Em 1980, a Associação Americana de Psiquiatria codificou o "Transtorno de Personalidade Dependente" (TPD) como uma psicopatologia oficial. De acordo com a edição de 1987 do *Manual diagnóstico e estatístico de transtornos mentais* (DSM-III-R):

> A característica fundamental desse transtorno é um padrão generalizado de comportamento dependente e submisso que se inicia na primeira infância [...]. Pessoas com esse transtorno são incapazes de tomar decisões cotidianas sem uma excessiva quantidade de conselhos e confirmação alheia, e deixam até mesmo que os outros tomem a maior parte das decisões que lhes são importantes [...]. Esse transtorno é aparentemente comum e é diagnosticado com mais frequência em mulheres.[46]

A codificação do TPD como uma psicopatologia oficial representa um novo estágio na história do registro moral/psicológico da dependência. Aqui, as relações sociais de dependência desaparecem completamente na personalidade do dependente. O manifesto moralismo também desaparece na formulação científica, medicalizada e aparentemente neutra. Assim, embora os traços definidores da personalidade dependente correspondam ponto por ponto aos traços tradicionalmente atribuídos às donas de casa, *pauperes*, nativos e escravizados, toda relação com a subordinação desaparece. O único traço remanescente desses temas está na observação chapada, categórica e sem mais explicações de que a TPD é "diagnosticada com mais frequência em mulheres".

Se o discurso psicológico feminizou e individualizou ainda mais a dependência, outros desdobramentos pós-industriais a racializaram ainda mais. A estigmatização crescente da dependência do bem-estar social se seguiu de um aumento geral na provisão pública nos Estados Unidos, da eliminação de certas práticas discriminatórias – que impediam, em especial no Sul do país, que mulheres oriundas de minorias participassem do AFDC – e da transferência de muitas mulheres brancas para programas da primeira faixa, após a expansão da cobertura do seguro social. Por volta dos anos 1970, a figura da mãe negra solteira passou a ser o símbolo máximo da dependência do bem-estar social. Como resultado, o novo discurso sobre o bem-estar social lança mão de correntes simbólicas que vinculavam dependência e ideologias racistas.

O fundamento foi assentado por uma corrente de discursos extensa e algo contraditória sobre "a família negra", na qual as relações de gênero e parentes-

---

[46] American Psychiatric Association, *Diagnostic and Statistical Manual of Mental Disorders* (3. ed. rev., Washington, American Psychiatric Association, 1987), p. 353-4 [ed. bras.: *Manual de diagnóstico e estatística de distúrbios mentais DSM III R*, trad. Lucia Helena Siqueira Barbosa, 3. ed. rev., São Paulo, Manole, 1989].

co afro-americanas eram valoradas a partir das normas da classe média branca e eram consideradas patológicas. Um dos elementos supostamente patológicos era "a excessiva independência" das mulheres negras, uma alusão ideologicamente distorcida a tradições de longa data de trabalho assalariado, de conquistas no campo educacional e de ativismo comunitário. Os discursos dos anos 1960 e 1970 sobre a pobreza retomavam tradições de misoginia contra as afro-americanas; no diagnóstico de Daniel Moynihan, por exemplo, as famílias "matriarcais" "emascularam" os homens negros e criaram uma "cultura da pobreza", baseada em um "emaranhando de patologias [familiares]"[47]. Esse discurso colocou as requerentes negras do AFDC em uma situação de duplo vínculo: elas eram patologicamente independentes em relação aos homens, mas patologicamente dependentes em relação ao governo.

Por volta dos anos 1980, contudo, as imagens raciais da dependência se deslocaram. A mãe negra atendida por programas sociais que assombrava a imaginação branca deixou de ser a matriarca poderosa. Agora, o estereótipo preeminente era o da mãe solteira adolescente que estava presa na "armadilha do bem-estar", tinha um temperamento passivo e vivia às expensas dos outros. Esse novo ícone da dependência do bem-estar é mais jovem e mais fraco do que a matriarca. Costuma ser lembrado na expressão "crianças que têm crianças", o que pode expressar simpatia feminista ou desprezo antifeminista, apelos negros por controle parental ou angústias brancas eugenistas e racistas.

Muitos desses discursos se aglutinaram no início dos anos 1990. O vice-presidente Dan Quayle reuniu as correntes patologizadas, feminizadas e racializadas em um comentário sobre a Greve de Maio de 1992 em Los Angeles: "As áreas centrais de nossas cidades estão cheias de crianças que têm crianças; [...] de pessoas que são dependentes da droga e do narcótico dos programas sociais"[48].

Desse modo, a cultura pós-industrial convocou uma nova personificação da dependência: a mãe negra, solteira, adolescente e dependente de programas sociais. Essa imagem usurpou o espaço simbólico que antes era ocupado pela dona de casa, pelo *pauper*, pelo nativo e pelo escravizado e, ao mesmo tempo, absorveu e condensou as conotações dessas figuras. Negra, mulher, *pauper*, uma não trabalhadora, dona de casa e mãe; na prática, porém, uma criança – o novo estereótipo comunga de quase todas as características que foram historicamente codificadas como

---

[47] Lee Rainwater e William L. Yancey, *The Moynihan Report and the Politics of Controversy* (Cambridge, MIT Press, 1967).
[48] Dan Quayle, "Excerpts from Vice President's Speech on Cities and Poverty", *New York Times*, 20 maio 1992, p. A11.

antitéticas à independência. Condensando significados da dependência que são múltiplos e, em geral, contraditórios, essa imagem é um tropo ideológico que organiza angústias culturais difusas e ao mesmo tempo dissimula suas bases sociais.

As políticas pós-industriais e a política da dependência

Apesar da piora nas perspectivas econômicas para muitos estadunidenses nas últimas décadas, não houve uma revalorização cultural do sistema de bem-estar social. As famílias que trabalham mais para receber menos ressentem-se com frequência daqueles que as enxergam como se simplesmente não trabalhassem. Ao que parece, as lutas dos anos 1960 para reformular o AFDC como um direito que visava promover a independência das pessoas atendidas pelo programa fracassaram – pelo menos por ora. Por sua vez, o honroso termo "independente" continua firmemente centrado no trabalho assalariado, não importando quão empobrecido seja o trabalhador ou a trabalhadora. A "dependência do bem-estar", em compensação, foi elevada a uma síndrome comportamental e moldada para parecer cada vez mais desprezível.

Na discussão contemporânea sobre políticas públicas, o discurso acerca da dependência do bem-estar é profundamente inflexionado por esses pressupostos. Esse discurso se divide em duas correntes principais. A primeira dá continuidade à retórica do pauperismo e da cultura da pobreza. É usada tanto por conservadores como por liberais, culpando ou não a vítima, a depender da estrutura causal da argumentação. A disputa é se, além da falta de dinheiro, as pessoas pobres e dependentes têm alguma coisa errada. Os defeitos podem ser localizados na biologia, na psicologia, na criação, na influência da vizinhança; podem ser apresentados como causa ou efeito da pobreza, ou até mesmo como causa *e* efeito a um só tempo. Conservadores como George Gilder e Lawrence Mead argumentam que os programas de bem-estar causam dependência moral/psicológica[49]. Liberais como William Julius Wilson e Christopher Jencks, embora culpem as influências sociais e econômicas, concordam que a cultura e o comportamento das e dos requerentes são problemáticos[50].

A segunda corrente tem por fonte as premissas econômicas neoclássicas. Pressupõe-se um "homem racional" que se defronta com escolhas nas quais o bem-estar

---

[49] George Gilder, *Wealth and Poverty* (Nova York, Basic Books, 1981); e Lawrence Mead, *Beyond Entitlement: The Social Obligations of Citizenship* (Nova York, Free Press, 1986).

[50] William Julius Wilson, *The Truly Disadvantaged: The Inner City, the Underclass, and Public Policy* (Chicago, University of Chicago Press, 1987); e Christopher Jencks, *Rethinking Social Policy: Race, Poverty, and the Underclass* (Cambridge, Harvard University Press, 1992).

social ou o trabalho são opções reais. Para esses analistas, os significados morais/psicológicos da dependência estão presentes, mas não são interrogados, pressuposto é que são indesejáveis. Os liberais dessa escola, tal como inúmeros dos cientistas sociais associados ao Institute for Research on Poverty [Instituto de Pesquisa sobre a Pobreza], da Universidade de Wisconsin, concordam que o bem-estar social tem inevitavelmente efeitos ruins e cria dependência, mas argumentam que esses efeitos são compensados por outros efeitos positivos, como melhores condições de vida para as crianças, estabilidade social e mitigação do sofrimento. Os conservadores dessa escola, como Charles Murray, discordam[51]. Os dois campos discutem, sobretudo, a questão do incentivo. O auxílio pago pelo AFDC encoraja as mulheres a terem mais filhos fora do casamento? O auxílio as desencoraja a aceitar emprego? A redução ou a retenção dos valores serve como estímulo para que as atendidas pelo programa permaneçam na escola, mantenham os filhos na escola, se casem?

Sem dúvida, há diferenças efetivas e significativas aqui, mas também há importantes similaridades. Liberais e conservadores de ambas as escolas raramente situam a noção de dependência em seu contexto histórico ou econômico, ou interrogam suas pressuposições. Nenhum dos grupos questiona o pressuposto da independência como um bem irrestrito ou sua identificação com o trabalho assalariado. Muitos dos analistas da pobreza e do bem-estar social empregam uma linguagem ambígua que oscila entre a posição oficial, segundo a qual "dependência" é um termo neutro para o recebimento (ou a necessidade) de um benefício pago pelo sistema de bem-estar social, e o uso de "dependência" como sinônimo de "pauperismo".

Esses pressupostos permeiam a esfera pública. No atual burburinho acerca da dependência do bem-estar, está cada vez mais consolidado que "as mães atendidas por programas de sociais têm de trabalhar", um uso que define tacitamente o trabalho como ganhar salário e a criação de filhos como não trabalho. Nesse ponto, deparamo-nos com as contradições do discurso da dependência: quando o assunto considerado é a gravidez na adolescência, essas mães são retratadas como crianças; quando o assunto são programas de bem-estar, essas mães se tornam adultos que deveriam se sustentar por conta própria. Só na última década os especialistas em bem-estar social chegaram a um consenso acerca da ideia de que as pessoas atendidas pelo AFDC deveriam ter um emprego. A visão mais antiga, subjacente à ideia original do AFDC, era a de que os filhos precisam ter a mãe em casa – ainda que, na prática, sempre tenha havido pesos diferentes no que diz respeito à classe, pois a vida doméstica em tempo integral era um privilégio que se comprava, não um

---

[51] Charles Murray, *Losing Ground: American Social Policy, 1950-1980* (Nova York, Basic, 1984).

direito que podia ser reivindicado pelas mulheres pobres. No entanto, à medida que o trabalho assalariado de mães com filhos pequenos se tornou mais disseminado e normativo, os últimos defensores de um programa de bem-estar social que permitisse que as destinatárias se dedicassem em tempo integral à criação dos filhos foram esquecidos.

Evidentemente, nenhuma das imagens negativas da dependência do bem--estar social permaneceu sem questionamento. Dos anos 1950 aos 1970, muitas dessas pressuposições foram questionadas, sobretudo em meados da década de 1960, por uma organização de mulheres atendidas por programas sociais, a National Welfare Rights Organization [Organização Nacional pelos Direitos do Bem-Estar Social] (NWRO). As mulheres ligadas à NWRO apresentavam sua relação com o sistema de bem-estar como ativa, e não como passiva, como uma questão de reivindicação de direitos, e não de recebimento de caridade. Também insistiam que o trabalho doméstico era socialmente necessário e louvável. Essa perspectiva ajudou a reconstruir os argumentos em favor do sistema de bem-estar social, o que impeliu intelectuais radicais e juristas que atuavam na garantia dos direitos dos mais pobres a desenvolver uma base teórico-política para o bem-estar social como uma titularidade e um direito. Edward Sparer, estrategista jurídico do movimento pelo direito ao bem-estar social, desafiou a maneira habitual como se compreende a dependência:

> A acusação levantada por políticos contrários ao bem-estar social é que os programas fazem com que o atendido [sic] seja "dependente". Isso significa que o atendido depende do cheque do programa para sua subsistência material e não tem outra fonte. [...] se isso é bom ou ruim depende de haver ou não outra fonte de renda disponível [...]. O verdadeiro problema [...] é completamente diferente. O atendido e o solicitante são tradicionalmente dependentes do arbítrio de assistentes sociais.[52]

Assim, o direito ao bem-estar social seria a cura para a dependência dos programas sociais. Caso a NWRO não tivesse perdido força no fim dos anos 1970, talvez o discurso sobre o pauperismo dos anos 1980 não tivesse se tornado hegemônico.

Mesmo na ausência de uma poderosa NWRO, muitas das atendidas pela AFDC mantiveram uma interpretação de oposição à dependência do sistema de bem-estar social. Reclamavam não apenas do baixo valor do auxílio, mas também da infantilização decorrente da supervisão, da perda de privacidade e do labirinto burocrático que restringia suas decisões sobre moradia, emprego (até a década de

---

[52] Edward V. Sparer, "The Right to Welfare", em Norman Dorsen (org.), *The Rights of Americans: What They Are – What They Should Be* (Nova York, Pantheon, 1971), p. 71.

1960) e até mesmo sobre relações sexuais. Elas entendiam a dependência do sistema de bem-estar como uma condição social, não como um estado psicológico, uma condição que analisavam sob o aspecto das relações de poder. Trata-se do que um dicionário de esquerda chama "dependência imposta", "a criação de uma classe dependente" que resulta da "proteção imposta [...] para [ter] os recursos materiais ou psicológicos de que se necessita"[53].

A ideia de dependência imposta era central para um outro desafio relacionado ao discurso dominante. No apogeu da NWRO, historiadores revisionistas da *New Left* desenvolveram uma interpretação do Estado de bem-estar social como um aparato de controle social. Argumentava-se que aquilo que os paladinos do bem-estar social retratavam como práticas de ajuda eram, na verdade, modos de dominação que criavam a dependência imposta. A crítica da *New Left* guardava certa semelhança com a da NWRO, mas a sobreposição era apenas parcial. Os historiadores elaboraram sua narrativa sobretudo da perspectiva de quem "fornecia a assistência" e retrataram quem era atendido como se fosse quase inteiramente passivo. Com isso, omitiram a agência das e dos destinatários reais ou potenciais dos programas de bem-estar social para articular suas necessidades, exigir seus direitos e fazer suas reivindicações[54].

Outro desafio aos usos em voga do termo "dependência" surgiu em uma escola de economia política internacional ligada à *New Left*. O contexto foi o da descoberta, após os primeiros dias de euforia com a descolonização do pós-guerra, de que as ex-colônias, agora politicamente independentes, permaneciam economicamente dependentes. Na "teoria da dependência", teóricos radicais do "subdesenvolvimento" empregaram o conceito de dependência para analisar, de uma perspectiva antirracista e anti-imperialista, a ordem econômica neocolonial global. Ao fazê-lo, ressuscitaram o antigo significado pré-industrial de dependência como um território submetido, procurando, com isso, livrar o termo dos mais novos acréscimos morais/psicológicos e resgatar as dimensões obliteradas de sujeição e subordinação. Esse uso continua forte na literatura científico-social da América Latina, assim como na dos Estados Unidos, onde encontramos artigos como "Institutionalizing Dependency: The Impact of Two Decades of Planned Agricultural Modernization"

---

[53] Noel Timms e Rita Timms, *Dictionary of Social Welfare* (Londres, Routledge & Kegan Paul, 1982), p. 55-6.

[54] Para uma discussão mais detida da crítica do controle social, ver Linda Gordon, "The New Feminist Scholarship on the Welfare State", cit. Sobre reivindicações baseadas em necessidades, ver Nancy Fraser, "Struggle over Needs", cit., e Barbara J. Nelson, "The Origins of the Two-Channel Welfare State", cit.

["Institucionalizando a dependência: o impacto de duas décadas de modernização agrícola planejada"][55].

O que todos esses discursos de oposição têm em comum é uma rejeição da ênfase dominante na dependência como traço individual. Esses discursos procuram recolocar o foco nas relações de subordinação, mas não têm muito impacto nas atuais discussões sobre o bem-estar social nos Estados Unidos. Pelo contrário, como a dependência econômica é sinônimo de pobreza, e a dependência moral/psicológica é um transtorno de personalidade, hoje as discussões sobre a dependência como uma relação social de subordinação tornaram-se cada vez mais raras. Poder e dominação tendem a desaparecer[56].

Conclusão

A "dependência", outrora um termo multiuso para todas as relações sociais de subordinação, é hoje diferenciada em registros analíticos distintos. No registro econômico, seu significado deslocou-se do sentido de garantir a sobrevivência mediante o trabalho para o sentido de contar com o auxílio da caridade ou de programas sociais; o trabalho assalariado agora confere independência. No registro sociojurídico, o significado de "dependência" como subsunção não foi alterado, ao contrário de seu escopo e conotações: a dependência, que era uma condição majoritária socialmente aceita, primeiro passou a ser um status de grupo considerado adequado para algumas classes de pessoas, mas não para outras; em seguida, foi novamente deslocada para designar (à exceção das crianças) um status anômalo e extremamente estigmatizado de indivíduos desviantes e incompetentes. Do mesmo modo, no registro político, o significado de dependência como sujeição a um poder regulador externo permaneceu relativamente constante, mas as conotações valorativas pioraram à medida que os direitos políticos individuais e a soberania nacional passaram a ser normativos. Enquanto isso, com o surgimento de um novo registro moral/psicológico, propriedades que antes eram atribuídas a relações sociais passaram a ser postuladas como traços de caráter inerentes a indivíduos ou grupos, e, também aqui, as conotações se tornaram cada vez mais negativas. Esse último registro reivindica uma porção cada vez maior do discurso, como se as

---

[55] Marilyn Gates, "Institutionalizing Dependency: The Impact of Two Decades of Planned Agricultural Modernization", *Journal of Developing Areas*, v. 22, n. 3, 1988, p. 293-320.

[56] Para uma discussão sobre como as políticas neoliberais do governo Clinton continuam a individualizar a dependência, ver Nancy Fraser, "Clintonism, Welfare and the Antisocial Wage: The Emergence of a Neoliberal Political Imaginary", *Rethinking Marxism*, v. 6, n. 1, 1993, p. 1-15.

relações sociais de dependência fossem absorvidas pela personalidade. De modo sintomático, as compreensões relacionais de outrora foram hipostasiadas em uma galeria de retratos de personalidades dependentes: primeiro, donas de casa, *pauperes*, nativos e escravizados; depois, mães solo adolescentes negras e pobres.

Esses deslocamentos na semântica da dependência refletem alguns dos principais desdobramentos históricos e sociais. Um deles é a progressiva diferenciação da economia oficial — aquela que é contabilizada no produto interno bruto — como um sistema aparentemente autônomo que domina a vida social. Antes da ascensão do capitalismo, todas as formas de trabalho estavam entremeadas em uma rede de dependências que constituía um único e contínuo tecido de hierarquias sociais. Todo o conjunto de relações era limitado por compreensões morais, tal como na ideia pré-industrial de uma economia moral. Nas famílias e comunidades patriarcais características do período pré-industrial, as mulheres eram subordinadas e seu trabalho costumava ser controlado por outros, mas era um trabalho visível, compreendido e valorizado. Com o surgimento do individualismo religioso e secular, por um lado, e do capitalismo industrial, por outro, construiu-se uma nova e acentuada dicotomia na qual a dependência e a independência econômicas estavam opostas de modo inalterável. Um corolário central dessa dicotomia, assim como da hegemonia do trabalho assalariado em geral, era a obliteração e a desvalorização do trabalho não assalariado, doméstico e de cuidado dos filhos, realizado pelas mulheres.

A genealogia da dependência também expressa a ênfase moderna na personalidade individual. Esse é o significado mais profundo do espetacular surgimento do registro moral/psicológico, que constrói mais uma versão da dicotomia independência/dependência. Na versão moral/psicológica, as relações sociais são hipostasiadas como propriedades de indivíduos ou grupos. O medo da dependência, explícito ou implícito, pressupõe uma personalidade independente ideal, em contraste com a qual todas as pessoas que são consideradas dependentes são desviantes. Esse contraste carrega traços de uma divisão sexual do trabalho que atribui aos homens a responsabilidade de ser o provedor ou o arrimo da família e às mulheres a responsabilidade de ser a cuidadora e a protetora, e, em seguida, trata como fundamentais os padrões de personalidade daí derivados. É como se os homens provedores absorvessem em sua personalidade a independência associada ao seu papel econômico ideologicamente interpretado, ao passo que a mulher entendida como protetora é impregnada da dependência de todos aqueles de quem ela cuida. Nesse sentido, a oposição entre a personalidade independente e a personalidade dependente converge com toda uma série de dicotomias e oposições hierárquicas que são centrais na cultura capitalista moderna: masculino/feminino, público/privado, trabalho/cuidado, sucesso/amor, indivíduo/comunidade, economia/família e competição/abnegação.

Uma genealogia não pode nos dizer como devemos responder politicamente ao discurso atual sobre a dependência do bem-estar social. Ainda assim, uma genealogia indica os limites de qualquer resposta que pressuponha, ao invés de questionar, a definição do problema que está implícito no termo. Uma resposta adequada precisaria colocar em questão nossas definições e valorações de dependência e independência para que novas e emancipatórias visões sociais possam surgir. Hoje, ativistas do direito ao bem-estar social adotam essa estratégia, dando continuidade à tradição da NWRO. Pat Gowens, por exemplo, elaborou uma reinterpretação feminista da dependência:

> A imensa maioria das mães de *todas as classes e níveis de educa*ção "depende" de outra fonte de renda. A renda pode vir do auxílio à criança [...] ou de um marido que ganha 20 mil dólares, enquanto a média salarial das mulheres é 7 mil dólares. Mas "dependência" define de maneira mais precisa os pais que usufruem do trabalho não remunerado que é realizado pelas mulheres na criação dos filhos e no cuidado da casa. A "dependência", é claro, não define a mãe solteira que cria os filhos, cuida da casa e traz o dinheiro (de um jeito ou de outro). Quando o cuidado for valorizado e remunerado, quando dependência não for um palavrão e a interdependência for a norma – só então vamos começar a reduzir a pobreza.[57]

---

[57] Pat Gowens, "Welfare, Learnfare – Unfair! A Letter to My Governor", *Ms.*, set.-out. 1991, p. 90-1.

6. Estruturalismo ou pragmática?

Sobre a teoria do discurso e a política feminista

Este capítulo resulta de uma experiência de profunda perplexidade[1]. Ao longo de anos observei, com uma incompreensão cada vez maior, um grande e influente corpo de estudiosas feministas elaborarem uma interpretação da teoria do discurso de Jacques Lacan que procuravam usar para propósitos feministas. Tinha (e ainda tenho) uma profunda falta de afinidade com a obra de Lacan, uma falta de afinidade que é tanto intelectual como política. Assim, enquanto muitas das minhas companheiras feministas adaptavam ideias quase lacanianas para teorizar a construção discursiva da subjetividade no cinema e na literatura, eu me fiava em outros modelos para desenvolver uma maneira de conceber a linguagem que pudesse servir de base para uma teoria social feminista[2]. Por muito tempo, evitei qualquer discussão metateórica explícita sobre essas questões. Não expliquei nem para mim mesma nem para minhas colegas por que me voltava para os modelos discursivos de autores como Foucault, Bourdieu, Bakhtin, Habermas e Gramsci, e não para os de Lacan, Kristeva, Saussure e Derrida[3]. Neste capítulo, começo a fornecer essa

---

[1] Agradeço as sugestões e os valiosos comentários de Jonathan Arac, David Levin, Paul Mattick Jr., John McCumber, Diana T. Meyers e Eli Zaretsky.

[2] Ver, por exemplo, Nancy Fraser, "Struggle over Needs", em *Unruly Practices: Power, Discourse and Gender in Contemporary Social Theory* (Minneapolis, University of Minnesota Press, 1989) [ed. bras.: "A luta pelas necessidades: esboço de uma teoria crítica socialista-feminista da cultura política do capitalismo tardio", em Marta Lamas (orga.), *Cidadania e feminismo*, São Paulo, Melhoramentos, 1999].

[3] Não menciono esses autores porque sejam todos lacanianos – claramente, apenas Kristeva e o próprio Lacan o são –, mas sim porque, não obstante as ressalvas, todos dão continuidade à redução estruturalista do discurso ao sistema simbólico. Desenvolvo esse ponto adiante, neste mesmo capítulo.

explicação. Procuro explicar por que considero que as feministas não deveriam ter nada que ver com as versões da teoria do discurso que atribuem a Lacan, e por que deveríamos ter só um mínimo que ver com teorias aparentadas atribuídas a Julia Kristeva. Também procuro identificar alguns lugares em que, a meu ver, podemos encontrar alternativas mais satisfatórias.

O QUE AS FEMINISTAS QUEREM DE UMA TEORIA DO DISCURSO?

Gostaria de iniciar colocando duas questões: qual seria a contribuição de uma teoria do discurso para o feminismo? E o que, portanto, as feministas querem de uma teoria do discurso? Minha sugestão é que uma concepção de discurso pode nos ajudar a compreender pelo menos quatro questões inter-relacionadas. Em primeiro lugar, uma teoria do discurso pode nos ajudar a compreender como as identidades sociais são moldadas e alteradas ao longo do tempo. Em segundo lugar, essa teoria pode nos ajudar a compreender como, sob condições de desigualdade, grupos sociais, entendidos como agentes coletivos, se formam e se desfazem. Em terceiro lugar, uma concepção de discurso pode elucidar como a hegemonia cultural de grupos dominantes é assegurada e disputada. Em quarto e último lugar, essa concepção pode lançar luz sobre as perspectivas emancipatórias de transformação social e prática política. Permitam-me elaborar.

Primeiro, vejamos os usos de uma concepção de discurso para a compreensão das identidades sociais. A ideia básica aqui é que as identidades sociais são complexos de significados, redes de interpretação. Ter uma identidade social, ser mulher ou homem, por exemplo, é tão somente viver e agir segundo um conjunto de descrições. Essas descrições não são secretadas pelos corpos das pessoas ou emanadas de sua psique. Antes, são extraídas da reserva de possibilidades interpretativas que estão disponíveis para os(as) agentes em sociedades específicas. Segue-se que, para entendermos a dimensão de gênero da identidade social, não é suficiente estudar biologia ou psicologia. É preciso, ao contrário, estudar as práticas sociais historicamente específicas mediante as quais as descrições culturais de gênero são produzidas e postas em circulação[4].

---

[4] Assim, a reserva de possibilidades interpretativas que eu, uma americana do fim do século XX, tenho à minha disposição coincidem muito pouco com as que tinha à disposição uma chinesa do século XIII – que talvez eu queira imaginar como minha irmã. Ainda assim, em ambos os casos, no dela e no meu, as possibilidades interpretativas são estabelecidas por intermédio do discurso social. É por intermédio do discurso que cada uma de nós encontra uma interpretação do que significa ser uma pessoa, assim como um menu de descrições possíveis que especificam o tipo particular de pessoa que cada uma de nós será.

Além disso, as identidades sociais são sobejamente complexas. Essas identidades são tecidas a partir de uma pluralidade de diferentes descrições que, por sua vez, são oriundas de uma pluralidade de práticas de significação. Desse modo, ninguém é só mulher, mas é, por exemplo, uma mulher branca, judia, de classe média, filósofa, lésbica, socialista e mãe[5]. Ademais, uma vez que todos agimos em uma pluralidade de contextos sociais, as diferentes descrições que compõem qualquer identidade social individual entram e saem de foco. Desse modo, nunca somos mulher na mesma medida; em alguns contextos, a condição de mulher tem um papel central no conjunto de descrições em que agimos; em outros, essa condição é latente ou periférica[6]. Por fim, as identidades sociais não são construídas de uma vez por todas e fixadas para sempre. Essas identidades se alteram ao longo do tempo, mudam com as mudanças nas práticas e afiliações dos e das agentes. Assim, mesmo a *maneira* como se é mulher muda, tal como acontece, para citar um exemplo contundente, quando uma mulher se torna feminista. Em resumo, as identidades sociais são discursivamente construídas em contextos sociais historicamente específicos; são complexas e plurais; e mudam ao longo do tempo. Desse modo, um dos usos de uma concepção de discurso para a teorização feminista é compreender as identidades sociais em toda a sua complexidade sociocultural e, assim, desmistificar concepções de identidade de gênero essencialistas, estáticas, de variável única.

Um segundo uso de uma concepção de discurso para a teorização feminista é compreender a formação dos grupos sociais. Como é possível que, em condições de desigualdade, as pessoas se reúnam, se organizem sob a bandeira de identidades *coletivas* e se constituam como agentes sociais coletivos? Como se dá a formação de classes e, por analogia, a formação de gênero?

Sem dúvida, a formação de grupos envolve mudanças nas identidades sociais e, portanto, mudanças em sua relação com o discurso. Uma das coisas que acontece aqui é que fluxos de identidades previamente existentes adquirem um novo tipo de relevância e centralidade. Esses fluxos, outrora submersos junto a muitos outros, reinscrevem-se como o âmago de novas autodefinições e afiliações[7]. Por exemplo, na atual onda de efervescência feminista, muitas de nós, que antes éramos

---

[5] Ver Elizabeth V. Spelman, *Inessential Woman: Problems of Exclusion in Feminist Thought* (Boston, Beacon Press, 1988).

[6] Ver Denise Riley, *"Am I That Name?" Feminism and the Category of "Women" in History* (Minneapolis, University of Minnesota Press, 1988).

[7] Ver Jane Jenson, "Paradigms and Political Discourse: Labour and Social Policy in the U.S.A. and France before 1914", Working Paper Series, Center for European Studies, Harvard University, 1989.

"mulheres" em um sentido mais ou menos estabelecido, tornamo-nos "mulheres" no sentido muito diferente de uma coletividade política constituída discursivamente. Nesse processo, refizemos regiões inteiras do discurso social. Inventamos novos termos para descrever a realidade social: por exemplo, "sexismo", "assédio sexual", "estupro marital, estupro por conhecido ou em encontro", "segregação por sexo na força de trabalho", "jornada dupla" e "violência contra a mulher". Também inventamos novos jogos de linguagem, como os da conscientização, e novas esferas públicas institucionalizadas, como a Society for Women in Philosophy [Associação de Mulheres na Filosofia][8]. O ponto central é que a formação de grupos sociais se dá por meio de lutas em torno do discurso social. Assim, uma concepção de discurso é útil aqui tanto para compreender os grupos sociais como para lidar com a questão intimamente relacionada da hegemonia cultural.

"Hegemonia" é o termo que o marxista italiano Antonio Gramsci empregou para se referir à faceta discursiva do poder. Trata-se do poder de estabelecer o "senso comum" ou a "doxa" de uma sociedade, a reserva de descrições autoevidentes da realidade social que, em geral, não são postas em questão[9]. Isso inclui o poder de estabelecer definições inquestionáveis das situações sociais e das necessidades sociais, o poder de definir o universo de desacordo legítimo e o poder de dar forma à agenda política. Hegemonia designa, assim, a posição privilegiada de grupos sociais dominantes no que diz respeito ao discurso. Trata-se de um conceito que nos permite reformular questões relacionadas à identidade social e aos grupos sociais à luz da desigualdade social. Como os eixos disseminados de dominação e subordinação afetam a produção e a circulação de significados sociais? Como a estratificação baseada em gênero, "raça" e classe afeta a construção discursiva das identidades sociais e a formação de grupos sociais?

A noção de hegemonia assinala a intersecção entre poder, desigualdade e discurso. No entanto, essa noção não implica que o conjunto de descrições que circulam na sociedade constitua uma teia monolítica e uniforme, tampouco que grupos dominantes exerçam um controle absoluto, de cima para baixo, sobre os significados. Ao contrário, "hegemonia" designa um processo em que a autoridade cultural é negociada e contestada. O pressuposto é que as sociedades contêm uma pluralidade de discursos e lugares de discurso, uma pluralidade de posições e perspectivas a partir das quais se pode falar. Evidentemente, nem todas essas posições e perspectivas têm

---

[8] Ver Nancy Fraser, "Struggle over Needs", cit., e Denise Riley, *"Am I That Name?"*, cit.
[9] Antonio Gramsci, *Selections from the Prison Notebooks* (org. e trad. Quinton Hoare e Geoffrey Nowell Smith, Nova York, International Publishers, 1972).

a mesma autoridade. Não obstante, conflito e contestação são parte dessa história. Assim, um dos usos de uma concepção de discurso para a teorização feminista é lançar luz sobre os processos pelos quais a hegemonia sociocultural de grupos dominantes é conquistada e disputada. Quais são os processos a partir dos quais as definições e interpretações contrárias aos interesses das mulheres adquirem autoridade cultural? Quais as perspectivas de mobilizarmos definições e interpretações feministas contra-hegemônicas para criarmos alianças e grupos de oposição amplos?

Creio que o elo entre essas questões e a prática política emancipatória é bastante claro. Uma concepção de discurso que nos permita examinar identidades, grupos e hegemonia da maneira como descrevi seria de grande valia para a prática feminista. Essa concepção valorizaria as dimensões de empoderamento nas lutas discursivas sem levar a recuos "culturalistas" em relação ao engajamento político[10]. Além disso, uma concepção de discurso correta combateria o pressuposto debilitante segundo o qual as mulheres são apenas vítimas passivas da dominação masculina. Tal pressuposto, por considerar os homens os únicos agentes sociais, e por tornar inconcebível nossa própria existência como teóricas e militantes feministas, generaliza de maneira indiferenciada a dominação masculina. Em contrapartida, o tipo de concepção que proponho nos ajudaria a compreender de que modo, mesmo em condições de subordinação, as mulheres participam da produção da cultura.

O "LACANISMO" E OS LIMITES DO ESTRUTURALISMO

À luz do que foi discutido até aqui, que tipo de concepção de discurso pode ser útil para a teorização feminista? Que tipo de concepção melhor atende à necessidade de compreendermos as identidades, os grupos, a hegemonia e a prática emancipatória?

No período pós-guerra, surgiram na França (e em outros lugares) dois modelos mais gerais para teorizar a linguagem. O primeiro foi o modelo estruturalista, que estuda a linguagem como um código ou sistema simbólico. Esse modelo tem origem na obra de Saussure e está pressuposto na versão da teoria lacaniana que me interessa aqui, mas é negado abstratamente, sem ser inteiramente suplantado, na desconstrução e nas formas correlatas da "escrita feminina" francesa. O segundo modelo é o que denomino pragmático; nele a linguagem é estudada no nível do discurso, entendido como prática social de comunicação historicamente especí-

---

[10] Para uma crítica ao "feminismo cultural" como recuo da luta política, ver Alice Echols, "The New Feminism of Yin and Yang", em Ann Snitow, Christine Stansell e Sharon Thompson (orgas.), *Powers of Desire: The Politics of Sexuality* (Nova York, Monthly Review Press, 1983).

fica. Esse modelo vigora nas obras de Mikhail Bakhtin, Michel Foucault, Pierre Bourdieu, e em algumas dimensões das obras de Julia Kristeva e Luce Irigaray. Nesta seção, argumento que o modelo estruturalista tem uma serventia bastante limitada para a teorização feminista.

Gostaria de iniciar com a observação de que há boas e manifestas razões para que as feministas desconfiem do modelo estruturalista. Esse modelo constrói seu objeto de estudo abstraindo exatamente daquilo que precisamos focar, a saber, a prática social e o contexto social de comunicação. Com efeito, a abstração da prática e do contexto é um dos atos fundadores da linguística saussuriana. O ponto de partida de Saussure foi a cisão do significado em *langue* [língua], isto é, o código ou sistema simbólico, e *parole* [fala], isto é, a linguagem empregada pelos falantes na prática ou discurso comunicativo. Em seguida, ele fez da *langue* o objeto adequado da nova ciência linguística e relegou a *parole* a um resto sem valor[11]. Ao mesmo tempo, Saussure insistiu que o estudo da *langue* fosse sincrônico, e não diacrônico; e, com isso, colocou seu objeto de estudo como um objeto estático e atemporal, abstraído da mudança histórica. Por fim, o fundador da linguística estruturalista estabeleceu que a *langue é* um sistema único; fez com que a unidade e a sistematicidade da língua consistissem no suposto fato de que o sentido de todo significante, de todo material, de todo elemento significador do código deriva de sua posição em contraste com todos os outros significantes, materiais ou elementos significadores.

Em conjunto, essas operações fundadoras fazem com que a abordagem estruturalista tenha uma serventia limitada para a teorização feminista[12]. Por abstrair da *parole*, o modelo estruturalista coloca em suspenso questões relacionadas à prática, à agência e ao sujeito que fala. Desse modo, não considera as práticas discursivas pelas quais as identidades sociais e os grupos sociais se formam. Além disso, por desconsiderar a dimensão diacrônica, não capta as mudanças nas identidades e afiliações ao longo do tempo. De modo similar, por abstrair do contexto social de comunicação, não considera questões relativas ao poder e à desigualdade.

---

[11] Ferdinand de Saussure, *Course in General Linguistics* (org. Charles Bally e Albert Sechehaye com a colaboração de Albert Riedlinger, trad. Roy Harris, LaSalle, Open Court, 1986) [ed. bras.: *Curso de linguística geral*, trad. Antônio Chelini, José Paulo Paes e Izidoro Blikstein, 28. ed., São Paulo, Cultrix, 2012]. Para uma excelente crítica a esse movimento, ver Pierre Bourdieu, *Outline of a Theory of Practice* (Cambridge, Cambridge University Press, 1977) [ed. bras.: *Esboço de uma teoria da prática*, trad. Miguel Serras Pereira, São Paulo, Celta, 2002]. Objeções similares podem ser encontradas em Julia Kristeva, "The System and the Speaking Subject", em Toril Moi (orga.), *The Kristeva Reader* (Nova York, Columbia University Press, 1986), que será discutido adiante, e na crítica marxista soviética ao formalismo russo, da qual se origina parte da abordagem de Kristeva.

[12] Cabe aos linguistas decidir se essa abordagem tem serventia para outros propósitos.

Assim, a abordagem do modelo estruturalista não nos permite elucidar os processos pelos quais a hegemonia cultural é assegurada e contestada. Por fim, por teorizar a reserva de significados linguísticos disponíveis como um único sistema simbólico, o modelo estruturalista se presta a uma compreensão monolítica da significação, a qual nega as tensões e as contradições entre os significados sociais. Em resumo, ao reduzir o discurso a um "sistema simbólico", o modelo estruturalista esvazia a agência social, o conflito social e a prática social[13].

Para exemplificar esses problemas, cabe fazermos aqui uma discussão sucinta do "lacanismo". Por "lacanismo" não entendo o próprio pensamento de Jacques Lacan, que é extremamente complexo para ser enfrentado aqui. Por "lacanismo" entendo a leitura neoestruturalista típico-ideal de Lacan que adquiriu enorme credibilidade entre as feministas anglófonas[14]. Ao discutir o "lacanismo", deixo de lado a questão da fidelidade dessa leitura, que poderia ser acusada de superestimar a influência de Saussure, em detrimento de outras influências de igual peso, tal como Hegel[15]. No que me interessa, porém, essa leitura típico-ideal saussuriana de Lacan é útil precisamente porque destaca com excepcional clareza as dificuldades de muitas concepções de discurso que são amplamente consideradas "pós-estruturalistas", mas que, em importantes aspectos, continuam amarradas ao estruturalismo. Como suas tentativas de se libertar do estruturalismo permanecem abstratas, essas concepções tendem, no entanto, a retomá-lo. Tal como discuto aqui, o "lacanismo" é um caso paradigmático do "neoestruturalismo"[16].

À primeira vista, o "lacanismo" neoestruturalista parece prometer vantagens à teorização feminista. Ao combinar a problemática freudiana sobre a construção da

---

[13] Essas críticas pertencem ao que poderíamos chamar de estruturalismos "globais", isto é, abordagens que tratam o todo da linguagem como um único sistema simbólico. Essas críticas não pretendem descartar a potencial utilidade de abordagens que analisam as relações estruturais em sublinguagens ou discursos limitados, socialmente situados e histórica e culturalmente específicos. Ao contrário, é possível que abordagens desse último tipo possam ser proveitosamente articuladas com o modelo pragmático discutido adiante.

[14] Em versões anteriores deste capítulo, não fui tão cuidadosa quanto deveria, distinguindo Lacan do "lacanismo". Faço aqui um enorme esforço para estabelecer essa distinção, porém, não quero sugerir com isso que Lacan esteja livre de dificuldades. Ao contrário, suspeito que muitos dos pontos críticos levantados aqui contra o "lacanismo" também depõem contra Lacan, mas seria necessária uma argumentação textual mais extensa e complexa para demonstrá-lo.

[15] Para as tensões entre as dimensões hegelianas e saussurianas no pensamento de Lacan, ver Peter Dews, *Logics of Disintegration: Post-Structuralist Thought and the Claims of Critical Theory* (Nova York, Verso, 1987).

[16] Para a noção de "neoestruturalismo", ver Manfred Frank, *What is Neo-Structuralism?* (trad. Sabine Wilke e Richard Gray, Minneapolis, University of Minnesota Press, 1989).

subjetividade moldada por gênero e a linguística estrutural saussuriana, o "lacanismo" neoestruturalista parece conferir a cada uma sua correção necessária. A problemática freudiana promete fornecer o sujeito falante que falta em Saussure e, assim, recuperar as questões de identidade, fala e prática social que haviam sido excluídas. Inversamente, o uso do modelo saussuriano promete resolver algumas deficiências de Freud. Dada a insistência de que a identidade de gênero é construída *discursivamente*, o "lacanismo" parece eliminar vestígios de biologismo que remanescem em Freud, parece tratar gênero como se fosse sociocultural sob todos os aspectos e, em princípio, parece tornar o modelo freudiano mais aberto à mudança.

Em uma análise mais detida, contudo, essas aparentes vantagens não se materializam. Ao contrário, o "lacanismo" começa a parecer estranhamente circular. Por um lado, seu objetivo é descrever o processo pelo qual os indivíduos adquirem uma subjetividade moldada por gênero mediante a dolorosa conscrição, já na infância, a uma ordem simbólica falocêntrica preexistente. Aqui, presume-se que a estrutura da ordem simbólica restringe o desenvolvimento da subjetividade individual. Por outro lado, e ao mesmo tempo, o objetivo da teoria é mostrar que a ordem simbólica só pode ser falocêntrica, pois a obtenção da subjetividade exige a submissão à "Lei do Pai". Aqui, inversamente, presume-se que a natureza da subjetividade individual, tal como ditada por uma psicologia autônoma, determina o caráter da ordem simbólica.

Um dos resultados dessa circularidade é um determinismo aparentemente implacável. Como observou Dorothy Leland, os desenvolvimentos descritos nessa teoria são retratados como necessários, invariantes, inalteráveis[17]. O falocentrismo, o lugar desfavorecido que a mulher ocupa na ordem simbólica, a codificação da autoridade cultural como masculina, a suposta impossibilidade de se descrever uma sexualidade não fálica, em resumo, um sem-número de marcas historicamente contingentes da dominação masculina são apresentadas como características invariáveis da condição humana. Assim, a subordinação das mulheres é colocada como o destino inevitável da civilização.

Posso apontar diversos passos espúrios nesse raciocínio, alguns cuja raiz se encontra nas pressuposições do modelo estruturalista. Primeiro, por ter eliminado biologismo – o que, por razões que não vou tratar aqui, é de se duvidar[18] –, o

---

[17] Dorothy Leland, "Lacanian Psychoanalysis and French Feminism", em Nancy Fraser e Sandra Bartky (orgas.), *Revaluing French Feminism: Critical Essays on Difference, Agency, and Culture* (Bloomington, Indiana University Press, 1991).

[18] Creio que aqui podemos falar propriamente de Lacan. A alegação de Lacan de que teria superado o biologismo repousa em sua insistência de que o falo não é o pênis. No entanto, muitas críticas feministas mostraram que ele não consegue evitar que o significante simbólico resvale no órgão.

"lacanismo" o substituiu pelo psicologismo, a perspectiva insustentável segundo a qual imperativos psicológicos autônomos, dados independentemente da cultura e da história, podem ditar o modo que serão interpretados e realizados na cultura e na história. O "lacanismo" torna-se presa do psicologismo na medida em que afirma que o caráter falocêntrico da ordem simbólica é exigido pelas demandas de um processo de enculturação que seria independente da cultura[19].

Se uma das metades do argumento circular do "lacanismo" está viciada pelo psicologismo, a outra está viciada por aquilo que eu gostaria de denominar "simbolicismo". Por simbolicismo entendo, em primeiro lugar, a reificação homogeneizante de práticas diversas de significação em uma "ordem simbólica" monolítica e onipresente e, em segundo lugar, a investidura dessa ordem com um poder causal exclusivo de fixar de uma vez por todas a subjetividade das pessoas. O simbolicismo é, assim, a operação pela qual a abstração estruturalista da *langue* figura quase que como uma divindade, uma "ordem simbólica" normativa cujo poder de moldar as identidades reduz o poder das instituições e das práticas históricas a ponto de extingui-lo.

Na verdade, como observou Deborah Cameron, o próprio Lacan foi ambíguo no uso da expressão "ordem simbólica"[20]. Por vezes, ele a empregou de modo relativamente estrito para se referir à *langue* saussuriana, isto é, à estrutura da linguagem como um sistema de signos. Caso tivesse mantido esse uso estrito, o "lacanismo" teria se comprometido com a perspectiva implausível segundo a qual o sistema de signos determina a subjetividade individual independentemente do contexto social e das práticas sociais de seus usos. Em contrapartida, em outros momentos, Lacan empregou a expressão "ordem simbólica" em sentido mais amplo para se referir a um amálgama que engloba, além das estruturas linguísticas, as tradições culturais e as estruturas de parentesco, igualando, de maneira errônea, as estruturas de parentesco à estrutura social em geral[21]. Caso tivesse mantido esse uso amplo, o

---

O indício mais claro de seu fracasso é a afirmação em "A significação do falo" de que o falo se torna o significante privilegiado em razão de sua "turgidez", o que indicaria a "transmissão do fluxo vital" na copulação. Ver Jacques Lacan, "The Meaning of the Phallus" em Juliet Mitchell e Jacqueline Rose (orgas.), *Feminine Sexuality: Jacques Lacan and the école freudienne* (Nova York, Norton, 1982) [ed. bras.: "A significação do falo", em *Escritos*, trad. Vera Ribeiro, Rio de Janeiro, Zahar, 1998].

[19] Dorothy Leland apresenta um argumento similar em "Lacanian Psychoanalysis and French Feminism", cit.

[20] Deborah Cameron, *Feminism and Linguistic Theory* (Nova York, St. Martin's Press, 1985).

[21] Sobre a importância cada vez menor do parentesco como componente estrutural das sociedades capitalistas modernas, ver Linda J. Nicholson, *Gender and History: The Limits of Social Theory in the Age of the Family* (Nova York, Columbia University Press, 1986).

"lacanismo" confundiria a abstração estrutural a-histórica da *langue* com fenômenos históricos variáveis, como as formas de família e as práticas de criação dos filhos, as representações culturais de amor e autoridade na arte, na literatura e na filosofia, a divisão do trabalho baseada no gênero, as formas de organização política e outras fontes institucionais de poder e status. O resultado seria uma concepção de "ordem simbólica" que essencializa e homogeneíza tradições e práticas históricas contingentes, apagando tensões, contradições e possibilidades de mudança. Além disso, essa concepção seria tão ampla que o argumento de que *a ordem simbólica* determina a estrutura da subjetividade corre o risco de resvalar em uma tautologia vazia[22].

A combinação de psicologismo e simbolicismo no "lacanismo" resulta em uma concepção de discurso cuja serventia é limitada para a teorização feminista. Embora essa concepção ofereça certa abordagem da construção discursiva da identidade social, não se trata de uma abordagem que dê conta da complexidade e da multiplicidade das identidades sociais, da maneira como essas identidades são tecidas a partir de uma pluralidade de vertentes discursivas. Sim, o "lacanismo" ressalta que a aparente unidade e simplicidade da identidade egoica é imaginária, que o sujeito está irreparavelmente cindido pela linguagem e pelas pulsões. Mas essa insistência nas fraturas não leva à consideração da diversidade das práticas discursivas socioculturais a partir das quais as identidades são tecidas. Ao contrário, leva a uma concepção unitária da condição humana como inerentemente trágica.

A rigor, o "lacanismo" diferencia as identidades apenas em termos binários, de acordo com o eixo único do ter ou não falo. Porém, como mostrou Luce Irigaray, essa concepção fálica da diferença sexual não é uma base adequada para se compreender a feminilidade[23] – e, eu adicionaria, a masculinidade. Assim, essa concepção esclarece ainda menos outras dimensões das identidades sociais, entre elas, etnicidade, cor e classe social. A teoria também não poderia ser corrigida para incorporar esses fenômenos manifestamente históricos, uma vez que postula uma "ordem simbólica" a-histórica e livre de tensões que é igualada ao parentesco[24].

---

[22] A rigor, a principal função desse uso amplo parece ser ideológica, pois é apenas ao condensar em uma única categoria o que é supostamente a-histórico e necessário, e o que é histórico e contingente, que o "lacanismo" pôde dar uma falsa aparência de plausibilidade à afirmação sobre a inevitabilidade do falocentrismo.

[23] Ver Luce Irigaray "The Blind Spot in an Old Dream of Symmetry", em *Speculum of the Other Woman* (trad. Gillian C. Gill, Ithaca, Cornell University Press, 1985).

[24] Para uma excelente discussão crítica sobre essa questão, tal como ela se coloca em relação à versão bastante particular da psicanálise – feministas e de relações de objetos – desenvolvida por Nancy Chodorow nos Estados Unidos, ver Elizabeth V. Spelman, *Inessential Woman*, cit.

Além disso, o tratamento da construção da identidade no "lacanismo" não explica as mudanças de identidade ao longo do tempo. O compromisso é com a proposição psicanalítica mais geral segundo a qual a identidade de gênero (o único tipo de identidade considerado) é, em resumo, fixada de uma vez por todas com a resolução do complexo de Édipo. O "lacanismo" iguala essa resolução à entrada da criança numa ordem simbólica fixa, monolítica e onipresente. Desse modo, acaba aumentando o grau de fixidez da identidade que encontramos na teoria freudiana clássica. É verdade, como assinala Jacqueline Rose, que a teoria sublinha que a identidade de gênero é sempre precária, sua aparente unidade e estabilidade estão sempre sob a ameaça de pulsões libidinais recalcadas[25]. Mas essa ênfase na precariedade não é uma abertura para uma reflexão genuinamente histórica sobre as mudanças nas identidades sociais das pessoas. Ao contrário, trata-se de insistir em uma condição a-histórica e permanente, pois, para o "lacanismo", a única alternativa à identidade convencional de gênero é a psicose.

Se o "lacanismo" não pode oferecer uma abordagem da identidade social que tenha serventia para a teorização feminista, provavelmente não vai nos ajudar a compreender a formação de grupos. Para o "lacanismo", a afiliação está na ordem do imaginário. Afiliar-se, alinhar-se aos outros em um movimento social, seria cair nas garras das ilusões do ego imaginário. Seria negar perda e falta, buscar uma unificação e uma realização impossíveis. Assim, da perspectiva do "lacanismo", os movimentos coletivos seriam por definição veículos de ilusão; nem mesmo em princípio esses movimentos poderiam ser emancipatórios[26].

Além disso, na medida em que depende da inovação linguística, a formação de grupos não é teorizável da perspectiva do "lacanismo". Uma vez que o "lacanismo" postula um sistema simbólico fixo e monolítico e um falante inteiramente submetido a esse sistema, é inconcebível como qualquer inovação linguística seria possível. Sujeitos falantes só poderiam reproduzir a ordem simbólica existente; não há qualquer possibilidade de que possam alterá-la.

---

[25] Jacqueline Rose, "Introduction – II", em Juliet Mitchell e Jacqueline Rose (orgs.), *Feminine Sexuality: Jacques Lacan and the école freudienne*, cit. [ed. bras.: "Introdução II a *Feminine sexuality*", em Alessandra Affortunati Martins e Léa Silveira (orgs.), *Freud e o patriarcado,* trad. Léa Silveira e João Geraldo Martins da Cunha, São Paulo, Hedra, 2020].

[26] Mesmo as feministas lacanianas são conhecidas por, vez ou outra, tomar parte nesse tipo de ataque aos movimentos coletivos. A meu ver, Jane Gallop, no capítulo introdutório a *The Daughter's Seduction: Feminism and Psychoanalysis* (Ithaca, Cornell University Press, 1982), chega perigosamente perto de considerar "imaginária" a política de um movimento feminista moldado por compromissos éticos.

Dessa perspectiva, não se pode colocar a questão da hegemonia cultural. Não pode haver qualquer questão sobre o modo como a autoridade cultural de grupos dominantes na sociedade é estabelecida e contestada, nem qualquer questão sobre as negociações desiguais entre diferentes grupos sociais que ocupam em diferentes posições discursivas. Para o "lacanismo", há apenas "*a* ordem simbólica", um único universo discursivo que é tão sistemático, tão onipresente, tão monolítico, que é impossível conceber perspectivas alternativas, múltiplos lugares discursivos, lutas sobre os significados sociais, disputa entre definições hegemônicas e contra-hegemônicas das situações sociais, conflitos de interpretação sobre as necessidades sociais etc. Na verdade, é até mesmo impossível conceber uma pluralidade de falantes diferentes.

Com o caminho bloqueado para uma compreensão política das identidades, dos grupos e da hegemonia cultural, também está bloqueado o caminho para a compreensão da prática política. É impossível conceber, por exemplo, qualquer agente dessa prática. O "lacanismo" postula uma noção de pessoa como uma mixórdia desconjuntada de três momentos, nenhum dos quais se qualifica como agente político. O sujeito falante é simplesmente o "eu" gramatical, um *shifter* [articulador] inteiramente submetido à ordem simbólica; o sujeito falante só pode reproduzir, e para sempre, aquela ordem. O ego é uma projeção imaginária, iludida sobre sua própria estabilidade e autocontrole, aferrado a um desejo narcisista impossível de unidade e autocomplementação; o ego só pode, e para sempre, lutar contra moinhos de vento. Por fim, há o ambíguo inconsciente, que, às vezes, é um conjunto de pulsões libidinais recalcadas, às vezes, é a face da linguagem que é entendida como Outro, mas nunca é algo que possa valer como um agente social.

Creio que essa discussão mostra que o "lacanismo" padece de muitas deficiências conceituais[27]. Como ressaltei, essas deficiências têm suas raízes na concepção estruturalista de linguagem. Com a introdução do conceito de sujeito falante, o "lacanismo" parecia prometer um caminho para ultrapassar o estruturalismo. Tal conceito, por sua vez, parecia prometer um caminho para a teorização da prática

---

[27] Concentrei-me nos problemas conceituais, e não nos problemas empíricos, e não tratei diretamente da questão: o "lacanismo" é verdadeiro? No entanto, pesquisas recentes sobre o desenvolvimento da subjetividade em bebês e crianças pequenas parecem não amparar as ideias do lacanismo. Ao que parece, mesmo nos estágios mais iniciais, as crianças não são uma lousa em branco, passiva, na qual são inscritas as estruturas simbólicas; ao contrário, as crianças são participantes ativas nas interações que constroem suas experiências. Ver, por exemplo, Beatrice Beebe e Frank Lachman, "Mother-Infant Mutual Influence and Precursors of Psychic Structure", em Arnold Goldberg (org.), *Frontiers in Self Psychology, Progress in Self Psychology* (Hillsdale, Analytic Press, 1988), p. 325. Agradeço a Paul Mattick Jr. por chamar minha atenção para esse trabalho.

discursiva. Contudo, como espero ter mostrado, essas promessas não se cumpriram. O sujeito falante introduzido pelo "lacanismo" não é o agente da prática discursiva. É um mero efeito da ordem simbólica, combinado a algumas pulsões libidinais recalcadas. Assim, a introdução do sujeito falante não conseguiu desreificar a estrutura linguística. Ao contrário, o sujeito falante foi colonizado por uma concepção reificada de linguagem entendida como sistema.

Julia Kristeva entre o estruturalismo e a pragmática

Até aqui, argumentei que o modelo estruturalista de linguagem tem uma serventia limitada para a teorização feminista. Agora, gostaria de mostrar que o modelo pragmático é mais promissor. Há boas razões e manifestas razões para que as feministas prefiram uma abordagem pragmática para o estudo da linguagem. Diferentemente da abordagem estruturalista, a perspectiva pragmática estuda a linguagem como uma prática social em um contexto social. Esse modelo tem por objeto discursos, e não estruturas. Discursos são práticas de significação historicamente específicas e socialmente situadas. São quadros comunicativos em que falantes interagem ao intercambiar atos de fala. Discursos ocorrem, porém, em instituições sociais e contextos de ação. Assim, o conceito de discurso vincula o estudo da linguagem ao estudo da sociedade.

O modelo pragmático oferece diversas vantagens potenciais para a teorização feminista. Em primeiro lugar, trata os discursos como contingentes ao postular que discursos surgem, se alteram e desaparecem ao longo do tempo. Desse modo, o modelo se presta à contextualização histórica e nos permite tematizar a mudança. Em segundo lugar, a abordagem pragmática compreende a significação como ação, e não como representação. A preocupação é como as pessoas "fazem coisas com palavras"*. Assim, esse modelo nos permite enxergar os sujeitos falantes não como mero efeito de estruturas e sistemas, mas sim como agentes socialmente situados. Em terceiro lugar, o modelo pragmático trata de discursos no plural. Esse modelo parte do pressuposto de que, na sociedade, há uma pluralidade de discursos e, portanto, uma pluralidade de lugares comunicativos a partir dos quais se pode falar. Por postular que, conforme se movem de um quadro discursivo para outro, os indivíduos pressupõem posições discursivas diferentes, esse modelo se presta a

---

* Referência a John Langshaw Austin, *Quando dizer é fazer* (trad. Danilo Marcondes de Souza Filho, Porto Alegre, Artes Médicas, 1990), cujo título original é *How to Do Things with Words* (2. ed., Cambridge, Harvard University Press, 1975). (N. T.)

uma teorização não monolítica das identidades sociais. Além disso, a abordagem pragmática rejeita o pressuposto segundo o qual a totalidade de significados sociais constituiria um "sistema simbólico" único, coerente, que se reproduz por si só. Esse modelo leva em conta os conflitos entre os esquemas sociais de interpretação e entre os agentes que os implementam. Por fim, por vincular o estudo dos discursos ao estudo da sociedade, a abordagem pragmática permite enfocar o poder e a desigualdade. Em resumo, a abordagem pragmática tem muitas das características necessárias para se compreender a complexidade das identidades sociais, a formação de grupos sociais, a proteção e a disputa da hegemonia cultural, a possibilidade e a efetividade da prática política.

Para exemplificar os usos do modelo pragmático para a teorização feminista, gostaria de examinar o ambíguo caso de Julia Kristeva. Trata-se de um caso instrutivo, pois Kristeva iniciou sua carreira criticando o estruturalismo e defendendo uma alternativa pragmática. Contudo, tendo sucumbido à influência do "lacanismo", ela não conseguiu manter uma orientação pragmática consistente e acabou produzindo uma teoria híbrida, estranha, que oscila entre o estruturalismo e a pragmática. No que se segue, argumento que os aspectos do pensamento de Kristeva que são frutíferos para a teoria política estão relacionados à dimensão pragmática, ao passo que os impasses a que ela chega derivam de suas recaídas estruturalistas.

A intenção de Kristeva de romper com o estruturalismo é anunciada de forma clara e sucinta em "The System and the Speaking Subject" ["O sistema e o sujeito falante"][28], um brilhante ensaio publicado em 1973. Nesse ensaio, ela argumenta que, por conceber a linguagem como um sistema simbólico, a semiótica estruturalista é necessariamente incapaz de compreender práticas de oposição e transformação. Para corrigir essas lacunas, ela propõe uma nova abordagem orientada para as "práticas de significação". Kristeva as define como práticas reguladas por normas, não necessariamente restritivas, e situadas em "relações de produção historicamente determinadas". Como complemento a esse conceito de práticas de significação, também propõe um novo conceito de "sujeito falante". Esse sujeito é situado social e historicamente, mas, a bem dizer, não está inteiramente submetido às convenções sociais e discursivas prevalecentes. Trata-se de um sujeito capaz de práticas de inovação.

Com poucos e corajosos golpes, Kristeva recusa a exclusão do contexto, da prática, da agência e da inovação e propõe um novo modelo de pragmática discursiva. A ideia geral é que os falantes agem em práticas de significação socialmente situadas

---

[28] Julia Kristeva, "The System and the Speaking Subject", cit.

e reguladas por normas. Ao fazê-lo, eles às vezes transgridem as normas estabelecidas e em vigor. Práticas transgressivas originam inovações discursivas, e estas, por sua vez, podem levar à transformação. Práticas inovadoras podem ser subsequentemente normalizadas na forma de novas ou modificadas normas discursivas e, com isso, "renovam" as práticas de significação[29].

Os usos desse tipo de abordagem para a teorização feminista são visíveis. Não obstante, há sinais de alerta em relação a possíveis problemas. Em primeiro lugar, temos a inclinação antinômica de Kristeva, sua tendência, ao menos nessa primeira fase quase maoista de sua carreira, a valorizar transgressão e inovação *per se*, a despeito do conteúdo e da direção. O avesso dessa atitude é certa propensão a flexionar práticas que se conformam às normas como negativas *tout court*, a despeito do conteúdo e da orientação dessas normas[30]. Tal atitude é extremamente problemática para a teorização feminista, uma vez que a política feminista exige distinções éticas entre normas sociais opressivas e emancipatórias.

Um segundo problema em potencial é a inclinação estetizante de Kristeva, que associa a transgressão, que é valorizada, à "prática poética". Kristeva tende a tratar a produção estética de vanguarda como o lugar privilegiado da inovação. Em contrapartida, a prática comunicativa na vida cotidiana é vista como puro e simples conformismo. Essa tendência a regionalizar ou confinar o território da prática inovadora também é problemática para a teorização feminista. Precisamos reconhecer e avaliar o potencial emancipatório de práticas de contestação *onde quer* que apareçam – no quarto, no chão de fábrica, nas reuniões da American Philosophical Association.

O terceiro problema que quero discutir, e o mais sério, é a abordagem somatória da teorização de Kristeva. Com isso, refiro-me a sua propensão a corrigir os problemas teóricos simplesmente somando algo a teorias deficitárias, ao invés de descartá-las ou corrigi-las. Meu argumento é que esse é o modo como ela lida com certas características do estruturalismo: em vez de eliminar determinadas noções, ela acrescenta, lado a lado, noções antiestruturalistas.

---

[29] "Renovation" e "renewal" são a tradução usual em inglês para "renouvellement", termo em francês empregado por Kristeva. No entanto, essas traduções perdem um pouco da força do termo original. Isso talvez explique por que nem sempre se notou o aspecto transformador da transgressão em Kristeva e por que, ao contrário, a tendência foi tratar a transgressão como uma negação pura, sem qualquer consequência positiva. Para um exemplo desse tipo de interpretação, ver Judith Butler, "The Body Politics of Julia Kristeva", em Nancy Fraser e Sandra Bartky (orgas.), *Revaluing French Feminism* (Bloomington, Indiana University Press, 1991), p. 162-76.

[30] Essa tendência desparece em escritos mais recentes, em que é substituída por uma ênfase igualmente unilateral, indiscriminada e neoconservadora nos perigos "totalitários" que rondam qualquer tentativa descontrolada de inovação.

Esse estilo somatório e dualista da teorização de Kristeva é visível na maneira como ela analisa e classifica as práticas de significação. Ela entende que essas práticas são compostas de proporções variáveis de dois ingredientes básicos. Um desses ingredientes é "o simbólico", registro linguístico atrelado à transmissão do conteúdo proposicional pela observância das regras gramaticais e sintáticas. O outro é "o semiótico", registro atrelado à expressão das pulsões libidinais pela entonação e pelo ritmo e não limitado por regras linguísticas. Assim, o simbólico é o eixo da prática discursiva que contribui para a reprodução da ordem social, ao impor convenções linguísticas aos desejos anárquicos. Em contrapartida, o semiótico expressa uma fonte corpórea e material de negatividade revolucionária, o poder de romper convenções e iniciar mudanças. De acordo com Kristeva, todas as práticas de significação contêm alguma medida de cada um desses dois registros de linguagem, mas, com a notória exceção da prática poética, o registro simbólico é sempre o que predomina.

Em trabalhos posteriores, Kristeva fornece um subtexto de gênero fundamentado na psicanálise para distinguir o simbólico do semiótico. Acompanhando o "lacanismo", ela associa o simbólico ao paterno, descrevendo-o como uma ordem constituída por regras e monoliticamente falocêntrica à qual os sujeitos se submetem como preço a pagar pela socialidade quando, ao aceitar a Lei do Pai, resolvem o complexo de Édipo. No entanto, ela rompe com o "lacanismo" quando insiste na persistência subjacente de um elemento materno e feminino em todas as práticas de significação. Kristeva associa o semiótico ao pré-edípico e ao materno, valorizando-o como um ponto de resistência à autoridade cultural paternalmente codificada, como uma espécie de baluarte feminino de contestação no interior da prática discursiva.

À primeira vista, essa maneira de analisar e classificar as práticas de significação pode parecer promissora para a teorização feminista. Ao que parece, contesta-se o pressuposto do "lacanismo" segundo o qual a linguagem seria monoliticamente falocêntrica e identifica-se um *lócus* de oposição feminista à preponderância do poder masculino. No entanto, uma análise mais detida mostra que essa promessa é em larga medida ilusória. A rigor, a análise das práticas de significação feita por Kristeva trai suas melhores intenções pragmáticas. A decomposição dessas práticas em constituintes simbólicos e semióticos não permite ultrapassar o estruturalismo. O "simbólico", no fim das contas, é uma repetição da ordem simbólica falocêntrica e reificada do "lacanismo". E, enquanto o "semiótico" é uma força que interrompe por um momento a ordem simbólica, ele não constitui uma alternativa a ela. Ao contrário, como mostrou Judith Butler, a disputa entre os dois modos de significação é decidida em favor do simbólico: o semiótico é, por definição, transitório e subordinado, sempre e de saída fadado a ser reabsorvido pela ordem simbólica[31]. Ademais – e, a meu ver, fundamentalmente mais problemático –, o semiótico é definido de maneira parasitária em relação ao simbólico, isto é, como sua imagem espelhada e negação abstrata. A simples soma de um ao outro não permite superar o estruturalismo e chegar à pragmática. Antes, o que se produz é um amálgama de estrutura e antiestrutura. Além disso, esse amálgama é, em termos hegelianos, um "mau infinito" que nos faz oscilar incessantemente entre um momento estruturalista e um momento antiestruturalista sem nunca chegar a nada além.

Portanto, ao recorrer a uma maneira somatória de teorização, Kristeva renuncia à sua promissora concepção pragmática de prática de significação em favor de um neoestruturalismo quase "lacaniano". No percurso, ela acaba reproduzindo algumas das piores falhas conceituais do "lacanismo". Ao tratar a ordem simbólica como um mecanismo causal todo-poderoso e ao fundir estrutura linguística, estrutura de parentesco e estrutura social em geral[32], ela também recai no simbolicismo. Por outro lado, às vezes ela se sai melhor do que o "lacanismo" quando considera a especificidade histórica e a complexidade de tradições culturais particulares, sobretudo nos momentos em que analisa as representações culturais de gênero nessas tradições. Mesmo aqui, porém, acaba caindo no psicologismo: por exemplo, ela compromete sua instigante investigação sobre as representações culturais da feminilidade e da maternidade na teologia cristã e na pintura renascentista italiana quando recorre a esquemas reducionistas de interpretação que tratam o material histórico como reflexos de imperativos psicológicos autônomos e a-históricos, tais como a "angústia da castração" e a "paranoia feminina"[33].

Em suma, a concepção de discurso de Kristeva renuncia a muitas das potenciais vantagens da pragmática para a teorização feminista. Ao fim, ela perde a ênfase pragmática na contingência e na historicidade das práticas discursivas, a abertura de ambas para a transformação possível. Kristeva recai em uma ênfase quase estruturalista do poder recuperador de uma ordem simbólica reificada, e, com isso, renuncia à possibilidade de explicar a transformação. Do mesmo modo, sua teoria perde a ênfase pragmática na pluralidade das práticas discursivas. Ela recai em uma

---

[31] Judith Butler, "The Body Politics of Julia Kristeva", cit.
[32] Para um exemplo, ver Julia Kristeva, *Powers of Horror: An Essay on Abjection* (trad. Leon S. Roudiez, Nova York, Columbia University Press, 1982).
[33] Ver Julia Kristeva, "Stabat Mater", em *The Kristeva Reader*, cit., e "Motherhood According to Giovanni Bellini", em Leon S. Roudiez (org.), *Desire in Language: A Semiotic Approach to Art and Literature* (trad. Thomas Gora, Alice Jardine e Leon S. Roudiez, New York, Columbia University Press, 1980).

orientação quase estruturalista binarizante e homogeneizante – uma orientação que distingue as práticas unicamente segundo o eixo da proporção entre semiótico e simbólico, feminino e masculino –, e, com isso, renuncia à possibilidade de compreender as identidades complexas. Além do mais, Kristeva perde a ênfase pragmática no contexto social. Ela recai em uma confusão quase estruturalista entre "ordem simbólica" e contexto social, e, com isso, renuncia à capacidade de vincular a dominação discursiva à desigualdade social. Por fim, sua teoria perde a ênfase pragmática na interação e no conflito social. Como mostrou Andrea Nye, a teoria de Kristeva concentra-se quase exclusivamente em tensões *intrassubjetivas* e, desse modo, renuncia à capacidade de compreender fenômenos *intersubjetivos*, o que engloba, por um lado, a afiliação e, por outro, a luta política[34].

Esse último ponto pode ainda ficar mais claro se considerarmos como Kristeva entende o sujeito falante. Longe de ter serventia para a teorização feminista, sua perspectiva repete muitas das características debilitantes do "lacanismo". Como no "lacanismo", para ela o sujeito está cindido em duas metades e nenhuma delas é um agente político em potencial. O sujeito do simbólico é um conformista ultrassocializado, inteiramente submetido às convenções e normas simbólicas. É verdade que seu conformismo é posto "à prova" pelo conjunto rebelde e desejante das pulsões corporais associadas ao semiótico. Mas, tal como antes, o simples acréscimo de uma força antiestruturalista não permite ultrapassar o estruturalismo. Por diversas razões, o "sujeito" semiótico não pode ser um agente da prática feminista. Em primeiro lugar, esse sujeito está localizado sob a cultura e sob a sociedade (e não na cultura e na sociedade); assim, não está claro como sua prática poderia ser uma prática *política*[35]. Em segundo lugar, esse sujeito é definido exclusivamente em relação à transgressão das normas sociais; sendo assim, não pode tomar parte no momento reconstrutivo da política feminista, um momento essencial para a transformação social. Por fim, esse sujeito é definido em relação ao estilhaçamento da identidade social e, portanto, não pode fazer parte da reconstrução das novas identidades e solidariedades *coletivas*, politicamente constituídas, que são essenciais à política feminista.

Assim, por definição, nenhuma das metades do sujeito cindido de Kristeva pode ser um agente político feminista. Do mesmo modo, e este é meu argumento,

---

[34] Para uma excelente discussão crítica da filosofia da linguagem de Kristeva, da qual o presente trabalho é devedor, ver Andrea Nye, "Woman Clothed with the Sun", *Signs*, v. 12, n. 4, 1987, p. 664-86.

[35] Butler elabora esse argumento em "The Body Politics of Julia Kristeva", cit.

as duas metades não podem ser reunidas. Ao contrário, a tendência é que uma anule a outra, a primeira permanentemente estilhaçando as ambições identitárias da segunda e a segunda permanentemente recuperando a primeira e reconstituindo-se como antes. O desfecho é uma oscilação paralisante entre identidade e não identidade, sem qualquer questão prática determinada. Nesse ponto, temos mais um caso de "mau infinito", um amálgama de estruturalismo e sua negação abstrata.

Como não há agentes individuais de prática emancipatória no universo de Kristeva, também não há agentes coletivos de prática emancipatória. Isso pode ser observado em um último exemplo do padrão somatório de seu pensamento: o tratamento que ela dá ao próprio movimento feminista. Esse tema é abordado de modo mais direto em "Women's Time" ["O tempo das mulheres"], ensaio pelo qual Kristeva é mais conhecida nos círculos feministas[36]. Nesse texto, ela identifica três "gerações" de movimentos feministas: primeiro, um feminismo humanista, reformista e igualitário, cujo objetivo é assegurar a participação plena das mulheres na esfera pública, um feminismo que, na França, talvez tenha sido mais bem personificado por Simone de Beauvoir; segundo, um feminismo ginocêntrico de orientação cultural, cujo objetivo é fomentar a expressão de uma especificidade simbólica e sexual feminina que não seja definida pelo masculino, um feminismo representado pelas defensoras da *écriture féminine* [escrita feminina] e do *parler femme* [falar (como) mulher]; e, por fim, a própria marca do feminismo – a meu ver, de pós-feminismo – advogada por Kristeva, uma abordagem radicalmente nominalista e antiessencialista que ressalta que não existem "mulheres" e que as identidades coletivas são ficções perigosas[37].

Apesar do caráter explicitamente tripartite dessa categorização, a lógica profunda do pensamento de Kristeva a respeito do feminismo está de acordo com seu padrão somatório dualista. Um dos motivos é que o primeiro momento humanista e igualitário do feminismo sai de cena, pois Kristeva presume erroneamente – e surpreendentemente – que o programa desse feminismo já teria sido alcançado. Com isso, ela se ocupa apenas de duas "gerações" de feminismo. Junto a isso, malgrado de suas críticas explícitas ao ginocentrismo, há uma linhagem em seu pensamento que implicitamente partilha dele – refiro-me à identificação quase biologista e

---

[36] Reimpresso em Julia Kristeva, *The Kristeva Reader*, cit.
[37] Empresto os termos "feminismo humanista" e "feminismo ginocêntrico" de Iris Young, "Humanism, Gynocentrism and Feminist Politics", em *Throwing Like a Girl and Other Essays in Feminist Philosophy and Social Theory* (Bloomington, Indiana University Press, 1990). Empresto "feminismo nominalista" de Linda Alcoff, "Cultural Feminism versus Poststructuralism: The Identity Crisis in Feminist Theory", *Signs*, v. 13, n. 3, 1988, p. 405-36.

essencializante que Kristeva faz da feminilidade com a maternidade. Para ela, a maternidade é o modo como as mulheres, por oposição aos homens, entram em contato com o resíduo semiótico pré-edípico. (Os homens fazem isso escrevendo poesia de vanguarda, as mulheres, tendo bebês.) Aqui, Kristeva desistoriciza e psicologiza a maternidade, mesclando concepção, gravidez, parto, amamentação, criação de filhos, abstraindo todas essas atividades de seu contexto político e social e erigindo seu próprio estereótipo essencialista da feminilidade. Mas, nesse ponto, ela volta atrás e se afasta de seu constructo, insistindo que não existem "mulheres", que a identidade feminina é fictícia e que os movimentos feministas têm, portanto, uma propensão ao religioso e ao protototalitário. O padrão geral da reflexão de Kristeva sobre o feminismo é, assim, somatório e dualista: ela acaba alternando momentos gincêntricos essencialistas e momentos nominalistas antiessencialistas, momentos que consolidam uma identidade de gênero a-histórica, indiferenciada, feminina e maternal, e momentos que repudiam completamente a identidade das mulheres.

Desse modo, no que concerne ao feminismo, Kristeva nos deixa oscilando entre uma versão regressiva de essencialismo maternal-ginocêntrico e um antiessencialismo pós-feminista. Nenhum dos dois tem serventia para a teorização feminista. Segundo Denise Riley, o primeiro *sobrefeminiza* as mulheres, definindo-nos de modo maternal; o segundo, em contrapartida, nos *subfeminiza*, insistindo que não existem "mulheres" e entendendo o movimento feminista como uma ficção protototalitária[38]. Além disso, a simples junção das duas versões não supera os limites de cada uma. Ao contrário, constitui-se mais um "mau infinito" e, com isso, mais uma prova da serventia limitada para a teorização feminista de uma abordagem que apenas combina uma negação abstrata do estruturalismo a um modelo estruturalista que, no fim, permanece intacto.

Conclusão

Espero que o que foi discutido aqui tenha fornecido um exemplo razoavelmente vívido e persuasivo de meu argumento mais geral, a saber, a superioridade da pragmática para a teorização feminista em relação às abordagens estruturalistas do estudo da linguagem. Em vez de reiterar as vantagens dos modelos pragmáticos,

---

[38] Para os termos "subfeminização" e "sobrefeminização", ver Denise Riley, *"Am I That Name?"*, cit. Para uma valiosa discussão da equalização neoliberal de movimentos de libertação coletiva com o "totalitarismo" de Kristeva, ver Ann Rosalind Jones "Julia Kristeva on Femininity: The Limits of a Semiotic Politics", *Feminist Review*, v. 18, 1984, p. 56-73.

vou concluir com um exemplo específico dos usos desses modelos para a teorização feminista.

Como argumentei, os modelos pragmáticos enfatizam o contexto social e a prática social da comunicação e investigam uma pluralidade de lugares e práticas historicamente variáveis. Como resultado, essas abordagens nos possibilitam pensar as estruturas sociais como complexas, variáveis e discursivamente construídas. Essa, a meu ver, é a melhor maneira de evitar algumas das dificuldades que encontramos em Kristeva. Identidades sociais complexas, inconstantes e discursivamente construídas oferecem uma alternativa tanto a concepções de identidade de gênero reificadas e essencialistas quanto a simples negações e dispersões de identidade. Elas nos permitem navegar com segurança entre os escolhos gêmeos do essencialismo e do nominalismo, entre, de um lado, a reificação das identidades sociais das mulheres sob os estereótipos da feminilidade e, de outro, a pura dissolução dessas identidades na nulidade e no esquecimento[39]. Meu argumento, portanto, é que com o auxílio da concepção pragmática do discurso podemos aceitar a crítica ao essencialismo sem nos tornarmos pós-feministas. Isso me parece um auxílio inestimável, pois, enquanto não se puder falar legitimamente de pós-patriarcado, não é hora de falar de pós-feminismo[40].

---

[39] Esse argumento baseia-se no trabalho que fiz em conjunto com Linda Nicholson, ao qual ela está dando continuidade. Ver Nancy Fraser e Linda Nicholson, "Social Criticism without Philosophy: An Encounter between Feminism and Postmodernism", em Linda Nicholson (orga.), *Feminism/Postmodernism* (Nova York, Routledge, 1989).

[40] Empresto essa passagem de Toril Moi, que a formulou em outro contexto, ao fazer sua exposição na conferência "Convergence in Crisis: Narratives of the History of Theory", Duke University, 24-27 de setembro de 1987.

Parte 3
Intervenções feministas

7. Multiculturalismo, antiessencialismo e democracia radical:

uma genealogia do atual impasse na teoria feminista

"Democracia" é hoje uma palavra em disputa e significa coisas diferentes para pessoas diferentes, mesmo que todas afirmem ser a favor dela. Devemos aceitar que democracia significa capitalismo de livre mercado mais eleições multipartidárias, como insistem muitos daqueles que participaram da Guerra Fria? Ou devemos compreender democracia no sentido mais forte de autogoverno? Se sim, isso significa que toda nacionalidade deve ter seu próprio Estado soberano em um território "etnicamente homogêneo"? Ou antes significa um processo de comunicação que atravessa diferenças, em que cidadãos participam conjuntamente de discussões e tomadas de decisão para determinar coletivamente suas condições de vida? Nesse caso, o que é necessário para assegurar que *todos e todas* possam participar desse processo *como pares*? Democracia requer igualdade social? Requer o reconhecimento da diferença? Requer ausência de dominação e subordinação sistêmicas[1]?

"Democracia radical" deve ser distinguida das concepções rivais de democracia por um conjunto específico de respostas a essas perguntas. Quais seriam essas respostas específicas? A meu ver, ser uma democrata radical hoje significa considerar – e tentar eliminar – dois tipos diferentes de obstáculo à participação democrática. Um desses obstáculos é a desigualdade social; o outro é o não reconhecimento da diferença. De acordo com essa interpretação, a democracia radical é a tese de que a democracia hoje requer tanto redistribuição econômica quanto reconhecimento multicultural.

---

[1] A pesquisa para este ensaio contou com o apoio do Institut für die Wissenschaften vom Menschen, de Viena, e da Pró-Reitoria de Pós-Graduação da New School for Social Research. Agradeço os comentários de Cornelia Klinger e Eli Zaretsky, que foram de grande valia.

Isso, porém, é apenas um esboço de resposta. Tentar destrinchá-la é enredar-se imediatamente em difíceis questões a respeito da relação entre igualdade e diferença. Essas questões são debatidas hoje de diferentes formas, em relação a gênero, sexualidade, nacionalidade, etnicidade e "raça". Quais diferenças fazem diferença para a democracia? Quais diferenças merecem reconhecimento público e/ou representação política? Quais diferenças, em contrapartida, devem ser consideradas irrelevantes para a vida política e tratadas como assunto privado? Por fim, quais tipos de diferença uma sociedade democrática deveria promover? E quais, ao contrário, deveria tentar abolir?

Os democratas radicais, como todo mundo, não têm como evitar essas questões. Respondê-las, contudo, não é uma tarefa simples. As discussões nos Estados Unidos hoje estão em um impasse, a meu ver, dificultadas por tendências lamentáveis. Uma dessas tendências é a de se concentrar unilateralmente nas políticas culturais, desprezando a economia política. Esse é o cerne dos argumentos atuais sobre as políticas de identidade, que perpassa todo o espectro dos "novos movimentos sociais". Esses argumentos opõem os antiessencialistas, que estão comprometidos com a desconstrução das identidades de grupo, aos multiculturalistas, que só desejam reconhecer e revalorizar as diferenças de grupo. A questão fundamental, na verdade, diz respeito à política de reconhecimento: *qual* política de reconhecimento é mais adequada às vítimas do não reconhecimento? A revalorização da diferença ou a desconstrução da identidade?

Colocado nesses termos, esse argumento não tem solução. Ele permanece no terreno da política de identidade, no qual o não reconhecimento da diferença é construído como um problema "cultural" e dissociado da economia política. Na verdade, as injustiças de reconhecimento são profundamente imbricadas às injustiças de distribuição. É impossível tratá-las de maneira adequada se as separarmos das injustiças de distribuição. Nós, os democratas radicais não conseguiremos desatar os nós górdios da identidade e da diferença enquanto não abandonarmos o terreno da política de identidade. Isso significa ressituar a política cultural em relação à política social e articular as reivindicações de reconhecimento às reivindicações de redistribuição.

Essa, em todo o caso, é a tese que gostaria de defender neste capítulo. No entanto, vou abordá-la de modo indireto. Vou reconstruir a história dos recentes debates feministas sobre a diferença nos Estados Unidos para mostrar como e onde surgem nossas dificuldades atuais. Sempre que possível, sugiro formas de contorná-las.

Essa abordagem exige um esclarecimento. Apesar da ênfase explícita nos debates feministas, meu interesse aqui não se restringe ao feminismo *per se*. Pelo contrário, quero utilizar a reconstrução dos debates feministas para ilustrar uma trajetória mais geral. Linhas de argumentação análogas poderiam ser desenvolvidas de outros pontos de partida, como os debates sobre "raça". Esses debates, acredito, também revelariam uma tendência cada vez maior de divorciar as políticas culturais do reconhecimento das políticas sociais da redistribuição – em detrimento dos esforços para desenvolver uma concepção de democracia radical digna de crédito.

"Diferença de gênero": igualdade ou diferença?

A teoria feminista acadêmica nos Estados Unidos encontra-se hoje em um impasse que reflete perfeitamente o impasse democrático-radical mais amplo. Sucumbimos a duas tentações lamentáveis e estamos girando em falso discutindo políticas de identidade. Uma dessas tentações é a tendência de adotar uma forma indiscriminada de antiessencialismo que trata todas as identidades e diferenças como ficções repressivas. A outra é a tendência oposta de adotar uma versão indiscriminada do multiculturalismo que celebra todas as identidades e diferenças como igualmente dignas de reconhecimento. Essas duas tendências possuem uma raiz comum: elas não conseguem unir as políticas culturais de identidade e diferença às políticas sociais de justiça e igualdade. Ao dissociar as políticas de reconhecimento das políticas de redistribuição, as duas tendências impedem as feministas de desenvolver uma visão de democracia radical que seja digna de crédito.

Para vermos isso, basta reconstruir a história dos debates sobre a diferença na segunda onda feminista nos Estados Unidos. Em linhas muito gerais, esses debates se dividem em três fases. Na primeira, que durou do fim dos anos 1960 até mais ou menos a primeira metade dos anos 1980, o foco era a "diferença de gênero". Na segunda, que vai de meados dos anos 1980 até o início dos anos 1990, o foco se deslocou para as "diferenças entre as mulheres". A terceira fase, que está acontecendo agora, concentra-se nas "múltiplas diferenças interseccionadas". É claro que apresentar a trajetória do debate desse modo significa, necessariamente, simplificar e abstrair. Mas também nos permite uma visão de conjunto capaz de revelar uma lógica interna que, de outro modo, permaneceria oculta.

Na primeira fase, as principais antagonistas eram as "feministas da igualdade" e as "feministas da diferença". As principais questões que as dividiam eram, primeiro, a natureza e as causas da injustiça de gênero e, segundo, os remédios apropriados para saná-las e, portanto, o que significa equidade de gênero. Vou descrever os dois lados esquematicamente, ignorando nuances e sutilezas.

As feministas da igualdade entendiam a diferença de gênero como instrumento e artefato da dominação masculina. Para elas, aquilo que se considera diferença de gênero em uma sociedade sexista corresponde ou a mentiras misóginas contadas para racionalizar a subordinação das mulheres (por exemplo, presume-se que somos irracionais e sentimentais e, *portanto*, inaptas para o trabalho intelectual e aptas para a domesticidade), ou a resultados socialmente construídos da desigualdade (na verdade, *tornamo-nos* refratárias à matemática e receosas do sucesso *porque* somos tratadas de modo diferente). Nos dois casos, enfatizar a diferença de gênero significa causar um dano às mulheres. Significa reforçar nosso confinamento a um papel doméstico e inferior e, com isso, nos marginalizar ou excluir de todas aquelas atividades que promovem a verdadeira autorrealização humana, como a política, o trabalho, a arte, a vida do espírito e o exercício de autoridade legítima. Também significa que nos privaríamos da parte que nos cabe dos bens sociais essenciais, como renda, emprego, propriedade, saúde, educação, autonomia, respeito, prazer sexual, integridade corporal e segurança física.

Da perspectiva da igualdade, portanto, a diferença de gênero parece inseparável do sexismo. A tarefa política era clara: o objetivo do feminismo era se livrar dos grilhões da "diferença" e estabelecer a igualdade, colocando mulheres e homens sob um mesmo padrão de medida. Feministas liberais, feministas radicais e feministas socialistas talvez discordassem quanto à melhor forma de atingir esse objetivo, mas compartilhavam uma concepção de equidade de gênero que implicava reduzir a diferença de gênero.

A partir do fim dos anos 1960, e por quase uma década, a perspectiva da igualdade predominou no movimento de mulheres nos Estados Unidos. No fim da década de 1970, entretanto, foi fortemente confrontada com a emergência de um novo feminismo, um feminismo "da diferença", também chamado "feminismo cultural". As feministas da diferença rejeitavam a noção de igualdade por considerá-la androcêntrica e assimilacionista. Para elas, incluir as mulheres nas atividades tradicionalmente masculinas era um objetivo insuficientemente radical, pois adotava acriticamente a perspectiva masculinista de que apenas as atividades masculinas são verdadeiramente humanas e, portanto, depreciava as atividades realizadas pelas mulheres. Longe de confrontar o sexismo, portanto, o feminismo da igualdade o reproduzia – e desvalorizava a feminilidade. Era preciso outro tipo de feminismo, um feminismo que, ao reconhecer a diferença de gênero e ao revalorizar a feminilidade, se opusesse à subvalorização das mulheres.

Nessa linha, as feministas da diferença propuseram uma interpretação nova e positiva da diferença de gênero. Para elas, as mulheres são realmente diferentes dos homens, mas essa diferença não significa inferioridade. Algumas insistiam no inverso: sendo protetoras e pacíficas, as mulheres são moralmente superiores aos homens, que são competitivos e militaristas. Outras preferiram deixar de lado essa conversa de inferioridade e superioridade e reconhecer duas "vozes" diferentes e de valor equivalente, exigindo uma escuta respeitosa da voz da mulher. Nos dois casos, elas concordavam que a diferença de gênero é real e profunda: é a diferença humana mais fundamental. Todas as mulheres compartilham uma mesma "identidade de gênero" *enquanto mulheres*. Todas sofrem um dano comum quando essa identidade é depreciada. Todas, portanto, são irmãs por baixo da pele. As feministas tinham apenas de articular o conteúdo positivo da feminilidade para mobilizar essa solidariedade latente. Em resumo, para fazer justiça às mulheres era necessário *reconhecer* a diferença de gênero, e não diminuí-la.

Era isso que estava em jogo, portanto, no debate sobre a diferença na segunda onda feminista nos Estados Unidos. O movimento ficou paralisado entre duas concepções conflitantes de diferença de gênero, duas concepções alternativas de injustiça de gênero e duas noções opostas de equidade de gênero. As defensoras da igualdade viam a diferença de gênero como algo que servia à dominação masculina. Para elas, as principais injustiças do sexismo eram a marginalização das mulheres e a má distribuição dos bens sociais. Equidade de gênero significava, em suma, participação e redistribuição iguais. As feministas da diferença, em contrapartida, entendiam a diferença de gênero como o pilar da identidade das mulheres. Para elas, portanto, o androcentrismo era o principal problema do sexismo. Equidade de gênero era fundamentalmente uma questão de reconhecimento e revalorização da feminilidade.

Esse debate durou vários anos, tanto no plano cultural como no político, mas nunca foi definitivamente resolvido. Parte da dificuldade era o fato de que cada lado tinha críticas convincentes ao outro. As defensoras da diferença mostraram que as igualitárias pressupunham "o masculino como norma", um critério que desfavorecia as mulheres. As igualitárias, por sua vez, argumentavam de modo igualmente convincente que as feministas da diferença partiam de noções estereotipadas da feminilidade que reforçavam as hierarquias de gênero existentes. Nenhum dos lados tinha, portanto, uma posição inteiramente defensável. Não obstante, cada qual tinha um *ponto* importante. As feministas igualitárias insistiam que nenhuma concepção adequada do sexismo podia ignorar a marginalização social das mulheres e a distribuição desigual dos recursos; consequentemente, nenhuma noção convincente de equidade de gênero poderia negligenciar os objetivos da participação igual e da distribuição justa. As feministas da diferença insistiam que nenhuma concepção adequada de sexismo poderia ignorar o problema do androcentrismo na construção dos padrões culturais de valor; consequentemente, nenhuma noção convincente de equidade de gênero poderia negligenciar a necessidade de superação do androcentrismo.

Qual a moral da história? Nós, feministas, tínhamos de encontrar uma forma de acomodar esses dois pontos importantes. Tínhamos de desenvolver uma perspectiva que se opusesse simultaneamente à desigualdade social e ao androcentrismo cultural. Tal perspectiva combinaria efetivamente uma política de redistribuição com uma política de reconhecimento, mas não como duas questões distintas. Ao contrário, ela teria de integrar as exigências sociais às exigências culturais, buscando transformar simultaneamente a cultura e a economia política.

"Diferenças entre as mulheres"

No fim das contas, as feministas estadunidenses não resolveram o impasse entre igualdade e diferença desenvolvendo uma nova perspectiva. Em meados da década de 1980, todo o contexto do debate mudou de maneira tão radical que era impossível colocar o problema nos mesmos termos. Nesse meio tempo, as principais correntes feministas passaram a rejeitar a ideia de que a diferença de gênero poderia ser discutida de modo frutífero quando separada dos outros eixos da diferença, sobretudo "raça", etnicidade, sexualidade e classe. E, assim, o debate sobre a igualdade e a diferença se deslocou. O foco na "diferença de gênero" deu lugar a um foco nas "diferenças entre as mulheres", inaugurando uma nova fase do debate feminista.

Essa mudança de foco resultou, em grande medida, do trabalho de lésbicas e feministas não brancas. Por muitos anos, elas protestaram contra formas de feminismo que não explicavam sua vida ou não falavam de seus problemas. As afro-americanas, por exemplo, invocavam sua história de escravidão e resistência, de trabalho assalariado e ativismo comunitário para questionar os pressupostos de uma dependência universal das mulheres em relação aos homens e de seu confinamento à domesticidade. Enquanto isso, feministas latinas, judias, indígenas e ásio-americanas protestavam contra a referência implícita às mulheres brancas anglo-saxãs nos textos do feminismo dominante. Lésbicas, por fim, desmascaravam os pressupostos de heterossexualidade normativa nas concepções feministas clássicas de maternidade, sexualidade, identidade de gênero e reprodução.

Como insistiam todas essas vozes, o feminismo dominante nos Estados Unidos *não* era um feminismo para todas as mulheres. Ele privilegiava o ponto de vista das mulheres brancas, anglo-saxãs, heterossexuais e de classe média que até então dominavam o movimento. Esse feminismo falsamente projetava de uma maneira inapropriada, e até mesmo danosa, as experiências e as condições de vida dessas mulheres a todas as mulheres. Assim, o movimento que pretendia libertar as mulheres acabou reproduzindo, em suas fileiras, o racismo e o heterossexismo, as hierarquias de classe e os vieses étnicos, que eram endêmicos na sociedade estadunidense.

Por muitos anos, essas vozes ficaram amplamente à margem do feminismo nos Estados Unidos. Contudo, por volta da segunda metade dos anos 1980, elas se deslocaram, nas proféticas palavras de bell hooks, "da margem para o centro" da discussão[2]. Muitas das que tinham dúvidas no início estavam dispostas a admitir que o movimento se preocupara tão exclusivamente com a diferença de gênero que negligenciara as diferenças entre as mulheres.

O "feminismo da diferença" era o culpado mais óbvio. Suas concepções pretensamente universais sobre a identidade de gênero feminino e a voz diferente das mulheres podiam ser vistas agora pelo que realmente eram: idealizações estereotipadas e culturalmente específicas de uma feminilidade de classe média, heterossexual, branca e europeia, idealizações que diziam respeito tanto às hierarquias de classe, "raça", etnicidade e sexualidade como às hierarquias de gênero. Não obstante, o feminismo da igualdade também era culpável. Ao pressupor que todas as mulheres estavam subordinadas a todos os homens de uma mesma forma e em uma mesma medida, o feminismo da igualdade universalizou a situação específica das mulheres brancas, de classe média e heterossexuais e ocultou suas implicações nas hierarquias de classe, "raça", etnicidade e sexualidade. Assim, nenhum dos dois lados do antigo debate sobre igualdade e diferença resistia à crítica. Embora um dos lados salientasse a semelhança e o outro a diferença entre o masculino e o feminino, para todos os efeitos o resultado final era o mesmo: ambos obliteravam diferenças importantes entre as mulheres. Em ambos os casos, por conseguinte, a tentativa de construir uma irmandade saiu pela culatra. A falsa universalização da situação de *algumas* mulheres e dos ideais de identidade de *algumas* mulheres não promoveu a solidariedade feminista. Ao contrário, gerou raiva, dissidência, mágoa e desconfiança.

Mas o problema é ainda mais profundo. Ao sufocar as diferenças entre as mulheres, o movimento dominante sufocou também outros eixos de subordinação – mais uma vez, classe, "raça", etnicidade, nacionalidade e sexualidade[3]. Sufocou,

---

[2] bell hooks, *Feminist Theory: From Margin to Center* (Boston, South End Press, 1984) [ed. bras.: *Teoria feminista: da margem ao centro*, trad. Rainer Patriota, São Paulo, Perspectiva, 2019].

[3] Uma importante exceção foi a corrente do feminismo socialista do fim dos anos 1960 e dos anos 1970. As feministas socialistas sempre insistiram na relação das divisões de gênero com as divisões de classe e, em menor grau, com as divisões raciais. Com o declínio da Nova Esquerda, sua influência diminuiu.

assim, aquilo que Deborah King chamou de "risco múltiplo": as múltiplas formas de subordinação enfrentadas por lésbicas, mulheres não brancas e/ou mulheres pobres e da classe trabalhadora[4]. Como consequência, o movimento não foi capaz de compreender as múltiplas afiliações dessas mulheres, sua lealdade a mais de um movimento social. Por exemplo, muitas mulheres não brancas e/ou lésbicas continuam lutando *ao lado* de homens não brancos e/ou gays em movimentos antirracistas e/ou de libertação gay, ao mesmo tempo que lutam *contra* o sexismo de seus companheiros homens. Um feminismo centrado apenas na diferença de gênero era incapaz de compreender essa situação. Ao reprimir outros eixos de subordinação que não o de gênero, esse feminismo reprimiu também as diferenças *entre os homens*. Isso criou uma situação de dupla coerção para as mulheres sujeitas a risco múltiplo: elas foram obrigadas a escolher entre a lealdade de gênero e a lealdade de "raça", classe e/ou sexualidade. O imperativo ou isso/ou aquilo negou a realidade dessas mulheres, uma realidade de risco múltiplo, de afiliação múltipla e de identidade múltipla.

A ênfase exclusiva na "diferença de gênero" mostrou-se cada vez mais contraproducente, à medida que as "políticas de identidade" proliferavam nos anos 1980. Nesse momento, "novos movimentos sociais" multiplicavam-se no cenário político, cada qual politizando uma "diferença" diferente. Gays e lésbicas mobilizavam-se em torno da diferença sexual para lutar contra o heterossexismo; movimentos de afro-americanos, indígenas e outras populações não brancas politizavam a diferença "racial" para contestar a subordinação racial; e um amplo espectro de grupos étnicos e religiosos lutava pelo reconhecimento das diferenças culturais no interior de uma nação cada vez mais multiétnica[5]. Assim, as feministas viram-se dividindo o espaço político com todos esses movimentos, mas não no sentido de uma coexistência paralela, lado a lado. Pelo contrário, todos os diversos movimentos se entrecruzavam. E todos estavam passando por um processo análogo de descoberta de outras diferenças em seu interior.

Nesse contexto, a necessidade de reorientação era evidente. Só se nós, feministas, estivéssemos dispostas a abandonar o foco exclusivo na diferença de gênero, poderíamos deixar de interpretar essas e outras reivindicações de diferença como uma ameaça à unidade das mulheres. Só se estivéssemos dispostas a considerar os

---

[4] Deborah King, "Multiple Jeopardy, Multiple Consciousness", *Signs*, v. 14, n. 1, 1988, p. 42-72.
[5] A relativa ausência de lutas nacionalistas – com exceção de algumas correntes indígenas norte-americanas e porto-riquenhas – diferencia as políticas de identidade nos Estados Unidos daquelas de outros lugares no mundo.

outros eixos da subordinação, além do gênero, poderíamos teorizar nossa relação com outras lutas políticas. Por fim, somente se abandonássemos a visão de nós mesmas como um movimento social independente é que poderíamos compreender a verdadeira situação: as lutas de gênero ocorriam no terreno amplo da sociedade civil, onde os eixos múltiplos de diferença eram todos questionados simultaneamente e os múltiplos movimentos sociais se interseccionavam.

"Múltiplas diferenças interseccionadas": antiessencialismo ou multiculturalismo?

Por volta dos anos 1990, portanto, o debate feminista nos Estados Unidos estava prestes a se deslocar das "diferenças entre as mulheres" para as "múltiplas diferenças interseccionadas". O resultado teria sido um enorme ganho. Aquilo que de início pareceu um movimento para dentro (ao invés de nos voltarmos para a nossa relação com os homens, nós nos voltaríamos para as relações entre nós mesmas) acabou nos convidando para um movimento para fora (ao invés de nos voltarmos apenas para o gênero, nós nos voltaríamos para a relação do gênero com outros eixos entrecruzados de diferença e subordinação). Desse modo, todo o espectro de diferenças politizadas se tornaria água no moinho feminista. Não apenas o gênero, mas também a "raça", a etnicidade, a nacionalidade, a sexualidade e a classe exigiria uma teorização feminista[6]. Todas as lutas contra a subordinação teriam de ser de alguma maneira vinculadas ao feminismo.

Essa passagem, em princípio, não exigia que abandonássemos o projeto de combinar uma política de redistribuição com uma política de reconhecimento. Na verdade, as discussões sobre "as diferenças entre as mulheres" nunca se opuseram explicitamente a esse projeto. Nada na lógica do considerar essas diferenças implicava o abandono dos esforços para integrar uma política cultural de identidade e diferença a uma política social de justiça e igualdade. Mas fazer tal passagem complicou o projeto. Era necessário ressituar a tarefa de integração da redistribuição e do reconhecimento em um campo político novo e mais complexo. As reivindicações culturais teriam de estar mutuamente imbricadas com as reivindicações sociais ao longo de todo o espectro dos eixos entrecruzados de dominação.

Mais uma vez, entretanto, as feministas estadunidenses não desenvolveram (ainda) essa abordagem. Ao contrário, à medida que avançávamos na terceira e atual fase do debate sobre a diferença, a política de reconhecimento se dissociava

---

[6] O inverso também é verdadeiro: o gênero tem de ser teorizado da perspectiva dessas outras diferenças.

cada vez mais da política de redistribuição, e esta foi cada vez mais ofuscada por aquela. O resultado é uma problemática truncada, que impede o desenvolvimento de uma concepção de democracia radical digna de crédito.

Na fase atual, a discussão feminista se junta à discussão mais ampla sobre a democracia radical. Hoje, a "democracia radical" vem sendo proposta para mediar as várias lutas em torno das "múltiplas diferenças interseccionadas" e, portanto, unir vários movimentos sociais[7]. Para isso, recorre a pelo menos dois planos. Por um lado, parece corrigir as tendências balcanizadoras da política de identidade e promover alianças políticas mais amplas. Por outro lado, e ao mesmo tempo, parece oferecer uma visão "pós-socialista" da boa sociedade e contestar as compreensões hegemônicas conservadoras de democracia. Não é coincidência, portanto, que as feministas que buscam desenvolver uma perspectiva teórica e política orientada para as "múltiplas diferenças interseccionadas", e viável, estejam se voltando cada vez mais para a democracia radical[8].

Ainda assim, o significado de "democracia radical" continua pouco desenvolvido. Funcionando principalmente como um contrapeso à política de identidade, a "democracia radical" permanece confinada no plano político-cultural. Por isso, a discussão atual tende a colocar em suspenso questões de economia política. Até o momento, é ainda bastante obscuro como o projeto de uma democracia radical pode unir uma política cultural de reconhecimento a uma política social de redistribuição. Se não conseguir uni-las, a "democracia radical" nunca será genuinamente democrática, nunca conseguirá criar mediações democráticas entre as "múltiplas diferenças interseccionadas".

As dificuldades tornam-se evidentes quando examinamos os debates que compõem o contexto atual das discussões sobre a democracia radical. Esses debates se concentram sobretudo na identidade de grupo e na diferença cultural e dividem-se em duas correntes relacionadas. A primeira pode ser designada como "antiessencialismo"; ela cultiva uma atitude cética frente à identidade e à diferença, que reconceitualiza como construções discursivas. A segunda pode

---

[7] Ver, por exemplo, Ernesto Laclau e Chantal Mouffe, *Hegemony and Socialist Strategy* (Londres, Verso, 1985) [ed. bras.: *Hegemonia e estratégia socialista: por uma política democrática radical*, trad. Joanildo A. Burity, São Paulo, Intermeios, 2015], e David Trend (org.), *Radical Democracy: Identity, Citizenship, and the State* (Nova York, Routledge, 1995).

[8] Ver, por exemplo, Judith Butler, *Bodies that Matter* (Nova York, Routledge, 1993) [ed. bras.: *Corpos que importam: os limites discursivos do "sexo"*, trad. Verônica Daminelli e Daniel Yago Françóli, São Paulo, Crocodilo/N-1, 2019], e as várias contribuições ao livro de David Trend (org.), *Radical Democracy*, cit.

ser designada como "multiculturalismo"; ela cultiva uma visão positiva a respeito das diferenças e das identidades de grupo, e busca valorizá-las e promovê-las. Embora essas duas correntes sejam frutíferas em alguns aspectos, nenhuma delas é totalmente satisfatória. Enquanto isso, a combinação de ambas nos debates atuais sobre a democracia radical resulta em uma problemática unilateral, truncada e "culturalista".

Um dos problemas é que as duas discussões se valem de concepções unilaterais de identidade e diferença. A concepção antiessencialista é cética e negativa; ela entende todas as identidades como inerentemente repressivas e todas as diferenças como inerentemente excludentes. A concepção multiculturalista, em contrapartida, celebra as diferenças e as vê como positivas; entende todas as identidades como dignas de reconhecimento e todas as diferenças como dignas de afirmação. Assim, nem uma nem outra abordagem é suficientemente diferenciada. Nem uma nem outra oferece uma base para distinguir as reivindicações de identidade democráticas das reivindicações de identidade antidemocráticas, nem as diferenças justas das diferenças injustas. Como resultado, nem uma nem outra pode servir de fundamento para uma política viável ou uma concepção de democracia radical digna de crédito.

Um segundo problema, subjacente ao primeiro, é que as duas abordagens atuais perderam o foco duplo na redistribuição e no reconhecimento. Tanto o essencialismo quanto o multiculturalismo se preocupam quase que exclusivamente com injustiças de não reconhecimento cultural. E ambas negligenciam as injustiças político-econômicas decorrentes da má distribuição. Portanto, nem uma nem outra oferece um quadro político adequado.

Gostaria de esboçar brevemente os principais contornos de cada abordagem, enfatizando a maneira como a diferença é entendida. Procurarei mostrar que, em ambos os casos, os pontos fracos têm uma mesma fonte, a saber, a incapacidade de perceber que as diferenças culturais só podem ser livremente elaboradas e democraticamente mediadas tendo como base a igualdade social.

Começo com o antiessencialismo – tal como é debatido nos círculos feministas. Defensoras do antiessencialismo propõem evitar os erros do feminismo da diferença reconcebendo a identidade e a diferença de modo radicalmente distinto. Elas partem do pressuposto de que a diferença entre as mulheres "vai até o fim"; assim, não há como ser uma mulher que já não seja de uma "raça", de uma sexualidade e de uma classe; portanto, o gênero não possui uma essência ou núcleo invariável. Ainda assim, as defensoras do antiessencialismo rejeitam abordagens que dividem mulheres (e homens) em subgrupos, cada qual com sua própria identidade específica e reivindicação de reconhecimento[9]. Diferentemente dessas abordagens, as antiessencialistas consideram que nem diferenças nem identidades são simplesmente dadas como fato em virtude do caráter "objetivo" de um grupo ou posição social. Ao contrário, diferenças e identidades são discursivamente construídas. Elas são performativamente criadas pelos processos culturais em que são reivindicadas e elaboradas; elas não existem antes desses processos. Em princípio, sempre poderiam ser de outro modo. Assim, as diferenças e identidades existentes podem ser performativamente desfeitas ou alteradas se forem desreivindicadas ou elaboradas de outra maneira[10].

O que se segue politicamente dessa concepção? O antiessencialismo rejeita claramente qualquer política – feminista ou não – que essencialize a identidade e a diferença. Mas algumas de suas expoentes vão ainda mais longe. Elas desconfiam de todas as identidades coletivas ao sublinhar que todas elas, por serem construídas, são "fictícias". Dessa perspectiva, os termos relacionados à identidade que foram politizados, como é o caso de *mulheres*, são sempre necessariamente excludentes; esses termos só podem ser construídos por meio da repressão da diferença. Consequentemente, qualquer identificação coletiva está sujeita à crítica a partir do ponto de vista daquilo que ela exclui. A identidade feminista não é exceção. Assim, a crítica que o feminismo negro faz do enviesamento branco do feminismo não é apenas um protesto contra o racismo, mas é também um protesto contra uma necessidade lógica. Consequentemente, qualquer tentativa de reivindicar uma identidade feminista negra apenas repetiria o gesto excludente.

Daqui em diante, denominarei essa posição de "versão desconstrutiva do antiessencialismo". Nessa versão, a única prática política "inocente" é negativa e desconstrutiva. Envolve o desmascaramento da operação repressiva e excludente que possibilita todas as construções de identidade. Assim, nessa perspectiva, não é função do feminismo construir uma identidade feminina ou um sujeito feminista coletivo; nossa tarefa é antes desconstruir cada uma das construções de "mulheres". Em vez de tomar a existência da diferença de gênero e, portanto, a de "mulheres" como dada, devemos expor os processos pelos quais o binarismo de gênero e, com

---

[9]   Essa parece ser a lógica de muitas concepções multiculturais de diferença. Ela prejudica a discussão, de resto muito interessante, de Elizabeth V. Spelman, *Inessential Woman: Problems of Exclusion in Feminist Thought* (Boston, Beacon Press, 1988).

[10] Para uma argumentação nesse sentido, ver Judith Butler, *Gender Trouble: Feminism and the Subversion of Identity* (Nova York, Routledge, 1990) [ed. bras.: *Problemas de gênero: feminismo e subversão da identidade*, trad. Renato Aguiar, Rio de Janeiro, Civilização Brasileira, 2003], que elabora uma teoria performativa do gênero.

ele, as "mulheres" são construídos. O objetivo político do feminismo é, assim, desestabilizar a diferença de gênero e as identidades de gênero que a acompanham. Uma estratégia privilegiada é a dissidência e a paródia[11]. Mas, para além disso, devemos nos aliar a outros movimentos sociais que possuem objetivos desconstrutivos análogos – por exemplo, os teóricos críticos da "raça", que estão comprometidos a desconstruir a diferença entre negro e branco, e os teóricos *queer*, que trabalham para desconstruir a diferença entre homo e hétero –, em contrapartida, não deveríamos nos aliar aos afrocentristas, que almejam consolidar a identidade negra, ou os defensores de uma identidade gay e lésbica.

O que devemos concluir dessa discussão? A meu ver, o resultado é ambíguo. Por um lado, o antiessencialismo faz um grande avanço ao conceitualizar as identidades e as diferenças como discursivamente construídas e não como objetivamente dadas. Mas a política da versão desconstrutiva é simplista. Não me refiro, com isso, apenas à dificuldade óbvia de que o sexismo não pode ser desmantelado por uma prática desconstrutiva e exclusivamente negativa. Refiro-me também às demais dificuldades que surgem quando as antiessencialistas desconstrutivas tentam realizar o equivalente teórico de tirar um coelho da cartola, isto é, quando tentam deduzir uma política normativa da cultura a partir de uma concepção ontológica de identidade e diferença. Por fim, refiro-me às limitações vinculadas à incapacidade de investigar a questão da integração de uma política antiessencialista de reconhecimento com uma política igualitária de redistribuição.

A dificuldade pode ser colocada deste modo: as antiessencialistas desconstrutivas avaliam as reivindicações de identidade apenas em termos ontológicos. Elas não se perguntam como determinada identidade ou diferença se relaciona com estruturas sociais de dominação e relações sociais de desigualdade. Também não perguntam que tipo de economia política seria necessária para fomentar identidades não excludentes e compreensões antiessencialistas da diferença. O risco é sucumbir a uma noite em que todos os gatos são pardos: todas as identidades parecem igualmente fictícias, igualmente repressivas e igualmente excludentes. Mas isso seria abrir mão de qualquer possibilidade de distinguir entre reivindicações de identidade emancipatórias e opressivas, entre diferenças benignas e nocivas. Assim, as antiessencialistas desconstrutivas fogem das principais questões políticas do presente: quais reivindicações de identidade estão enraizadas na defesa das relações sociais de desigualdade e dominação? Quais estão enraizadas no enfrentamento dessas relações? Quais reivindicações de identidade possuem um potencial de expansão da

---

[11] Idem.

democracia existente? E quais, em contrapartida, agem contra a democratização? Por fim, quais diferenças uma sociedade democrática deveria promover e quais, por outro lado, deveria tentar abolir?

Contudo, o antiessencialismo não tem o monopólio desses problemas. Eles são compartilhados, afirmo, por uma segunda corrente importante nos Estados Unidos, a corrente orientada pelo "multiculturalismo". O multiculturalismo se tornou a palavra de ordem de uma possível aliança entre os novos movimentos sociais, que parecem lutar todos pelo reconhecimento da diferença. Essa aliança pode unir feministas, gays e lésbicas, membros de grupos racializados e grupos etnicamente desfavorecidos contra um inimigo comum, a saber, uma forma culturalmente imperialista de vida pública que trata o homem heterossexual, branco, anglo-saxão e de classe média como a norma humana, perante à qual todos os outros aparecem como desvios. O objetivo dessa luta é criar formas públicas multiculturais que reconheçam uma pluralidade de maneiras diferentes e igualmente valiosas de ser humano. Nessa sociedade, a compreensão dominante da diferença como desvio daria lugar a uma apreciação positiva da diversidade humana. Todos os cidadãos desfrutariam de direitos jurídicos formais iguais, por sua humanidade comum, mas também seriam reconhecidos por aquilo que os diferencia uns dos outros, isto é, sua particularidade cultural.

Essa é, ao menos, a compreensão mais comum de multiculturalismo nos Estados Unidos. Ela gerou debates acalorados sobre a educação na esfera pública dominante. Os conservadores atacaram os defensores dos estudos sobre as mulheres, dos estudos afro-americanos, dos estudos sobre gays e lésbicas, dos estudos étnicos, e acusaram-nos de politizar o currículo, substituindo as grandes obras de valor universal por textos inferiores, escolhidos por motivos ideológicos ou por ação afirmativa. O argumento se volta, portanto, para a interpretação da "diferença". Enquanto os defensores da educação tradicional continuam a entender a diferença negativamente, como um desvio de uma única norma universal, os multiculturalistas entendem a diferença positivamente, como variação e diversidade cultural, e reivindicam sua representação nos currículos educacionais e nos demais espaços da vida pública.

Feministas e democratas estão comprometidos, por boas razões, com a defesa de alguma versão do multiculturalismo contra os ataques conservadores. Contudo, deveríamos rechaçar a versão que acabo de esboçar, a qual denominarei daqui em diante "versão pluralista"[12]. A versão pluralista do multiculturalismo baseia-se

---

[12] Nem todas as versões do multiculturalismo são "pluralistas" no sentido aqui descrito. A versão pluralista é uma reconstrução típico-ideal do que entendo como a compreensão dominante do

em uma compreensão unilateral da diferença: a diferença é entendida como intrinsecamente positiva e inerentemente cultural. Por consequência, essa perspectiva celebra a diferença de modo acrítico e é incapaz de interrogar sua relação com a desigualdade. Assim como a tradição pluralista norte-americana da qual ela descende, essa versão do multiculturalismo age – na contramão dos fatos – como se a sociedade estadunidense não tivesse divisões de classe ou outras injustiças estruturais profundas, como se a economia política fosse basicamente justa, e como se os vários grupos que a constituem fossem socialmente iguais. A versão pluralista do multiculturalismo trata a diferença como se esta pertencesse apenas à cultura[13]. O resultado é que as questões de diferença são divorciadas da desigualdade material, dos diferenciais de poder entre os grupos, das relações sistêmicas de dominação e subordinação.

Tudo isso deveria soar como um alerta para as feministas democratas radicais. Deveríamos reconhecer nessa perspectiva um parentesco com o antigo "feminismo da diferença". Os elementos centrais desse feminismo são reciclados aqui de forma mais geral e ampliados para outras diferenças além do gênero. Se o feminismo da diferença fez do androcentrismo a principal injustiça e da revalorização da feminilidade seu principal remédio, o multiculturalismo pluralista faz do imperialismo cultural a injustiça mais geral e da revalorização de todas as identidades desrespeitadas seu remédio mais geral. Também os pontos fracos estruturais são os mesmos.

Tal como o feminismo da diferença, o multiculturalismo pluralista tende a substancializar as identidades, tratando-as como positividades dadas, e não como relações construídas. Consequentemente, tende a balcanizar a cultura, separando os grupos entre si, ignorando como eles se entrecruzam e inibindo a interação e a identificação entre eles. Ao perder de vista o fato de que as diferenças se interseccionam, o multiculturalismo pluralista regride a um mero modelo somatório de diferença.

---

multiculturalismo. Essa versão é dominante também no sentido de que é em geral a que é debatida nas esferas públicas dominantes. Outras versões são discutidas em Linda Nicholson, "To Be or not to Be: Charles Taylor and The Politics of Recognition", *Constellations*, v. 3, n. 1, 1996, p. 1-16; e Michael Warner et al., "Critical Multiculturalism", *Critical Inquire*, v. 18, n. 3, 1992, p. 530-56.

[13] Com isso, o multiculturalismo pluralista constrói a diferença a partir do modelo padrão de etnicidade nos Estados Unidos, no qual um grupo imigrante preserva certa identificação com a herança cultural de seu "antigo país", enquanto se integra à sociedade estadunidense; uma vez que o grupo étnico não é pensado como ocupando uma posição estrutural específica na economia política, sua diferença é inteiramente cultural. O multiculturalismo pluralista projeta esse modelo de etnicidade para gênero, sexualidade e "raça", que não se encaixam nesse modelo. Para uma crítica do modelo da etnicidade, ver Nicholson, "To Be or not to Be", cit.

Além disso, assim como o feminismo da diferença, o multiculturalismo pluralista valoriza as identidades de grupo existentes. Pressupõe que essas identidades são boas tal como são, mas algumas necessitam ser mais respeitadas. Contudo algumas identidades de grupo existentes podem estar significativamente vinculadas às relações sociais de dominação, e podem não sobreviver à transformação dessas relações. Além disso, algumas identidades de grupo – ou versões delas – são incompatíveis com outras. Por exemplo, uma pessoa não poderia afirmar consistentemente uma identidade supremacista branca e uma identidade antirracista a um só tempo; afirmar algumas identidades – ou versões de algumas identidades – requer a transformação de outras. Assim, não há como evitar juízos políticos sobre identidades e diferenças melhores e piores. Multiculturalistas pluralistas, contudo, não têm como fazer esse tipo de juízo.

Por fim, o multiculturalismo pluralista é a imagem invertida do antiessencialismo desconstrutivo. Enquanto este ameaça deslegitimar todas as identidades e diferenças, aquele parece celebrar todas indiscriminadamente. Suas políticas são igualmente unilaterais. Ele também mantém um foco exclusivo e unilateral nas políticas culturais de reconhecimento, negligenciando as políticas sociais de redistribuição. Consequentemente, também foge das principais questões políticas do presente: quais reivindicações de identidade estão enraizadas na defesa das relações sociais de desigualdade e dominação? Quais estão enraizadas no enfrentamento dessas relações? Quais reivindicações de identidade possuem um potencial de expansão da democracia existente? E quais, em contrapartida, agem contra a democratização? Por fim, quais diferenças uma sociedade democrática deveria promover e quais, por outro lado, ela deveria tentar abolir?

Considerações finais: para uma concepção de democracia radical digna de crédito

Não é coincidência que o antiessencialismo desconstrutivo e o multiculturalismo pluralista fracassem de um mesmo modo, pois os pontos fracos de ambos têm uma mesma raiz: nem um nem outro consegue unir uma política cultural de identidade e diferença a uma política social de justiça e igualdade. Nem um nem outro consegue unir as lutas por reconhecimento às lutas por redistribuição. Nem um nem outro compreende o cerne da conexão: *as diferenças culturais só podem ser livremente elaboradas e democraticamente mediadas tendo como base a igualdade social.*

Nesse sentido, as duas abordagens são vítimas de uma história ainda desconhecida. Com a sabedoria do olhar retrospectivo, podemos ver agora que ambas são assombradas pelo antigo debate sobre a igualdade e a diferença. O fato deste debate não ter sido resolvido trouxe uma problemática truncada às atuais discussões. Tanto o antiessencialismo como o multiculturalismo tentaram corrigir as falhas do feminismo da diferença, mas elas permanecem nos mesmos termos dele. Ambos se restringem ao plano da cultura, a qual discutem abstraindo das relações sociais e das estruturas sociais, inclusive a economia política. Ambos tentam elaborar uma política cultural da diferença abstraindo de uma política social de igualdade. Em outras palavras, ambos reprimem *as intuições* do feminismo da igualdade a respeito da necessidade da participação igual e da distribuição justa. Como resultado, ambos perdem os recursos necessários para estabelecer distinções políticas cruciais. Nem um nem outro pode, portanto, sustentar uma política viável em um período de reivindicações múltiplas e interseccionadas de diferença. Nem um nem outro serve de modelo para uma concepção de democracia radical que seja digna de crédito.

O que podemos aprender com essa história? Como podemos usar essas lições para desenvolver uma noção de democracia radical digna de crédito? Para onde devemos ir a partir daqui?

Gostaria de concluir propondo três teses.

Primeiro, não há como retornar ao antigo debate sobre a igualdade e a diferença no sentido de um foco exclusivo em um único eixo de diferença. O deslocamento da "diferença de gênero" para as "diferenças entre as mulheres" e as "múltiplas diferenças interseccionadas" foi um ganho incontornável, mas isso não significa que devemos simplesmente esquecer o antigo debate. Ao contrário, precisamos construir um novo debate sobre a igualdade e a diferença, um debate orientado para as múltiplas diferenças interseccionadas. Em outras palavras, precisamos reconectar a problemática da diferença cultural com a problemática da igualdade social.

Segundo, não há como retornar às compreensões essencializadas de identidade e diferença. A visão antiessencialista de identidades e diferenças como construídas relacionalmente representa um ganho incontornável, mas isso não significa que devamos subscrever exclusivamente às políticas desconstrutivas. Ao contrário, devemos desenvolver uma noção alternativa de antiessencialismo que nos permita unir uma política cultural antiessencialista de reconhecimento a uma política social igualitária de redistribuição.

Terceiro, não há como retornar à perspectiva monocultural segundo a qual há apenas uma forma valiosa de ser humano. A perspectiva multicultural de uma multiplicidade de formas culturais representa um ganho incontornável, mas isso não significa que devemos subscrever a versão pluralista do multiculturalismo. Ao contrário, devemos desenvolver uma versão que nos permita fazer juízos normativos sobre o valor das diferentes diferenças, questionando sua relação com a desigualdade.

Em suma, temos de encontrar uma forma de combinar a luta por um multiculturalismo antiessencialista com a luta pela igualdade social. Só então poderemos desenvolver um modelo de democracia radical que seja digno de crédito e uma política que seja adequada à nossa época. Uma palavra de ordem promissora para esse projeto é: "Nenhum reconhecimento sem redistribuição"[14].

---

[14] Para uma primeira tentativa de lidar com algumas implicações desse projeto, ver "Da redistribuição ao reconhecimento?" neste volume.

8. Cultura, economia política e diferença:

sobre *Justice and the Politics of Difference*, de Iris Young

A dissociação prática entre as políticas de reconhecimento e as políticas de redistribuição na vida social possui uma contraparte teórica na vida intelectual. Hoje, na vida do espírito, os teóricos das políticas culturais dão pouca atenção ao trabalho dos teóricos das políticas sociais, que, por sua vez, parecem satisfeitos em retribuir o favor. Na filosofia política, por exemplo, os teóricos da justiça distributiva tendem a simplesmente ignorar a política de identidade, pressupondo, ao que parece, que se trata de uma falsa consciência. Do mesmo modo, teóricos do reconhecimento tendem a ignorar a distribuição, como se a problemática da diferença cultural não tivesse nada que ver com a igualdade social. Em suma, os dois lados costumam evitar as principais questões na ordem do dia: qual a relação entre redistribuição e reconhecimento? Trata-se de duas concepções distintas de justiça, que dizem respeito a paradigmas teóricos distintos? Ou uma única teoria abrangente pode abarcar ambas? No nível da prática política, as demandas por reconhecimento prejudicam as demandas por redistribuição? Ou é possível perseguir ambas simultaneamente, sem uma interferir na outra[1]?

Publicado em 1990, o livro de Iris Marion Young *Justice and the Politics of Difference* [Justiça e políticas da diferença] é praticamente o único a discutir essas

---

[1] Este capítulo é uma versão revisada de um trabalho apresentado na sessão "Author Meets Author", no encontro da Seção Leste da American Philosophical Association (Washington, 29 de dezembro de 1992). Agradeço ao Grupo de Trabalho sobre o Status das Mulheres pela organização da sessão. Agradeço também ao Center for Urban Affairs and Policy Research, da Northwestern University, e ao Institut für Wissenschaften vom Menschen em Viena pelo apoio à pesquisa. Por fim, agradeço a Jane Mansbridge, Linda Nicholson, Erik Olin Wright, Eli Zaretsky e aos editores do *Journal of Political Philosophy* pelos valiosos comentários às versões anteriores.

questões[2]. Não que ele as tenha formulado exatamente nesses termos. Mas o livro de Young é singular – e digno de nota – à medida que tenta ser "bifocal". Visa apresentar uma teoria da justiça capaz de abarcar tanto as reivindicações de redistribuição quanto de reconhecimento, tanto de igualdade quanto de diferença, tanto de cultura quanto de economia política. Só por isso, o livro já representa um importante avanço para a teoria política.

Integrar reconhecimento e redistribuição em uma única teoria não é, porém, tarefa fácil. O esforço de Young não está livre de dificuldades. No que se segue, analisarei tensões não resolvidas entre a dimensão cultural e a dimensão político-econômica de seu quadro teórico. Ao identificar algumas ambiguidades em muitas de suas concepções centrais, argumento que Young mistura inconscientemente elementos dos dois paradigmas, mas não consegue integrá-los com sucesso. Além disso, como ela não analisa a fundo as relações entre esses paradigmas, um acaba interferindo no outro. As dificuldades se tornam particularmente sérias, a meu ver, quando Young procura defender uma versão genérica, indiferenciada e acrítica das políticas da diferença, o que não condiz com seu compromisso declarado com as políticas de redistribuição.

Minha discussão se divide em seis seções. Na primeira, apresento os contornos gerais da preocupação "bifocal" de Young com a cultura e a economia política. Em seguida, nas seções dois, três e quatro, examino suas concepções de opressão e grupo social e as "cinco faces da opressão". Na quinta seção, examino algumas aplicações no mundo real. Na sexta e última seção, rejeito a defesa indiscriminada das políticas da diferença por Young e proponho uma alternativa mais diferenciada.

A PREDOMINÂNCIA DO RECONHECIMENTO EM UM ESQUEMA BIFOCAL

Young não utiliza os termos "reconhecimento" e "redistribuição". Na verdade, ela afirma rejeitar o tipo de dualismo categorial que divide as questões de justiça desse modo; ela prefere uma classificação alternativa de opressão em cinco dimensões cujo objetivo é evitar a distinção entre cultura e economia política. Além disso, critica explicitamente o que chama de "paradigma distributivo" de justiça e presume que seu quadro teórico o supera.

Entretanto, um interesse bifocal no reconhecimento e na redistribuição atravessa *Justice and the Politics of Difference*. A concepção de opressão de Young abarca

---

[2] Iris Marion Young, *Justice and the Politics of Difference* (Princeton, Princeton University Press, 1990).

tanto as injustiças enraizadas na economia política (como a exploração) quanto as injustiças enraizadas na cultura (como o "imperialismo cultural"). Ela acompanha, portanto, o pensamento "pós-socialista" dos movimentos sociais contemporâneos, dando considerável atenção à cultura. Ainda assim, Young se recusa a acompanhar os culturalistas extremados que descartam completamente o foco na economia política. Ela insiste em manter também certo interesse "quase socialista" nessa problemática. É esse foco dual, esse interesse no reconhecimento e na redistribuição, que caracteriza a originalidade – e a promessa – de seu livro.

A crítica de Young ao "paradigma distributivo", portanto, não deve ser tomada por seu valor de face. A meu ver, aliás, essa crítica é ambígua e confusa. Em um primeiro sentido, ela retoma a objeção marxiana às abordagens que se concentram exclusivamente em padrões finais de alocação de bens e posições tangíveis entre indivíduos, tais como renda, emprego ou cargos, e negligenciam os processos estruturais subjacentes que produzem esses padrões. Aqui, o alvo da crítica é o "ponto de vista da distribuição", em oposição ao "ponto de vista da produção". Em um segundo sentido, entretanto, Young retoma a objeção de Amartya Sen às abordagens que se concentram na distribuição de mercadorias, e não nas capacidades, e, desse modo, tipificam as pessoas como consumidoras passivas, e não como agentes[3]. Aqui, a crítica não visa a própria distribuição, mas a distribuição dos bens errados. Em um terceiro sentido, por fim, a crítica de Young se volta precisamente para abordagens como as de Sen, que tratam os bens não tangíveis (como as capacidades) como foco e objeto de distribuição. Aqui, o alvo é a "reificação".

Independentemente do modo como resolveríamos essas ambiguidades, o que importa é: nenhuma das objeções de Young ao "paradigma distributivo" constitui um argumento convincente contra as abordagens que avaliam a justiça dos arranjos sociais em termos de distribuição de vantagens e desvantagens econômicas. Embora sejam feitas do "ponto de vista da distribuição", essas avaliações não significam que os remédios limitem a medidas como a equiparação de renda por meio de uma tributação redistributiva que modifica os padrões finais de alocação sem alterar os mecanismos estruturais profundos que os geram[4]. Ao contrário, esses remédios podem fornecer boas razões para que condenemos a "estrutura básica" subjacente

---

[3] Ver, por exemplo, Amartya Sen, *Commodities and Capabilities* (Amsterdã, North Holland, 1985).

[4] Em "Da redistribuição ao reconhecimento?" (neste volume), faço distinção entre esse tipo de redistribuição "afirmativa" e a redistribuição "transformadora", que altera os padrões finais de distribuição quando altera precisamente o quadro subjacente que os produz. O importante aqui é que, quando rejeitamos a redistribuição afirmativa em favor da transformadora, não rejeitamos a redistribuição *tout court*; optamos por um tipo diferente de redistribuição.

a uma sociedade e para que busquemos transformá-la como um todo. A própria Young faz avaliações como essa ao longo de seu livro. Em geral ela acompanha Sen e define o desfavorecimento e o favorecimento econômicos em termos de capacidades. Isso, entretanto, a coloca diretamente no interior do paradigma distributivo, concebido em sentido amplo, a despeito de suas ressalvas à reificação. Mesmo se contrapondo à extensão do paradigma distributivo para questões de justiça cultural, Young não pode escapar dele no que diz respeito à justiça socioeconômica. Na verdade, como pretendo mostrar, o que Young faz é acrescentar uma segunda problemática, a do reconhecimento, ao paradigma distributivo. Assim, apesar das ressalvas explícitas da autora, a redistribuição permanece relevante em *Justice and the Politics of Difference*.

Se a redistribuição é uma presença implícita no livro de Young, o reconhecimento constitui seu centro gravitacional. O paradigma do reconhecimento predomina inegavelmente no livro, refletindo a identificação de Young com os "novos" movimentos sociais contemporâneos. Seu objetivo declarado é, de fato, explicar e defender a teoria da justiça implícita nas práticas políticas de movimentos como o feminismo, a libertação gay e lésbica e o antirracismo. O que distingue esses movimentos, tal como Young os apresenta, é sua compreensão da cultura dominante como um lócus de opressão, sua rejeição do "ideal da assimilação" e sua demanda de reconhecimento da diferença. A teorização do reconhecimento cultural é, portanto, o centro do projeto de Young.

Como resultado, a autora coloca um desafio a teorias que excluem o âmbito da cultura do escopo da justiça. Young apresenta uma defesa convincente da posição segundo a qual as imagens dominantes, as associações simbólicas e as interpretações de uma cultura podem depreciar e degradar injustamente certos grupos sociais; essa depreciação cultural pode se manifestar até mesmo em reações inconscientes ou pré-conscientes de aversão corporal na vida cotidiana, de modo a constituir sérios danos. Assim, portanto, a cultura pode ser opressiva e injusta. Nenhuma teoria da justiça pode, com justiça, ignorar esse fato.

Young também acompanha os movimentos sociais contemporâneos na defesa da "política da diferença". Por "política da diferença" ela se refere a uma "revolução cultural" por meio da qual as diferenças dos grupos sociais deixam de ser vistas como desvios de uma única norma e, em vez disso, passam a ser vistas como variações culturais. Desse modo, longe de tentar abolir essas diferenças, ela procura preservá-las e afirmá-las. A política da diferença é tão central em sua abordagem que aparece no próprio título de seu livro. Trata-se de sua versão específica e preferida da política de reconhecimento.

Apesar do contínuo interesse de Young pelas políticas de redistribuição, seu foco prioritário são as políticas de reconhecimento, às quais ela retorna em quase todos os capítulos de seu livro. O tratamento dado por ela à economia política, em compensação, é um tanto apressado. Como veremos, ao menos três das cinco formas de opressão identificadas por Young baseiam-se na economia política; porém, ela analisa esse campo em apenas um capítulo – aquele que critica o "mito do mérito" e a divisão entre o trabalho de definição das tarefas e o trabalho de execução dessas tarefas. Em contrapartida, quase todos os outros capítulos se concentram prioritariamente na opressão cultural e na "política da diferença" como seu remédio.

Mas o predomínio do paradigma cultural sobre o paradigma político-econômico não é apenas uma questão de quantidade de páginas. Ele pode ser identificado também em algumas concepções categoriais centrais de Young, assim como em algumas tensões não resolvidas entre a dimensão cultural e a dimensão político-econômica de seu quadro teórico.

Definindo a opressão

Consideremos, primeiro, a definição geral de Young da opressão como uma "restrição institucional ao autodesenvolvimento"[5]. Ser oprimido, para ela, é ser impedido de "desenvolver e exercer suas próprias capacidades e expressar suas próprias experiências"[6]. De modo mais elaborado:

> A opressão consiste em processos institucionais sistemáticos que impedem que algumas pessoas aprendam e utilizem competências satisfatórias e expansivas em espaços socialmente reconhecidos, ou ainda, em processos institucionais que cerceiam a habilidade das pessoas de brincar e se comunicar com os outros ou de expressar seus sentimentos e perspectivas sobre a vida social em contextos em que sejam escutadas.[7]

Há muitos elementos interessantes e intrigantes nessa definição. A ênfase nas capacidades, por exemplo, faz uma correção bem-vinda nas abordagens que se concentram na distribuição de recursos e consideram implicitamente as pessoas como consumidores inertes. Como observei, isso lembra o argumento de Amartya Sen em *Commodities and Capabilities* [Mercadorias e capacidades].

---

[5] Iris Marion Young, *Justice and the Politics of Difference*, cit., p. 37.
[6] Idem.
[7] Ibidem, p. 38.

Para os meus propósitos, entretanto, gostaria de me concentrar em outro ponto: o caráter duplo ou bipartite dessa definição de opressão, o modo como uma de suas faces está voltada para os problemas da cultura e a outra para os problemas da economia política. A face cultural da definição é evidente nas passagens que dizem respeito às restrições à "expressão de suas próprias experiências" e aos processos que "cerceiam a habilidade das pessoas de brincar e se comunicar com os outros ou de expressar seus sentimentos e perspectivas sobre a vida social em contextos em que sejam escutadas". Essas passagens definem a opressão como um cerceamento da expressão e da comunicação, enraizado na falta de reconhecimento cultural. A face político-econômica, por sua vez, aparece nas passagens sobre as restrições ao "desenvolvimento e ao exercício de suas próprias capacidades" e sobre os "processos institucionais sistemáticos que impedem que algumas pessoas aprendam e utilizem competências satisfatórias e expansivas em espaços socialmente reconhecidos". Essas passagens definem a opressão como cerceamento do desenvolvimento de competências expansivas, enraizada na falta de equidade na divisão do trabalho.

Vemos aqui o foco duplo de Young na redistribuição e no reconhecimento. Ela procurou conjugar cultura e economia política em uma única definição de opressão, ainda que bipartite. Os dois lados, porém, não estão adequadamente integrados um ao outro. Há uma tensão não resolvida na definição. A dimensão cultural indica que as capacidades e as habilidades das pessoas oprimidas permanecem essencialmente intactas e não danificadas; elas sofrem sobretudo com o não reconhecimento e a subvalorização dos modos de expressão cultural específicos de seus grupos. A face político-econômica, por sua vez, indica que certas capacidades e habilidades dos oprimidos, que levam ao desenvolvimento de competências, foram atrofiadas ou não efetivadas; as pessoas oprimidas sofrem de falta de oportunidade de crescer, aprender e aprimorar suas competências em trabalhos socialmente valorizados. A face cultural da definição é um problema de subvalorização; já a face político-econômica é um problema de subdesenvolvimento.

Esses dois modos de compreender a opressão estão claramente em tensão um com o outro. E essa tensão tem consequências políticas significativas. Os arranjos que afirmam positivamente a cultura dos grupos oprimidos são um remédio plausível para a face cultural da opressão. Porém, não são tão plausíveis como remédio para a face político-econômica. Para solucionar essa face da opressão, são necessárias oportunidades de autodesenvolvimento. Em resumo, o reconhecimento da diferença cultural não substitui a redistribuição. Em alguns casos, como veremos, o reconhecimento pode interferir na redistribuição.

Young não parece notar esse problema, mas ele aparece diversas vezes ao longo do livro. Não apenas a opressão, mas outras concepções-chave evidenciam essa estrutura bipartite. Também nelas, como veremos, os elementos culturais e político-econômicos são inconscientemente misturados, mas não são bem integrados. Consequentemente, também essas concepções mostram tensões teóricas que, em última análise, colocam em questão a política da diferença de Young.

Definindo um grupo social

Consideremos, como exemplo, a concepção de grupo social apresentada por Young. Para ela, os grupos são as entidades que sofrem a opressão. Os indivíduos são oprimidos por pertencer a grupos oprimidos. Além disso, os grupos são anteriores aos indivíduos, na medida em que são constitutivos das identidades individuais. No sentido empregado por Young, portanto, os grupos não são nem agregados, classificados externamente por um observador com base em similaridades objetivas, nem associações voluntárias, às quais os indivíduos podem se associar ou não, sem mudar sua identidade. Segundo Young, "um grupo social é um coletivo de pessoas que se diferencia de pelo menos outro grupo por seus *modos de vida, práticas ou formas culturais*. Os membros de um grupo têm uma afinidade específica uns com os outros *em razão da semelhança em seu modo de vida*, o que os leva a se associar entre si mais do que com aqueles que não se identificam com o grupo ou o fazem de modo diferente"[8]. Em outro trecho, ela diz: "um grupo social é um coletivo de pessoas que possuem afinidade entre si *em razão de um conjunto de práticas ou modos de vida*. Elas se diferenciam ou são diferenciadas por pelo menos um outro grupo, *de acordo com essas formas culturais*"[9].

Essa concepção tem muitos elementos intrigantes. Por exemplo, ela nitidamente evita os dilemas associados à clássica distinção marxista entre classe em si, definida por sua posição estrutural objetiva, e classe para si, definida como a correta consciência subjetiva do grupo acerca de sua posição objetiva. A ideia de Young de um grupo por afinidade não é redutível nem a uma posição objetiva

---

[8] Ibidem, p. 43, grifo meu.
[9] Ibidem, p. 186, grifo meu. Young também oferece outra definição: "O que faz com que um grupo seja um grupo é um processo social de interação e diferenciação no qual algumas pessoas passam a ter uma afinidade específica entre si. Meu grupo de afinidade em uma dada situação social inclui *as pessoas com as quais me sinto mais confortável, que me são mais familiares*. Afinidade nomeia o modo de *compartilhar pressupostos, vínculos afetivos e redes* que diferenciam de forma reconhecível os grupos uns dos outros" (*Justice and the Politics of Difference*, cit., p. 172, grifo meu).

nem ao seu reflexo na consciência. Trata-se, ao contrário, de um senso vivido de conexão e diferenciação.

Então como surge a diferenciação de grupo? Em que precisamente se baseia a afinidade vivida? Nas passagens citadas acima, Young se refere ora a "formas culturais", ora a "modos de vida", ora a "experiências similares", ora a "conjunto[s] de práticas". Essas expressões, embora um tanto vagas, sugerem que os grupos podem se formar de muitos modos distintos e a partir de uma multiplicidade de bases diferentes. E, de fato, em outro ponto do livro, Young apresenta vários cenários diferentes. Ela observa que, em certos casos, as afinidades que constituem um grupo social advêm simplesmente de formas culturais compartilhadas; grupos étnicos são um exemplo. Em outros casos, no entanto, Young afirma que as afinidades de grupo podem advir da posição que as pessoas compartilham na divisão do trabalho; e, aqui, é interessante que ela mencione o gênero como exemplo. Em outros casos ainda, ela indica que as afinidades podem advir de uma experiência de hostilidade externa, mesmo na ausência de uma cultura ou posição compartilhada na divisão do trabalho. Esse tipo de grupo de afinidade se estabelece quando outro grupo rotula certas pessoas como "outros" a partir de fora e passa a oprimi-las; aqui, Young cita o exemplo dos judeus alemães assimilados sob o nazismo.

Uma vez mais, constatamos que Young invoca uma concepção única – o grupo social – para dar conta de fenômenos culturais e político-econômicos. Assim, sua concepção de grupo social também é bipartite. Engloba tanto os modos de coletividade enraizados na cultura (como etnicidade) quanto os modos de coletividade enraizados na economia política (como classe). Young não parece ver necessidade em manter essa distinção. Para os nossos propósitos, porém, evitaremos dissolvê-las, ao menos até que possamos interrogá-las.

Permito-me introduzir, então, a seguinte terminologia: na medida em que a afinidade de grupo repousa sobre formas culturais compartilhadas, denominarei o resultado "grupo baseado na cultura". Em contrapartida, quando a afinidade repousar sobre uma posição comum na divisão do trabalho, denominarei o resultado "grupo baseado na economia política"[10]. Repito: o modelo mais conhecido de grupo baseado na cultura é o grupo étnico. O modelo mais claro de grupo baseado na economia política são as classes, em especial a experiência vivida da classe social, teorizada por Pierre Bourdieu como "*habitus* de classe", que não se restringe às

---

[10] Outra possibilidade é a afinidade enraizada simultaneamente na cultura e na economia política. Considero essa possibilidade em "Da redistribuição ao reconhecimento?" (neste volume), sob a denominação de "coletividade bivalente".

classes tal como são pensadas pelo marxismo[11]. No quadro teórico de Young, como vimos, essa distinção desaparece. Não obstante, na medida em que engloba grupos baseados na cultura e grupos baseados na economia política, sua concepção de grupo social é bipartite.

O caráter bipartite da concepção de Young é ao mesmo tempo instigante e problemático. A atração decorre do caráter sedutor da parcimônia, isto é, da possibilidade de uma única concepção abarcar modos distintos de coletividade. A dificuldade é a possibilidade de essa concepção não fazer justiça a todos. Por exemplo, distinções conceituais importantes poderiam se perder, caso gêneros, "raças", grupos étnicos, sexualidades, nacionalidades e classes sociais fossem assimilados a um modelo único de afinidade de grupo. Ou um modelo de coletividade poderia predominar implicitamente, e suas características distintivas poderiam ser projetadas como características de todos os grupos sociais, ou ainda outros modos de coletividade poderiam ser distorcidos.

De fato, é isso que ocorre na argumentação de Young. Ela privilegia implicitamente o grupo social baseado na cultura. Consequentemente, o grupo étnico se torna sub-repticiamente o paradigma não apenas das coletividades – como a dos judeus, dos americanos de ascendência irlandesa e dos ítalo-americanos, em que é claramente apropriado –, mas também se torna o paradigma das coletividades de gays, lésbicas, mulheres, afro-americanos, idosos, pessoas com deficiência, indígenas e pessoas da classe trabalhadora, em que ele produz distorções.

Infelizmente, as consequências políticas são desastrosas. A política da diferença adotada por Young é uma visão de emancipação particularmente adequada para os grupos étnicos. Quando as diferenças em questão são as das culturas étnicas, é plausível considerar, à primeira vista, que a justiça poderia ser alcançada por meio da afirmação dessas diferenças e, portanto, por meio da promoção da diversidade cultural. Quando, em contrapartida, as diferenças culturais são ligadas a posições mais ou menos desejáveis na economia política, a política da diferença pode estar fora do lugar. Nesse caso, a justiça talvez exija precisamente o enfraquecimento da diferenciação de grupo, por exemplo, por meio da reestruturação da divisão de trabalho. A redistribuição poderia eliminar a necessidade de reconhecimento.

É verdade, porém, que pensar o caráter de grupo oprimido a partir da etnicidade se encaixa na autocompreensão de muitos dos movimentos sociais apoiados por

---

[11] Sobre o *habitus* de classe, ver, por exemplo, Pierre Bourdieu, *Distinction: A Social Critique of the Judgment of Pure Taste* (Cambridge, Harvard University Press, 1984) [ed. bras.: *A distinção: crítica social do julgamento*, trad. Daniela Kern e Guilherme Teixeira, Rio de Janeiro, Zouk, 2006].

Young. Assim, estabelecendo-se nessa concepção, ela alcança o objetivo declarado de articular as teorias implícitas desses grupos. Mas, ao mesmo tempo, como esses movimentos podem se equivocar sobre si mesmos, Young se arrisca a reproduzir autocompreensões equivocadas. Ao chamar atenção para isso, meu objetivo é assinalar uma preocupação mais ampla com posições teóricas que se identificam tão profundamente com seus temas que não poderiam ser críticas a suas autocompreensões.

Igualmente problemático é o fato de que há algo especificamente, e mesmo fundamentalmente, "americano" nesse modo de compreender as coletividades. Onde mais, a não ser nos Estados Unidos, a etnicidade ofusca com tanta frequência a classe, a nação e o partido? Isso, é claro, não é uma crítica definitiva do conceito de grupo social de Young, mas deveria permitir que parássemos para pensar na possibilidade de sua aplicação.

As cinco faces da opressão

Já ressaltei que Young desaprova o tipo de dualismo categorial que tento explicitar em seu livro. No lugar desse dualismo, ela propõe uma classificação das opressões em cinco partes cujo propósito é embaralhar a distinção entre cultura e economia política. Nesta seção, examino seu esquema de classificação e tento mostrar que também ele é implicitamente bipartite.

A classificação de opressões proposta por Young talvez seja a parte mais interessante de seu livro. Com ela, a autora busca contornar as dolorosas e improdutivas contendas entre os grupos oprimidos para estabelecer se sua opressão é "primária" ou meramente "secundária" e, portanto, quem deve ter prioridade na luta política e quem deve ficar em banho-maria. Sua originalidade está na reconceitualização do que significa teorizar a opressão. Em vez de classificar as opressões a partir de quem as sofre, e distingui-las em sexismo, racismo, capacitismo e homofobia, Young classifica os diferentes tipos de cerceamento de capacidades. Apenas nesse momento ela pergunta que grupo(s) sofre(m) que tipo(s) de opressão. Essa abordagem gera cinco "faces" ou formas diferentes de opressão que podem estar ligadas aos grupos ou isoladamente, ou em combinações e variações diversas. Qualquer uma dessas formas é condição suficiente para definir um grupo como oprimido; nenhuma delas é uma condição necessária.

De modo sucinto, as cinco formas de opressão identificadas por Young são:

1) *Exploração*, definida como uma relação estrutural por meio da qual algumas pessoas exercem suas capacidades sob o controle de outras, segundo os objetivos e em benefício destas, aumentando assim significativamente seu poder. A explora-

ção, para Young, não se restringe às relações de classe marxianas; ela também possui formas específicas de gênero e "raça", e ocorre tanto em atividades não remuneradas quanto no trabalho assalariado[12]. O remédio para a exploração, segundo Young, é a reestruturação radical da economia política e da cultura.

2) *Marginalização*, definida como o banimento ou exílio do sistema de trabalho e da participação útil na vida social. Segundo Young, o conjunto daqueles que sofrem marginalização inclui as subclasses racialmente marcadas, os idosos, os jovens, os deficientes, as mães solteiras e seus filhos. O dano causado por esse tipo de opressão compreende, além de privação material, diminuição dos direitos de cidadania e perda de oportunidades de desenvolvimento e exercício de capacidades de maneira socialmente reconhecida. O remédio é a reestruturação político-econômica.

3) *Impotência*, definida como a condição de uma pessoa sobre a qual outros exercem poder, mas que, por sua vez, não exerce poder sobre eles; em outras palavras, é ter de obedecer a ordens sem estar nunca em condição de dá-las ela própria; ocupar uma posição na divisão do trabalho com poucas oportunidades de desenvolver e exercer suas competências; estar sujeita a tratamento desrespeitoso em decorrência do baixo status de sua ocupação; ser vista como alguém que não possui "respeitabilidade". Segundo Young, trabalhadores não profissionalizados sofrem essa forma de opressão. O remédio é uma reestruturação radical da divisão de trabalho, que elimine a divisão entre o trabalho de definição das tarefas e o trabalho de execução dessas tarefas.

4) *Imperialismo cultural*, definido como a universalização e o estabelecimento da experiência e da cultura do grupo dominante como norma, o que leva à invisibilização da perspectiva do grupo oprimido e, ao mesmo tempo, que coloca, de modo estereotipado esse grupo como o Outro. Mulheres, afro-americanos, indígenas, gays, lésbicas e muitos outros grupos sofrem o imperialismo cultural na sociedade estadunidense contemporânea. O melhor remédio para essa forma de opressão, segundo Young, é a "política da diferença", isto é, atenção e afirmação das diferenças de grupo.

5) *Violência*, definida como suscetibilidade a ataques sistemáticos, mesmo que aleatórios, irracionais, inconscientemente motivados e socialmente tolerados, contra pessoas e bens de membros de um grupo. Inclui ataques físicos, mas também assédio, intimidação e ridicularização. A violência, segundo Young, está intimamente

---

[12] Para uma abordagem que utiliza ferramentas da teoria dos jogos para elaborar uma concepção de exploração que se aplica ao gênero e à classe, ver Alan Carling, *Social Division* (Londres, Verso, 1991).

ligada ao imperialismo cultural. Muitos grupos que sofrem o imperialismo cultural também sofrem violência; são exemplo gays e lésbicas, judeus, afro-americanos, latinos e mulheres. O remédio aqui também é uma revolução cultural: mudanças na imagem, nos estereótipos e nos gestos ordinários da vida cotidiana, nos quais as pessoas oprimidas se defrontam com reações de aversão à sua presença física.

Todas essas cinco definições de formas de opressão são muito interessantes e mereceriam atenção individual. Aqui, contudo, considerarei apenas a configuração geral. Young apresenta as cinco definições como faces distintas da opressão e se recusa a explorar possíveis conexões entre elas. Podemos notar, no entanto, que elas se dividem em dois grupos. Exploração, marginalização e impotência estão enraizadas na economia política: envolvem um cerceamento do tipo de autodesenvolvimento que Young acredita advir do trabalho significativo, que aprimora competências e é socialmente valorizado. O imperialismo cultural e a violência, em contrapartida, estão enraizados na cultura, de acordo com Young, e envolvem cerceamentos à expressão e comunicação.

Temos aqui mais um esquema bipartite: algumas opressões (exploração, marginalização e impotência) estão enraizadas na economia política; outras (imperialismo cultural e violência) estão enraizadas na cultura. Young não faz essa distinção, mas, para os meus objetivos, é útil desenvolvê-la. Gostaria de introduzir a seguinte terminologia: os casos da opressão que estão enraizados na economia política serão chamados de "opressões economicamente arraigadas"; aqueles enraizados na cultura, por sua vez, serão chamados de "opressões culturalmente arraigadas".

Cada uma dessas duas grandes categorias de opressão tem sua própria grande categoria de remédios. O remédio para as opressões culturalmente arraigadas (imperialismo cultural e violência) é, de acordo com Young, a revolução cultural. Isso significa demolir a ideia de um conjunto único e universal de normas culturais e afirmar a diferença e o pluralismo culturais. O principal remédio para as opressões economicamente arraigadas, por outro lado, é a reestruturação radical da divisão do trabalho. Isso significa, por exemplo, eliminar a divisão entre o trabalho de definição das tarefas e o trabalho de execução dessas tarefas, e assegurar atividades socialmente valorizadas, que permitam o aprimoramento de suas competências.

Cada um desses remédios parece adequado para a correção de sua respectiva opressão – se respeitássemos as definições de Young. Mas há uma tensão potencialmente incapacitante entre elas. Enquanto o remédio para as opressões culturalmente arraigadas promove a diferenciação entre os grupos, o remédio para as opressões economicamente arraigadas pode enfraquecê-la. Por conseguinte, em alguns casos, o efeito dos dois remédios será contraditório.

O problema se torna evidente quando consideramos mais atentamente as opressões do imperialismo cultural e da violência. Como vimos, as definições de Young indicam que ambos são culturalmente arraigados e, portanto, podem ser solucionados por políticas da diferença. Isso, entretanto, é um argumento circular.

Consideremos, em primeiro lugar, que a definição de imperialismo cultural de Young contém uma importante ambiguidade. Ela define essa opressão como a universalização da cultura particular do grupo dominante, mas não especifica as razões para que esse grupo domine. Uma possibilidade, sem dúvida, é que essa dominação consista precisamente no fato de que a cultura desse grupo é universalizada; nesse caso, a opressão do imperialismo cultural seria culturalmente arraigada. Outra possibilidade, no entanto, é que a dominação exercida pelo grupo surja de outro modo, por exemplo, pela superordenação da economia política, a qual oferece a base da universalização da cultura do grupo; nesse caso, o imperialismo cultural é economicamente arraigado[13]. No primeiro caso, a afirmação da diferença cultural é um remédio plausível para a opressão. No segundo, porém, é necessário reestruturar a economia política. Nesse caso, a política da diferença poderia ser contraproducente, porque tende a preservar aquelas diferenças de grupo que poderiam ser enfraquecidas pela redistribuição. Em suma, o reconhecimento prejudicaria a redistribuição.

Há problemas análogos em relação à opressão da violência. Como vimos, segundo a definição de Young, a violência está intimamente ligada ao imperialismo cultural, pois é promovida pela alterização cultural. Essa definição também contém ambiguidades. Em alguns casos, a violência pode estar vinculada a processos autônomos de alterização cultural; um exemplo é a violência contra gays. Em outros casos, porém, a violência pode ser promovida por formas de alterização cultural que estão enraizadas na economia política; um exemplo é o linchamento de negros no Sul na época das leis Jim Crow*. Em outros casos, por fim, a violência pode advir diretamente da opressão político-econômica, com pouca ou nenhuma alterização cultural; um exemplo é a violência contra

---

[13] Há outras possibilidades também. A dominação de um grupo pode estar enraizada na superioridade numérica, na superioridade militar e/ou na dominação política; qualquer uma delas poderia dar origem à dominação cultural. Para simplificar, deixo essas outras possibilidades de lado.

* As leis Jim Crow, que vigoraram em diversos estados do Sul dos Estados Unidos, estabeleceram a segregação racial em diversas instalações e repartições públicas, como escolas, hospitais e transportes, mas também em banheiros públicos, restaurantes etc. Também restringiam o acesso da população negra ao voto. As leis foram revogadas apenas na segunda metade do século XX, com a Lei dos Direitos Civis (1964) e a Lei dos Direitos de Voto (1965). (N. T.)

trabalhadores sindicalizados e grevistas (etnicamente majoritários). Segue-se que o melhor remédio para a violência opressiva nem sempre é o reconhecimento da diferença cultural. Embora seja claramente adequada no caso da violência contra gays, a política da diferença seria contraproducente no caso da violência contra grevistas, cuja necessidade primária é a redistribuição. A meu ver, o caso do linchamento é mais complicado, pois ambos, reconhecimento e redistribuição, são necessários. Mesmo assim, é verdade que há uma tensão entre eles e que o reconhecimento pode prejudicar a redistribuição.

Aplicações

A discussão acima sugere que a política da diferença talvez não possa ser aplicada de modo tão global quanto acredita Young. Para exemplificar a multiplicidade de possibilidades, vamos considerar aqui algumas aplicações reais a diferentes casos de grupos oprimidos.

Em primeiro lugar, tomemos o caso dos trabalhadores não profissionalizados. Segundo a abordagem de Young, esses trabalhadores sofrem sobretudo opressão de impotência, embora presumivelmente também de exploração. Em consequência da impotência, esses trabalhadores desenvolvem uma afinidade ou *habitus* de classe que os marca como pessoas sem "respeitabilidade". Portanto, temos um grupo oprimido cuja existência e opressão estão enraizadas na economia política. A política da diferença é apropriada?

A meu ver, a resposta é não. Afinal, é improvável que um grupo por afinidade baseado na experiência compartilhada da impotência e da falta de respeitabilidade sobreviva enquanto grupo se a opressão econômica é solucionada pela redistribuição. Suponhamos, por exemplo, que a divisão entre o trabalho de definição das tarefas e o trabalho de execução dessas tarefas seja abolida. Nesse caso, todo emprego suporia os dois tipos de trabalho, e a divisão de classe entre trabalhadores profissionalizados e trabalhadores não profissionalizados seria abolida. As afinidades culturais que diferenciam os trabalhadores profissionalizados dos não profissionalizados também desapareceriam, uma vez que essa parece ser a única base de sua existência. Assim, uma política de redistribuição que consiga combater a opressão político-econômica da impotência destruiria o grupo enquanto grupo, tal como Marx afirmava que a tarefa do proletariado era abolir a si mesmo enquanto classe. A política da diferença não promoveria a superação da opressão nesse caso. Ao contrário, ao reforçar as especificidades que seriam eliminadas pela redistribuição, a política da diferença prejudicaria a superação da opressão.

Consideremos, em segundo lugar, o caso das mulheres como grupo oprimido. Não estou segura de que as mulheres constituem realmente um grupo, no sentido dado por Young de uma conexão por afinidade ou experiência compartilhada. É inquestionável, porém, que o gênero é um princípio estrutural da divisão do trabalho e, enquanto tal, prejudica as mulheres coletivamente. Consideremos, portanto, os efeitos de uma reestruturação da divisão do trabalho sobre as mulheres enquanto grupo oprimido. Suponhamos, além disso, que um dos objetivos de longo prazo do feminismo é subverter a atual divisão do trabalho por gênero, levando a uma redistribuição radical, e não apenas melhorar a situação das mulheres em seu interior. Se a divisão do trabalho por gênero fosse efetivamente abolida, as afinidades culturais diferenciadas por gênero sobreviveriam? Se não, a política da diferença é um remédio adequado para a opressão das mulheres?

Os contornos desse caso são menos nítidos que os do anterior. Se de fato existem afinidades de gênero, elas poderiam estar ancoradas não na divisão do trabalho, mas na socialização, na cultura e mesmo nas experiências do corpo, como a menstruação. Assim, mesmo uma política bem-sucedida de redistribuição poderia não abolir as mulheres enquanto grupo. Elas ainda seriam culturalmente construídas como diferentes dos homens e, por essa razão, ainda seriam depreciadas e oprimidas em função disso. Talvez uma política da diferença seja necessária aqui, mas isso suscita outro dilema. A luta para solucionar a opressão cultural das mulheres pela afirmação de sua "diferença" no modelo da etnicidade pode ir na contramão da luta para abolir a divisão do trabalho baseada no gênero, que exige diminuir a importância social do gênero. A primeira enfatiza e exagera a diferença de gênero, quando não a cria performativamente, enquanto a segunda reduz essa diferença, quando não a anula de todo.

Consideremos, por fim, o caso dos afro-americanos. Esse caso também parece diferente. Não há muitas razões para acreditarmos que a abolição da divisão racial do trabalho levaria ao desaparecimento do grupo por afinidade, pois esse grupo possui uma base cultural independente. O resultado mais provável seria que uma casta subordinada racializada se transformasse em um grupo étnico. Isso seria uma novidade de certo ponto de vista histórico, pois afro-americanos, tal como os indígenas, nunca foram autorizados a ser apenas mais um grupo étnico.

No meu entender, esses exemplos mostram que uma coletividade socialmente desfavorecida se diferencia significativamente de outras, não apenas quanto aos tipos de desfavorecimento que experimentam, como afirma Young, mas também quanto à base de suas diferenciações e às raízes de sua opressão. Em alguns casos, a reestruturação da economia política parece levar à desdiferenciação dos grupos;

em outros, isso claramente não ocorreria; e, em outros ainda, é difícil prever as consequências.

Se isso estiver correto, a política da diferença não é aplicável globalmente. Em alguns casos, como o dos trabalhadores não profissionalizados, elas simplesmente passam ao largo da natureza do grupo e de sua opressão. Em outros, como os de gays e lésbicas, a política da diferença é crucial para combater a opressão. Os casos mais difíceis são, é claro, aqueles de "raça" e gênero, nos quais são necessários redistribuição e reconhecimento para superar uma opressão complexa, múltipla e de múltiplas raízes. A dificuldade aqui decorre das interferências e tensões reais que surgem quando tentamos afirmar e ao mesmo tempo abolir a diferença. Uma defesa superficial e global das políticas da diferença não nos ajudará a resolver esse problema. Para isso, temos de enfrentar o problema e desenvolver uma teoria *crítica* do reconhecimento.

PARA UMA POLÍTICA DIFERENCIADA DA DIFERENÇA E UMA TEORIA CRÍTICA DO RECONHECIMENTO

Vimos que as "políticas da diferença" têm uma aplicação menos global do que pensa Young. Para alguns grupos e opressões, essa política é claramente apropriada. Para outros, todavia, ela pode ser contraproducente, uma vez que as opressões em questão podem ser mais bem combatidas com o enfraquecimento das condições de existência que diferenciam um grupo enquanto grupo. Classes, sexualidades subordinadas, gêneros, castas subordinadas racializadas e grupos étnicos são tipos conceitualmente distintos de coletividades. A "política da diferença" não é adequada para todos esses grupos. (Nem, é claro, para o que poderíamos denominar "grupos nocivos", como skinheads neonazistas, que certamente são oprimidos segundo os termos de Young, por sofrer marginalização e imperialismo cultural, mas cujas "diferenças" não queremos afirmar.)

É possível aceitar o que foi dito até aqui e, ainda assim, defender a ampla aplicabilidade da política da diferença. É possível sustentar que, mesmo nos casos em que não é um objetivo defensável a longo prazo, essa política é indispensável como estratégia de transição. É possível argumentar, por exemplo, que essa política promove solidariedade de grupo e, portanto, é uma condição necessária para viabilizar qualquer tipo de luta.

É verdade que uma pessoa não consegue se colocar por si mesma quando é paralisada pelo ódio de si. Mas disso não se segue que a afirmação da diferença, tal como Young a entende, seja o único ou o melhor caminho para superar um ódio de si internalizado. Aqui, a história da segunda onda do feminismo é instrutiva. A conscientização radical do fim da década de 1960 e início da década de 1970 ajudou a cicatrizar as feridas, criar solidariedade e mobilizar lutas. Mas não era o tipo de feminismo da diferença que o modelo de Young — que celebra o feminino tradicional — privilegiaria. Além disso, não é evidente que o feminismo da diferença promova de fato um tipo de solidariedade coerente com o objetivo de longo prazo de desbinarização do gênero. Ao contrário, ao afirmar os traços específicos das mulheres brancas de classe média heterossexuais e ao fomentar formas repressivas do que é ou não "apropriado" ao gênero, ele parece ter causado fragmentação e feridas.

Young contrapõe seu ideal da política da diferença ao que chama de "ideal assimilacionista", que, segundo ela, perpetua a opressão. Mas só há de fato essas duas possibilidades? Minha argumentação indica que não. Para explicitar essas outras possibilidades, gostaria de concluir estabelecendo um contraste entre quatro possíveis atitudes diante da "diferença".

1) A primeira é a que Young denomina humanismo: trata-se da visão segundo a qual as diferenças manifestadas pelos membros dos grupos oprimidos decorrem precisamente dos danos causados pela opressão ou das mentiras que racionalizam esses danos. A diferença, em outras palavras, é um artefato da opressão, como no caso do tolhimento de competências e capacidades. A resposta política adequada é aboli-la. Essa é a posição de Catherine MacKinnon a respeito da diferença de gênero[14].

2) Uma segunda posição sobre a diferença é às vezes denominada nacionalismo cultural. No feminismo, ela foi chamada (por Young) de ginocentrismo e, nas políticas antirracistas, de afrocentrismo. Trata-se da visão segundo a qual as diferenças manifestadas pelos membros dos grupos oprimidos são a marca de sua superioridade cultural sobre os opressores. Essas diferenças, como o afeto feminino ou a ligação dos indígenas com a terra merecem ser revalorizadas. Mas isso não significa que elas devem ser celebradas como diferenças. Ao contrário, deveriam ser universalizadas e estendidas àquelas e àqueles que hoje manifestam características inferiores, como a competitividade e o instrumentalismo.

3) Uma terceira posição enxerga a diferença como uma variação cultural. Trata-se da visão segundo a qual as diferenças manifestadas pelos membros dos diferentes grupos não são nem superiores nem inferiores, mas são apenas variações. Elas não devem ser nem eliminadas nem universalizadas, e sim afirmadas como

---

[14] Catherine MacKinnon, "Difference and Dominance", em *Feminism Unmodified: Discourses on Life and Law* (Cambridge, Harvard University Press, 1987).

diferenças; são valiosas enquanto expressões da diversidade humana. Essa é a posição de Young.

4) Uma quarta posição, que eu gostaria de referendar, é a de que há diferentes tipos de diferença. Algumas diferenças são do tipo 1 e deveriam ser eliminadas; outras são do tipo 2 e deveriam ser universalizadas; outras ainda são do tipo 3 e deveriam ser desfrutadas. Dessa posição decorre que podemos fazer juízos sobre que diferenças entram em que categorias. Também implica que podemos fazer juízos normativos sobre o valor relativo das normas, práticas e interpretações alternativas, juízos que poderiam levar a conclusões de inferioridade, superioridade e valor equivalente. Essa posição é contra qualquer política da diferença que seja genérica e indiferenciada. Ela acarreta uma política da diferença mais diferenciada.

Uma visão diferenciada da diferença é uma contribuição importante para a teoria crítica do reconhecimento. Ela pode nos ajudar a identificar, e defender, apenas aquelas versões das políticas da diferença que estejam em consonância com as políticas de redistribuição. Essa abordagem é do tipo de que necessitamos para enfrentar os desafios de nossa época. A tarefa é integrar os ideais igualitários do paradigma da redistribuição com aquilo que há de genuinamente emancipatório no paradigma do reconhecimento.

9. Falsas antíteses:

uma resposta a Seyla Benhabib e Judith Butler

Ao que consta, Seyla Benhabib e Judith Butler debateram a relação do feminismo com o pós-modernismo[1]. No decorrer desse debate, contudo, uma disputa entre "modernidade" e "pós-modernidade" transmutou-se em uma disputa sobre os méritos da Teoria Crítica e do pós-estruturalismo. Benhabib defendeu um feminismo radicado na Teoria Crítica cujas premissas seriam os conceitos de autonomia, crítica e utopia. O feminismo de Butler, em contrapartida, assenta-se em concepções de subjetividade, identidade e agência humana oriundas do pensamento pós-estruturalista. Benhabib alega que as concepções pós-modernas e pós-estruturalistas de subjetividade são incompatíveis com a política feminista; Butler, que concepções como as de Benhabib implicam um fundacionalismo autoritário que é antitético ao projeto feminista. Para complicar ainda mais as coisas, as duas teóricas feministas discordam sobre como deve ser caracterizado seu desacordo. Para Benhabib, o que as divide é a possibilidade de que as afirmações pós-modernas da "morte do homem", da "morte da história" e da "morte da metafísica" sustentem uma política feminista. Para Butler, a questão é se o pós-modernismo realmente existe fora das fantasias paranoides daqueles que buscam fundamentos seguros para a política feminista em noções metafísicas não problematizadas.

Como fica evidente, Benhabib e Butler não discordam apenas sobre o pós-modernismo, elas discordam também sobre os méritos da Teoria Crítica e do

---

[1] Seyla Benhabib. "Feminism and the Question of Postmodernism", e Judith Butler, "Contingent Foundations: Feminism and the Question of 'Postmodernism'", ambos em Seyla Benhabib et al., *Feminist Contentions: A Philosophical Exchange* (Nova York, Routledge, 1994), p. 17-58 [ed. bras.: *Debates feministas: um intercâmbio filosófico*, trad. Fernanda Veríssimo, São Paulo, Ed. Unesp, 2018].

pós-estruturalismo. À primeira vista, suas perspectivas parecem se opor de modo irreconciliável. E, sem dúvida, uma acredita que sua posição exclui a da outra. Desse modo, a despeito de seus diversos desacordos, elas concordam em um ponto. Ambas presumem que a única maneira de resolver essa disputa é escolher ou Teoria Crítica ou o pós-estruturalismo – as feministas não podem de modo algum ter as duas coisas. Mas é essa realmente a única possibilidade? A aparente necessidade de se optar por uma abordagem, rejeitando-se a outra, cria dificuldades para teóricas que, como eu, pensam que os dois paradigmas têm algo importante a oferecer às feministas.

Defendo que as feministas não têm de escolher entre a Teoria Crítica e o pós-estruturalismo; em vez disso, poderíamos reconstruir cada uma dessas abordagens de modo a reconciliá-las. Assim, no que se segue, argumento que a disputa entre Benhabib e Butler coloca falsas antíteses e polarizações desnecessárias. Para tanto, identifico os pontos fortes e fracos da posição que cada uma defende e submeto a um escrutínio especial aquelas formulações que supostamente excluiriam definitivamente as da outra. Em particular, indico os momentos em que cada autora exagerou seu argumento, extrapolando até tornar implausível uma intuição que, de modo geral, seria correta. Nesses casos, proponho formulações alternativas que são mais modestas e defensáveis e evitam a falsa antítese entre a Teoria Crítica e o pós-estruturalismo. Meu objetivo mais geral é preservar o melhor de ambos os paradigmas e, desse modo, ajudar a preparar o terreno para que sejam integrados de maneira frutífera à teorização feminista.

Gostaria de iniciar pela posição defendida por Seyla Benhabib, com sua habitual clareza, abrangência e compromisso político. Benhabib argumenta que, malgrado algumas aparentes afinidades, as feministas não deveriam se precipitar em estabelecer uma aliança com o pós-modernismo. É verdade que pós-modernos e feministas criticam os conceitos filosóficos tradicionais de homem, história e metafísica, mas essas críticas não são necessariamente convergentes. Ao contrário, há versões pós-modernas da "morte do homem", da "morte da história" e da "morte da metafísica" que não são compatíveis com o feminismo. Assim, é necessário distinguir versões fortes e fracas dessas teses. As feministas podem e, com efeito, deveriam aceitar as versões fracas, mas deveriam rejeitar firmemente as versões fortes.

De acordo com Benhabib, uma versão forte, pós-moderna, da "morte do sujeito" corrói os princípios de autonomia e subjetividade autorreflexiva dos quais depende a política feminista. Do mesmo modo, uma interpretação forte, pós-moderna, da "morte da história" inviabiliza a possibilidade de um interesse emancipatório pelo passado, o que inclui a reconstrução da história das mulheres. Por fim, uma versão forte, pós-moderna, da "morte da metafísica" corrói a possibilidade de uma crítica feminista genuinamente radical que vá além da mera crítica social imanente. Em conjunto, essas três teses fortes, pós-modernas, equivalem a um debilitante "recuo da utopia". As feministas, portanto, deveriam rejeitar as versões fortes em favor das versões fracas e não debilitantes da morte do homem, da morte da história e da morte da metafísica.

Aqui, Benhabib elabora uma estratégia argumentativa esclarecedora e frutífera. Ao identificar três teses pós-modernas e ao distinguir versões fortes e fracas de cada uma, ela indica um caminho de superação dos problemas que comumente assolam os debates sobre o pós-modernismo. Com muita frequência, esses debates giram desordenadamente em torno de afirmações genéricas que misturam argumentos analiticamente distintos. Ao separar as versões fracas e fortes desses argumentos, Benhabib permite uma discussão mais nuançada e frutífera.

A própria Benhabib, no entanto, não leva essa abordagem às últimas consequências. Em cada caso, sua crítica tem como alvo uma tese pós-moderna que é muito forte e muito facilmente refutável. Assim, tendo "refutado o pós-modernismo", ela alega ter estabelecido uma alternativa teórico-crítica. Tal afirmação, porém, não é convincente, pois Benhabib não considera outras versões mais defensáveis. Ela ignora versões de força média que não colocam uma falsa antítese entre a Teoria Crítica e o pós-estruturalismo, e que são teoricamente defensáveis e politicamente possibilitadoras.

Tomemos, por exemplo, a discussão de Benhabib sobre a morte da história. Esse tema tem sido relevante nas críticas pós-estruturalistas ao marxismo, das quais algumas pretendem jogar fora o bebê da reflexão histórica politicamente engajada com a água do banho de uma filosofia teleológica da história[2]. Diante dessas reações exageradas, Benhabib sensatamente almeja uma perspectiva que permita uma historiografia engajada e que, ao mesmo tempo, descarte as metanarrativas essencialistas e monocausais que consagram um único grupo como sujeito o da história. O ponto

---

[2] O caso paradigmático da metanarrativa teleológica marxiana é a compreensão de György Lukács do proletariado como sujeito-objeto da história em *History and Class Consciousness* (trad. Rodney Livingstone, Cambridge, MIT Press, 1985) [ed. bras.: *História e consciência de classe: estudos sobre a dialética marxista*, trad. Rodnei Nascimento, São Paulo, Martins Fontes, 2003]. Para uma crítica em nome do pós-modernismo à metanarrativa marxiana, ver Jean-François Lyotard, *The Postmodern Condition: A Report on Knowledge* (trad. G. Bennington e B. Massumi, Minneapolis, University of Minnesota Press, 1984) [ed. bras.: *A condição pós-moderna*, trad. Ricardo Corrêa Barbosa, 15. ed., Rio de Janeiro, José Olympio, 2013). Para uma perspectiva mais extrema, que ameaça esvaziar a história como um todo, ver Jean Baudrillard, *Simulations* (Nova York, Semiotext, 1993). Para uma apropriação neoconservadora recente do tema da morte da história, ver Francis Fukuyama, "The End of History?", *National Interest*, verão de 1989, p. 3-18. Nenhum desses críticos considera versões e aspectos alternativos do marxismo que não repousem sobre uma metanarrativa teleológica.

central de sua argumentação é estabelecer um meio-termo entre as metanarrativas modernas e os pós-modernismos fortes que liquidariam por completo a história. Mas, justamente quando a argumentação exige uma caracterização desse meio-termo e do tipo de historiografia que lhe seria adequado, o raciocínio de Benhabib titubeia. Em vez de delimitar a posição intermediária exigida por sua própria argumentação, ela acaba colocando em dúvida a possibilidade de a historiografia feminista ser pós-moderna em *qualquer* sentido e ainda manter o interesse na emancipação.

A caminho dessa conclusão, Benhabib responde de maneira ambivalente a uma abordagem que *de fato* delimita a posição intermediária: a versão de feminismo pós-moderno que elaborei em conjunto com Linda Nicholson em "Social Criticism without Philosophy: An Encounter between Feminism and Post-Modernism" ["Crítica social sem filosofia: um encontro entre feminismo e pós-modernismo"][3]. Nesse ensaio, Nicholson e eu nos opomos às interpretações da morte da história que inviabilizam as "grandes" histórias sobre a dominação masculina. Distinguimos entre as metanarrativas que afirmam fornecer uma fundamentação alicerçada em uma filosofia da história e as narrativas empíricas de larga escala, que são falibilistas, revisáveis e não fundacionais. Essa distinção permite às feministas rejeitar metanarrativas, mas ainda assim ratificar uma historiografia capaz de divisar padrões mais amplos de relações de gênero na longa duração[4]. Isso assegura uma das ferramentas intelectuais de que necessitamos para compreender um fenômeno tão complexo e generalizado como a dominação masculina. Além disso, como permite tanto a ampla narrativa histórica quanto a pequena narrativa local, nossa perspectiva garante que uma contrabalanceie as distorções da outra: as narrativas genealógicas locais corrigem a tendência das narrativas em larga escala de se fixar em "quase metanarrativas", ao passo que as narrativas contextualizadoras mais amplas evitam que as narrativas locais se desintegrem em simples manifestações de "diferença". Nicholson e eu concluímos que o resultado seria um modo de teorização feminista pós-moderno, pragmático e falibilista que, mesmo dispensando os fundamentos filosóficos tradicionais, teria força emancipatória e crítico-social. Seria também um modo de teorização feminista que superaria a falsa antítese entre a Teoria Crítica e o pós-estruturalismo, pois integra as melhores intuições de ambos.

---

[3] Nancy Fraser e Linda J. Nicholson, "Social Criticism without Philosophy: An Encounter between Feminism and Postmodernism", em Linda J. Nicholson (orga.), *Feminism/Postmodernism* (Nova York, Routledge, 1989), p. 19-38.

[4] Exemplos dessas narrativas amplas são Linda J. Nicholson, *Gender and History: The Limits of Social Theory in the Age of the Family* (Nova York, Harper & Row, 1986); e Eli Zaretsky, *Capitalism, the Family, and Personal Life* (Nova York, Harper & Row, 1986).

A resposta de Benhabib à nossa posição é curiosa. Ela concorda com nossa defesa da "grande" historiografia, mas rejeita nosso modelo de teorização feminista pós-moderna, pragmática e falibilista. Benhabib afirma que esse modelo de teorização feminista inviabilizaria uma historiografia orientada por um interesse emancipatório e só autorizaria ciências sociais isentas de valores. Infelizmente, ela não oferece nenhum argumento para respaldar essa afirmação. Sua intenção é sugerir que apenas uma metanarrativa pode garantir um interesse emancipatório na história[5]? Essa maneira de tratar a questão coloca uma falsa antítese entre o antifundacionalismo e a emancipação. Além de contradizer a posição manifesta de Benhabib, essa perspectiva é desmentida pelas muitas formas de historiografia engajada que não recorrem a metanarrativas e têm sido praticadas com bons resultados por estudiosas feministas. Essas historiografias engajadas incluem: histórias locais que recuperam tradições esquecidas de agência ou resistência femininas; narrativas que recuperam a historicidade de práticas femininas que até então eram erroneamente compreendidas como naturais; histórias que revalorizam formas outrora depreciadas de cultura feminina; e genealogias que desnaturalizam categorias codificadas por gênero, como "produção" e "reprodução", ou que reconstroem os subtextos ocultos de gênero em conceitos como "classe" e "Estado"[6]. Não obstante o que afirma Benhabib, todos esses gêneros de historiografia feminista podem ser caracterizados como pós-modernos, na medida em que recusam buscar sua legitimação na filosofia da história. E, no entanto, todos são claramente orientados pelo interesse na libertação das mulheres e todos têm efeitos emancipatórios. Mesmo a recusa a se fundamentar em uma metanarrativa fundacional é motivada por um interesse na emancipação, ademais: pelo interesse em evitar o vanguardismo associado a afirmações sobre o sujeito e o télos da história[7].

---

[5] Thomas McCarthy sugeriu uma outra interpretação. O argumento de Benhabib talvez seja o de que histórias de larga escala não podem ser nitidamente distinguidas das metanarrativas porque utilizam categorias gerais. Essa perspectiva pressupõe que as categorias gerais não podem ser categorias cujo status não é fundacionalista. Portanto, ela também postula uma falsa antítese. Discuto essa questão adiante, no contexto da abordagem de Benhabib da "morte da metafísica".

[6] Entre os muitos exemplos que poderiam ser citados, Linda Gordon, *Heroes of Their Own Lives: The Politics and History of Family Violence, Boston 1880-1960* (Nova York, Penguin Books, 1988); Caroll Smith-Rosenberg, "The Female World of Love and Ritual: Relations Between Women in 19th Century America", *Signs*, v. 1, n. 1, 1975, p. 1-29; Joan Wallach Scott, *Gender and the Politics of History* (Nova York, Columbia University Press, 1988).

[7] Em resposta a essas críticas, Benhabib apresenta o que entendo ser mais uma falsa antítese. Ela afirma que é preciso tomar partido no debate entre as historiadoras Joan Scott e Linda Gordon, e que não é possível conciliar as duas perspectivas. Discordo. Ambas as historiadoras me parecem ter

Por essas razões, ainda me parece que a versão da morte da história que eu e Nicholson propomos é uma versão defensável e politicamente possibilitadora. Trata-se de uma proposta que, além disso, cumpre o objetivo declarado de Benhabib de evitar extremos insustentáveis. Por que então ela se furta a aceitar essa versão? Talvez porque tema que, a não ser que possamos ancorá-lo em uma metanarrativa, o interesse feminista na emancipação é arbitrário e injustificado. Se essa é a verdadeira preocupação de Benhabib, então a questão da morte da história resvala na questão da morte da metafísica.

O tratamento da morte da metafísica em Benhabib é prejudicado por dificuldades análogas. De modo bastante apropriado, ela começa procurando um meio-termo defensável. Ela rejeita a versão forte da tese, a qual inviabilizaria por completo uma crítica social que justificasse e validasse seus pressupostos, mas também dispensa o projeto de fundamentar a crítica em uma epistemologia fundacionalista. Benhabib, portanto, está pronta para articular uma versão fraca da morte da metafísica. No decorrer de sua argumentação, contudo, ela se desvia desse objetivo e postula uma série de falsas antíteses.

Os passos de sua argumentação são os seguintes: primeiro, ela concorda com a perspectiva que compartilho com Nicholson, Rorty e Lyotard, segundo a qual não pode haver um metadiscurso justificatório que articule os critérios de validade para todos os discursos de primeira ordem. Em seguida, ela rejeita a alternativa de uma epistemologia naturalizada que apenas descreve as práticas existentes de crítica social e renuncia a qualquer pretensão normativa. Em algum lugar entre esses extremos, ela sugere, haveria uma terceira alternativa que desenvolve uma perspectiva de crítica social *situada* e justifica sua possibilidade. Benhabib, porém, não desenvolve essa alternativa. Em vez de seguir a lógica de sua própria argumentação, ela conclui que a crítica situada não é boa o suficiente e, portanto, não pode haver crítica social sem filosofia[8].

---

parte de razão nesse debate, embora não tenham integrado adequadamente os argumentos uma da outra. Também aqui prefiro despolarizar. Ver Seyla Benhabib, "Subjectivity, Historiography, and Politics", em Seyla Benhabib et al., *Feminist Contentions*, cit., p. 107-26. Ver também Joan Wallach Scott, "Review of Gordon's *Heroes of Their Own Lives*", e Linda Gordon, "Review of Scott's *Gender and the Politics of History*", ambas em *Signs*, v. 15, n. 4, 1990, p. 848-60. Para minha leitura de Scott, ver Nancy Fraser, "Review of Linda Nicholson, *Gender and History* e Joan W. Scott, *Gender and the Politics of History*", *NWSA Journal*, v. 2, n. 3, 1990, p. 505-8. Para minha tentativa de fazer uma genealogia que evite enredamentos metafísicos debilitantes, ver "Uma genealogia da 'dependência'", capítulo 5 deste volume, escrito com Gordon.

[8] A rejeição de Benhabib da crítica situada é particularmente intrigante à luz de sua defesa de uma teoria do sujeito situado. É de se esperar que crítica situada e teoria do sujeito situado caminhem

Por que Benhabib acredita que a crítica social situada não é boa o suficiente? Ela oferece dois argumentos para amparar essa posição, mas, ao fim, nenhum deles é convincente. O primeiro é que a crítica situada pressupõe um "injustificado monismo hermenêutico do significado". Em outras palavras, a crítica situada presume que as práticas culturais têm um significado único, consistente e unívoco, que a teórica crítica poderia acessar diretamente e de modo não problemático. Só que isso é desmentido pelo fato de que tradições são disputadas, interpretações entram em conflito e práticas sociais não escancaram seus significados. Disso se segue, argumenta Benhabib, que a crítica social não pode consistir simplesmente na elucidação das normas culturais dadas nas práticas sociais e nas tradições. Não há como evitar a tarefa *filosófica* de esclarecer e reconstruir as normas às quais a crítica recorre. Desse modo, segundo Benhabib, a crítica social sem filosofia é impossível.

Mas será mesmo? Tudo depende do que se entende por "crítica situada" e por "filosofia". A posição criticada por Benhabib pode ser associada a Michael Walzer, cujo livro *Esferas da justiça* pressupõe um "injustificado monismo hermenêutico do significado"[9]. A posição de Walzer é de fato vulnerável a essa crítica. O que Benhabib ignora é que a crítica situada proposta por ele não é a única. Há outras versões que levam em consideração o caráter essencialmente contestatório da cultura e a necessidade de se esclarecer e reconstruir as normas culturais. Mas essas versões sustentam que a prática de esclarecimento e reconstrução das normas é ela mesma culturalmente e historicamente situada e não pode escapar dessa condição. Assim, dessa perspectiva, tanto a crítica como a autocompreensão da crítica são situadas. Aliás, nem uma nem outra exige filosofia, se "filosofia" significa um discurso que aspira à perspectiva demiúrgica do pensamento fundacionalista. Na verdade, a autocompreensão da crítica social não precisa assumir a forma de uma reflexão conceitual geral isolada da investigação histórica, jurídica, cultural e sociológica. Ela pode assumir a forma de uma narrativa histórica contextualizadora que retraça a genealogia das normas e, desse modo, as situa de maneira mais precisa[10].

---

juntas, pois não está claro como um sujeito situado pode produzir uma crítica não situada. Discuto a questão do sujeito situado adiante.

[9] Michael Walzer, *Spheres of Justice: A Defense of Pluralism and Equality* (Nova York, Basic Books, 1983) [ed. bras.: *Esferas da justiça: uma defesa do pluralismo e da igualdade*, trad. Jussara Simões, São Paulo, Martins Fontes, 2003].

[10] Minha opinião é que a última costuma ser mais útil do que a primeira. Na medida em que a reflexão conceitual "pura", sem qualquer conteúdo empírico, se ocupa da justificação de princípios como, por exemplo, de democracia e igualdade, ela entra em abstrações relativamente não controversas e escamoteia as difíceis questões sobre o modo de aplicar esses princípios na vida social.

É importante notar, por fim, que a crítica situada não exclui afirmações gerais ou apelos a normas gerais; a crítica situada exige apenas que tais afirmações e apelos também sejam vistos como situados[11]. Assim, por uma série de razões, a primeira objeção de Benhabib erra o alvo.

Sua segunda objeção pode ser enfrentada de modo mais breve. Benhabib argumenta que a crítica situada não dá conta de casos em que uma cultura ou sociedade vai tão mal que a teórica crítica social é obrigada a se exilar (tanto literal como metaforicamente). Nesses casos, é preciso uma crítica externa, mais radical. Essa objeção, porém, não é convincente, pois não é um contraexemplo válido. Quando a teórica crítica exilada deixa seu país, ela não parte sem nenhuma bagagem cultural: ela sai, antes, como uma teórica crítica culturalmente formada e culturalmente situada em um conjunto de padrões normativos também culturalmente formados. Essa era a situação dos exilados do Terceiro Reich, talvez a pior sociedade da história humana. Essa também era, até muito recentemente, a situação dos membros exilados do Congresso Nacional Africano, que deixaram a África do Sul, mas carregaram consigo uma complexa cultura de resistência que reunia elementos do marxismo, da teoria democrática, do cristianismo e, não raro, da tradição xhosa. Mesmo o exilado solitário faz parte de uma "comunidade imaginada" e, desse modo, é também um crítico situado.

Permaneço convencida, portanto, de que crítica social sem filosofia *é* possível, se entendemos por "filosofia" o que eu e Linda Nicholson entendemos, a saber, um discurso transcendental e a-histórico que pretende articular o critério de validade para todos os outros discursos. Nada nessa perspectiva impede que a crítica feminista situada seja uma crítica radical, tampouco que tome parte na autocompreensão crítica. Assim, o que Benhabib entende como ideias antitéticas são, no fim das contas, ideias reconciliáveis.

De modo geral, Benhabib polariza desnecessariamente o debate, apresentando um conjunto de falsas antíteses: antifundacionalismo *versus* engajamento político,

---

Essas questões são tratadas de modo mais frutífero por meio de esforços interdisciplinares "impuros" que integram considerações normativas e empíricas. Mas esse tipo de reflexão empírica *e* normativa não está tão nitidamente separado da crítica social de primeira ordem; é sua autocompreensão imanente.

[11] Para uma abordagem que preserva um grau elevado de generalidade e abstração conceitual, ainda que reconheça sua própria situacionalidade, ver John Rawls, "Kantian Constructivism in Moral Theory", *Journal of Philosophy*, v. 77, n. 9, 1980, p. 515-71. Nesse texto, Rawls interpreta sua teorização mais geral sobre a justiça como uma tentativa de buscar um "equilíbrio reflexivo" entre intuições e princípios carregados de tradições.

crítica situada *versus* autorreflexão crítica e oposição radical à sociedade em que se vive. Com isso, ela constrói um cenário em que precisa rejeitar por completo o pensamento pós-estruturalista para poder defender a Teoria Crítica. No entanto, uma vez que a rejeição indiscriminada das ideias pós-estruturalistas não é nem teoricamente defensável nem politicamente sólida, o resultado é suscitar um retruque pós-estruturalista igualmente unilateral que coloca em risco as intuições centrais da Teoria Crítica.

Isso me leva à posição de Judith Butler, que apresenta um argumento desnecessariamente polarizado na direção oposta. A postura de Butler é provocadora, o que mostra seu característico talento para a insubordinação. Ao procurar refutar a acusação comumente propagada de que o pós-modernismo é politicamente debilitante para o feminismo, Butler questiona se a existência do pós-modernismo é algo além de uma invenção da imaginação férvida da paranoia fundacionalista. Assim, ela vira o jogo e acusa seus oponentes de ter construído um espantalho para angariar apoio para um projeto fundacionalista débil e insustentável. Ela argumenta que, longe de corroer os compromissos feministas, as concepções pós-estruturalistas de subjetividade, identidade e agência humana, na verdade, os possibilitam e promovem.

Como Benhabib, Butler procura separar as afirmações analiticamente distintas que costumam ser amontoadas sob o rótulo de "pós-modernismo" e "pós-estruturalismo". A rigor, ela rejeita a própria palavra "pós-modernismo" precisamente para se contrapor à fusão de diferentes perspectivas[12]. Assim, embora não

---

[12] Não concordo que os problemas discutidos por Butler justifiquem a recusa do termo "pós-modernismo". Prefiro usar esse termo em sentido amplo, mas preciso, para designar uma mudança de época na filosofia e na teoria social: de uma problemática epistemológica, em que a mente é concebida como refletindo ou espelhando a realidade, para uma problemática discursiva, em que se atribuem densidade e peso aos significados sociais culturalmente construídos. Esse deslocamento comporta a condição diagnosticada por Lyotard em *The Postmodern Condition*, cit. A crença nas metanarrativas filosóficas tende a diminuir com a virada linguística, uma vez que atribuir densidade e peso a processos de significação é também colocar em dúvida a possibilidade de uma matriz de investigação permanentemente neutra. O pós-modernismo, nesse sentido, é maior do que o pós-estruturalismo. Além de Foucault, Derrida e Lacan, o pós-modernismo também abarca teóricos como Habermas, Gramsci, Bakhtin e Bourdieu, que fornecem outros quadros de referência para conceitualizarmos a significação. Se compreendemos o pós-modernismo como o imperativo para teorizarmos no próprio horizonte da virada linguística, podemos entender que um grupo maior de autores fornece diferentes modos de fazer exatamente isso, e podemos avaliar seus méritos a partir de uma perspectiva feminista. Se, contudo, acompanhamos Butler e rejeitamos o termo "pós-modernismo", estamos mais do que simplesmente protestando contra as polêmicas reducionistas que confundem perspectivas diferentes; corremos o risco de balcanizar o campo teórico – segregando diferentes campos, não levando em consideração questões colocadas por outras perspectivas e barrando o debate acerca de uma ampla gama de opções. É claro que esse

use os termos, podemos entender que Butler distingue versões fortes e fracas desses argumentos com o intuito de defender um feminismo pós-estruturalista que escape às objeções levantadas por críticos e críticas. O que interessa a Butler é sobretudo rebater a acusação, com a qual Benhabib concorda, de que a maneira como o pós-estruturalismo entende o sujeito corrói o feminismo e torna inconcebível que alguém possa criticar, resistir ou agir para mudar a sociedade. Além disso, continua a objeção, mesmo que a teoria pós-estruturalista pudesse explicar a agência individual, o nominalismo e o antiessencialismo inexoráveis dessa teoria esvaziariam e deslegitimariam a categoria "mulheres", e, desse modo, destruiriam as bases da solidariedade feminina e dos movimentos feministas.

Ao procurar rebater essas objeções, Butler também fornece uma réplica à discussão de Benhabib sobre "a morte do homem". Benhabib distingue duas interpretações dessa tese: uma versão fraca, segundo a qual o sujeito é situado em relação ao contexto social, cultural e discursivo, e uma versão forte, segundo a qual o sujeito é meramente uma outra posição na linguagem. Ela argumenta que apenas a versão fraca é compatível com o feminismo. Ao se referir à concepção performativa de gênero em *Problemas de gênero*, de Butler, Benhabib pergunta: se não somos mais do que a soma total das performances informadas por gênero, como poderemos reescrever o roteiro[13]? Muito do trabalho subsequente de Butler pode ser lido como uma resposta a essa questão[14]. Ela procura mostrar que um sujeito que é "meramente" uma posição discursiva pode sim reescrever o roteiro.

Para esclarecer o que está em jogo nessa disputa, vou distinguir e tratar separadamente dois tipos de argumento – o ontológico e o normativo – que se misturam na argumentação de Butler. Começo com o ontológico. Butler elabora uma ontologia pós-estruturalista do sujeito. Não obstante a crítica de Benhabib, Butler afirma que não basta enxergar o sujeito como *situado* em relação a um ambiente ou

---

debate pode muito bem ser barrado por definições tendenciosas e sectárias de pós-modernismo. Se acompanhamos Benhabib e associamos o termo "pós-modernismo" à estetização da investigação histórica e à rejeição de normas universalistas, corremos o risco de rechaçar de antemão certos modos de tratar a linguagem que são potencialmente úteis para a teorização feminista (ver Seyla Benhabib, "Subjectivity, Historiography, and Politics", cit.). O segredo, uma vez mais, é evitar as falsas antíteses.

[13] Judith Butler, *Gender Trouble: Feminism and the Subversion of Identity* (Nova York, Routledge, 1990) [ed. bras.: *Problemas de gênero: feminismo e subversão da identidade*, trad. Renato Aguiar, Rio de Janeiro, Civilização Brasileira, 2003].

[14] Além de suas contribuições em Seyla Benhabib et al., *Feminist Contentions* cit., ver Judith Butler, *Bodies that Matter* (Nova York, Routledge, 1993) [ed. bras.: *Corpos que importam: os limites discursivos do "sexo"*, trad. Veronica Daminelli e Daniel Yago Françoli, São Paulo, N-1/Crocodilo, 2019].

contexto que lhe seja exterior. Em vez disso, deveríamos entender o sujeito como *constituído* nas e por meio das formações de poder/discurso. Disso se segue que não há estrutura de subjetividade que não seja sempre já efeito de uma matriz de poder/discurso; não há "reflexividade ontologicamente intacta", não há reflexividade que não seja culturalmente construída.

É verdade que Butler também acredita que as pessoas têm o que eu chamaria de "capacidades críticas"; não somos meros joguetes pré-programados, pois somos capazes de tomar parte em novas ações e modificar as condições sociais. Assim, entendo que, nesse ponto, o argumento de Butler é que as capacidades críticas são culturalmente construídas. Se essa leitura está correta, uma maneira de enquadrar sua disputa com Benhabib é em torno da questão: de onde provêm as capacidades críticas? Butler indica que os críticos do pós-estruturalismo, como Benhabib, tratam as capacidades críticas como estruturas de subjetividade ontológicas *a priori*, como "ontologicamente intactas", por oposição às estruturas de subjetividade culturalmente construídas. Benhabib não trata dessa questão, mas duvido que ela sustente tal posição[15]. De qualquer modo, as teóricas feministas não precisam sustentar uma posição como essa. Ao contrário, é possível explicar a construção cultural das capacidades críticas. Assim, em princípio, nada impede que os sujeitos sejam *tanto* culturalmente construídos *como* capazes de crítica.

Vamos supor que deixemos de lado a questão: de onde provêm – no passado – as capacidades críticas? Suponhamos que, em vez disso, nossa pergunta seja: como são – no presente – essas capacidades críticas? E como melhor podemos caracterizar sua orientação para o futuro, isto é, de que maneira essas capacidades apontam para além de suas matrizes constituintes? Aqui é importante observar que o idioma de Butler privilegia as metáforas linguísticas. Ela caracteriza o sujeito como um "lugar de ressignificação", e como uma "possibilidade permanente de determinado processo de ressignificação". Esse é seu modo de dizer que o sujeito culturalmente construído pode reescrever o roteiro. Assim, embora o sujeito seja o produto de um processo significador anterior, ela ou ele é capaz de *re*significação. Além disso, de acordo com Butler, o sujeito como lugar de ressignificação representa a "própria possibilidade do poder de ser retrabalhado".

---

[15] Benhabib certamente rejeita o sujeito que autoriza a si mesmo da razão instrumental evocado por Butler em sua discussão sobre o militarismo estadunidense e a Guerra do Golfo. Nesse ponto, não há desacordo entre elas. Nem Butler nem Benhabib defendem uma teoria do sujeito que autoriza a si mesmo e que poderia ser inteiramente senhor em seu meio. Ambas concordam que essa é uma "fantasia de autogênese" masculinista calcada em uma denegação ou recalque da dependência "feminina".

Gostaria de fazer duas observações sobre a linguagem de Butler. Primeiro, trata-se de um vocabulário profundamente anti-humanista. Aquilo que a me refiro como "capacidades das pessoas", Butler o descreve como "a própria possibilidade do poder" e como um "processo significador" impessoal. Esse idioma está tão distante do modo como cotidianamente falamos e pensamos sobre nós mesmos que exige alguma justificação. Por que deveríamos usar uma linguagem de tamanho autodistanciamento? Quais as vantagens (e desvantagens) teóricas dessa linguagem? Qual seu provável impacto político? E, sobretudo, por que usar uma retórica anti-humanista quando, dada a constituição dos sujeitos por regimes de poder, o objetivo é explicar como a *agência* é possível? Em vista disso, essa retórica não acaba sendo contraproducente[16]?

Segundo, o uso que Butler faz do termo "ressignificação" guarda, ainda que implicitamente, uma forte carga positiva. Nesse aspecto, "ressignificação" funciona em seu discurso como "crítica" funciona no meu. Em um outro aspecto, porém, esses dois termos são nitidamente diferentes. O termo "crítica" está logicamente ligado aos conceitos de garantia e justificação e, portanto, suas conotações positivas estão enraizadas em uma pretensão de validade. Esse, no entanto, não é o caso de "ressignificação". Uma vez que esse termo não tem nenhuma implicação de validade ou garantia, suas conotações positivas são intrincadas. Por que a ressignificação é boa? Não são possíveis ressignificações ruins (opressivas, reacionárias)? Ao optar pelo termo epistemicamente neutro "ressignificação", por oposição ao epistemicamente positivo "crítica", Butler parece valorizar a mudança por si só e, assim, desempoderar o juízo feminista.

Além disso, a ontologia do sujeito formulada por Butler tem algumas limitações conceituais significativas. Não se teoriza a relação entre indivíduos corporificados, com suas disposições relativamente permanentes (*habitus*), e as posições dispersas de sujeito que esses indivíduos ocupam sucessivamente. Tampouco se teoriza a intersubjetividade, as relações desses indivíduos entre si. Parte da dificuldade, aqui, deriva da tendência de Butler de passar muito rapidamente, e sem uma diferenciação adequada, de um nível conceitual para outro, quando teoriza sobre a subjeti-

---

[16] Em uma versão anterior deste ensaio, propus que, ao não dar atenção a essas questões, a linguagem usada por Butler projeta uma aura de esoterismo que não é compensada por qualquer ganho visível. Em resposta a isso, ela observou que também uso uma linguagem esotérica (ver Judith Butler, "For a Careful Reading", em Seyla Benhabib et al., *Feminist Contentions*, cit., p. 127-44). Meu argumento, todavia, não é que o uso de uma linguagem teórica difícil não se justifica. O que questiono é o uso que *ela* faz de uma linguagem anti-humanista, isto é, se esse uso oferece clareza teórica e/ou ganhos políticos.

vidade: por exemplo, ela passa do nível linguístico-estrutural (em que invoca uma versão quase saussuriana do articulador "eu") para o nível psicanalítico (em que invoca uma versão quase kristeviana do processo *intra*psíquico de formação ontogenética individual do sujeito que se dá por meio da abjeção), para o nível institucional (em que invoca uma versão quase foucaultiana da constituição de diferentes e distintas *posições de sujeito* em diferentes e distintos lugares institucionais) e para o nível das identificações coletivas (em que invoca uma versão quase žižekiana do caráter fantasmático e excludente das identidades coletivas politizadas, tal como "mulheres"). Por não distinguir esses níveis, Butler nunca considera o difícil e importante problema da teorização das relações entre um nível e outro[17].

Isso me leva ao segundo conjunto de argumentos implícitos na concepção pós-estruturalista de subjetividade formulada por Butler – o dos argumentos normativos, em contraste com os ontológicos. Esses argumentos surgem, primeiro, em relação às práticas sociais pelas quais os sujeitos são constituídos. Nesse ponto, Butler acompanha Foucault e afirma que as práticas de subjetivação são também práticas de sujeição. Tal como ele, ela insiste que os sujeitos são constituídos mediante exclusão; algumas pessoas são autorizadas a falar com autoridade porque outras são silenciadas. Assim, para Butler, a constituição de uma classe de sujeitos autorizados acarreta "a criação de um domínio de sujeitos desautorizados, pré-sujeitos, figuras de abjeção, populações apagadas do campo de visão"[18].

Mas será que ninguém pode se tornar um sujeito de fala sem que outros sejam silenciados? Não há contraexemplos? Onde essas exclusões existem, todas são ruins? São todas igualmente ruins? Podemos distinguir exclusões legítimas de exclusões ilegítimas, práticas de subjetivação melhores de práticas de subjetivação piores? A autorização do sujeito é *inerentemente* um jogo de soma zero? Ou é um jogo de soma zero em sociedades opressivas? Podemos superar ou ao menos atenuar as assimetrias nas práticas correntes de subjetivação? Podemos construir práticas, instituições e formas de vida em que o empoderamento de uns não acarreta o desempoderamento de outros? Se não podemos, qual é o sentido da luta feminista[19]?

---

[17] Essa confusão de níveis é visível na resposta de Butler a algumas de minhas críticas. Ver nota 19 adiante.

[18] Judith Butler, "Contingent Foundations", cit., p. 47.

[19] A resposta de Butler a essa crítica oscila desordenadamente entre o nível subjetivo e o nível intersubjetivo. Por um lado, apesar de recorrer a "sujeitos desautorizados, pré-sujeitos, figuras de abjeção, populações invisibilizadas" ela afirma que me equivoco ao lhe atribuir uma preocupação com a questão sobre "quem está autorizado a falar, e quem é desautorizado e relegado ao silêncio". Ela argumenta que, na verdade, sua principal preocupação é com a "formação excludente do sujeito",

Butler não oferece qualquer auxílio para pensarmos essas questões. E não poderá oferecer, eu argumento, enquanto não conseguir integrar as considerações teórico-críticas ao seu quadro foucaultiano pós-estruturalista. Os recursos normativos característicos desse quadro – a reificação da performatividade é ruim, a desreificação é boa – são muito minguados para os propósitos feministas. De modo revelador, as aplicações dessa abordagem feitas pela própria Butler pressupõem compromissos normativos fortes; uma objeção moral à "exclusão" perpassa *Corpos que importam* de maneira consistente, e o antirracismo embasa seu ensaio sobre a absolvição, em maio de 1992, dos policiais que espancaram Rodney King[20]. Tal como Foucault, no entanto, Butler explicitamente abriu mão dos recursos teórico-morais necessários para justificar seus próprios juízos normativos implícitos[21]. Recentemente, porém, ela começou a apelar para a "democracia radical"[22]. Embora até aqui esse apelo seja em grande parte retórico, eu o leio como uma admissão de que a política feminista exige uma visão moral e política mais abrangente do que a mera desreificação da performatividade.

Além dos argumentos sobre as práticas sociais de subjetivação, Butler também apresenta argumentos normativos sobre os méritos de diferentes *teorias* da sub-

---

entendida como uma operação intrapsíquica constitutiva, e não como uma relação ou processo intersubjetivo. Por outro lado, no entanto, ela afirma que essa "premissa psicanalítica [...] pode ser proveitosamente colocada a serviço de uma crítica política". Para explicar como isso pode ser feito, porém, Butler retoma o exemplo das figuras de domínio masculinizadas, que "exigiram a dessubjetivação do feminino", e concorda com minha preocupação com a equidade *intersubjetiva*: "podemos superar ou pelo menos atenuar as assimetrias nas práticas de subjetivação? (Ver Judith Butler, "For a Careful Reading", cit., p. 139.) Desse modo, Butler em geral oscila entre argumentos intrassubjetivos e intersubjetivos, e entre afirmações de que está e não está interessada na intersubjetividade. Tal como entendo, seu quadro teórico é ainda aquele da filosofia da subjetividade, embora no modo de uma inversão ou negação abstrata. Enquanto tal, esse quadro encontra dificuldades para enfrentar questões que envolvam a intersubjetividade, inclusive a justiça nas relações entre sujeitos. Ainda assim, Butler (às vezes) pretende enfrentar essas questões. E ela parece compreender que sua afirmação sobre a relevância política depende, em última análise, da capacidade de seu quadro de referências para se conectar com esses temas e esclarecê-los. Daí sua oscilação entre o ponto de vista da subjetividade e o ponto de vista da intersubjetividade.

[20] Judith Butler, "Endangered/Endangering: Schematic Racism and White Paranoia", em Robert Gooding-Williams (org.), *Reading Rodney King, Reading Urban Uprising* (Nova York, Routledge, 1993) [ed. bras.: "Em perigo/perigoso: racismo esquemático e paranoia branca", *Educação e Pesquisa*, v. 46, 2020, p. 1-9].

[21] Para uma discussão sobre o quadro de referências de Foucault ser estruturalmente incapaz de fornecer respostas satisfatórias às questões normativas que ele próprio continuamente suscita, ver Nancy Fraser, "Foucault on Modern Power: Empirical Insights and Normative Confusions", em *Unruly Practices: Power, Discourse and Gender in Contemporary Social Theory* (Minneapolis, University of Minnesota Press, 1980).

[22] Judith Butler, *Bodies that Matter*, cit.

jetividade. Ela afirma que algumas dessas teorias são "politicamente insidiosas", enquanto outras são progressistas ou emancipatórias. Do lado insidioso, a subjetividade é concebida como dotada de uma reflexividade ontologicamente intacta que não é efeito dos processos culturais de subjetivação. Essa concepção, de acordo com Butler, é um "ardil do poder" e um "instrumento do imperialismo cultural".

Será mesmo? Não há como negar que as teorias fundacionalistas da subjetividade com frequência funcionaram como instrumentos do imperialismo cultural. Mas isso se deve a uma necessidade conceitual ou a uma contingência histórica? A rigor, há casos em que essas teorias tiveram efeitos emancipatórios – como testemunham a Revolução Francesa e o fato de o "jacobino negro" Toussaint L'Ouverture ter se apropriado de sua concepção fundacionalista da subjetividade[23]. Esses exemplos mostram que não é possível deduzir uma valência política unívoca e isolada de uma teoria da subjetividade. Essas teorias também são parte de um discurso cultural cujos significados estão sujeitos à "ressignificação"[24].

Como então devemos resolver a disputa Benhabib-Butler sobre a "morte do homem"? Minha conclusão é que Butler tem razão em sustentar que o sujeito culturalmente construído também pode ser um sujeito crítico, mas os termos em que ela formula isso dão margem a dificuldades. De modo específico, "ressignificação" não é um substituto adequado para "crítica", pois renuncia ao momento normativo. Do mesmo modo, conceber que a subjetivação necessariamente acarreta sujeição inviabiliza distinções normativas entre práticas de subjetivação melhores e piores. Por fim, a compreensão de que as teorias fundacionalistas da subjetividade são inerentemente opressivas não encontra confirmação histórica e é conceitualmente incompatível com uma teoria contextualista do significado. Assim, o desfecho é que

---

[23] Ver Cyril L. R. James, *The Black Jacobins: Toussaint L'Ouverture and the San Domingo Revolution* (Nova York, Vintage, 1963) [ed. bras.: *Os jacobinos negros: Toussaint L'Ouverture e a revolução de São Domingos*, trad. Afonso Teixeira Filho, São Paulo, Boitempo, 2000].

[24] Desenvolvo uma versão mais extensa desse argumento em "Foucault's Body-Language: A Post-Humanist Political Rhetoric?", em Nancy Fraser, *Unruly Practices*, cit. Em "For a Careful Reading", cit., Butler parece não entender o que digo a respeito das implicações políticas das teorias fundacionalistas da subjetividade. Meu argumento não é que Toussaint L'Ouverture teria citado de modo subversivo uma concepção jacobina politicamente insidiosa e, assim, a resgatou por uma política progressista. Meu argumento é que, tal como Toussaint L'Ouverture, os próprios jacobinos mobilizaram uma concepção fundacionalista para fins emancipatórios – uma avaliação que compartilho com Toussaint L'Ouverture. De todo modo, vale a pena repetir meu ponto: não se pode deduzir em abstrato uma valência política unívoca e isolada de uma teoria da subjetividade, como faz Butler em "Contingent Foundations", cit. Em todo caso, certamente houve e há citações "politicamente insidiosas" tanto quanto há citações politicamente progressistas. Com isso, o problema do juízo normativo permanece.

as feministas precisam desenvolver uma conceitualização alternativa de sujeito que integre a ênfase pós-estruturalista de Butler na construção com o acento teórico-crítico de Benhabib na crítica.

Gostaria de me voltar rapidamente para discussão de Butler sobre o problema das "mulheres" na teoria feminista. Butler detalha como as descrições das mulheres feitas por feministas dos Estados Unidos funcionaram de modo encoberto como prescrições e como isso provocou protestos e divisão dentro do movimento. Ela sustenta que esses processos exemplificam uma lógica inescapável. Por um lado, os movimentos feministas não podem se furtar a fazer reivindicações em nome das "mulheres"; por outro, a categoria "mulheres" construída por meio dessas reivindicações está necessariamente sujeita a uma contínua desconstrução. Butler conclui que as feministas deveriam enxergar essa dialética não como um desastre político, mas sim como um recurso político. Deveríamos valorizar o fato de que "mulheres" "designa um campo não designável de diferenças [...] que não pode ser totalizado ou resumido por uma categoria descritiva de identidade"[25].

Como deveríamos entender essa discussão? De um modo geral, considero a abordagem de Butler esclarecedora e apropriada. Estou convencida por seu argumento de que as tendências de autodesconstrução no interior do feminismo são endêmicas nos movimentos identitários e não podem ser eliminadas por decreto. Mas não estou convencida de que essas tendências devam ser apreciadas ou estimadas. A ideia de "mulheres" como signo de um campo de diferenças não totalizável está suscetível a duas interpretações: uma forte e indefensável, outra fraca e defensável, mas que dificilmente é motivo de celebração. A tese forte é aquela associada à teoria do "novo feminismo francês", segundo a qual "mulher" não pode ser definido e significa diferença e não identidade. Essa afirmação, como já se vê, é paradoxal, pois transformar o termo "mulher" em signo do indefinível já é precisamente defini-lo. Além disso, essa (anti)definição é mistificadora. Por que "mulher" ou "mulheres" deveria ser signo do não idêntico? Tudo o que Butler afirma sobre "mulheres" também não é verdadeiro para "homens", "trabalhadores", "pessoas não brancas", "chicanos", ou qualquer outra nomeação coletiva? Não há relação privilegiada entre a denominação "mulheres" e o que é efetivamente o problema político

---

[25] Judith Butler, "Contingent Foundations", cit., p. 50. Aqui Butler parece estar próxima da tentativa de Theodor Adorno de articular um modo de pensar não identitário, embora não compartilhe de sua ênfase na reconciliação. Ver Theodor W. Adorno, *Negative Dialectics* (trad. E. B. Ashton, Nova York, Continuum, 1973) [ed. bras.: *Dialética negativa*, trad. Marco Antônio Casanova, Rio de Janeiro, Zahar, 2009].

mais geral sobre o modo de construir culturas de solidariedade que não sejam homogeneizantes e repressivas[26].

Uma interpretação mais defensável da sugestão de Butler seguiria a perspectiva defendida por mim e Nicholson anteriormente discutida. De acordo com essa perspectiva, afirmações generalizantes sobre "mulheres", embora inescapáveis, estão sempre sujeitas a revisões; devemos fazê-las de modo falibilista e não fundacionalista. Além disso, os pressupostos subjacentes a esse tipo de afirmação devem ter sua genealogia retraçada, devem ser enquadrados em narrativas contextualizadoras e formulados à luz de um ponto de vista cultural e histórico específico[27].

Essa interpretação do argumento de Butler é defensável, mas está muito longe de ser motivo de celebração. Ainda que seja apropriada de um ponto de vista epistêmico e útil de um ponto de vista político, uma orientação falibilista não resolve por si só o problema político subjacente e mais profundo. O problema, camuflado na discussão de Butler, é se não há conflitos reais de interesses entre as mulheres de diferentes classes, etnias, nacionalidades e orientações sexuais, conflitos tão intratáveis que não podem ser harmonizados, ou mesmo manobrados, dentro dos movimentos feministas. Seguramente, *há* conflitos quando os interesses são definidos em relação às formas atuais de organização social; um exemplo é o choque de interesses entre as profissionais brancas de classe média do Primeiro Mundo e as trabalhadoras domésticas não brancas do Terceiro Mundo empregadas por elas. Nesse tipo de conflito, a conversa celebratória e não crítica sobre as "diferenças" entre as mulheres é uma mistificação. A questão espinhosa que os movimentos feministas precisam encarar é aquela que desaparece na proposta de Butler: "nós" podemos conceber novos arranjos sociais que conciliam os conflitos atuais? E, caso consigamos, "nós" podemos articular "nossa" visão em termos que sejam suficientemente convincentes para persuadir outras mulheres – e homens – a reinterpretar seus interesses?

No meu entender, o ensaio de Butler não aborda essas questões devido à inadequação de sua concepção de liberação. No nível mais profundo, Butler entende a libertação das mulheres como uma libertação *em relação à* identidade, pois entende a identidade como inerentemente opressiva. Segue-se que a crítica desconstrutiva –

---

[26] Para uma discussão crítica das teorias do "novo feminismo francês" sobre a "mulher" como signo de não identidade, ver "Estruturalismo ou pragmática?" neste volume. Ver também a introdução que escrevi para Nancy Fraser e Sandra Bartky (orgs.), *Revaluing French Feminism: Critical Essays on Difference, Agency, and Culture* (Bloomington, Indiana University Press, 1991).

[27] Esse ponto é elaborado em Nancy Fraser e Linda Nicholson, "Social Criticism without Philosophy", cit.

a crítica que desreifica ou descongela a identidade – é o modo privilegiado de teorização feminista, ao passo que a crítica normativa e reconstrutiva é normalizadora e opressiva. Mas essa posição é excessivamente unilateral para atender plenamente às necessidades de uma política libertadora. As feministas *precisam* fazer juízos normativos e *precisam* oferecer alternativas emancipatórias. Para nós, não "vale tudo". Além disso, é possível argumentar que a atual proliferação de imagens e significações fungíveis, mercadorizadas e desreificadoras da identidade são uma grave ameaça à libertação das mulheres, tal como o são as identidades fundamentalistas e fixadas. A rigor, processos de desreificação e reificação são os dois lados da mesma moeda pós-fordista[28]. Ambos demandam uma resposta dupla. Feministas precisam de *ambos*, da desconstrução *e* da reconstrução, da desestabilização de significados *e* da projeção da esperança utópica.

Minha conclusão é que também Butler cria uma série de falsas antíteses: identidade *versus* diferença, subjetivação *versus* reciprocidade, desreificação *versus* crítica normativa, desconstrução *versus* reconstrução. Também ela polariza desnecessariamente o debate, ao insinuar que as feministas estão diante de uma escolha inevitável entre a Teoria Crítica ou o pós-estruturalismo.

É uma pena que Benhabib e Butler acabem encontrando um solo comum quando aceitam uma falsa antítese entre a Teoria Crítica e o pós-estruturalismo. Ao enquadrarem seu debate nesses termos dicotômicos, elas perdem a oportunidade de tentar um caminho que seja promissor. Como indiquei, em vez de pressupor que temos de escolher entre essas duas abordagens, poderíamos reformular os argumentos de cada uma para torná-los compatíveis. Assim, em vez de nos agarrarmos a uma série de falsas antíteses que se reforçam mutuamente, poderíamos conceber a subjetividade como dotada de capacidade crítica *e* culturalmente construída. De modo similar, poderíamos enxergar a crítica como simultaneamente situada *e* aces-

---

[28] Já foi sobremaneira discutido como, em *Problemas de Gênero*, cit., Butler superestima o potencial emancipatório da performance subversiva de gênero [*gender-bending*] na vida cotidiana. Ela ignora a suscetibilidade dessa subversão à mercadorização, cooptação e despolitização – especialmente na ausência de movimentos sociais fortes que lutem por justiça político-econômica. (Para uma avaliação mais ponderada e equilibrada da subversão de gênero, ver o documentário *Paris is Burning*, que registra tanto as aspirações de transcendência como as limitações da *ball culture* entre gays não brancos e pobres em Nova York). A avaliação errônea de Butler sobre esses fenômenos me parece sintomática não apenas de sua ênfase unilateral na desconstrução, mas também de sua tendência a privilegiar o local. Essa tendência coloca obstáculos à totalização provisória que é necessária para contextualizar – e, portanto, para avaliar de maneira realista – as possibilidades performativas de subversão de gênero aparentemente expansivas da vida cotidiana em relação à dinâmica estrutural que envolve instituições de grande escala, como Estados e economias.

sível à autorreflexão, como potencialmente radical *e* sujeita à justificação e validação de seus pressupostos. Do mesmo modo, poderíamos estabelecer uma relação com a história que seja a um só tempo antifundacionalista *e* politicamente engajada, enquanto promove um campo de historiografias múltiplas que é contextualizado *e* provisoriamente totalizante. Por fim, poderíamos desenvolver uma concepção de identidades coletivas a um só tempo construídas *e* complexas, que possibilitem a ação coletiva *e* se prestem a mistificação, que careçam de desconstrução *e* reconstrução. Em suma, poderíamos desenvolver novos paradigmas para a teorização feminista que integrem as intuições da Teoria Crítica e do pós-estruturalismo. Esses paradigmas levariam a importantes ganhos intelectuais e políticos e, ao mesmo tempo, finalmente sepultariam as falsas antíteses dos nossos debates atuais.

10. Para além do modelo domínio/sujeição*:

sobre O CONTRATO SEXUAL, de Carole Pateman

Senti uma enorme satisfação com a coragem e a originalidade de Carole Pateman em *O contrato sexual*, publicado em 1988[1]. Apesar disso, ao fim e ao cabo não estou convencida de muitos de seus principais argumentos. Ao tentar entender o motivo, vi-me retomando repetidas vezes as concepções de dominação e subordinação, que são centrais no livro.

---

* O par *master/subject* foi traduzido aqui por "domínio/sujeição", mas poderia ser vertido como "senhor/sujeito", "senhor/súdita". A Verso Tradutores optou por "senhor/serva", opção que encontra respaldo na obra de Pateman, a qual destaca o contrato entre senhor e serva (*servant*) ou senhor e escrava (*slave*) para compreender o direito político e o patriarcado moderno (ver "Para além do modelo senhor/serva: sobre *O contrato sexual*, de Carole Pateman", em Luís Felipe Miguel e Flávia Biroli (orgs.), *Teoria política feminista: textos centrais*, Vinhedo, Horizonte, 2013, p. 251-63; Carole Pateman, *O contrato sexual*, trad. Marta Avancini, 2. ed., São Paulo, Paz e Terra, 2020.) A opção por "domínio/ sujeição" se vale da formulação de Fraser no segundo parágrafo do presente capítulo, em que ela afirma que Pateman interpreta a dominação e a subordinação (*dominance* e *subordination*) em termos de domínio e sujeição (*mastery* e *subjection*). Essa opção perde um pouco o sentido dos papéis de *master* e *subject*, que a leitora e o leitor não devem perder de vista. Não obstante, a opção preserva a relação conceitual construída por Pateman e criticada por Fraser, e, em um sentido importante, preserva as diferentes configurações e acepções que "sujeição" (assim como submissão) pode guardar nas três formas de contrato (de casamento, de trabalho e de prostituição) comentadas por Fraser. Note-se também que tanto *dominance* como *domination* foram traduzidos por "dominação". (N. T.)

[1] Carole Pateman, *The Sexual Contract* (Stanford, Stanford University Press, 1988) [ed. bras. *O contrato sexual*, trad. Marta Avancini, 2. ed., São Paulo, Paz e Terra, 2020]. A pesquisa da qual este ensaio resulta recebeu o apoio do Center for Urban Affairs and Policy Research, da Northwestern University. Agradeço a Moira Gatens e Marion Tapper pelo convite que me proporcionou ocasião para escrevê-lo. Agradeço os valiosos comentários e as discussões estimulantes de John Deigh, Jane Mansbridge, Eli Zaretsky e participantes do Sexual Contract Workshop, realizado na Australian National University em dezembro de 1992.

Em minha leitura, Pateman faz parte de uma longa linhagem de pensadores feministas, de Mary Wollstonecraft e John Stuart Mill a Catharine MacKinnon, que interpretam dominação e subordinação com base no modelo de domínio e sujeição. Nessa tradição, a subordinação das mulheres é entendida antes de mais nada como a condição de se estar submetida ao mando direto de um homem. Nesse sentido, a dominação masculina é uma relação diádica de poder em que um superior homem exerce mando sobre uma subordinada mulher. Trata-se de uma relação de domínio/sujeição.

Seja como for, essa é a concepção que, a meu ver, está implícita no tratamento que Pateman oferece ao que denomina "o contrato sexual". Essa ideia aparece no livro em três roupagens diferentes que nem sempre são devidamente distinguidas uma da outra. Em cada roupagem, porém, o modelo domínio/sujeição está pressuposto.

Em uma das roupagens, o contrato sexual é uma pressuposição tácita da teoria clássica do contrato social. Trata-se do mito paralelo que Pateman afirma descobrir como subjacente ao modo oficial como essa teoria concebe a fundação do poder político – ou, como eu diria, trata-se do subtexto de gênero reprimido na teoria. Assim, embora tenham rejeitado o "direito paterno" como modelo para o "direito político", teóricos do contrato aparentemente antipatriarcais, como John Locke, adotaram como pressuposto os direitos conjugais dos maridos sobre as esposas e, ao mesmo tempo, definiram esses direitos como "não políticos". De acordo com Pateman, isso mostra que, mesmo antes de conceber o contrato social, esses teóricos já tacitamente pressupunham um "contrato sexual" prévio. Este era um acordo entre os "irmãos" para democratizar o "direito sexual masculino", que, até então, era monopolizado pelo "pai". O contrato sexual outorgou a cada homem o direito de mando sobre uma mulher – no trabalho e, sobretudo, no sexo. Isso estabeleceu uma esfera privada de díades masculino/feminino, domínio/sujeição.

No livro de Pateman, o contrato sexual também aparece em uma segunda roupagem, a dos contratos da vida real na sociedade contemporânea. Os contratos em questão envolvem a "propriedade na pessoa" e, desse modo, incluem o contrato de trabalho assalariado, o contrato de casamento, o contrato da "maternidade de aluguel" e o que Pateman chama "contrato de prostituição". Ela argumenta que todos esses contratos necessariamente estabelecem relações de subordinação, uma vez que envolvem mercadorias peculiares que são inseparáveis da pessoa de seus proprietários, como a "força de trabalho", o "serviço de gestação" e os "serviços sexuais". O uso dessas mercadorias exige a presença e, na verdade, a subordinação dos proprietários, sua sujeição ao mando de um usuário. Os contratos que dizem respeito à força de trabalho, aos serviços gestacionais, aos serviços sexuais etc. estabelecem díades de domínio/sujeição; o patrão adquire direito de mando sobre o trabalhador, o marido sobre a esposa, o cliente sobre a prostituta e assim por diante. Além disso, quando a mercadoria está ligada ao corpo de uma mulher, entra em cena o contrato especificamente sexual. Com isso, o contrato estabelece uma relação de vida real do "direito sexual masculino". Um homem individual exerce o mando sobre o trabalho e/ou o sexo de uma mulher individual. Ele domina, ela está sujeita.

No livro de Pateman, o contrato sexual também aparece em uma terceira roupagem, a saber, como o principal esquema interpretativo da cultura patriarcal. Nesse nível, que é bem menos desenvolvido que os dois anteriores, o contrato sexual estabelece o significado patriarcal da diferença sexual. Esse contrato define a masculinidade como domínio e a feminilidade como sujeição, paradigmaticamente em relação à sexualidade. Assim, ser homem significa comandar sexualmente uma mulher, ter direito de acesso a algum corpo individual feminino. De modo correlato, ser mulher significa estar sexualmente submetida a algum homem. Desse modo, para Pateman, o modelo diádico domínio/sujeição constrói a maneira como compreendemos masculinidade, feminilidade, sexualidade e diferença sexual. Trata-se do molde simbólico da cultura patriarcal.

Assim, tal como a entendo, Pateman concebe a dominação masculina – na teoria política, na sociedade moderna e na cultura – nos termos do modelo domínio/sujeição. Essa perspectiva, além de estar pressuposta em suas discussões sobre a teoria do contrato e sobre os contratos da vida real, é também central para sua tese histórica. Pateman defende que o contrato não é verdadeiramente antipatriarcal e que as sociedades modernas são "patriarcados contratuais fraternos". Ela também sustenta que a "subordinação", e não a exploração, é o cerne da não liberdade no trabalho assalariado capitalista e em outros contratos que envolvem a propriedade na pessoa. Por "subordinação" ela entende a sujeição ao mando de um senhor. Com isso, uma maneira de ler *O contrato sexual* é como uma defesa de que as relações contratuais no capitalismo tardio são, na verdade, relações de domínio/sujeição disfarçadas. O que parece uma transformação histórica importante no modo de dominação é, na verdade, o mesmo vinho antigo do "direito sexual masculino" em novas garrafas contratuais.

Diversas questões importantes seguem-se dessa leitura de *O contrato sexual*. O modelo domínio/sujeição é adequado para analisar a desigualdade de gênero nas sociedades contemporâneas de capitalismo tardio? As relações contemporâneas de casamento, trabalho assalariado, prostituição e "maternidade de aluguel" são mais bem compreendidas nesses termos? Esse modelo obscurece os processos estruturais ou sistêmicos mais amplos que subjazem e amparam as díades hierárquicas? O modelo obscurece aquelas restrições de gênero na vida das mulheres que não toma a forma de vontade inquestionável de um superior, e sim a forma de processos em que as ações de muitas pessoas são mediadas de modo abstrato ou impessoal? Em todo caso, quão útil é o modelo domínio/sujeição para analisarmos os significados culturais contemporâneos da diferença sexual? As noções de domínio e sujeição esgotam completamente os significados de masculinidade, feminilidade e sexualidade? Com esses termos teorizamos e intervimos melhor nas lutas culturais do capitalismo tardio?

No que se segue, procuro responder a essas questões ao reexaminar três dos contratos da vida real discutidos no livro de Pateman: o contrato de casamento, o contrato de trabalho e o contrato de prostituição. Argumento que nenhum desses contratos é adequadamente compreendido a partir do modelo domínio/sujeição. Nessas discussões, também considero o contrato sexual como um modelo para analisar os significados culturais de sexo e gênero nas sociedades contemporâneas e defendo que, também aqui, ele não é inteiramente satisfatório. No percurso, argumento contra a assimilação do contrato à sujeição, e contra a assimilação da mercadorização ao mando. Meu objetivo não é defender o contrato como inerentemente emancipatório, e sim abrir espaço para uma reflexão mais nuançada sobre as alternativas desejáveis aos modos contemporâneos de dominação.

O CONTRATO DE CASAMENTO

Comecemos pelo casamento. Pateman tem razão e é esclarecedora a respeito das anomalias do "contrato de casamento", que difere da maioria dos contratos comerciais por estabelecer uma relação de status hierárquica e de longo prazo cujos termos são previamente determinados e inalteráveis, e cujos papéis são distribuídos de acordo com o sexo. (A recente corrida do Congresso e das câmaras estaduais nos Estados Unidos para proibir o casamento entre pessoas do mesmo sexo antes que um tribunal havaiano os autorizasse corrobora claramente a maneira como Pateman compreende essa questão.) Ela também tem razão e é esclarecedora a respeito da persistência, no fim do século XX, das incapacidades jurídicas das mulheres casadas, incluindo a ausência de reconhecimento do estupro dentro do casamento em muitas jurisdições. Por tudo isso, porém, parece equivocado compreender o poder do marido sobre a esposa hoje apenas ou sobretudo nos termos domínio/ sujeição do contrato sexual. Igualmente importantes são as restrições estruturais e processuais que Susan Okin caracterizou como "um ciclo de vulnerabilidade socialmente causada e distintivamente assimétrica" resultante do casamento[2].

---

[2] Susan Moller Okin, *Justice, Gender, and the Family* (Nova York, Basic Books, 1989), p. 138.

No ciclo de Okin, a tradicional responsabilidade das mulheres pela criação dos filhos ajuda a moldar mercados de trabalho que as desfavorecem; o resultado é um poder desigual no mercado econômico, o que acaba por reforçar e exacerbar o poder desigual na família. Inicialmente, as mulheres são desfavorecidas pela expectativa do casamento, pois a perspectiva das responsabilidades domésticas primárias e daquelas relacionadas ao cuidado dos filhos pesa em decisões relativas à educação, à formação e ao grau de comprometimento com o emprego. Assim, a vulnerabilidade das mulheres se agrava no casamento, pois elas o iniciam com oportunidades inferiores no mercado de trabalho e, portanto, com menos poder de barganha que os maridos. Mais do que isso, a vulnerabilidade no casamento aumenta ao longo do tempo, à medida que se amplia o hiato no poder aquisitivo dos cônjuges e, portanto, nas opções de saída. Por fim, as mulheres se tornam vulneráveis quando se separam ou se divorciam, porque sofrem uma queda brusca de padrão de vida, ou mesmo a penúria absoluta[3].

Considero essa caracterização mais útil para elucidar as dinâmicas de poder dentro do casamento hoje do que o recurso de Pateman ao "contrato sexual" e ao "direito sexual masculino". A razão é que Okin não se limita à díade conjugal, tal como constituída juridicamente, mas olha também para o contexto institucional mais amplo em que essa díade está situada. Se ainda hoje é comum que o casamento se assemelhe a uma relação de domínio/sujeição, isso se deve em larga medida ao fato de estar socialmente inserido em mercados de trabalho segmentados por sexo, em regimes de políticas de bem-estar social estruturados por gênero e na divisão do trabalho não remunerado baseada no gênero. Essas restrições estruturais certamente ajudam a explicar por que as mulheres suportam formas diretas de sujeição, como violência e estupro no casamento, e talvez também expliquem por que os homens têm esse tipo de comportamento. (De sua parte, a explicação de Pateman sobre o comportamento dos homens não é satisfatória porque envolve uma petição de princípio; recorrer ao "direito sexual masculino" ou ao "contrato sexual" equivale a postular uma propensão masculina, dada e não explicada, a estuprar e espancar.) Assim, de modo geral, embora a reforma jurídica do casamento

---

[3] Okin lança mão da concepção de vulnerabilidade assimétrica socialmente criada, elaborada por Robert Goodin, e da análise de Albert Hirschman sobre o efeito dos diferentes potenciais de saída de relações de poder. Ver Robert E. Goodin, *Protecting the Vulnerable: A Reanalysis of Our Social Responsibilities* (Chicago, University of Chicago Press, 1985); e Albert O. Hirschman, *Exit, Voice, and Loyalty: Responses to Decline in Firms, Organizations, and States* (Cambridge, Harvard University Press, 1970) [ed. bras.: *Saída, voz e lealdade*, trad. Angela de Assis Melim, São Paulo, Perspectiva, 1973].

permaneça consideravelmente incompleta, talvez seja mais adequado compreender a instituição conjugal nos Estados Unidos de hoje nos termos de uma parceria desigual na qual a "voz" é diretamente proporcional à oportunidade de "sair" do que de a compreender nos termos de uma relação de domínio/sujeição.

Vamos supor, porém, que nossa pergunta é se "o contrato sexual" figura no casamento em outro nível, a saber, como um esquema de interpretação cultural. Nesse caso, a questão seria se a grade interpretativa que iguala a masculinidade ao domínio e a feminilidade à sujeição determina atualmente dá forma ao modo como as assimetrias estruturais teorizadas por Okin são vivenciadas; e, em caso afirmativo, se essa grade influencia o comportamento. Aqui, creio que devemos proceder com cautela. Não há dúvida de que a experiência conjugal de muitas pessoas nas sociedades de capitalismo tardio é mediada pela interpretação da diferença sexual em termos de domínio/sujeição, mas é de se duvidar que esse seja o caso para todas e todos, ou que o seja na mesma medida. O esquema domínio/sujeição parece coexistir hoje com outros esquemas interpretativos de mediação, como a heterossexualidade igualitária baseada no companheirismo, que figura como um ideal em boa parte da cultura de massa pseudossofisticada do capitalismo tardio. Em geral, os significados atuais de gênero, sexo e sexualidade são fortemente fragmentados e disputados. Os significados inscritos no contrato sexual formulado por Pateman são apenas um dos componentes da mistura. Tais significados não ditam uma interpretação unívoca, compartilhada e inquestionável do casamento como uma relação de domínio/sujeição.

O CONTRATO DE TRABALHO

Se o modelo domínio/sujeição não se encaixa no contrato de casamento, encaixa-se ainda menos nos outros contratos da vida cotidiana discutidos por Pateman. Todos eles diferem do contrato de casamento notadamente porque envolvem uma mercadorização direta. Enquanto o contrato de casamento exige que aspectos centrais da reprodução social sejam afastados do nexo do dinheiro, o trabalho assalariado, a prostituição e a "maternidade de aluguel" são precisamente transações de mercado. Desse modo, esses outros contratos envolvem uma forma mais abstrata de mediação ou coordenação social que está ainda mais distante do modelo domínio/sujeição[4].

---

[4] Pode ser tentador concluir que os contratos de mercadorização da pessoa pertencem a uma episteme histórica diferente e mais moderna do que o contrato de casamento. Mas, como veremos, o caráter contemporâneo e a coimplicação desses contratos com o casamento moderno em um

Vejamos primeiro o "contrato de trabalho". Esse contrato parece mais próximo da maneira como Pateman concebe o casamento, pois também estabelece um tipo de relação de longo prazo em que um subordinado ou subordinada concorda (sob restrições estruturais) em receber ordens de um superior em troca dos meios de subsistência. É significativo, porém, que os meios de subsistência sejam pagos em dinheiro, e não em bens ou serviços, e, portanto, em uma forma que confere algum poder de barganha em esferas da vida fora do local de trabalho. Pateman, todavia, concentra-se exclusivamente na relação de trabalho, entendida como abstraída de seu contexto adjacente. Desse modo, ela ressalta o poder de comando do patrão sobre o trabalhador, o que contraria a visão ideológica convencional do contrato assalariado como uma troca livre entre iguais. A meu ver, Pateman tem razão nesse aspecto, assim como tem razão no argumento mais profundo de que a "força de trabalho" não pode ser separada da pessoa do trabalhador e, portanto, é um tipo peculiar de mercadoria cujo uso exige a presença e a subordinação do trabalhador. Mas o foco, sem contextualização, na relação domínio/sujeição, é muito limitado para permitir uma crítica adequada. Esse enfoque a leva a juízos muito rígidos sob certos aspectos e muito brandos sob outros.

Pateman é rígida demais quando sustenta que o trabalho capitalista é similar à "escravidão assalariada". É verdade que esta foi, exatamente nesses termos, a árdua experiência de muitos artesãos e pequenos proprietários rurais (do sexo masculino) que se proletarizaram no início do século XIX e perderam, além da propriedade tangível em ferramentas e terra, o controle que anteriormente detinham sobre seu trabalho. Mas a resposta desses artesãos e pequenos proprietários era contextualmente específica e marcada por gênero. Para efeito de comparação, consideremos a experiência, muito diferente, das jovens solteiras que trocaram a zona rural – com jornadas de trabalho indefinidas, supervisão parental generalizada e pouca autonomia na vida pessoal – pelas cidades industriais, onde a supervisão intensa na fábrica era combinada com a relativa liberdade – em relação à supervisão – do lado de fora e com um aumento da autonomia na vida pessoal conferido pelo pagamento em dinheiro. Da perspectiva dessas mulheres, o contrato de trabalho foi uma libertação[5].

A perspectiva das jovens operárias chama nossa atenção para características importantes da instituição do trabalho assalariado que são obscurecidas na análise de

---

único ambiente social estruturado é precisamente o que ajuda a explicar por que também esses contatos expressam hierarquias de gênero – de um tipo diferente do modelo domínio/sujeição.

[5] Para uma versão desse argumento, ver Christine Stansell, *City of Women: Sex and Class in New York (1789-1860)* (Nova York, Knopf, 1986).

Pateman. Ao mesmo tempo que estabelece a sujeição do trabalhador ao comando do patrão na esfera do trabalho, o contrato assalariado constitui essa esfera como uma esfera limitada. O patrão não tem direito de mando direto fora dela[6]. "Fora", aqui, inclui tanto um mercado de bens de consumo (para o qual o salário compra a entrada) quanto a esfera doméstica não mercadorizada (na qual muito do trabalho de reprodução social é realizado por mulheres de forma não remunerada). Nessas arenas, que são permeadas por poder e desigualdade, o salário funciona como recurso e fonte de poder de barganha. Para algumas mulheres, o salário compra a redução da vulnerabilidade no casamento[7].

A moral da história é que a avaliação do contrato assalariado exige que se olhe para além da díade patrão/trabalhador. É preciso, no mínimo, contrabalançar a subordinação no trabalho remunerado com o potencial de relativa liberdade – em relação à subordinação – fora dele. Esse potencial varia conforme a localização social das pessoas, que é determinada, em parte, pelo lugar que ocupam na divisão do trabalho não remunerado baseada no gênero. Pateman certamente pretende incluir ponderações como essas. A meu ver, é por isso que ela assevera que as mulheres não são e não podem ser trabalhadores no mesmo sentido que os homens são, que o contrato sexual subjaz o contrato de trabalho. Mas não considero essas formulações satisfatórias. Primeiro, porque sugerem um encaixe demasiado uniforme entre poder conjugal e poder capitalista e, com isso, perde-se de vista a possibilidade de que um compense o outro. Em outro sentido, esse tipo de formulação insinua que os termos "mulher" e "trabalhador" são dados de uma vez por todas como monoliticamente patriarcais, quando o fato é que o significado desses termos é disputado e está sujeito a mudanças[8]. Por fim, ao alegar que o contrato sexual subjaz ao contrato de trabalho, Pateman

---

[6] John Deigh me lembrou de alguns casos recentes em que, com o objetivo de reduzir gastos com planos de saúde, empregadores procuraram regular o comportamento de seus funcionários fora do horário de trabalho em relação a temas como o tabagismo. Obviamente, gays e lésbicas nunca usufruíram da liberdade de declarar que sua sexualidade fora do trabalho não faz parte do escopo das preocupações legítimas de seus empregadores. Ainda assim, hoje, fora do local de trabalho, heterossexuais desfrutam de considerável liberdade em relação às ordens de seu empregador.

[7] Ver Amartya Sen, "Gender and Cooperative Conflicts", em Irene Tinker (orga.), *Persistent Inequalities: Women and World Development* (Oxford, Oxford University Press, 1990).

[8] Para interessantes análises sobre o caráter disputado e variável desses termos, ver Alice Kessler Harris, *A Woman's Wage: Historical Meanings and Social Consequences* (Lexington, University Press of Kentucky, 1990); e Joan W. Scott, "'L'ouvrière! Mot impie, sordide...': Women Workers in the Discourse of French Political Economy (1840-1860)", em *Gender and the Politics of History* (Nova York, Columbia University Press, 1988).

apenas duplica, mas não transcende, o modelo de dominação formulado no termos de domínio/sujeição.

Para compreendermos esse último ponto, é preciso ter em vista que, se a avaliação de Pateman a respeito do contrato de trabalho é muito rígida em um aspecto, em outro ela é muito branda. Se a instituição do trabalho assalariado tivesse como base uma série de relações diádicas de domínio/sujeição, o remédio para a dominação capitalista seria democracia no local de trabalho e na empresa. Por desejável que isso seja, diversos outros problemas ficariam sem resposta. Pateman está ciente de um desses problemas: o benefício desproporcional para trabalhadores em período integral que têm poucas responsabilidades domésticas não remuneradas, em geral homens, em comparação com trabalhadores em meio período ou em tempo integral que têm "dupla jornada", são responsáveis pelos serviços domésticos e para quem a participação em reuniões é particularmente onerosa, cuja maioria é de mulheres. Mas há ainda outros problemas que a democracia no local de trabalho não resolve e que são obscurecidos pelo foco de Pateman na relação de domínio/sujeição.

Em primeiro lugar, a democracia no local de trabalho é androcêntrica por ignorar locais de participação democrática que, por oposição à "produção", são associados à "reprodução" (por exemplo, bairros, creches, instituições de saúde e educação). No que diz respeito a esses bens públicos, serviços públicos e espaços públicos, não apenas trabalhadores, mas também mães e pais, consumidores e cidadãos merecem direitos de representação e participação. Em segundo lugar, a democracia no local de trabalho e no nível da empresa não soluciona de modo adequado a irracionalidade indiscriminada de um sistema econômico em que o uso de recursos sociais é ditado pelo lucro, e não pela necessidade humana e pela sustentabilidade ambiental. Por fim, a democracia no local de trabalho não supera o caráter não democrático de uma ordem social em que parte significativa das questões sociais mais importantes é retirada da deliberação coletiva e é decidida por mecanismos de mercado, pelas costas dos cidadãos. Se nenhum desses problemas seria resolvido pela democracia no local de trabalho e no nível da empresa, é porque nenhum deles está radicado em uma relação diádica de domínio e sujeição. Na verdade, todos esses problemas escapam à grade conceitual, pois envolvem formas mais abstratas de mediação social e mecanismos impessoais de coordenação da ação.

O contrato de prostituição

Até aqui, considerei o contrato sexual formulado por Pateman sobretudo como um modelo para analisar relações de poder institucionalizadas. Argumentei que esse modelo não é suficientemente estrutural para analisar a desigualdade de gênero nas sociedades do capitalismo tardio. Contudo, também sugeri um outro modo de compreendê-lo, a saber, como molde para os significados culturais de sexo e gênero. É importante examinar se o contrato sexual compreendido como uma grade interpretativa elucida as dimensões *culturais* contemporâneas da dominação masculina e da subordinação feminina.

Lembremos que, para Pateman, o contrato sexual estabelece o significado cultural da diferença sexual – e, portanto, os significados de masculinidade e feminilidade, que nele são definidos tendo em vista domínio e sujeição sexuais. Pateman afirma que esses significados estão institucionalizados em práticas contemporâneas como a prostituição e a "maternidade de aluguel". As análises que ela faz dessas práticas podem então ser lidas em dois níveis: o nível social das relações de poder e o nível simbólico dos significados culturais. Uma análise que não consegue convencer para tratar das relações de poder talvez tenha mais êxito para tratar do significado cultural.

Para explorar essa possibilidade, vejamos o "contrato de prostituição". Pateman analisa a prostituição, assim como a "maternidade de aluguel", como uma manifestação comercial do contrato sexual na vida real, um caso do "direito sexual masculino" que se tornou público. Ela argumenta que falar em venda de serviços sexuais (ou gestacionais) é uma distorção, pois os órgãos sexuais da prostituta, assim como o útero da "mãe de aluguel", não podem ser utilizados sem a presença e a subordinação da mulher. (É uma pena que Pateman não tenha comparado a prostituição com a pornografia, em que o uso da mercadoria – em contraste com sua produção – requer apenas uma representação do corpo da mulher. Pergunto-me se, a seu ver, essa diferença contaria em favor da pornografia.) O contrato de prostituição estabelece, assim, uma relação de domínio/sujeição em que um homem exerce comando sobre o corpo de uma mulher. Desse modo, esse contrato promulga os significados patriarcais de masculinidade como domínio sexual e de feminilidade como sujeição sexual. Assim, longe de ser uma mera troca no livre mercado, a prostituição institucionaliza o direito sexual masculino.

O uso que Pateman faz aqui do modelo domínio/sujeição é tanto social como simbólico. No nível social, ela parece sustentar que, na prostituição, o cliente adquire o direito de comando sobre a prostituta. Mas há algumas razões para duvidarmos que esse seja o caso. Primeiro, como observa Pateman, a prostituição implica um "contrato de execução única", quase uma troca simultânea; esse contrato, diferentemente do de casamento, não estabelece uma relação de dependência de longo prazo. (O modelo domínio/sujeição parece se adequar melhor à relação cafetão/prostituta do que à relação cliente/prostituta, mas Pateman não envereda por esse rumo.) Em outro sentido, a transação é regida em geral por negociações preliminares sobre serviços específicos, o que limita o poder do cliente. (Isso não significa negar que prostitutas são vulneráveis a estupro, coerção e violência, sobretudo onde a prostituição é ilegal e o "contrato" não tem proteção judicial.) Além disso, algumas etnografias (feministas) relatam que as prostitutas que estão no topo da escala profissional detêm um controle considerável sobre a transação sexual e uma autonomia considerável fora dessa transação[9]. Por fim, em algumas culturas masculinas contemporâneas (mas não em todas), recorrer à prostituição não é sinal de poder ou domínio, mas sim de uma vergonha imbuída do constrangimento de se ter de pagar por "aquilo". Por todas essas razões, o cliente não costuma ter tanto poder sobre a prostituta, nem tem esse poder por muito tempo.

Admitir isso não é alegar que a prostituição é libertadora para as mulheres. Ao contrário, é indicar que a dominação masculina pode persistir mesmo na ausência de relações de domínio/sujeição. Dito de outra forma, se a mercadorização do corpo da mulher não traz igualdade de gênero, não é porque as mulheres que adotam uma postura de indivíduo possessivo têm de obedecer às ordens de superiores do sexo masculino. Antes, a razão é que a prostituição codifica significados que são danosos para as mulheres enquanto classe.

Isso me leva ao contrato sexual como molde para os significados culturais. Ainda que não nos ajude muito na análise da prostituição no nível social, o modelo domínio/sujeição faz soar um acorde conhecido. Seguramente, Pateman tem razão quando frisa que a prostituição contemporânea é informada por gênero; em sua forma heterossexual, a esmagadora maioria é de homens que compram sexo de mulheres. (Ela não considera, porém, a prostituição homossexual masculina, nem a maneira pela qual as variações homossexual e heterossexual são estruturadas não apenas por gênero, mas também conforme a estratificação etária e a étnico-racial.) Na prostituição heterossexual, quem compra tem um status de gênero mais elevado do que quem vende, e a transação quase sempre é permeada por associações simbólicas que ligam a masculinidade ao domínio sexual e a feminilidade à sujeição sexual.

No entanto, longe de indicar a solidez dessas associações, a prostituição contemporânea de certo modo mostra sua fragilidade. Eu diria que, hoje, o que mais se vende nas sociedades do capitalismo tardio é a fantasia masculina do "direito sexual masculino", uma fantasia que indica sua efetiva precariedade. Longe de adquirir o

---

[9] Ver, por exemplo, *Working Girls*, filme de Lizzie Borden (1986).

direito de mando sobre a prostituta, o que o cliente tem é a representação encenada desse mando. Uma representação encenada de mando, contudo, envolve uma contradição performativa. A fantasia do domínio que é vendida pela prostituição já se deteriora na própria encenação.

O que, então, devemos concluir do valor do contrato sexual de Pateman como molde simbólico da cultura patriarcal? A moral que extraio é que os significados contemporâneos de masculinidade e feminilidade têm de fato certas associações com o domínio e a sujeição, mas que essas associações não são nem exclusivas nem completamente inquestionáveis. Elas coexistem com uma gama de outras associações – inclusive algumas que retratam as mulheres como dominadoras insaciáveis, outras que nos caracterizam como mães carinhosas, e outras ainda que nos concebem como iguais sexualmente autônomos em busca de prazer. Nesse campo de interpretações rivais da diferença sexual, o modelo domínio/sujeição é intensamente disputado. Ele não fornece um molde para o todo.

Se isso é correto, a abordagem de Pateman é muito monocrática para fazer jus à complexidade inerente à política cultural contemporânea. Uma abordagem adequada não deve pressupor que domínio e sujeição esgotem todos os significados de masculinidade e feminilidade, tampouco que os significados desses termos estejam imunes à contestação e à mudança. Não há dúvida de que parte significativa de nossa situação atual é nebulosa, mas ao menos uma coisa é muito clara: vivemos em uma época de intensas disputas em relação a gênero, sexualidade e diferença sexual. Longe de ser monoliticamente patriarcal, a interpretação desses termos está, a cada vírgula, sujeita à contestação. (O mesmo vale para o conceito de "indivíduo", que, em vão, Pateman alega ser inerentemente patriarcal.) Precisamos de uma abordagem que possa analisar a atual política cultural de gênero em toda a sua complexidade e heterogeneidade.

Conclusão

Para concluir, gostaria de resumir meu argumento mais geral. Ao examinar os contratos de casamento, trabalho e prostituição, avaliei duas das três roupagens distintas da noção de contrato sexual elaborada por Pateman. (Não discuti os méritos dessa noção como um dispositivo para interpretar a teoria clássica do contrato social.) Primeiro, avaliei o contrato sexual como um modelo para a teorização das relações de poder contemporâneas e argumentei que esse modelo é insuficientemente estrutural para dar conta da mecânica social da dominação masculina na sociedade do capitalismo tardio. Segundo, considerei o contrato sexual como um molde para a análise dos significados culturais de sexo e gênero; nesse ponto, argumentei que o modelo domínio/sujeição é apenas uma entre outras grades interpretativas, não deve ser único e absoluto nem tratado como imune à resistência e à mudança.

Meu principal argumento é que a melhor maneira de se entender a dominação masculina hoje não é a do antigo vinho antigo domínio/sujeição em novas garrafas contratuais. Da mesma forma, o contrato e a mercadorização não são adequadamente compreendidos como mando e sujeição disfarçados. Ao contrário, a desigualdade de gênero vem sendo transformada por um deslocamento das relações diádicas de domínio e sujeição para mecanismos estruturais mais impessoais, que são vivenciados como formas culturais mais fluidas. Uma consequência é a (re)produção da subordinação mesmo quando as mulheres cada vez mais agem como indivíduos que não estão sob o mando direto dos indivíduos homens. Outra consequência é a criação de novas formas de resistência política e contestação cultural.

Referências bibliográficas

ABBOTT, Edith; BRECKINRIDGE, Sophonisba P. *The Administration of the Aid-to-Mothers Law in Illinois 82*. Washington, U.S. Children's Bureau, 1921.

ABRAMOWITZ, Mimi. *Regulating the Lives of Women:* Social Welfare Policy from Colonial Times to the Present. Boston, South End, 1988.

ADORNO, Theodor W. *Negative Dialectics*. Trad. E. B. Ashton. Nova York, Continuum, 1973 [ed. bras.: *Dialética negativa*. Trad. Marco Antônio Casanova. Rio de Janeiro, Zahar, 2009].

AFRICAN AMERICAN WOMEN IN DEFENSE OF OURSELVES. *New York Times*, 17 nov. 1991.

ALCOFF, Linda. Cultural Feminism versus Poststructuralism: The Identity Crisis in Feminist Theory. *Signs*, v. 13, n. 3, 1988, p. 405-36.

_____. Feminist Politics and Foucault: The Limits to a Collaboration. In: DALLERY, Arlene; SCOTT, Charles (Orgs.). *Crisis in Continental Philosophy*. Albany, Suny, 1990.

AMERICAN PSYCHIATRIC ASSOCIATION. *Diagnostic and Statistical Manual of Mental Disorders*. 3. ed. rev., Washington, American Psychiatric Association, 1987 [ed. bras.: *Manual de diagnóstico e estatística de distúrbios mentais DSM III R*. Trad. Lucia Helena Siqueira Barbosa. 3. ed. rev., São Paulo, Manole, 1989].

ANZALDÚA, Gloria. *Borderlands/La Frontera:* The New Mestiza. São Francisco, Spinsters/Aunt Lute Press, 1987.

APPLEBONE, Peter. Common Threads between the 2 Accusing Thomas of Sexual Improprieties. *New York Times*, 12 out. 1991.

ARENDT, Hannah. *The Human Condition*. Chicago, University of Chicago Press, 1958 [ed. bras.: *A condição humana*. Trad. Roberto Raposo. 12. ed., Rio de Janeiro, Forense Universitária, 2016].

BAGDIKIAN, Ben H. Lords of the Global Village. *Nation*, 12 jun. 1989.

_____. *The Media Monopoly*. Boston, Beacon, 1983 [ed. bras.: *O monopólio da mídia*. Trad. Alexandre Boide. São Paulo, Veneta, 2018].

BAKER, Keith Michael. Defining the Public Sphere in Eighteenth-Century France: Variations on a Theme by Habermas. In: CALHOUN, Craig (Org.). *Habermas and the Public Sphere*. Cambridge, MIT Press, 1992.

BAKKE, E. Wight. *Citizens without Work:* A Study of the Effects of Unemployment upon Workers' Social Relations and Practices. New Haven, Yale University Press, 1940.

_____. *The Unemployed Worker:* A Study of the Task of Making a Living without a Job. New Haven, Yale University Press, 1940.

BALBO, Laura. Crazy Quilts. In: SASSOON, Ann Showstack (Orga.). *Women and the State.* Londres, Hutchinson, 1987.

BARNES, Annie S. Single *Parents in Black America:* A Study in Culture and Legitimacy. Bristol, Wyndham Hall, 1987.

BARRINGER, Felicity. Women See Hearing from a Perspective of Their Own Jobs. *New York Times,* 18 out. 1991.

BARTLETT, Katharine T.; KENNEDY, Rosanne (Orgas.). *Feminist Legal Theory:* Readings in Law and Gender. Boulder, Westview, 1991.

BAUDRILLARD, Jean. *Simulations.* Nova York, Semiotext, 1993.

BEEBE, Beatrice; LACHMAN, Frank. Mother-Infant Mutual Influence and Precursors of Psychic Structure. In: GOLDBERG, Arnold (Org.). *Frontiers in Self Psychology, Progress in Self Psychology.* Hillsdale, Analytic, 1988.

BENHABIB, Seyla. Feminism and the Question of Postmodernism. In: _____ et al. *Feminist Contentions:* A Philosophical Exchange. Nova York, Routledge, 1994 [ed. bras.: *Debates feministas:* um intercâmbio filosófico. Trad. Fernanda Veríssimo. São Paulo, Ed. Unesp, 2018].

_____. Models of Public Space: Hannah Arendt, the Liberal Tradition, and Jürgen Habermas. In: CALHOUN, Craig (Org.). *Habermas and the Public Sphere.* Cambridge, MIT Press, 1992.

_____. Subjectivity, Historiography, and Politics. In: _____ et al. *Feminist Contentions:* A Philosophical Exchange. Nova York, Routledge, 1994 [ed. bras.: *Debates feministas:* um intercâmbio filosófico. Trad. Fernanda Veríssimo. São Paulo, Ed. Unesp, 2018].

_____ et al. *Feminist Contentions:* A Philosophical Exchange. Nova York, Routledge, 1994 [ed. bras.: *Debates feministas:* um intercâmbio filosófico. Trad. Fernanda Veríssimo. São Paulo, Ed. Unesp, 2018].

BERKE, Richard L. Thomas Backers Attack Hill: Judge, Vowing He Won't Quit, Says He Is Victim of Race Stigma. *New York Times,* 13 out. 1991.

BLACK PUBLIC SPHERE COLLECTIVE. *The Black Public Sphere.* Chicago, University of Chicago Press, 1995.

BORDEN, Lizzie. *Working Girls.* [Filme]. Produção e direção de Lizzie Borden. Nova York, 1986. 91 min.

BOURDIEU, Pierre. *Distinction:* A Social Critique of the Judgment of Pure Taste. Cambridge, Harvard University Press, 1984 [ed. bras.: *A distinção:* crítica social do julgamento. Trad. Daniela Kern e Guilherme Teixeira. Rio de Janeiro, Zouk, 2006].

_____. *Outline of a Theory of Practice.* Cambridge, Cambridge University Press, 1977 [ed. bras.: *Esboço de uma teoria da prática.* Trad. Miguel Serras Pereira. São Paulo, Celta, 2002].

BOYDSTON, Jeanne. *Home and Work:* Housework, Wages, and the Ideology of Labor in the Early Republic. Nova York, Oxford University Press, 1991.

BRANDT, Lilian. *An Impressionistic View of the Winter of 1930-31 in New York City.* Nova York, Welfare Council of New York City, 1932.

BRAY, Rosemary L. Taking Sides Against Ourselves. *New York Times Magazine,* 17 nov. 1991.

BRECKINRIDGE, Sophonisba P. The Home Responsibilities of Women Workers and the "Equal Wage". *Journal of Political Economy*, v. 31, 1928.

BROOKS-HIGGINBOTHAM, Evelyn. *Righteous Discontent:* The Women's Movement in the Black Baptist Church, 1880-1920. Cambridge, Harvard University Press, 1993.

BROWN, Josephine Chapin. *Public Relief (1929-1939)*. Nova York, Holt, 1940.

BRUNO, Frank J. *Trends in Social Work*. Nova York, Columbia University Press, 1948.

BRYSON, Lois. Citizenship, Caring and Commodification. In: *Crossing Borders: International Dialogues on Gender, Social Politics and Citizenship*. 27-29 maio 1994. Estocolmo, 1994.

BUSH EMPHASIZES HE BACKS THOMAS IN SPITE OF UPROAR. *New York Times*, 10 out. 1991.

BUTLER, Judith. *Bodies that Matter*. Nova York, Routledge, 1993 [ed. bras.: *Corpos que importam:* os limites discursivos do "sexo". Trad. Verônica Daminelli e Daniel Yago Françoli. São Paulo, N-1/Crocodilo, 2019].

_____. Contingent Foundations: Feminism and the Question of "Postmodernism". In: BENHABIB, Seyla et al. *Feminist Contentions:* A Philosophical Exchange. Nova York, Routledge, 1994 [ed. bras.: *Debates feministas:* um intercâmbio filosófico. Trad. Fernanda Veríssimo. São Paulo, Ed. Unesp, 2018].

_____. Endangered/Endangering: Schematic Racism and White Paranoia. In: GOODING--WILLIAMS, Robert (Org.). *Reading Rodney King, Reading Urban Uprising*. Nova York, Routledge, 1993 [ed. bras.: Em perigo/perigoso: racismo esquemático e paranoia branca. *Educação e Pesquisa*, v. 46, 2020, p. 1-9].

_____. For a Careful Reading. In: BENHABIB, Seyla et al. *Feminist Contentions:* A Philosophical Exchange. Nova York, Routledge, 1994 [ed. bras.: *Debates feministas:* um intercâmbio filosófico. Trad. Fernanda Veríssimo. São Paulo, Ed. Unesp, 2018].

_____. *Gender Trouble:* Feminism and the Subversion of Identity. Nova York, Routledge, 1990 [ed. bras.: *Problemas de gênero:* feminismo e subversão da identidade. Trad. Renato Aguiar. Rio de Janeiro, Civilização Brasileira, 2003].

_____. The Body Politics of Julia Kristeva. In: FRASER, Nancy; BATKY, Sandra (Orgas.). *Revaluing French Feminism*. Bloomington, Indiana University Press, 1991.

_____. Variations on Sex and Gender: Beauvoir, Wittig and Foucault. In: BENHABIB, Seyla; CORNELL, Drucilla (Orgas.). *Feminism as Critique*. Minneapolis, University of Minnesota Press, 1987, p. 128-42 [ed. bras.: *Feminismo como crítica da modernidade*. Trad. Nathanael da Costa Caixeiro. Rio de Janeiro, Rosa dos Tempos, 1991].

CAMERON, Deborah. *Feminism and Linguistic Theory*. Nova York, St. Martin's, 1985.

CARLING, Alan. *Social Division*. Londres, Verso, 1991.

CATES, Jerry R. Insuring *Inequality:* Administrative Leadership in Social Security (1935-1954). Ann Arbor, University of Michigan Press, 1983.

COHEN, Joshua. Comments on Nancy Fraser's "Rethinking the Public Sphere". *American Philosophical Association*, abr. 1990.

COX, Oliver Cromwell. *Caste, Class, and Race*. Nova York, Monthly Review Press, 1970.

CROSSETTE, Barbara. U.N. Survey Finds World Rich-Poor Gap Widening. *New York Times*, 15 jul. 1996.

DAVIDOFF, Leonore; HALL, Catherine. *Family Fortunes:* Men and Women of the English Middle Class (1780-1850). Chicago, University of Chicago Press, 1987.

DEWS, Peter. *Logics of Disintegration:* Post-Structuralist Thought and the Claims of Critical Theory. Nova York, Verso, 1987.

DIAMOND, Irene; QUINBY, Lee. *Foucault and Feminism:* Reflections on Resistance. Boston, Northeastern University Press, 1988.

DOWD, Maureen. Image More Than Reality Became Issue, Losers Say. *New York Times*, 16 out. 1991

_____. Republicans Gain in Battle by Getting Nasty Quickly. *New York Times*, 15 out. 1991.

_____. The Senate and Sexism. *New York Times*, 8 out. 1991.

DOWLING, Colette. *The Cinderella Complex:* Women's Hidden Fear of Independence. Nova York, Summit, 1981 [ed. bras.: *Complexo de Cinderela*. Trad. Amarylis Miazzi. São Paulo, Melhoramentos, 2012].

DUGGAN, Lisa. Queering the State. *Social Text*, n. 39, 1994.

DWORKIN, Ronald. Liberalism. In: _____. *A Matter of Principle*. Cambridge, Harvard University Press, 1985 [ed. bras.: *Uma questão de princípio*. Trad. Luís Carlos Borges. São Paulo, Martins Fontes, 2019].

_____. What Is Equality? Part 2: Equality of Resources. *Philosophy and Public Affairs*, v. 10, n. 4, 1981.

ECHOLS, Alice. The New Feminism of Yin and Yang. In: SNITOW, Ann; STANSELL, Christine; THOMPSON, Sharon (Orgas.). *Powers of Desire:* The Politics of Sexuality. Nova York, Monthly Review Press, 1983.

ELEY, Geoff. Nations, Publics, and Political Cultures: Placing Habermas in the Nineteenth Century. In: CALHOUN, Craig (Org.). *Habermas and the Public Sphere*. Cambridge, MIT Press, 1992.

ELLWOOD, David T. *Poor Support:* Poverty in the American Family. Nova York, Basic, 1988.

EPSTEIN, Steven. Gay Politics, Ethnic Identity: The Limits of Social Constructionism. *Socialist Review*, n. 93-4, maio-ago. 1987.

ESPING-ANDERSEN, Gøsta. *The Three Worlds of Welfare Capitalism*. Princeton, Princeton University Press, 1990.

EXCERPTS FROM SENATE'S HEARINGS ON THE THOMAS NOMINATION. *New York Times*, 12 e 13 out. 1991.

EXCERPTS OF NEWS CONFERENCE ON HARASSMENT ACCUSATIONS AGAINST THOMAS. *New York Times*, 8 out. 1991.

FELSKI, Rita. *Beyond Feminist Aesthetics*. Cambridge, Harvard University Press, 1989.

FEYERABEND, Paul. *Against Method*. Nova York, Verso, 1988 [ed. bras.: *Contra o método*. Trad. Cezar Mortari. São Paulo, Ed. Unesp, 2003].

FOLBRE, Nancy. The Unproductive Housewife: Her Evolution in Nineteenth-Century Economic Thought. *Signs*, v. 16, n. 3, 1991.

FOUCAULT, Michel. Nietzsche, Genealogy, History. In: RABINOW, Paul (Org.). *The Foucault Reader*. Nova York, Pantheon, 1984 [ed. bras.: Nietzsche, a genealogia e a história. In: _____. *Microfísica do poder*. Trad. Roberto Machado. Rio de Janeiro, Graal, 1979].

FRANK, Manfred. *What is Neo-Structuralism?* Trad. Sabine Wilke e Richard Gray. Minneapolis, University of Minnesota Press, 1989.

FRANK, Tim. Textual Reckoning. *In These Times*, 27 maio 1996.

FRASER, Nancy. Clintonism, Welfare and the Antisocial Wage: The Emergence of a Neoliberal Political Imaginary. *Rethinking Marxism*, v. 6, n. 1, 1993.

_____. Foucault on Modern Power: Empirical Insights and Normative Confusions. In: _____. *Unruly Practices:* Power, Discourse and Gender in Contemporary Social Theory. Minneapolis, University of Minnesota Press, 1980.

_____. Foucault's Body-Language: A Post-Humanist Political Rhetoric? In: _____. *Unruly Practices:* Power, Discourse and Gender in Contemporary Social Theory. Minneapolis, University of Minnesota Press, 1980.

_____. Introduction. In: _____; BARTKY, Sandra (Orgas.). *Revaluing French Feminism:* Critical Essays on Difference, Agency, and Culture. Bloomington, Indiana University Press, 1991.

_____. Review of Linda Nicholson, Gender and History and Joan W. Scott, Gender and the Politics of History. *NWSA Journal*, v. 2, n. 3, 1990, p. 505-8.

_____. Social Justice in the Age of Identity Politics: Redistribution, Recognition, and Participation. *Tanner Lectures on Human Values*. Stanford University, 1996. Disponível em: <https://tannerlectures.utah.edu/_resources/documents/a-to-z/f/Fraser98.pdf>.

_____. Struggle over Needs: Outline of a Socialist-Feminist Critical Theory of Late-Capitalist Political Culture. In: _____. *Unruly Practices:* Power, Discourse and Gender in Contemporary Social Theory. Minneapolis, University of Minnesota Press, 1989 [ed. bras.: A luta pelas necessidades: esboço de uma teoria crítica socialista-feminista da cultura política do capitalismo tardio. In: LAMAS, Marta (Orga.). *Cidadania e feminismo*. São Paulo, Melhoramentos, 1999].

_____. Toward a Discourse Ethic of Solidarity. *Praxis International*, n. 4, 1986.

_____. *Unruly Practices:* Power, Discourse and Gender in Contemporary Social Theory. Minneapolis, University of Minnesota Press, 1989.

_____. What's Critical about Critical Theory? The Case of Habermas and Gender. In: _____. *Unruly Practices:* Power, Discourse and Gender in Contemporary Social Theory. Minneapolis, University of Minnesota Press, 1989 [ed. bras.: O que há de crítico na teoria crítica? O argumento de Habermas e o gênero. In: BENHABIB, Seyla; CORNELL, Drucilla (Orgas.). *Feminismo como crítica da modernidade*. Trad. Nathanael da Costa Caixeiro. Rio de Janeiro, Rosa dos Tempos, 1991].

_____. Women, Welfare, and the Politics of Need Interpretation. In: _____. *Unruly Practices:* Power, Discourse, and Gender in Contemporary Social Theory. Minneapolis, University of Minnesota Press, 1989.

_____; GORDON, Linda. Contract versus Charity: Why Is There No Social Citizenship in the United States? *Socialist Review*, v. 22, n. 3, 1992.

_____; NICHOLSON, Linda J. Social Criticism without Philosophy: An Encounter between Feminism and Postmodernism. In: NICHOLSON, Linda J. (Orga.). *Feminism/Postmodernism*. Nova York, Routledge, 1989.

FRIEDAN, Betty. *The Feminine Mystique*. Nova York, Norton, 1963 [ed. bras.: *A mística feminina*. Trad de Carla Bitelli e Flávia Yacubian. Rio de Janeiro, Rosa dos Tempos, 2020].

FUKUYAMA, Francis. *The End of History and the Last Man*. Nova York, Free, 1992 [ed. bras.: *O fim da história e o último homem*. Trad. Aulyde Soares Rodrigues. Rio de Janeiro, Rocco, 2015].

FUKUYAMA, Francis. The End of History? *National Interest*, 1989, p. 3-18.

GALLOP, Jane. *The Daughter's Seduction:* Feminism and Psychoanalysis. Ithaca, Cornell University Press, 1982.

GATES, Marilyn. Institutionalizing Dependency: The Impact of Two Decades of Planned Agricultural Modernization. *Journal of Developing Areas*, v. 22, n. 3, 1988, p. 293-320.

GIBBONS, Mary L. Family Life Today and Tomorrow. *Proceedings, National Conference of Catholic Charities*, n. 19, 1933, p. 133-68.

GILDER, George. *Wealth and Poverty.* Nova York, Basic, 1981.

GITLIN, Todd. *The Twilight of Common Dreams:* Why America is Wracked by Culture Wars. Nova York, Metropolitan, 1995.

GLENN, Evelyn Nakano. From Servitude to Service Work: Historical Continuities in the Racial Division of Reproductive Labor. *Signs,* v. 18, n. 1, 1992.

GOODIN, Robert E. *Protecting the Vulnerable:* A Reanalysis of Our Social Responsibilities. Chicago, University of Chicago Press,1985.

_____. *Reasons for Welfare:* The Political Theory of the Welfare State. Princeton, Princeton University Press, 1988.

GORDON, Linda. *Heroes of Their Own Lives:* The Politics and History of Family Violence, Boston (1880-1960). Nova York, Penguin, 1988.

_____. Review of Scott's Gender and the Politics of History. *Signs,* v. 15, n. 4, 1990, p. 848-60.

_____. Social Insurance and Public Assistance: The Influence of Gender in Welfare Thought in the United States (1890-1935). *American Historical Review,* v. 97, n. 1, 1992.

_____. The New Feminist Scholarship on the Welfare State. In: _____ (Orga.). *Women, the State, and Welfare.* Madison, University of Wisconsin Press, 1990, p. 9-35.

_____. What Does Welfare Regulate? *Social Research,* v. 55, n. 4, 1988.

GOWENS, Pat. Welfare, Learnfare – Unfair! A Letter to My Governor. *Ms.,* set.- out. 1991.

GRAMSCI, Antonio. *Selections from the Prison Notebooks.* Org. e trad. Quinton Hoare e Geoffrey Nowell Smith. Nova York, International Publishers, 1972.

GUNDERSEN, Joan R. Independence, Citizenship, and the American Revolution. *Signs,* v. 13, n. 1, 1987.

HABERMAS, Jürgen. Further Reflections on the Public Sphere. In: CALHOUN, Craig (Org.). *Habermas and the Public Sphere.* Cambridge, MIT Press, 1992.

_____. The New Obscurity and the Exhaustion of Utopian Energies. In: _____ (Org.). *Observations on the Spiritual Situation of the Age.* Trad. Andrew Buchwalter. Cambridge, MIT Press, 1984 [ed. bras.: A nova obscuridade. In: _____. *A nova obscuridade:* pequenos escritos políticos V. Trad. Luiz Sérgio Repa. São Paulo, Ed. Unesp, 2015].

_____. *The Structural Transformation of the Public Sphere:* An Inquiry into a Category of Bourgeois Society. Trad. Thomas Burger e Frederick Lawrence. Cambridge, MIT Press, 1989 [ed. bras.: *Mudança estrutural da esfera pública.* Trad. Denilson Luís Werle. São Paulo, Ed. Unesp, 2011].

_____. *The Theory of Communicative Action,* v. 2: *Lifeword and System:* A Critique of Functionalist Reason. Trad. Thomas McCarthy. Boston, Beacon, 1987 [ed. bras.: *Teoria do agir comunicativo,* v. 2: *Sobre a crítica da razão funcionalista.* Trad. Paulo Astor Soethe. São Paulo, WMF Martins Fontes, 2012].

HANSEN, Miriam. Preface. In: NEGT, Oskar; KLUGE, Alexander. *Public Sphere and Experience:* Toward an Analysis of the Bourgeois and Proletarian Public Sphere. Trad. Peter Labanyi, Jamie Owen Daniel e Assenka Oksiloff. Minneapolis, University of Minnesota Press, 1993.

HARRIS, Alice Kessler. *A Woman's Wage:* Historical Meanings and Social Consequences. Lexington, University Press of Kentucky, 1990.

HARTSOCK, Nancy. Foucault on Power: A Theory for Women? In: NICHOLSON, Linda J. (Orga.). *Feminism/Postmodernism.* Nova York, Routledge, 1990.

HARVEY, David. *The Condition of Postmodernity:* An Inquiry into the Origins of Cultural Change. Oxford, Blackwell, 1989 [ed. bras.: *Condição pós-moderna.* Trad. Adail Sobral e Maria Gonçalves. São Paulo, Loyola, 2004].

HAYNES, Michaelene. Pharmacist Involvement in a Chemical-Dependency Rehabilitation Program. *American Journal of Hospital Pharmacy*, v. 45, n. 10, 1988, p. 2.099-101.

HILL, Christopher. *The Century of Revolution (1603-1714)*. Nova York, Norton, 1961 [ed. bras.: *O século das revoluções:* 1603-1714. Trad. Alzira Vieira Allegro. São Paulo, Ed. Unesp, 2012].

_____. *The World Turned Upside Down:* Radical Ideas During the English Revolution. Nova York, Viking, 1972 [ed. bras.: *O mundo de ponta cabeça:* ideias radicais durante a Revolução Inglesa de 1640. Trad. Renato Janine Ribeiro. São Paulo, Companhia das Letras, 1987].

HIRSCHMAN, Albert O. *Exit, Voice, and Loyalty:* Responses to Decline in Firms, Organizations, and States. Cambridge, Harvard University Press, 1970 [ed. bras.: *Saída, voz e lealdade*. Trad. Angela de Assis Melim. São Paulo, Perspectiva, 1973].

HOBSON, Barbara. No Exit, No Voice: Women's Economic Dependency and the Welfare State. *Acta Sociologica*, v. 33, n. 3, 1990.

_____. Welfare Policy Regimes, Solo Mothers, and the Logics of Gender. In: SAINSBURY, Diane (Orga.). *Gendering Welfare States*. Londres, Sage, 1994.

HOCHSCHILD, Arlie. The Second Shift: Working Parents and the Revolution at Home. Nova York, Viking, 1989.

HONNETH, Axel. Integrity and Disrespect: Principles of a Conception of Morality Based on the Theory of Recognition. *Political Theory*, v. 20, n. 2, maio 1992.

_____. *The Critique of Power:* Reflective Stages in a Critical Social Theory. Cambridge, MIT Press, 1992.

_____. *The Struggle for Recognition:* The Moral Grammar of Social Conflicts. Trad. Joel Anderson. Cambridge, Polity Press, 1995 [ed. bras.: *Luta por reconhecimento:* a gramática moral dos conflitos sociais. Trad. Luiz Repa. São Paulo, Editora 34, 2004].

HOOKS, bell. *Feminist Theory:* From Margin to Center. Boston, South End, 1984 [ed. bras.: *Teoria feminista*: da margem ao centro. Trad. Rainer Patriota. São Paulo, Perspectiva, 2019].

HOWARD, Donald S. *The WPA and Federal Relief Policy*. Nova York, Russell Sage, 1943.

HUGHES, Gwendolyn S. *Mothers in Industry*. Nova York, New Republic, 1925.

IRIGARAY, Luce. The Blind Spot in an Old Dream of Symmetry. In: _____. *Speculum of the Other Woman*. Trad. Gillian C. Gill, Ithaca, Cornell University Press, 1985.

JAMES, Cyril L. R. *The Black Jacobins:* Toussaint L'Ouverture and the San Domingo Revolution. Nova York, Vintage, 1963 [ed. bras.: *Os jacobinos negros:* Toussaint L'Ouverture e a revolução de São Domingos. Trad. Afonso Teixeira Filho. São Paulo, Boitempo, 2000].

JENCKS, Christopher. *Rethinking Social Policy:* Race, Poverty, and the Underclass. Cambridge, Harvard University Press, 1992.

JENSON, Jane. Paradigms and Political Discourse: Labour and Social Policy in the U.S.A. and France before 1914. Working Paper Series, Center for European Studies, Harvard University, 1989.

_____. Representations of Gender: Policies to "Protect" Women Workers and Infants in France and the United States before 1914. In: GORDON, Linda (Orga.). *Women, the State, and Welfare*. Madison, University of Wisconsin Press, 1990.

JONES, Ann Rosalind. Julia Kristeva on Femininity: The Limits of a Semiotic Politics. *Feminist Review*, v. 18 1984, p. 56-73.

JONES, Jacqueline. *Labor of Love, Labor of Sorrow:* Black Women, Work, and the Family from Slavery to the Present. Nova York, Basic, 1985.

KILBORN, Peter. New Jobs Lack the Old Security in Time of "Disposable Workers". *New York Times*, 15 mar. 1993.

KING, Deborah. Multiple Jeopardy, Multiple Consciousness. *Signs*, v. 14, n. 1, 1988, p. 42-72.

KOLBERT, Elizabeth. Most in National Survey Say Judge Is the More Believable. *New York Times*, 15 out. 1991.

KRISTEVA, Julia. Motherhood According to Giovanni Bellini. In: ROUDIEZ, Leon S. (Org.). *Desire in Language:* A Semiotic Approach to Art and Literature. Trad. Thomas Gora, Alice Jardine e Leon S. Roudiez. Nova York, Columbia University Press, 1980.

_____. *Powers of Horror:* An Essay on Abjection. Trad. Leon S. Roudiez. Nova York, Columbia University Press, 1982.

_____. Stabat Mater. In: MOI, Toril (Orga.). *The Kristeva Reader*. Nova York, Columbia University Press, 1986.

_____. The System and the Speaking Subject. In: MOI, Toril (Orga.). *The Kristeva Reader*. Nova York, Columbia University Press, 1986.

KYMLICKA, Will. *Liberalism, Community and Culture*. Oxford, Oxford University Press, 1989.

_____. Three Forms of Group-Differentiated Citizenship in Canada. In: BENHABIB, Seyla (Orga.). *Democracy and Difference:* Contesting the Boundaries of the Political. Princeton, Princeton University Press, 1996.

LACAN, Jacques. The Meaning of the Phallus. In: MITCHELL, Juliet; ROSE, Jacqueline (Orgas.). *Feminine Sexuality:* Jacques Lacan and the École Freudienne. Trad. Jacqueline Rose. Nova York, Norton, 1982 [ed. bras.: A significação do falo. In: _____. *Escritos*. Trad. Vera Ribeiro. Rio de Janeiro, Zahar, 1998].

LACLAU, Ernesto; MOUFFE, Chantal. *Hegemony and Socialist Strategy*. Londres, Verso, 1985 [ed. bras.: *Hegemonia e estratégia socialista:* por uma política democrática radical. Trad. Joanildo A. Burity. São Paulo, Intermeios, 2015].

LAND, Hilary. The Family Wage. *Feminist Review*, v. 6, 1980.

_____. Who Cares for the Family? *Journal of Social Policy*, v. 7, n. 3, 1978.

LANDES, Joan. *Women and the Public Sphere in the Age of the French Revolution*. Ithaca, Cornell University Press, 1988.

LASH, Scott; URRY, John. *The End of Organized Capitalism*. Cambridge, Polity Press, 1987.

LASLETT, Peter. *The World We Have Lost:* England Before the Industrial Age. Nova York, Scribner, 1971 [ed. port.: *Mundo que nós perdemos*. Trad. Alexandre Pinheiro Torres e Hermes Serrão. Lisboa, Cosmos, 1975].

LELAND, Dorothy. Lacanian Psychoanalysis and French Feminism. In: FRASER, Nancy; BARTKY, Sandra (Orgas.). *Revaluing French Feminism:* Critical Essays on Difference, Agency, and Culture. Bloomington, Indiana University Press, 1991.

LIONNET, Françoise. *Autobiographical Voices:* Race, Gender, Self-Portraiture. Ithaca, Cornell University Press, 1989.

LISTER, Ruth. Women, Economic Dependency, and Citizenship. *Journal of Social Policy*, v. 19, n. 4, 1990.

LITTLETON, Christine A. Reconstructing Sexual Equality. In: BARTLETT, Katharine T.; KENNEDY, Rosanne (Orgas.). *Feminist Legal Theory:* Readings in Law and Gender. Boulder, Westview, 1991.

LUKÁCS, György. *History and Class Consciousness.* Trad. Rodney Livingstone. Cambridge, MIT Press, 1985 [ed. bras.: *História e consciência de classe:* estudos sobre a dialética marxista. Trad. Rodnei Nascimento. São Paulo, Martins Fontes, 2003].

LYOTARD, Jean-François. *The Postmodern Condition:* A Report on Knowledge. Trad. G. Bennington e B. Massumi. Minneapolis, University of Minnesota Press, 1984 [ed. bras.: *A condição pós-moderna.* Trad. Ricardo Corrêa Barbosa. 15. ed., Rio de Janeiro, José Olympio, 2013].

MACKINNON, Catharine. *Only Words.* Cambridge, Harvard University Press, 1995.

_____. Difference and Dominance. In: _____. *Feminism Unmodified:* Discourses on Life and Law. Cambridge, Harvard University Press, 1987.

MACPHERSON, Crawford B. *The Political Theory of Possessive Individualism:* Hobbes to Locke. Oxford, Oxford University Press, 1962 [ed. bras.: *A teoria política do individualismo possessivo de Hobbes até Locke.* Trad. Nelson Dantas. Rio de Janeiro, Paz e Terra, 1979].

MANSBRIDGE, Jane. Feminism and Democracy. *American Prospect,* n. 1, 1990.

MARSHALL, T. H. Citizenship and Social Class. In: LIPSET, Seymour Martin (Org.). *Class, Citizenship, and Social Development:* Essays by T. H. Marshall. Chicago, University of Chicago Press, 1964.

MARX, Karl. *O capital.* Trad. Rubens Enderle. São Paulo, Boitempo, 2011.

MARX, Karl. *Sobre a questão judaica.* Trad. Nélio Schneider. São Paulo, Boitempo, 2010.

MCCARTHY, Thomas. *Ideals and Illusions:* On Reconstruction and Deconstruction in Contemporary Critical Theory. Cambridge, MIT Press, 1991.

MEAD, Lawrence. *Beyond Entitlement:* The Social Obligations of Citizenship. Nova York, Free, 1986.

MILWAUKEE County Welfare Rights Organization. *Welfare Mothers Speak Out.* Nova York, Norton, 1972.

MOI, Toril. Convergence in Crisis: Narratives of the History of Theory. *Anais...* Duke University, 24-27 de setembro de 1987.

MORRISON, Toni (Orga.). *Race-ing Justice, Engendering Power:* Essays on Anita Hill, Clarence Thomas, and the Construction of Social Reality. Nova York, Pantheon, 1992.

MOYNIHAN, Daniel P. *The Politics of a Guaranteed Income:* The Nixon Administration and the Family Assistance Plan. Nova York, Random House, 1973.

MURRAY, Charles. *Losing Ground:* American Social Policy (1950-1980). Nova York, Basic, 1984.

NEGT, Oskar; KLUGE, Alexander. *Public Sphere and Experience:* Toward an Analysis of the Bourgeois and Proletarian Public Sphere. Trad. Peter Labanyi, Jamie Owen Daniel e Assenka Oksiloff. Minneapolis, University of Minnesota Press, 1993.

NELSON, Barbara J. The Origins of the Two-Channel Welfare State: Workmen's Compensation and Mothers' Aid. In: GORDON, Linda (Orga.). *Women, the State, and Welfare.* Madison, University of Wisconsin Press, 1990, p. 123-51.

_____. Women's Poverty and Women's Citizenship: Some Political Consequences of Economic Marginality. *Signs,* v. 10, n. 2, 1984.

NICHOLSON, Linda J. *Gender and History:* The Limits of Social Theory in the Age of the Family. Nova York, Columbia University Press, 1986.

_____. To Be or not to Be: Charles Taylor and The Politics of Recognition. *Constellations,* v. 3, n. 1, 1996, p. 1-16.

NOONAN, Peggy. A Bum Ride. *New York Times,* 15 nov. 1991.

NYE, Andrea. Woman Clothed with the Sun. *Signs*, v. 12, n. 4, 1987, p. 664-86.

OKIN, Susan Moller. *Justice, Gender, and the Family.* Nova York, Basic, 1989.

ORLOFF, Ann Shola. Gender and the Social Rights of Citizenship: The Comparative Analysis of Gender Relations and Welfare States. *American Sociological Review*, v. 58, n. 3, 1993.

PAINTER, Nell Irvin. Who Was Lynched? *Nation*, 11 nov. 1991.

PATEMAN, Carole. *The Sexual Contract.* Stanford, Stanford University Press, 1988 [ed. bras. *O contrato sexual.* Trad. Marta Avancini, 2. ed., São Paulo, Paz e Terra, 2020].

PATTERSON, Orlando. Race, Gender, and Liberal Fallacies. *New York Times*, 20 out. 1991.

PIVEN, Frances Fox; Cloward, Richard A. *Regulating the Poor.* Nova York, Random House, 1971.

POLLITT, Katha. Pomotolov Cocktail. *The Nation*, 10 jun. 1996.

POPE, Jacqueline. *Biting the Hand That Feeds Them:* Organizing Women on Welfare at the Grass Roots Level. Nova York, Praeger, 1989.

PRUETTE, Lorine (Orga.). *Women Workers Through the Depression:* A Study of White Collar Employment Made by the American Woman's Association. Nova York, Macmillan, 1934.

QUADAGNO, Jill. From Old-Age Assistance to Supplemental Social Security Income: The Political Economy of Relief in the South, 1935-1972. In: WEIR, Margaret; ORLOFF, Ann Shola; SKOCPOL, Theda (Orgas.). *The Politics of Social Policy in the United States.* Princeton, Princeton University Press, 1988, p. 235-63.

QUAYLE, Dan. Excerpts from Vice President's Speech on Cities and Poverty. *New York Times*, 20 maio 1992.

QUESTIONS TO THOSE WHO CORROBORATED HILL'S ACCOUNT. *New York Times*, 14 out. 1991.

QUINDLEN, Anna. Listen to Us. *New York Times*, 9 out. 1991.

_____. The Perfect Victim. *New York Times*, 16 out. 1991.

RAINWATER, Lee; YANCEY, William L. *The Moynihan Report and the Politics of Controversy.* Cambridge, MIT Press, 1967.

RAWLS, John. *A Theory of Justice.* Cambridge, Harvard University Press, 1971 [ed. bras.: *Uma teoria da justiça.* Trad. Jussara Simões. São Paulo, Martins Fontes, 2016].

_____. Kantian Constructivism in Moral Theory. *Journal of Philosophy*, v. 77, n. 9, 1980, p. 515-71.

REICH, Robert. *The Work of Nations:* Preparing Ourselves for 21st Century Capitalism. Nova York, Knopf, 1991 [ed. bras.: *O trabalho das nações:* preparando-nos para o capitalismo do século 21. Trad. Claudiney Fullmann. São Paulo, Educator, 1994].

REVERBY, Susan; HELLEY, Dorothy (Orgas.). *Gendered Domains:* Rethinking the Public and Private in Women's History. Ithaca, Cornell University Press, 1992.

RILEY, Denise. *"Am I That Name?"* Feminism and the Category of "Women" in History. Minneapolis, University of Minnesota Press, 1988.

ROEDIGER, David R. *The Wages of Whiteness:* Race and the Making of the American Working Class. Londres, Verso, 1991.

ROSE, Jacqueline. Introduction II. In: MITCHELL, Juliet; ROSE, Jacqueline (Orgas.). *Feminine Sexuality:* Jacques Lacan and the École Freudienne. Trad. Jacqueline Rose. Nova York, Norton, 1982 [ed. bras.: Introdução II a *Feminine sexuality.* In: MARTINS, Alessandra Affortunati; SILVEIRA, Léa (Orgas.). *Freud e o patriarcado.* São Paulo, Hedra, 2020].

RYAN, Mary P. Gender and Public Access: Women's Politics in Nineteenth Century America. In: CALHOUN, Craig (Org.). *Habermas and the Public Sphere.* Cambridge, MIT Press, 1992.

_____. *Women in Public:* Between Banners and Ballots (1825-1880). Baltimore, Johns Hopkins University Press, 1990.

SAPIRO, Virginia. The Gender Basis of American Social Policy. In: GORDON, Linda (Orga.). *Women, the State, and Welfare.* Madison, University of Wisconsin Press, 1990, p. 36-54.

SAUSSURE, Ferdinand de. *Course in General Linguistics.* Org. Charles Bally e Albert Sechehaye. Trad. Roy Harris. LaSalle, Open Court, 1986 [ed. bras.: *Curso de linguística geral.* Trad. Antônio Chelini, José Paulo Paes e Izidoro Blikstein. 28. ed., São Paulo, Cultrix, 2012].

SCHOR, Juliet. *The Overworked American:* The Unexpected Decline of Leisure. Nova York, Basic, 1991.

SCOTT, Joan Wallach. "L'ouvrière! Mot impie, sordide...": Women Workers in the Discourse of French Political Economy (1840-1860). In: _____ *Gender and the Politics of History.* Nova York, Columbia University, Press, 1988.

_____. *Gender and the Politics of History.* Nova York, Columbia University Press, 1988.

_____. Review of Gordon's Heroes of Their Own Lives. *Signs,* v. 15, n. 4, 1990.

SEN, Amartya. *Commodities and Capabilities.* Amsterdã, North-Holland, 1985.

_____. Gender and Cooperative Conflicts. In: TINKER, Irene (Orga.). *Persistent Inequalities:* Women and World Development. Oxford, Oxford University Press, 1990.

_____. More Than 100 Million Women Are Missing. *New York Review of Books,* v. 37, n. 20, 1990.

SIMPSON, Alan K. Congressional Record-Senate, 102nd Cong. 1st sess., 1991, 137, pt. 113: p. 14.546.

SMITH, Joan. The Paradox of Women's Poverty: Wage-earning Women and Economic Transformation", *Signs,* v. 10, n. 2, 1984, p. 291-310.

SMITH-ROSENBERG, Caroll. The Female World of Love and Ritual: Relations Between Women in 19th Century America. *Signs,* v. 1, n. 1, 1975, p. 1-29.

SOKAL, Alan D. A Physicist Experiments with Cultural Studies. *Lingua Franca,* maio-jun. 1996.

_____. Transgressing the Boundaries: Toward a Transformative Hermeneutics of Quantam Gravity. *Social Text,* n. 46-7, 1996.

SPARER, Edward V. The Right to Welfare. In: DORSEN, Norman (Org.). *The Rights of Americans:* What They Are – What They Should Be. Nova York, Pantheon, 1971.

SPELMAN. Elizabeth V. *Inessential Woman:* Problems of Exclusion in Feminist Thought. Boston, Beacon, 1988.

SPINNER-HALEV, Jeffrey. Difference and Diversity in an Egalitarian Democracy. *Journal of Political Philosophy,* v. 3, n. 3, 1995.

SPIVAK, Gayatri. Can the Subaltern Speak? In: NELSON, Cary; GROSSBERG, Larry (Orgs.). *Marxism and the Interpretation of Culture.* Chicago, University of Illinois Press, 1988 [ed. bras.: *Pode o subalterno falar?* Trad. Sandra Regina Goulart Almeida, Marcos Pereira Feitosa e André Pereira. Belo Horizonte, Ed. UFMG, 2018].

STACEY, Judith. Sexism by a Subtler Name? Postindustrial Conditions and Postfeminist Consciousness in the Silicon Valley. *Socialist Review,* v. 96, 1987, p. 7-28.

STANSELL, Christine. *City of Women:* Sex and Class in New York (1789-1860). Nova York, Knopf, 1986.

TAYLOR, Charles. *Multiculturalism and "The Politics of Recognition".* Princeton, Princeton University Press, 1992 [ed. port.: *Multiculturalismo:* examinando a política de reconhecimento. Trad. Marta Machado. Lisboa, Instituto Piaget, 1998].

TAYLOR-GOOBY, Peter. Scrounging, Moral Hazard, and Unwaged Work: Citizenship and Human Need. Darwin College, University of Kent, 1993. Manuscrito.

THE OXFORD ENGLISH DICTIONARY. 2. ed., Oxford/Nova York, Clarendon/Oxford University Press, 1989.

THOMAS REBUTS ACCUSER: "I Deny Each and Every Accusation". *New York Times*, 12 out. 1991.

THOMAS, Clarence. Hearing of the Senate Judiciary Committee, 11 out. 1991, morning sess., Nexus Library, FEDNWS file, Federal News Service.

THOMPSON, E. P. *The Making of the English Class*. Nova York, Random House, 1963 [ed. bras.: *A formação da classe operária*. Trad. Denise Bottmann. Rio de Janeiro, Paz e Terra, 2021].

TIMMS, Noel; TIMMS, Rita. *Dictionary of Social Welfare*. Londres, Routledge & Kegan Paul, 1982.

TREND, David (Org.). *Radical Democracy:* Identity, Citizenship, and the State. Nova York, Routledge, 1995.

TUMULTY, Karen. Sister of High Court Nominee Traveled a Different Road. *Los Angeles Times*, 5 jul. 1991.

UNITED NATIONS DEVELOPMENT PROGRAM. *Human Development Report 1996*. Oxford, Oxford University Press, 1996.

VAILE, Gertrude. Public Relief. In: MILLS, Herbert Elmer (Org.). *College Women and the Social Sciences*. Nova York, John Day, 1934.

WALZER, Michael. *Spheres of Justice:* A Defense of Pluralism and Equality. Nova York, Basic, 1983 [ed. bras.: *Esferas da justiça:* uma defesa do pluralismo e da igualdade. Trad. Jussara Simões. São Paulo, Martins Fontes, 2003].

WARNER, Amos Griswold. *American Charities and Social Work*. Nova York, Thomas Y. Crowell, 1894-1930.

Warner, Michael et. al. Critical Multiculturalism. *Critical Inquire*, v. 18, n. 3, 1992, p. 530-56.

_____. *The Letters of the Republic:* Publication and the Public Sphere in Eighteenth Century America. Cambridge, Harvard University Press, 1990.

WEEDON, Chris. *Feminist Practice and Poststructuralist Theory*. Oxford, Basil Blackwell, 1987.

WEITZMAN, Lenore. *The Divorce Revolution:* The Unexpected Social Consequences for Women and Children in America. Nova York, Free, 1985.

WEST, Guida. *The National Welfare Rights Movement:* The Social Protest of Poor Women. Nova York, Praeger, 1981.

WESTON, Kath. *Families We Choose:* Lesbians, Gays, Kinship. Nova York, Columbia University Press, 1991.

WHITE, Lucie. Subordination, Rhetorical Survival Skills and Sunday Shoes: Notes on the Hearing or Mrs. G. *Buffalo Law Review*, v. 38, n. 1, 1990.

WILLIAMS, Joan. Deconstructing Gender. In: BARTLETT, Katharine T.; KENNEDY, Rosanne (Orgas.). *Feminist Legal Theory:* Readings in Law and Gender. Boulder, Westview, 1991.

WILLIAMS, Lena. Blacks Say the Blood Spilled in the Thomas Case Stains All. *New York Times*, 14 out. 1991.

WILLIAMS, Patricia J. *The Alchemy of Race and Rights*. Cambridge, Harvard University Press, 1991.

WILLIAMS, Raymond. *Keywords:* A Vocabulary of Culture and Society. Oxford, Oxford University Press, 1976 [ed. bras.: *Palavras-chave:* um vocabulário da cultura e da sociedade. Trad. Sandra Guardini Vasconcelos. São Paulo, Boitempo, 2007].

WILLIS, Ellen. My Sokoaled Life. *Village Voice*, 25 jun. 1996.

WILSON, William Julius. Social Policy and Minority Groups: What Might Have Been and What Might We See in the Future. In: SANDEFUR, Gary D.; TIENDA, Marta (Orgs.). *Divided Opportunities:* Minorities, Poverty, and Social Policy. Nova York, Plenum, 1986.

_____. *The Truly Disadvantaged*: The Inner City, the Underclass, and Public Policy. Chicago, University of Chicago Press, 1987.

WINES, Michael. Stark Conflict Marks Accounts Given by Thomas and Professor. *New York Times*, 10 out. 1991.

YOUNG, Iris Marion. *Justice and the Politics of Difference*. Princeton, Princeton University Press, 1990.

_____. Humanism, Gynocentrism and Feminist Politics. In: _____. *Throwing Like a Girl and Other Essays in Feminist Philosophy and Social Theory*. Bloomington, Indiana University Press, 1990.

_____. Impartiality and the Civic Public: Some Implications of Feminist Critiques of Moral and Political Theory. In: BENHABIB, Seyla; CORNELL, Drucilla (Orgas.). *Feminism as Critique*. Minneapolis, University of Minnesota Press, 1987 [ed. bras.: *Feminismo como crítica da modernidade*. Trad. Nathanael da Costa Caixeiro. Rio de Janeiro, Rosa dos Tempos, 1991].

_____. The Ideal of Community and the Politics of Difference. In: NICHOLSON, Linda J. (Orga.). *Feminism and Postmodernism*. Nova York, Routledge, 1989.

YOUNG, Leontine. *Out of Wedlock*. Nova York, McGraw-Hill, 1954.

ZARETSKY, Eli. *Capitalism, the Family, and Personal Life*. Nova York, Harper & Row, 1986.

Mary Wollstonecraft Godwin (1798), gravura
de James Heath a partir de retrato de John Opie.
Fonte: National Galleries Scotland

Publicado 230 anos após o lançamento de *Reivindicação dos direitos da mulher*, de Mary Wollstonecraft, documento fundador do feminismo moderno editado pela Boitempo em 2016, este livro foi composto em Adobe Garamond Pro, corpo 11/13,2, e impresso em papel Pólen Soft 80 g/m² pela Rettec, para a Boitempo, com tiragem de 4 mil exemplares.